**Lernbücher Jura**

Grundlagen der Rechtswissenschaft

Olaf Muthorst

# Grundlagen der Rechtswissenschaft

## Methode – Begriff – System

von

**Prof. Dr. iur. Olaf Muthorst**

Professor
an der Freien Universität Berlin

2. Auflage

C.H.BECK

**www.beck.de**

ISBN 978 3 406 69546 9


Wilhelmstraße 9, 80801 München

Druck: Druckhaus Nomos
In den Lissen 12, 76547 Sinzheim

Satz: Fotosatz H. Buck
Zweikirchener Str. 7, 84036 Kumhausen

Umschlagsatz: Druckerei C. H. Beck Nördlingen

Gedruckt auf säurefreiem, alterungsbeständigem Papier
(hergestellt aus chlorfrei gebleichtem Zellstoff)

Meiner Großmutter und
meiner Schwester

# Vorwort zur 2. Auflage

Dieses Buch ist eine **Einführung in die Rechtswissenschaft**. Es führt ein in die Wissenschaft „vom Recht", indem es Grundlagenwissen vermittelt: Grundlagenwissen zur Methode der Rechtswissenschaft, zum Begriff des Rechts und zum System der Rechtsordnung – mit anderen Worten: zum juristischen Denken. Juristisches Denken, so lautet meine These, ist der Begriff, unter dem sich der gesamte rechtswissenschaftliche Fächerkanon zu einer Einheit verbindet. In einer Epoche der Rechtswissenschaft, die zur stetigen Spezialisierung neigt, wird solches Grundlagenwissen immer wichtiger, weil es Orientierung bietet und Überblick gewährleistet.

Deshalb richtet sich dieses Buch an **Studienanfänger**, denen es als Begleitlektüre zu ihren Einführungsvorlesungen dienen kann, aber auch an Fortgeschrittene, die nach einem übergreifenden Blick auf ihr Fach suchen. Dieses Buch wendet sich darüber hinaus aber auch an alle anderen, die an juristischem Denken interessiert sind, Juristen wie Nicht-Juristen, und sich aus erster Hand über die wissenschaftlichen Grundlagen von Recht und Justiz informieren wollen.

Das Programm ist gegenüber der Erstauflage nur leicht verändert. Am Anfang steht die Frage: Was ist **Rechtswissenschaft**? Das heißt zunächst: Was ist Wissenschaft? (§ 1). Dann geht es um einen vorläufigen Begriff von Recht, um Einzeldisziplinen, die man herkömmlich unter dem Dach der Rechtswissenschaft betreibt, und um die Einordnung der Rechtswissenschaft in das Gesamtbild der Wissenschaften (§ 2). Die Einleitung behandelt abschließend die Rolle der Rechtswissenschaft in der juristischen Berufswelt und Ausbildung (§ 3).

Im Hauptteil geht es dann um das **juristische Denken** selbst: die Anwendung des Rechts (1. Kapitel), ihren theoretischen Hintergrund (2. Kapitel) und ihren systematischen Ordnungsrahmen – die Rechtsordnung (3. Kapitel). Zuvor wird aber juristisches Denken thematisch und methodisch eingegrenzt und einzelne Denkstile werden vorgestellt (§ 4). Die Anwendung des Rechts – sie ist das Thema im 1. Kapitel – ist einmal die Anwendung von Rechtsnormen (§ 5) auf den Sachverhalt (§ 6), was Auslegung (§ 7) und Rechtsfortbildung (§ 8) voraussetzt. Angewendet wird das Recht aber auch bei Rechtsetzung und Rechtsgestaltung (§ 9). Der theoretische Hintergrund (2. Kapitel) wird anhand verschiedener Rechtsbegriffe strukturiert (§ 10), bevor rechtsphilosophisches Denken in Schlaglichtern – von *Platon* über *Kant* bis *Habermas* und *Rawls* – präsentiert wird (§ 11). Rechtstheoretische und rechtssoziologische Ansätze runden den Überblick ab (§ 12). Im 3. Kapitel wird Recht als Rechtsordnung vorgestellt, d.h. es geht um die Erscheinungsformen von Recht (Verfassung, Gesetz,

Rechtsverordnung etc.) sowie um verschiedene Möglichkeiten, Rechtsnormen einzuteilen (§ 13). Oft verwendete Fachbegriffe (und Abkürzungen) werden in einem **Glossar** erläutert. Außerdem soll ein umfangreiches Register der Benutzbarkeit dienen.

Jeweils geht es darum, in Zusammenhänge und Themen einzuführen. Dieses Buch ist keine Gesamtdarstellung und schon gar keine Grundlegungsschrift, sondern es will einen **Überblick** bieten und Interesse an Grundlagenfragen wecken. Entsprechendes gilt für die Literaturhinweise. Es finden sich nur die nötigsten Fußnoten. Wo immer möglich wird zur Vertiefung auf die Lehrbücher *Rüthers/Fischer/Birk*, Rechtstheorie, 10. Aufl. 2018, und *Röhl/Röhl*, Allgemeine Rechtslehre, 3. Aufl. 2008, verwiesen.

Nicht fortgeschrieben habe ich aus der ersten Auflage die sehr kurzen Kapitel zur Rechtsgeschichte und zur Rechtsvergleichung, weil sie mir am Schluss des Buches zu isoliert und in der Kürze letztlich nicht ergiebig genug zu sein schienen, mir für einen Ausbau aber Zeit und Raum fehlen. Die Bedeutung dieser Grundlagenfächer kommt demgegenüber besser in § 2 zum Ausdruck.

Die Danksagung und Widmung der Vorauflage ist weiterhin gültig. Zu danken habe ich für die Unterstützung bei dieser Auflage meinen ehemaligen Mitarbeiterinnen Kristina Behrens und Anuschka Radom sowie meiner Mitarbeiterin Nikola Schiefke.

Ferner gilt weiterhin: Für Hinweise auf Unstimmigkeiten oder Unklarheiten bin ich allen Leserinnen und Lesern dankbar. Sie können gerichtet werden an: olaf.muthorst@fu-berlin.de.

Hamburg/Berlin, Januar 2019 *Olaf Muthorst*

# Inhaltsverzeichnis

## Hauptteil: Juristisches Denken



## 1. Kapitel. Die Anwendung des Rechts

## 2. Kapitel. Theorien von Recht, Staat und Gerechtigkeit

## 3. Kapitel. Das Recht als Rechtsordnung

# Literatur


*Braun, Johann* . . . . . . . . . . . . . . . . . . Einführung in die Rechtswissenschaft, 4. Aufl. 2011

*Braun, Johann* . . . . . . . . . . . . . . . . . . Einführung in die Rechtsphilosophie, 2. Aufl. 2011

*Ebel, Friedrich; Thielmann, Georg* . . . . Rechtsgeschichte, 5. Aufl. 2016

*Engisch, Karl* . . . . . . . . . . . . . . . . . . Einführung in das juristische Denken, 12. Aufl. 2018

*Gast, Wolfgang* . . . . . . . . . . . . . . . . . Juristische Rhetorik, 5. Aufl. 2015

*Holzleithner, Elisabeth* . . . . . . . . . . . . Gerechtigkeit, 2009

*Horn, Norbert* . . . . . . . . . . . . . . . . . . Einführung in die Rechtswissenschaft und Rechtsphilosophie, 6. Aufl. 2016

*Kleinheyer, Gerd; Schröder, Jan (Hrsg.)* Deutsche und Europäische Juristen aus neun Jahrhunderten, 6. Aufl. 2017

*Kramer, Ernst A.* . . . . . . . . . . . . . . . . Juristische Methodenlehre, 5. Aufl. 2016

*Krüper, Julian (Hrsg.)* . . . . . . . . . . . . Grundlagen des Rechts, 3. Aufl. 2017

*Kühl, Kristian; Reichold, Hermann; Ronellenfitsch, Michael* . . . . . . . . . . . . Einführung in die Rechtswissenschaft, 2. Aufl. 2015

*Larenz, Karl* . . . . . . . . . . . . . . . . . . . Methodenlehre der Rechtswissenschaft, 6. Aufl. 1991

*Larenz, Karl; Canaris, Claus-Wilhelm* Methodenlehre der Rechtswissenschaft (Studienausgabe), 3. Aufl. 1995

*Mann, Thomas* . . . . . . . . . . . . . . . . . Einführung in die juristische Arbeitstechnik, 5. Aufl. 2015

*Mastronardi, Philippe* . . . . . . . . . . . . . Juristisches Denken, 2. Aufl. 2003

*Möllers, Thomas M. J.* . . . . . . . . . . . . . Juristische Methodenlehre, 2017

*Puppe, Ingeborg* . . . . . . . . . . . . . . . . . Kleine Schule des juristischen Denkens, 3. Aufl. 2014

*Raiser, Thomas* . . . . . . . . . . . . . . . . . Grundlagen der Rechtssoziologie, 6. Aufl. 2013

*Reimer, Franz* . . . . . . . . . . . . . . . . . . Juristische Methodenlehre, 2016

*Röhl, Klaus F.; Röhl, Hans Christian* . Allgemeine Rechtslehre, 3. Aufl. 2008

*Rüthers, Bernd; Fischer, Christian; Birk, Axel* . . . . . . . . . . . . . . . . . . . Rechtstheorie, 10. Aufl. 2018

*Zippelius, Reinhold* . . . . . . . . . . . . . . Juristische Methodenlehre, 11. Aufl. 2012


*Nähere Literaturhinweise finden sich vor den einzelnen Abschnitten.*

# Einleitung: Was ist Rechtswissenschaft?

## § 1. Was ist Wissenschaft?

**Literatur:** *Jensen*, in: Sandkühler (Hrsg.), Europäische Enzyklopädie zu Philosophie und Wissenschaften, 1990, Band 4, S. 911 ff.; *Kambartel*, in: Mittelstraß (Hrsg.), Enzyklopädie Philosophie und Wissenschaftstheorie, 2. Aufl. 2010, Band 4, S. 719 ff.; *Neumann*, Wissenschaftstheorie in der Rechtswissenschaft, in: Hassemer/Neumann/Saliger (Hrsg.), Einführung in die Rechtsphilosophie und Rechtstheorie der Gegenwart, 9. Aufl. 2016, S. 351 ff.; *Pulte*, in: Ritter u.a. (Hrsg.), Historisches Wörterbuch der Philosophie, 2004, Band 12, S. 902 ff.; *Röhl/Röhl*, Allgemeine Rechtslehre, 3. Aufl. 2008, S. 83 f.; *Rüthers/Fischer/Birk*, Rechtstheorie, 10. Aufl. 2018, Rn. 283 ff.; *Schülein/Reitze*, Wissenschaftstheorie für Einsteiger, 4. Aufl. 2016

Wer etwas darüber wissen will, was Wissenschaft (griech. episteme, lat. 1
scientia) nach unserem heutigen Verständnis bedeutet oder bedeuten kann, der vergleiche einen Literaturwissenschaftler und einen Schriftsteller. Beide arbeiten an und mit Sprache, aber auf ganz verschiedene Weise. Diese Unterschiede liegen zumindest auf drei Ebenen[1]:

Erstens stehen für den Schriftsteller Kenntnis und Fertigkeit im Vorder- 2
grund. Der Schriftsteller muss sich mit Sprache auskennen und er muss mit Sprache literarisch umgehen können, er muss Sprache phantasievoll und künstlerisch gestalten können. Kenntnis bedeutet Kunde, Fertigkeit bedeutet Technik, Handwerk, Kunst. Für den Literaturwissenschaftler stehen nicht Kenntnis und Fertigkeit im Mittelpunkt (obwohl er auch ihrer bedarf), sondern das **Wissen**. Wissen in diesem Sinne ist das Durchdachte, Geordnete, Erklärte, Begründete. Der Literaturwissenschaftler will nicht nur kennen, sondern durchdenken, hinterfragen, ordnen, erklären und begründen. In diesem Sinne versteht man unter Wissenschaft zunächst die Gesamtheit dessen, was durch Forschung und Lehre überliefertes Wissen ist, im Unterschied zu dem, was man glaubt oder meint (griech. doxa, lat. opinio).

Auf einer zweiten Ebene ist Wissenschaft ein **Prozess**. Wissenschaft besteht 3
im Forschen. Man versucht, ernsthaft und planmäßig, schrittweise, mit bestimmten, wohl überlegten Methoden Wissen über einen Gegenstand zu gewinnen.[2] Wissenschaft in diesem Sinne ist Wahrheitssuche. Sie geht dabei nicht nach dem Zufallsprinzip vor, sondern methodisch. Ihre Methode kann etwa die Beobachtung, das Messen, das Experiment oder die Demonstration sein, das Definieren

[1] Vgl. Brockhaus, 2006, Band 30, S. 202 (Stichwort: „Wissenschaft“).

[2] BVerfGE 35, 79, 113 = NJW 1973, 1176.

von Begriffen oder das Formulieren von Argumenten (insbesondere durch logisches Schlussfolgern). Geht es um Texte, ist ihre Methode die Hermeneutik, d.h. Theorie der Übersetzung, also der Auslegung und des Verstehens (dazu unten § 4 Rn. 15 ff.), des Sinn Herauslesens. Einzelnes Wissen wird zu Theorien zusammengeschlossen und aufeinander bezogen. Ausgangspunkt ist stets eine Hypothese, deren Belastbarkeit systematisch getestet wird, um die Hypothese entweder als falsch zu erkennen und deshalb verwerfen zu können (zu falsifizieren), oder um sie als richtig zu beweisen (zu verifizieren). Wissenschaft geht auch nicht blind vor, sondern ihr ist bei der Wahrheitssuche stets bewusst, welche Methode sie anwendet und warum, d.h. in welcher Hinsicht sie mit dieser Methode dem untersuchten Gegenstand gerecht wird. Wissenschaft ist also reflektierte Wahrheitssuche. Dabei ist Wissenschaft kritisch. Nach *Aristoteles* steht am Anfang jeder Wissenschaft das Staunen darüber, dass die Dinge so sind, wie sie sind. Kritisch ist Wissenschaft aber stets auch sich selbst und ihren Methoden gegenüber. Es gehört zu ihrem Wesen, sich selbst immer wieder in Zweifel zu ziehen und mit der Suche nach besserer Erkenntnis niemals aufzuhören. Es ist *Wilhelm von Humboldt,* der uns lehrt, Wissenschaft als „etwas noch nicht ganz Gefundenes und nie ganz Aufzufindendes" zu betrachten.[3] Jedes Wissen ist nur vorläufig. Während also der Literaturwissenschaftler methodisch, reflektiert und kritisch vorzugehen hat, kann der Schriftsteller ebenso gut einen intuitiven oder einen spielerischen Zugang wählen, und er muss sich dessen nicht einmal bewusst sein.

4 Dass Wissenschaft auch sich selbst gegenüber kritisch ist, kommt besonders deutlich dort zum Ausdruck, wo Wissenschaft zur **Fiktion** wird. So enthält der Pschyrembel[4] seit 1983 einen Eintrag über ein Wesen, das bloße Erfindung ist (sog. Nihilartikel), und zwar über die „Steinlaus". Im rechtswissenschaftlichen Kontext ist die „Gedächtnisschrift für F. G. Nagelmann"[5] zu erwähnen, einen fiktiven deutschen Verfassungsjuristen. Die Funktion solcher Werke liegt einmal darin, Abstand zu sich selbst und dem eigenen Gegenstand zu dokumentieren. Solche Werke sind aber immer auch eine Satire auf den Wissenschaftsbetrieb und spielen mit wissenschaftlichen Klischees.

5 Drittens wird unter Wissenschaft auch die **Institutionalisierung** von Wissensbestand und Wissenssuche verstanden, also die organisatorische Seite dessen, was als die beiden vorherigen Punkte angesprochen wurde. Die Organisation ist einmal das „Gebäude der Wissenschaft" insgesamt, die „Forschungslandschaft", zum anderen sind es die Einzelwissenschaften, wie sie in

---

[3] *W. von Humboldt*, Über die innere und äußere Organisation der höheren wissenschaftlichen Anstalten in Berlin, Akademie-Ausgabe Band 10, 1903, Nachdruck 1968, S. 253. Ohne näheren Nachweis auch zitiert von BVerfGE 35, 79, 113 = NJW 1973, 1176.

[4] *Pschyrembel*, Klinisches Wörterbuch, vgl. https://www.pschyrembel.de/Steinlaus/K0LHT.

[5] *Umbach* u.a. (Hrsg.), Das wahre Verfassungsrecht: zwischen Lust und Leistung, 1984; ferner *Nagelmann*, Satire und Recht, in: Festschrift für Dagmar Coester-Waltjen zum 70. Geburtstag, 2015, S. 1193 ff. Vgl. auch *Görres-Ohde* u.a. (Hrsg.), Die OLG-Präsidentin: Gedenkschrift für Henriette Heinbostel, 2007; sowie *Eco*, Drei Käuzchen auf dem Vertiko, aus: Sämtliche Glossen und Parodien 1963–2000, 2001, S. 100 ff.

Lehrstühlen an Hochschulen und Forschungsinstituten abgebildet werden. Solche Einzelwissenschaften lassen sich durch die von ihnen behandelten Gegenstände und ihren jeweiligen Problemzugang (dem oft bestimmte Methoden entsprechen) voneinander abgrenzen.

Der Literaturwissenschaftler verfügt über einen institutionalisierten, organisierten Rahmen (Universitäten und Institute), auf den er sich beziehen kann, während die Schriftstellerei typischerweise freiberuflich stattfindet. 6

## Grafik: Vorläufiger Wissenschaftsbegriff

7

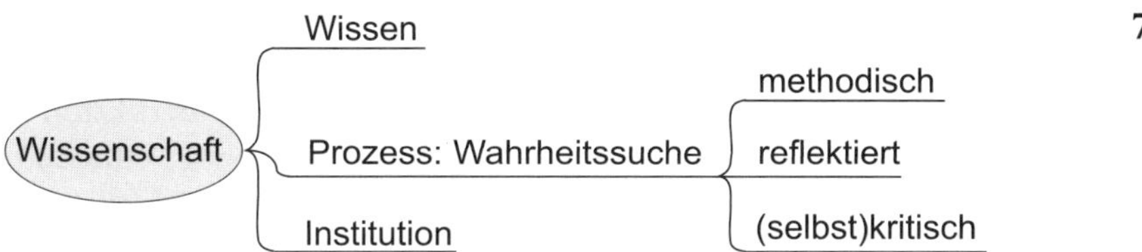


Begriff und Voraussetzungen, Kritik und Selbstkritik der Wissenschaft 8
werden in einer eigenen philosophischen Disziplin behandelt, der **Wissenschaftstheorie**. Dabei haben sich sehr unterschiedliche Auffassungen ergeben. Sie sind immer auch Teil und Ausdruck ihrer Zeit und der jeweiligen gesellschaftlichen Verhältnisse.[6] Ursprünglich liegt das Wissen über die eigene Herkunft, die Ordnung der Welt und der Dinge in Mythen, die nicht zwischen Welt und Vorstellung unterscheiden und damit weder einer Theorie noch einer Erkenntnistheorie bedürfen. Die Wurzeln theoretischer Reflexion liegen in der Theologie, der in frühen arbeitsteiligen Gesellschaften professionell (Priesterkaste) und institutionalisiert (Dogmen, Riten etc.) die Entwicklung religiöser Vorstellungen anvertraut wird. Erst in den griechischen Stadtstaaten löste sich dann die Denkform des theoretischen Reflektierens von den religiösen Inhalten, entwickelten sich systematische Formen von Reflexion und damit zugleich unterschiedliche erkenntnistheoretische Konzepte, die in der mittelalterlichen Scholastik aufgegriffen und vertieft wurden. Vollzogen war die Trennung von Religion und Erkenntnistheorie freilich erst mit dem Aufkommen der bürgerlichen Philosophie in der frühen Neuzeit. Ihre erkenntnistheoretischen Grundpositionen sind der Rationalismus und der Empirismus. Der Rationalismus geht davon aus, dass Erkenntnis durch intellektuelle Leistung hervorgebracht wird und dass sich die Welt nur denkend erschließt. Demgegenüber steht für den Empirismus die sinnliche Wahrnehmung der Welt im Vordergrund, durch die die Vorurteile überwunden werden können, denen das Denken ausgeliefert ist. Mit diesen Standpunkten sind zugleich unterschiedliche Methodologien verbunden. Dem Rationalismus entsprechen theoretische Konzepte des Welt-

[6] *Schülein/Reitze*, Wissenschaftstheorie für Einsteiger, 4. Aufl. 2016, S. 30; dort auch zum Folgenden.

zugangs, dem Empirismus praktische, wie Beobachtung und Experiment. Dabei wurden innerhalb des Empirismus durch den Positivismus, die Analytische Philosophie, den Logischen Positivismus und den Kritischen Rationalismus wiederum unterschiedliche Perspektiven eingenommen.

9 Eine Brücke zwischen Rationalismus und Empirismus hat der Deutsche Idealismus vor allem durch *Immanuel Kant* (näher unten § 11 Rn. 13 ff.) geschlagen. Dem Bewusstsein sind Denkformen vorgegeben, die überhaupt erst Erfahrung ermöglichen, aber jede Erkenntnis muss sich zugleich an der Erfahrung prüfen lassen. Zugänglich ist damit nur, was das Denken aus der Welt macht. Darin liegt die Weiterentwicklung des Rationalismus zum Konstruktivismus: Es besteht eine systematische Differenz zwischen dem realen Gegenstand und dem Gegenstand der Reflexion, der immer nur eine Rekonstruktion des realen Gegenstandes sein kann. In eine andere Richtung hat Georg Wilhelm Friedrich Hegel den Idealismus weiterentwickelt, indem er die Prozesshaftigkeit aller Wirklichkeit als dauerndes Fortschreiten auf dem Weg des Geistes zu seiner Selbstverwirklichung betont und sie damit zugleich auf eine voraussetzungslose geistige Einheit rückbezieht, die sich in These, Antithese und Synthese immer aufs Neue dialektisch verwirklicht. Erkenntnis ist dann immer Bewegung und Entwicklung, sie ist Teil der Wirklichkeit, auf die sie sich bezieht, und zugleich eine Form, in der sich die Wirklichkeit entwickelt.

Auf dieser Basis kann man die Wissenschaftstheorie dann als das Ergebnis moderner funktionaler Differenzierungen ansehen, die Wissen und Wissenschaft professionalisieren, wobei die Theorien wissenschaftlichen Erkennens nun selbst als wissenschaftlicher Diskurs organisiert werden. Werden innerhalb dieses Diskurses auch sehr unterschiedliche Auffassungen dazu vertreten, was Wissenschaft ausmacht oder wissenschaftliche Ansprüche legitimiert, so wird doch allgemein geteilt, dass sich eine wissenschaftliche Aussage von Aussagen anderer Art in einem Punkt unterscheidet: Eine wissenschaftliche Aussage erhebt den Anspruch, bei rationaler Beurteilung auch von einem eigentlich widersprechenden Gegenüber als zutreffend akzeptiert zu werden – und in diesem Sinne allgemeingültig zu sein. Im Unterschied zum Glauben, zum Hoffen oder Meinen (das sich worauf auch immer stützen kann) ist eine wissenschaftliche Aussage mit dem Anspruch verbunden, auf rationalen, nachprüfbaren und daher intersubjektiv einsichtigen Gründen zu beruhen.

10 Man kann diese Überlegungen so **zusammenfassen**: Eine Wissenschaft ist gekennzeichnet durch das ordnende und erklärende Interesse an einem bestimmten Gegenstand und das methodische, reflektierte und kritische Vorgehen dabei. Wer wissenschaftlich arbeiten will, muss ordnen und erklären. Er muss immer wieder Fragen stellen und sich den Fragen stellen. Er muss schrittweise Antworten suchen und bei jedem Schritt auf dem langen Weg zum Ziel wissen, was er tut und warum. Er muss für seine Antworten Gründe haben, die er als rational bezeichnen kann. Reflexion über das Vorgehen und Transparenz in der Argumentation darf man deshalb als die zwei tragenden Säulen jeder Wissenschaft bezeichnen.

# § 2. Recht als Gegenstand einer Wissenschaft

## I. Was ist Recht? – Eine vorläufige Antwort

**Literatur:** *Dreier*, Der Begriff des Rechts, NJW 1986, 890 ff.; *Horn*, Einführung in die Rechtswissenschaft und Rechtsphilosophie, 6. Aufl. 2016, Rn. 1 ff., 33 ff.; *Kohler-Gehrig*, Einführung in das Recht, 2. Aufl. 2017, S. 10 ff.; *Kühl/Reichold/Ronellenfitsch*, Einführung in die Rechtswissenschaft, 2. Aufl. 2015, § 1 Rn. 1 ff.; *Röhl/Röhl*, Allgemeine Rechtslehre, 3. Aufl. 2008, S. 76 f.; *Rüthers/Fischer/Birk*, Rechtstheorie, 10. Aufl. 2018, Rn. 48 ff., 72 ff.

Gegenstand der Rechtswissenschaft ist „das Recht". Wer verstehen will, 1
worin das Geschäft der Rechtswissenschaft besteht, der muss sich zunächst darüber klar werden, was man unter „Recht" zu verstehen hat. Man kann diese Frage aus verschiedener **Perspektive** beantworten: Für den Kulturwissenschaftler ist „Recht" vielleicht ein Zivilisationsmerkmal. Für den Psychologen ist „Recht" vielleicht eine Frage der Wahrnehmung oder der Anerkennung. Für den Ökonomen ist „Recht" vielleicht ein Kostenvorteil, vielleicht ein Kostenfaktor. Für den Soziologen und den Politiker ist „Recht" vielleicht ein Element gesellschaftlicher Steuerung, obwohl beide damit wohl etwas ganz verschiedenes meinen: den Soziologen interessiert, wie das Recht in der Gesellschaft wirkt und die Gesellschaft das Recht beeinflusst; der Politiker fragt sich, wie er politische Ziele mit Instrumenten des Rechts durchsetzen kann oder welche rechtlichen Grenzen einem Ziel gesetzt sein mögen („Das wäre doch verfassungswidrig!"). Für manche ist „Recht" ein Menschheitstraum wie die Kunst.[7] Für den Rechtswissenschaftler stehen andere Aspekte dieses Begriffs im Vordergrund, aber es ist nicht völlig klar, welche das sind. Insofern versteht sich das Folgende als ein erstes, unabgesichertes Beschreibungsangebot.

### 1. Recht als Normenordnung

Der Rechtswissenschaftler versteht das Recht als eine Normenordnung, 2
also als eine Gesamtheit miteinander im Zusammenhang stehender Normen. Das Recht besteht aus **Normen** und nur aus Normen.[8] Die Frage nach dem Recht ist insofern zunächst die Frage nach der Entstehung und Anwendung von Normen.

Recht als eine Normenordnung bezeichnet man auch als **objektives Recht**. Damit unterscheidet man es von dem Recht, das jemand hat (oder nicht hat), also von Rechtspositionen (Befugnissen). Sie nennt man subjektive Rechte (näher dazu unten § 13 Rn. 49 ff.).

---

[7] Vgl. *Struck*, Recht als Tohuwabohu und als Menschheitstraum – oder: Gibt es einen Begriff des Rechts?, Ancilla Iuris (anci.ch) 2009, 99 ff.

[8] *Röhl/Röhl*, Allgemeine Rechtslehre, 3. Aufl. 2008, S. 189.

3 Normen (von lat. norma, d.h. Winkelmaß, Richtschnur, übertragen: Maßstab, Regel, Vorschrift) sind Sätze, die besagen, dass oder wie **etwas sein soll**. Sie beschreiben nicht, was ist (wie Naturgesetze, z.B. die Schwerkraft), sondern sie schreiben etwas vor, sie postulieren etwas. Naturgesetze gelten und wirken unabhängig von menschlichem Handeln und davon, ob Menschen sie verstanden haben oder nicht. Mit ihnen beschreibt man, was passiert. Mit Normen beschreibt man, was geschehen soll. Eine Norm wird erst Teil der Wirklichkeit, indem sie angewendet wird, also indem sie menschliches Verhalten motiviert und damit eine neue Wirklichkeit prägt. Naturgesetze gelten. Normen müssen angewendet werden, um Wirklichkeit sein zu können.

**Beispiel:** Man stelle sich vor, in einer engen Wohnstraße steht ein Umzug bevor. Ein bloßes Gesetz, in engen Straßen darf nicht geparkt werden, und wer es dennoch tut, wird ordnungsbehördlich abgeschleppt (d.h. eine Rechtsnorm), schafft für den Umzugskonvoi noch keinen Platz. Aber eine neue Wirklichkeit (d.h. ein geräumter Parkstreifen) wird von der Norm geprägt, wenn ein Verkehrsteilnehmer sie zum Anlass nimmt, für sein Fahrzeug einen anderen Parkplatz zu suchen, und wenn gleichwohl parkende Fahrzeuge durch das Ordnungspersonal und seine Gehilfen tatsächlich abgeschleppt werden.

Der Gegensatz von Normen und Naturgesetzen wird unnötig unklar, wenn man Naturgesetze als **Seinsnormen** bezeichnet. Was hier als Norm bezeichnet wird, muss man davon dann als „Sollensnorm“ abgrenzen.[9] In der Sache ergibt sich aber nichts anderes, solange man nur beides voneinander unterscheidet.

Trotz dieses Gegensatzes gibt es aber auch Gemeinsamkeiten. Man kann etwa sowohl Naturgesetze wie auch Normen als Vorhersagen interpretieren. Das Naturgesetz sagt voraus, was in der Natur unseres Wissens nach geschehen wird, die Norm sagt voraus, wie sich Menschen unseres Wissens nach in den meisten Fällen verhalten werden (was „normal“ ist). Kann die Norm eine solche Vorhersage nicht leisten, „gilt“ sie nicht mehr. Der Unterschied ist dann unter anderem der, dass Naturgesetze und Normen auf unterschiedliche Weise „gebrochen“ werden.[10]

## 2. Recht als intersubjektiv verbindliche Normenordnung

### *a) Begriff*

4 Das Recht hebt sich als Normenordnung von anderen Normenordnungen (dazu unten § 5 Rn. 18 ff.) ab, und zwar durch seine **intersubjektive Verbindlichkeit**. Recht gilt zwischen (lat. inter) verschiedenen Personen (Subjekten). Das Recht ist zwischen den jeweils Betroffenen unabhängig davon verbindlich, ob sie das wollen oder nicht. Es kommt auf ihre augenblicklichen persönlichen Interessen, Bedürfnisse oder Wünsche nur an, soweit das Recht selbst das vorsieht, aber außerrechtliche, individuelle Gründe können die rechtliche Ver-

---

[9] So etwa *Rüthers/Fischer/Birk*, Rechtstheorie, 10. Aufl. 2018, Rn. 95 f.

[10] Hierzu *Gärtner*, Ist das Sollen ableitbar aus einem Sein?, 2010, zusammenfassend S. 352 ff.

bindlichkeit nicht einschränken. Das Recht ist eine intersubjektiv verbindliche Normenordnung.

**Beispiel:** Streiten zwei Menschen darum, wem von ihnen ein kostbares Medaillon zustehe, so gibt das Recht darauf eine Antwort. Sie mag lauten, dass unter Berücksichtigung aller Umstände des Einzelfalles das Medaillon Person A zustehe. Nun bedeutet intersubjektive Verbindlichkeit: diese Antwort ist sowohl für Person A (die obsiegte) wie auch für Person B (die im Streit unterlag) verbindlich, obwohl sie den persönlichen Interessen, Bedürfnissen oder Wünschen von Person B widerspricht. Das schränkt die rechtliche Verbindlichkeit nicht ein. Die individuellen Gründe sind bei der rechtlichen Beurteilung berücksichtigt worden, aber sie haben für die Antwort des Rechts offenbar nicht den Ausschlag gegeben.

Intersubjektive Verbindlichkeit bedeutet: Das Recht ist **unhintergehbar**. 5
Man kann sich dem Recht nicht entziehen, indem man sagt, man wolle etwas nicht rechtlich bewerten. Ob etwas Recht oder Unrecht ist, hängt nicht davon ab, ob jemand etwas davon wissen will.

Im eben genannten **Beispiel** steht das Medaillon rechtlich gesehen also auch dann Person A zu, wenn weder Person A noch Person B noch ein Dritter die Absicht hat, den Streit nach rechtlichen Maßstäben zu beurteilen oder zu entscheiden.

Recht ist auch **unverfügbar**. Ob etwas Recht oder Unrecht ist, hängt nicht 6
davon ab, ob jemand will, dass etwas Recht und Unrecht sei. Entweder es ist es, oder es ist es nicht. Nur wenn das Recht selbst auf den Willen abstellt, hängt Recht oder Unrecht vom Willen ab.

Ob im eben genannten **Beispiel** das Medaillon also Person A zusteht oder nicht, hängt allein von der rechtlichen Normenordnung ab, nicht davon, ob Person A oder Person B sich wünschen, dass dieses oder jenes Inhalt der Normenordnung sein möge. Darauf kommt es erst an, wenn etwa gemäß der Normenordnung selbst (auch) der Wille der Betroffenen maßgebend ist, wenn es also etwa um einen zwischen ihnen geschlossenen Vertrag geht. Denn unter einem Vertrag versteht man rechtlich eine (in welchem genauen Sinn auch immer) freiwillige Einigung. Aber ob eine solche Einigung die erstrebten rechtlichen Wirkungen hat, hängt immer auch von anderen Normen ab, z.B. treten solche Wirkungen oft dann nicht ein, wenn sich die Einigung auf eine verbotene Handlung bezieht.

Schließlich bedeutet intersubjektiv verbindlich auch: Die Einhaltung der 7
Normenordnung gegen den Willen eines anderen darf rechtmäßigerweise mit Zwang durchgesetzt werden. Recht ist **erzwingbar**. Solange Zwang ausschließlich zur Einhaltung der intersubjektiv verbindlichen Normenordnung führt, solange wird die vom Recht gezogene Grenze auch aus der Sicht des vom Zwang Beeinträchtigten nicht überschritten – denn verbindlich ist diese Grenze auch für ihn. Der Gezwungene erleidet kein Unrecht, sondern Recht geschieht ihm.[11]

---

[11] Vgl. *Kant*, Metaphysik der Sitten (1797), Einleitung in die Rechtslehre, § D, E. Näher *Köhler*, Zur Begründung des Rechtszwangs im Anschluss an Kant und Fichte, in: Kahlo/Wolff/Zaczyk, Fichtes Lehre vom Rechtsverhältnis, 1992, S. 93 ff.

Steht im eben genannten **Beispiel** das Medaillon Person A zu, wäre jeder Zugriff von Person B auf das Medaillon rechtswidrig. Dann ist jeder Zwang, den Person A gegen Person B wendet, um diese vom rechtswidrigen Zugriff auf das Medaillon abzuhalten, rechtmäßig. Mit solchem Zwang würde A die zu B hin bestehende Grenze nicht überschreiten.

Recht und Unrecht sind also vollständig **komplementär**, d.h. es gibt zwischen ihnen keine Mischformen und es gibt auch keine Grauzone. Entweder etwas ist Recht, dann ist es kein Unrecht, oder es ist Unrecht, dann ist es kein Recht. Das bedeutet nicht, dass es immer leicht wäre, zwischen Recht und Unrecht zu entscheiden. Damit ist auch nicht gesagt, dass man immer *Eindeutiges* über Recht und Unrecht sagen könnte oder dass jede Rechtsordnung solche Rechtsnormen enthält, dass immer zwischen Recht und Unrecht unterschieden werden könnte. In diesem *erkenntnistheoretischen* oder *systemtheoretischen* Sinne gibt es sehr wohl Grauzonen des Rechts. Aber als Antwort kommt immer nur „Recht“ oder „Unrecht“ in Frage. Sätze wie „Das ist zu ¾ Recht, zu ¼ Unrecht!“ oder „Das ist weder rechtmäßig noch unrechtmäßig!“ sind begrifflich sinnlos.

*b) Bedeutung*

8 Auf der intersubjektiven Verbindlichkeit beruht die Stärke des Rechts als Idee, als Zielvorstellung. Recht hat die Aufgabe, einem äußerlich geordneten und friedlichen menschlichen Zusammenleben zu dienen. Dazu strebt es verlässliche, gerechte und zweckmäßige **Konfliktlösungen** an.[12] Diese Lösungen sollen „gesetzmäßig“ sein, d.h. wiederholbar (und das bedeutet auch: vorherseh- und planbar) und unparteiisch. Außerdem kann Wissen angesammelt werden, das eine immer differenziertere und damit sachgerechtere Konfliktlösung erlaubt. Diese Rechtsidee hat schon immer große Anziehungskraft gehabt (vgl. unten § 10). Wenn die Gestaltung der Lebenswirklichkeit nicht mehr von Macht und Zufall abhängt, sondern vom Recht, setzt das Ressourcen frei, die zuvor gebunden waren, um ständige Verteidigungsbereitschaft aufrecht zu erhalten. Das Recht ermöglicht damit seiner Idee nach sozialen Fortschritt in Kooperation und Koordination und schafft *zugleich* individuelle Freiheit und Sicherheit.

Diese Vorzüge setzen offenbar bereits auf sehr niedrigem Niveau ein: Berichte aus politisch instabilen Regionen lassen den Schluss zu, dass fataler noch als ein unterdrückerisches Regime sich die *völlige* Abwesenheit jeder rechtlichen Ordnung auf das Alltagsleben auswirkt. Das legitimiert politische Unterdrückung selbstverständlich nicht, erklärt aber die praktischen Schwierigkeiten von Transformationsprozessen.

9 Wenn das Recht aber nicht nur beliebige Behauptungen aufstellt, sondern intersubjektive Verbindlichkeit in Anspruch nimmt, muss es immer wieder als „recht“ ausgewiesen und **verantwortet** werden. Pectus facit iurisconsultum:

---

[12] *Kohler-Gehrig*, Einführung in das Recht, 2. Aufl. 2017, S. 9 ff.

Verantwortungsbewusstsein kennzeichnet den Rechtsgelehrten.[13] Wer von Recht spricht, kann nicht anders, als eine spezifische Richtigkeit zu beanspruchen, und muss sich an diesem Anspruch messen lassen.

Am Rechtsbegriff scheiden sich Idealisten von Pragmatikern, Utopisten 10
von Skeptikern und Zynischen. Denn die Ansichten darüber, ob und wie es gelingen kann, diesen hohen Anspruch einzulösen, gehen auseinander. Dass das Recht intersubjektive Verbindlichkeit aber in Anspruch nimmt, ist der **kleinste gemeinsame Nenner** des Rechtsbegriffs. Würde das Recht nicht intersubjektive Verbindlichkeit für sich in Anspruch nehmen, wäre es Behauptung oder Appell, aber es ginge nicht mehr um Recht oder Unrecht.

An die Stelle der Frage „Was ist Recht?" treten damit **konkretere Fragen**: 11
Wie begründet man eine Norm intersubjektiv verbindlich (also: wie weist man nach, dass eine Norm besteht, und wie, dass es sich bei dieser Norm um eine Rechtsnorm handelt)? Wie entstehen solche Normen? Wie verwirklicht sich Recht (also: wie setzt sich Recht gegen Macht durch)? Um diese Fragen kreist die Rechtswissenschaft.

### 3. Wirklichkeitsbezug des Rechts

Inhaltlich bezieht sich das Recht als intersubjektiv verbindliche Normen- 12
ordnung auf den gesamten Bereich dessen, wozu es überhaupt sinnvollerweise Normen geben kann. Über alles, was überhaupt **Gegenstand** einer Norm sein kann, kann eine rechtliche Aussage getroffen werden. Seine prinzipielle Grenze findet das Recht erst dort, wo die Naturgesetze, das Sein, anfangen und der Bereich des Sollens verlassen wird. Seine praktische Grenze findet das Recht freilich sehr viel früher. Nur ein kleiner Ausschnitt der Wirklichkeit ist rechtlicher Regelung faktisch zugänglich. Aber vom Grundsatz her bezieht sich das Recht als Normenordnung auf die ganze Wirklichkeit, auf alle Welt.

In der Wirklichkeit muss gehandelt werden, indem man etwas tut oder 13
etwas nicht tut. Auch wer nichts tut, handelt, nämlich durch sein Unterlassen. Zwischen Tun und Unterlassen gibt es im Moment des Handelns keinen dritten Weg. Weil sich das Recht auf die Wirklichkeit bezieht, gerät es auch unter diesen in der Wirklichkeit herrschenden **Handlungs- und Zeitdruck**. So schwierig es im Einzelfall auch sein mag, über Recht und Unrecht zu entscheiden, so klar ist auch, dass man auf eine Entscheidung nicht einfach verzichten kann. Das bedeutet nicht nur, dass über alles entschieden werden muss, sondern vor allem, dass entschieden werden muss, auch wenn die maßgebenden Umstände unklar geblieben sind.

**Beispiele:** Entspricht es dem Kindeswohl, das Sorgerecht der Mutter oder dem Vater zu übertragen? Wäre der Unfall vermeidbar gewesen? Wie gefährlich ist ein Atomkraftwerk?

---

[13] *Ernst*, Gelehrtes Recht, in: Engel/Schön (Hrsg.), Das Proprium der Rechtswissenschaft, 2007, S. 16.

**Grafik: Vorläufiger Begriff des Rechts**

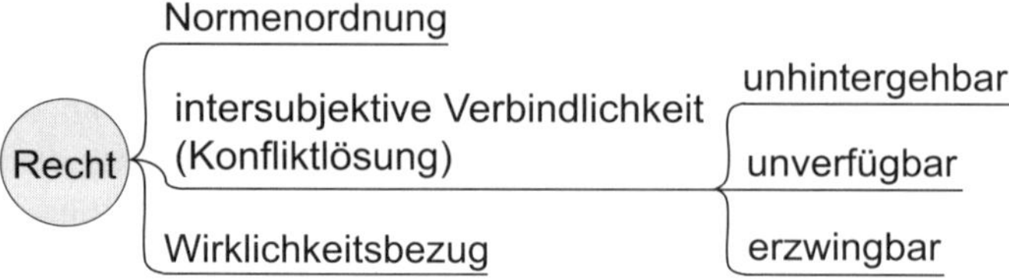


## II. Rechtswissenschaftliche Fächer und ihre Themen

**Literatur:** *Baer*, Rechtssoziologie, 2. Aufl. 2015, § 3; *Benedict*, Grundfragen der Rechtsphilosophie, Jura 2010, 121 ff.; *Braun*, Einführung in die Rechtswissenschaft, 4. Aufl. 2011, S. 353 ff.; *Engel/Schön* (Hrsg.), Das Proprium der Rechtswissenschaft, 2007; *Honsell/Mayer-Maly*, Rechtswissenschaft, 7. Aufl. 2017, S. 273 ff.; *Horn*, Einführung in die Rechtswissenschaft und Rechtsphilosophie, 6. Aufl. 2016, Rn. 39 ff., 55 ff.; *Kohler-Gehrig*, Einführung in das Recht, 2. Aufl. 2017, S. 3 ff.; *Krüper* (Hrsg.), Grundlagen des Rechts, 3. Aufl. 2017; *Kunz/Mona*, Rechtsphilosophie, Rechtstheorie, Rechtssoziologie, 2. Aufl. 2015, Kap. 2 Rn. 20 ff., 52 ff.; *Potacs*, Rechtstheorie, 2015, S. 13 ff.; *Röhl/Röhl*, Allgemeine Rechtslehre, 3. Aufl. 2008, S. 76 f.; *Rüthers/Fischer/Birk*, Rechtstheorie, 10. Aufl. 2018, Rn. 1 ff., 309 ff.; *Tschentscher*, Grundprinzipien des Rechts, 2003, S. 62

**14** Das Recht als intersubjektiv verbindliche Normenordnung kann unter verschiedenen **Perspektiven** Gegenstand wissenschaftlicher Behandlung sein: Man kann insbesondere nach dem hier und heute geltenden Recht fragen (Rechtsdogmatik), nach den Methoden seiner Anwendung (Juristische Methodenlehre), nach dem früher (Rechtsgeschichte) oder nach dem anderswo geltenden Recht (Rechtsvergleichung), nach den Möglichkeiten seiner Veränderung (Rechtspolitik) oder nach seinen normativen, formalen oder faktischen Grundlagen (Rechtsphilosophie, Rechtstheorie, Rechtssoziologie).

### 1. Rechtsdogmatik

**Literatur:** S. zunächst oben vor Rn. 14. – Ferner: *Bumke*, Rechtsdogmatik, 2017; *ders.*, Rechtsdogmatik, JZ 2014, 641 ff.; *Flohr*, Rechtsdogmatik in England, 2017; *Herberger*, Dogmatik: zur Geschichte von Begriff und Methode in Medizin und Jurisprudenz, 1981; *Jestaedt*, Wissenschaft im Recht, JZ 2014, 1 ff.; *Kirchhof/Magen/Schneider* (Hrsg.), Was weiß Dogmatik?, 2012; *Luhmann*, Rechtssystem und Rechtsdogmatik, 1974; *Schuhr*, Rechtsdogmatik als Wissenschaft: rechtliche Theorien und Modelle, 2006; *Stürner*, Das Zivilrecht der Moderne und die Bedeutung der Rechtsdogmatik, JZ 2012, 10 ff.

*a) Begriff*

**15** Im Mittelpunkt der Rechtswissenschaft steht die Frage nach dem Recht als Frage nach dem hier und heute **geltenden Recht**. Das hier und heute geltende Recht ist das Thema der Rechtsdogmatik. Die Rechtsdogmatik ist die Lehre vom geltenden Recht, d.h. von den Lehrmeinungen (Dogmen) über das geltende Recht. Die Rechtsdogmatik versteht sich als „die berufene Bewahrerin und Verwalterin“[14] des geltenden Rechts. Sie erschließt die geltenden Rechtsquellen und die Tradition ihrer Anwendung, systematisiert und kommentiert sie. Rechtsdogmatik bedeutet also, sich mit Argumenten über das geltende Recht auseinander zu setzen.

**Beispiel** für eine rechtsdogmatische Arbeit ist *Theresa Freitags* Dissertation über die Zedentenklage[15], das ist die Klage eines ehemaligen Gläubigers, die er gegen den Schuldner richtet. Die Verfasserin fragt, wie eine solche Klage nach geltendem Recht zu behandeln ist und welche Folgen sich aus ihr ergeben können. Um diese Fragen zu beantworten, muss man erklären, wie bestimmte Rechtsnormen zu verstehen sind und was sie bedeuten.

Das geltende Recht unserer Zeit ist zum größeren Teil Gesetzesrecht, d.h. **16**
es ist in staatlichen Gesetzen positiviert (niedergelegt). Man nennt das geltende Recht deshalb das positive Recht. Weil das geltende Recht positives Recht ist, ist die Rechtsdogmatik in ihrem Ausgangspunkt die Lehre vom positiven Recht, sie ist **Gesetzeswissenschaft**. Gesetze können sich ändern. Die Rechtsdogmatik ist daher abhängig vom Gesetzgeber.

*Julius Hermann von Kirchmann* (1802 bis 1884) hat die Gesetzesabhängigkeit der Rechtsdogmatik zum Anlass genommen, ihr in einem berühmt gewordenen Vortrag „Die Werthlosigkeit der Jurisprudenz als Wissenschaft“ (1848) jeden **Wissenschaftscharakter** abzusprechen. Rechtsdogmatik habe „es nur mit den Lücken, Zweideutigkeiten, Widersprüchen, mit dem Unwahren, Veralteten, Willkürlichen der positiven Gesetze zu tun. Die Unkenntnis, die Nachlässigkeit, die Leidenschaft des Gesetzgebers ist ihr Objekt. (...) Die Juristen sind durch das positive Gesetz zu Würmern geworden, die nur von dem faulen Holz leben; von dem gesunden sich abwendend, ist es nur das kranke, in dem sie nisten und weben. Indem die Wissenschaft das Zufällige zu ihrem Gegenstand macht, wird sie selbst zur Zufälligkeit; drei berichtigende Worte des Gesetzgebers und ganze Bibliotheken werden zu Makulatur.“[16] – Neu war diese These freilich nicht: Schon 1518 verteidigte *Giovanni Nevizzano* (gest. 1540) die Rechtswissenschaft gegen Angriffe aus der Philosophischen Fakultät, eine Wissenschaft sei nur über eine Sache möglich, die sich in Ewigkeit nicht anders verhält.[17] Dieses Schlaglicht auf die Geschichte der Kontroverse zeigt bereits, dass es bei ihr vorwiegend darum geht, was man unter einer Wissenschaft versteht. Stellt man auf „Reflexion über das Vorgehen“ und „Transparenz in der Argumentation“ (vgl. oben § 1 Rn. 9) ab, spricht wenig dafür, den wissenschaftlichen Charakter der Rechtsdogmatik prinzipiell in Zweifel zu ziehen. Was der Rechtsdogmatik aufgrund des ihr vorgegebenen Gegenstandes (das positive Recht) und ihrer spezifischen Perspektive auf diesen Gegenstand (die Frage nach dem hier und heute Geltenden) an äußeren Einschränkungen auferlegt ist, muss sie kritisch und selbst-kritisch würdigen und transparent machen. Dann

---

[14] *Braun*, Einführung in die Rechtswissenschaft, 4. Aufl. 2011, S. 353.

[15] *Freitag*, Die Zedentenklage, 2009.

[16] *Kirchmann*, Die Wertlosigkeit der Jurisprudenz als Wissenschaft (1848), Neudruck 1988, S. 28 f. – Dagegen etwa *Larenz*, Über die Unentbehrlichkeit der Jurisprudenz als Wissenschaft, 1966; *Diederichsen*, Die Eigenständigkeit der Jurisprudenz, in: Festschrift für Werner Flume, 1978, Band 1, S. 283 ff.

[17] Vgl. *Honsell/Mayer-Maly*, Rechtswissenschaft, 7. Aufl. 2017, S. 22.

erhält sie sich innere Autonomie und bewahrt zugleich ihren Wert als Wissenschaft. Wissenschaft ist dann nicht eine Frage des Gegenstandes, sondern des Niveaus.[18] Legt man einen anderen Wissenschaftsbegriff zugrunde, kommt man zum gegenteiligen Ergebnis. Für das Verständnis dessen, worum es sich bei Rechtswissenschaft handelt, ist eine solche rein begriffliche Fragestellung aber nicht ergiebig.[19]

**17** Rechtsdogmatik ist freilich mehr als bloße Nacherzählung des Gesetzes. Nach der Definition des *Pomponius* erklärt die Dogmatik, quod sine scripto in sola prudentium interpretatione consistit: was, ohne im Gesetz zu stehen, kluger Interpretation entspricht.[20] Ihre Aufgabe ist es, „die Sätze eines geltenden Rechts als Teile einer Ordnung verständlich zu machen, also den Begründungszusammenhang der Rechtsgedanken aufzudecken, von denen eine Rechtsordnung getragen wird."[21] **Dogmatisierung** bedeutet daher Begriffsbildung, Systembildung und Prinzipienbildung: Die Grundbegriffe, anhand derer ein Teilgebiet des geltenden Rechts geordnet ist, müssen herausgearbeitet und beschrieben werden. Es muss herausgearbeitet werden, in welchem Zusammenhang diese Grundbegriffe zueinander stehen, d.h. welche Regeln für sie gelten. Und es muss herausgearbeitet werden, auf welchen Prinzipien, d.h. auf welchen grundsätzlichen Wertungen, dieses System beruht. Das ist die Aufgabe der Rechtsdogmatik.

*b) Funktion*

**18** Von der Aufgabe zu trennen ist die Funktion:[22]

(1) Eine wissenschaftliche Aufarbeitung des Rechtsstoffes dient zunächst der **Entlastung der Rechtspraxis**. Die Rechtspraxis kann auf die Ergebnisse der Rechtsdogmatik zurückgreifen und muss die dort erbrachte Ordnungsleistung nicht erst selbst in jedem Einzelfall neu erbringen. Warum die getroffene Entscheidung die richtige ist, kann mit den von der Rechtsdogmatik geschaffenen Instrumenten leichter präzise begründet werden, und die Begründung kann mit den Denkfiguren der Rechtsdogmatik leichter vermittelt werden. Schließlich ist es die Dogmatisierung, die den Rechtsstoff überhaupt erst lehr- und lernbar macht.

**19** (2) Über Entlastung hinaus hat Rechtsdogmatik aber auch eine **stabilisierende Funktion**. Wenn die Rechtspraxis auf Lösungen zurückgreifen kann, die sich in der rechtsdogmatischen Diskussion bewährt haben, ist damit die erste Voraussetzung dafür geschaffen, dass in der Rechtspraxis vorhersehbare und damit planbare Entscheidungen getroffen werden können. Diese stabilisierende Funktion wird noch dadurch verstärkt, dass im juristischen Diskurs ein Negati-

[18] Ein wissenschaftliches Niveau zu erreichen, ist eine damit gestellte, aber noch nicht bewältigte Aufgabe; dazu unten § 2 Rn. 45 ff.

[19] So zutreffend *Ernst*, Gelehrtes Recht, in: Engel/Schön (Hrsg.), Das Proprium der Rechtswissenschaft, 2007, S. 21 f., m.w.N.

[20] Digesten 1, 2, 2, 12.

[21] *Honsell/Mayer-Maly*, Rechtswissenschaft, 7. Aufl. 2017, S. 29 f.

[22] *Rüthers/Fischer/Birk*, Rechtstheorie, 10. Aufl. 2018, Rn. 321 ff.

onsverbot gilt: Wer einer Ansicht nicht zustimmen will, darf nicht einfach ihr Gegenteil postulieren (das wäre bloße Negation), sondern muss dafür bessere Argumente nennen. Damit gibt die Rechtsdogmatik zugleich den Spielraum vor, innerhalb dessen sich die Entscheidung des Einzelfalles bewegen muss.

(3) Schließlich erfüllt Rechtsdogmatik eine **Kritik- und Fortbildungsfunktion**. Indem sie den Rechtsstoff ordnet, macht sie einerseits interne Wertungswidersprüche transparent, andererseits zeigt sie die Grenzen des geltenden Rechts auf. Damit schafft sie die Voraussetzungen dafür, dass Wertungswidersprüche beseitigt, Lücken geschlossen werden können. Für das letztere leistet die Rechtsdogmatik auch dadurch einen Beitrag, dass sie ausgearbeitete und diskutierte Lösungsmodelle anbietet, die zur Lückenfüllung herangezogen werden können. Eine Kritik- und Fortbildungsfunktion erfüllt die Rechtsdogmatik schließlich dadurch, dass sie die Grundwertungen aufzeigt, auf denen die Rechtsordnung beruht. Liegen diese Grundwertungen zu Tage, kann man in eine Diskussion darüber eintreten, ob die damit verbundenen Gerechtigkeitsvorstellungen überhaupt Zustimmung verdienen oder ob man die Rechtsordnung nicht in eine andere Richtung fortentwickeln müsste. Rechtsdogmatik macht die Anwendung des geltenden Rechts also kontrollierbar. 20

*c) Kritik und Zusammenhang*

Trotz dieser positiven und wichtigen Funktion, die der Rechtsdogmatik zukommt, wird der Begriff „Dogmatik“ oft auch mit **negativer Konnotation** verwendet und gehört; er steht dann für konservative Erstarrung, Fremdheit des Rechts gegenüber der Lebenswirklichkeit, gegenüber den Aufgaben der Gegenwart und der Zukunft. Dogmatik erscheint als Waffe der Juristen, mit der sie sich gegen neue Einsichten und sich wandelnde Verhältnisse zur Wehr setzen, um nicht Hergebrachtes in Frage stellen oder gar verändern zu müssen.[23] 21

*Kirchmann* (oben Rn. 16) hat das in die Worte gefasst: „Das Recht kann nicht sein ohne das Moment des Wissens und Fühlens. Ein Volk muss wissen, was das Recht im einzelnen Falle fordert, und es muss mit Liebe seinem Recht ergeben sein. Werden dem Recht diese Momente genommen, so bleibt es wohl ein großes Kunstwerk, aber ein totes, kein Recht mehr! Indem nun die Wissenschaft an das Recht als ihren Gegenstand herantritt, ist die Zerstörung dieser Elemente unvermeidlich.“[24] *Kirchmanns* Schlussfolgerung: „Die Nation ist der wissenschaftlichen Juristen überdrüssig.“[25] Die wissenschaftlichen Juristen – nach *Kirchmanns* Verständnis sind es die Rechtsdogmatiker.

Ein weiterer Aspekt ist, dass dogmatische Aussagen eine große faktische Kraft ausüben können. Sie können dazu verführen, die Bedeutung des Gesetzes zu relativieren. Dann wird die dogmatische **Lehrtradition verabsolutiert**. 22

---

[23] Vgl. *Rüthers/Fischer/Birk*, Rechtstheorie, 10. Aufl. 2018, Rn. 309.

[24] *Kirchmann*, Die Wertlosigkeit der Jurisprudenz als Wissenschaft (1848), Neudruck 1988, S. 39.

[25] *Kirchmann*, Die Wertlosigkeit der Jurisprudenz als Wissenschaft (1848), Neudruck 1988, S. 45.

Ein solches Verständnis entspricht aber nicht jener Funktion und Stellung, die der Rechtsdogmatik in einem demokratischen Rechtsstaat zukommt: In ihm darf die Dogmatik nicht den Gesetzgeber unterwerfen, sondern muss sich den gesetzgeberischen Entscheidungen unterordnen.

Dass die Dogmatik ihre Wertungen nicht an die Stelle der Wertungen des Gesetzgebers setzen darf, bedeutet aber natürlich nicht, dass der Gesetzgeber nicht kritisiert werden dürfte. Dazu bietet er allzu oft Anlass. Nur darf diese Kritik eben nicht übersehen, dass die Entscheidungen des Gesetzgebers demokratisch legitimiert sind – im Unterschied zu den Ergebnissen der dogmatischen Diskussionen.

23 Mit der Rechtsdogmatik das hier und heute geltende Recht in den Mittelpunkt der Rechtswissenschaft zu stellen, ist ohnehin keineswegs zwingend. Rechtswissenschaft wird dadurch Rechtsanwendungswissenschaft: „Die Aufgabe der Rechtswissenschaft, so wie wir sie heute verstehen, ist eine dreifache. Sie legt die Gesetze aus, sie bildet das Recht gemäß den der Rechtsordnung immanenten Wertmaßstäben und den in ihr liegenden gedanklichen Möglichkeiten fort und sie sucht immer aufs Neue die Fülle des Rechtsstoffs unter einheitlichen Gesichtspunkten zu erfassen (...).“[26] Die **Alternative** besteht darin, sich als Rechtswissenschaft von Gesetz und Rechtsprechung zu lösen und diese nur noch als Anschauungsmaterial zu verwenden oder Recht als Herrschaftsinstrument zu hinterfragen. Inspiriert wird Rechtswissenschaft dann von fachfremden Quellen, etwa der Soziologie, der Ökonomie, der Philosophie oder der Politikwissenschaft.[27] Dies entspricht aber nicht der rechtswissenschaftlichen Tradition in Deutschland.

24 Doch auch wenn traditionell die Rechtsdogmatik im Mittelpunkt der Rechtswissenschaft steht, so steht die Rechtsdogmatik dort keineswegs für sich. Das Recht als intersubjektiv verbindliche Normenordnung kann darüber hinaus noch unter verschiedenen anderen Perspektiven wissenschaftlich behandelt werden. Diese anderen Perspektiven nehmen die sogenannten **Grundlagenfächer** ein. Die Bezeichnung bringt zum Ausdruck, dass man sich von ihnen grundlegende, allgemeine Einsichten zum geltenden Recht verspricht. Noch einmal reflektiert sich in dieser Terminologie die zentrale Stellung der Rechtsdogmatik, im Verhältnis zu der jedes andere rechtswissenschaftliche Fach als Grundlagenfach erscheint. Betont werden muss jedoch, dass sich die Bedeutung der Grundlagenfächer nicht im Allgemeinen und Prinzipiellen erschöpft: Grundlagenfächer sind ebenso dann relevant, wenn es um Einzelfragen des geltenden Rechts geht, also gleichsam im Alltagsgeschäft des Rechtsdogmatikers. Grundlagenfächer sind aber nicht nur (und nicht einmal in erster Linie) Hilfswissenschaften zur besseren Bewältigung rechtsdogmatischer (Grundlagen- oder Einzel-)Fragen, sondern sie behandeln den Gegenstand

---

[26] *Larenz*, Über die Unentbehrlichkeit der Jurisprudenz als Wissenschaft, 1966, S. 12.

[27] Vgl. *Fleischer*, Gesellschafts- und Kapitalmarktrecht als wissenschaftliche Disziplin, in: Engel/Schön (Hrsg.), Das Proprium der Rechtswissenschaft, 2007, S. 52f.

Recht aus Perspektiven, die gegenüber der rechtsdogmatischen Perspektive eigenständig und gleichwertig sind.[28]

Einen interessanten Ansatz zur Deutung der theoretischen Grundlagenfächer vertritt *Alexander Somek*[29]: Er stellt als Gegenstand der Rechtswissenschaft nicht „das Recht", sondern **rechtliches Wissen** heraus, das den Rechtsexperten auszeichne und ihn für Laien so unentbehrlich mache. Es diene dazu, festzustellen, was eine entscheidende Instanz als richtige Einsicht in das auffassen *müsste*, was vom Recht gestattet oder gefordert wird. Mit Bestimmtheit könne man das aber nicht vorhersagen. Diese Unbestimmtheit könne man ohne Selbstaufhebung auch nicht selbst zum Thema machen, sondern müsse sie an ein Theoriefach weiterreichen. „Die Theorie steht für den Moment, an dem sich die Expertise ins Weltanschauliche oder Politische verflüchtigt."[30] Das bedeute: „Die Begründung des Steuerungsanspruchs rechtlichen Wissens – warum also eine juristische Behauptung gilt und folglich beachtet werden soll – ist als eine beliebig zu beantwortende Grundlagenfrage auszugeben."[31]

## Grafik: Begriff und Funktion der Rechtsdogmatik

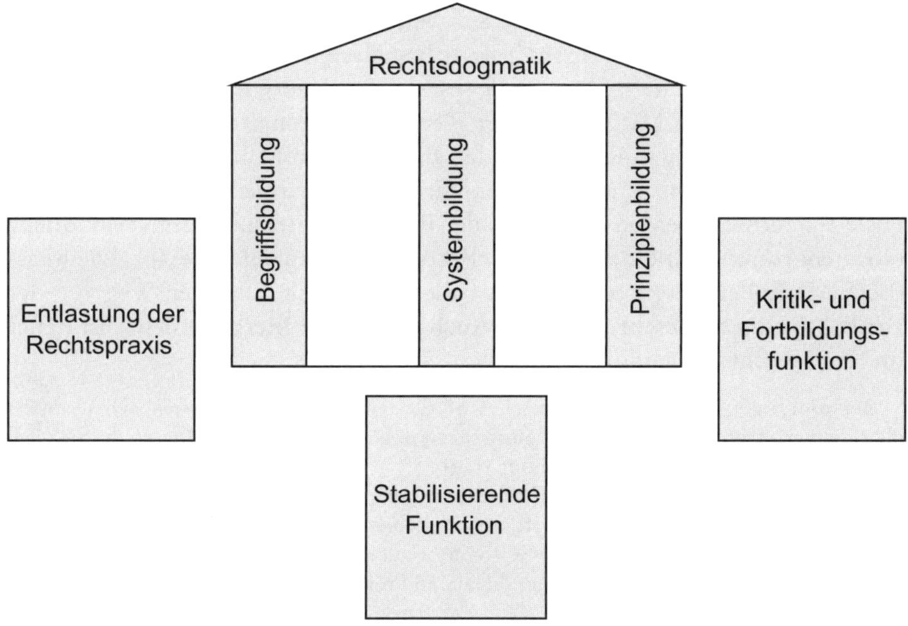


## 2. Juristische Methodenlehre

**Literatur:** S. zunächst oben vor Rn. 14. – Ferner: *Bydlinski,* Juristische Methodenlehre und Rechtsbegriff, 2. Aufl. 1991; *Bydlinski/Bydlinski*, Grundzüge der juristischen Metho-

[28] Vgl. *Kunz/Mona*, Rechtsphilosophie, Rechtstheorie, Rechtssoziologie, 2. Aufl. 2015, Kap. 2 Rn. 37 ff., 52 ff.

[29] *Somek*, Rechtliches Wissen, 2006, S. 32 ff.

[30] *Somek*, Rechtliches Wissen, 2006, S. 13.

[31] *Somek*, Rechtliches Wissen, 2006, S. 12.

denlehre, 3. Aufl. 2018; *Coing*, Juristische Methodenlehre, 1972; *Engisch*, Einführung in das juristische Denken, 12. Aufl. 2018; *Fikentscher*, Methoden des Rechts in vergleichender Darstellung, 5 Bde., 1975-1977; *Hager*, Rechtsmethoden in Europa, 2009; *Koch/Rüßmann,* Juristische Begründungslehre, 1982; *Kramer*, Juristische Methodenlehre, 5. Aufl. 2016; *Larenz*, Methodenlehre der Rechtswissenschaft, 6. Aufl. 1991 (Studienausgabe von *Larenz/ Canaris*, 3. Aufl. 1996); *Mahlmann*, Konkrete Gerechtigkeit, 4. Aufl. 2019, § 8; *Möllers*, Juristische Methodenlehre, 2017; *Müller/Christensen*, Juristische Methodik, Bd. 1, 11. Aufl. 2013; Bd. 2, 3. Aufl. 2012; *Raisch*, Juristische Methodenlehre: Vom antiken Rom bis zur Gegenwart, 1995; *Reimer*, Juristische Methodenlehre, 2016; *Rückert/Seinecke*, Methodik des Zivilrechts, 3. Aufl. 2017; *dies.*, Zwölf Methodenregeln für den Ernstfall, Jura 2012, 775 ff.; *Rüthers*, Wozu auch noch Methodenlehre?, JuS 2011, 865 ff.; *Schröder*, Recht als Wissenschaft, 2. Aufl. 2012; *Vogel*, Juristische Methodik, 1998; *Vogenauer*, Die Auslegung von Gesetzen in England und auf dem Kontinent, 2 Bde, 2001; *Wank*, Die Auslegung von Gesetzen, 6. Aufl. 2015; *Zippelius*, Juristische Methodenlehre, 11. Aufl. 2012

**25** Unter den Grundlagenfächern steht die Juristische Methodenlehre der Rechtsdogmatik noch am nächsten. Sie fragt nach den **Methoden der Rechtsanwendung**, d.h. sie fragt danach, auf welchem Weg (vgl. griech. méthodos, das Nachgehen, das Verfolgen[32]) man begründetes Wissen über geltendes Recht gewinnen kann[33]. Ebenso wie mit der Rechtsdogmatik die Lehre vom geltenden Recht im Mittelpunkt der Rechtswissenschaft steht, steht die Anwendung des geltenden Rechts auf den Einzelfall im Mittelpunkt der Juristischen Methodenlehre. Die Methodenlehre hält Instrumente bereit, mit deren Hilfe erschlossen werden kann, was das Recht als intersubjektiv verbindliche Normenordnung für einen individuell-konkreten Einzelfall besagt. Die Juristische Methodenlehre löst also nicht Fälle, sondern sie zeigt den Weg auf, der zur Falllösung zu beschreiten ist.[34] Auch Juristische Methodenlehre ist daher im Kern Rechtsanwendungslehre.[35]

**Beispiel** für eine Arbeit zur Juristischen Methodenlehre ist *Ulrike Lembkes* Dissertation über die verfassungskonforme Auslegung (dazu näher unten § 7 Rn. 14)[36], in der sie nach der Legitimität dieser spezielle Methode fragt.

Man kann freilich Juristische Methodenlehre auch unter einem anderen Aspekt betreiben, und zwar kann man nicht nur fragen, welcher Weg zur Falllösung zu beschreiten ist – d.h.: beschritten werden sollte –, sondern auch, auf welchem Wege Juristen denn **tatsächlich** zu Falllösungen kommen. Ideale und reale Methode können zweierlei sein.

Eng mit der Anwendung des geltenden Rechts auf den Einzelfall verbunden ist aber eine weitere Aufgabe der Methodenlehre. Nicht nur die Anwendung

---

[32] Näher zur Begriffsgeschichte *Fikentscher*, Methoden des Rechts, Band 4, 1977, S. 121 ff.

[33] *Larenz*, Methodenlehre der Rechtswissenschaft, 6. Aufl. 1991, S. 5; *Pawlowski*, Methodenlehre für Juristen, 3. Aufl. 1999, Rn. 4d.

[34] *Braun*, Einführung in die Rechtswissenschaft, 4. Aufl. 2011, S. 362 f.

[35] *Horn*, Einführung in die Rechtswissenschaft und Rechtsphilosophie, 6. Aufl. 2016, Rn. 164.

[36] *Lembke*, Einheit aus Erkenntnis?, 2009.

des geltenden Rechts auf den Einzelfall bedarf der methodischen Grundlegung, sondern ebenso die mögliche **Änderung** des geltenden Rechts. Die Juristische Methodenlehre zeigt nicht nur den Weg auf, der zur Falllösung zu beschreiten ist, sondern ebenso, wie sich mögliche Änderungen des geltenden Rechts rechtstechnisch einwandfrei formulieren und auf ihre Auswirkungen hin prüfen lassen.

Damit besteht zwischen der Juristischen Methodenlehre und der Rechtsdog- **26**
matik ein **doppelter Zusammenhang**: Einerseits beziehen sich Rechtsdogmatik und Juristische Methodenlehre gleichermaßen auf das geltende Recht. Die Rechtsdogmatik trifft Aussagen über das geltende Recht, die Juristische Methodenlehre trifft Aussagen über die Methoden zur Anwendung und Änderung des geltenden Rechts. Andererseits müssen diese Methoden ihrerseits mit dem geltenden Recht im Einklang stehen. Die Frage, ob eine Aussage über das geltende Recht zutrifft oder nicht, hängt vom geltenden Recht ab. Daher ist auch die Frage, mit welchen methodischen Mitteln Aussagen über das geltende Recht gewonnen werden können, eine Frage des geltenden Rechts. Soll das Ergebnis den vom geltenden Recht vorgegebenen Rahmen nicht überschreiten, muss sich auch die Juristische Methodenlehre in den vom geltenden Recht gezogenen Grenzen halten. Fragen der Juristischen Methodenlehre sind Rechtsfragen. Die Juristische Methodenlehre ist daher immer wieder darauf angewiesen, Aussagen der Rechtsdogmatik über das geltende Recht aufzunehmen, oder muss ihrerseits rechtsdogmatisch arbeiten und selbst Aussagen über das geltende Recht formulieren, nämlich soweit sie die Methoden zur Anwendung und Änderung des geltenden Rechts zum Thema haben.

Hinzu kommt: Auch die rechtsdogmatische Arbeit muss methodisch erfol- **27**
gen. Es gehört daher zu den **weiteren Aufgaben** der Juristischen Methodenlehre, die methodischen Grundlagen für rechtsdogmatische Arbeit, also für die Begriffsbildung, Systematisierung und die Herausarbeitung von Rechtsprinzipien zu schaffen und zu reflektieren.[37] Schließlich ist es Aufgabe der Juristischen Methodenlehre, ihre eigenen methodischen Standards zu begründen und zu hinterfragen. Auch Aussagen über die richtigen Methoden zur Anwendung und Änderung des geltenden Rechts brauchen ein methodisches Fundament.

Demgegenüber werden die **Methoden der übrigen Grundlagenfächer** in der Juristischen Methodenlehre nach herkömmlichem Verständnis nicht thematisiert. Über die Methoden der Rechtsgeschichte gibt daher die Rechtsgeschichte Auskunft, über Methoden der Rechtsvergleichung die Rechtsvergleichung und so fort.

### 3. Rechtsgeschichte und Rechtsvergleichung

**Literatur:** S. zunächst oben vor Rn. 14. – Ferner zur *Rechtsgeschichte: Boosfeld*, Grundzüge der römischen Rechtsgeschichte, JuS 2017, 490 ff.; *Deutscher Anwaltverein* (Hrsg.), Anwälte und ihre Geschichte, 2011; *Ebel/Thielmann,* Rechtsgeschichte, 5. Aufl. 2016;

---

[37] Dazu *Lennartz*, Dogmatik als Methode, 2017.

*Eisenhardt*, Deutsche Rechtsgeschichte, 6. Aufl. 2013; *Frassek,* Studium unter dem Hakenkreuz, JuS-Magazin 2006, 28 ff.; *Frotscher/Pieroth,* Verfassungsgeschichte, 16. Aufl. 2017; *Gergen*, „Kurzer Prozess": Notizen zur Rechtsgeschichte, Ad Legendum 2009, 254 ff.; *Gmür/Roth,* Grundriss der deutschen Rechtsgeschichte, 15. Aufl. 2018; *Grossi,* Das Recht in der europäischen Geschichte, 2010; *Harke,* Römisches Recht, 2. Aufl. 2016; *Honsell,* Römisches Recht, 8. Aufl. 2015; *Kannowski*, Germanisches Recht heute, JZ 2012, 321 ff.; *Kaser/Knütel/Lohsse*, Römisches Privatrecht, 21. Aufl. 2017; *Laufs,* Ein Jahrhundert wird besichtigt – Rechtsentwicklung in Deutschland: 1900 bis 1999, JuS 2000, 1 ff.; *Manthe* (Hrsg.), Die Rechtskulturen der Antike, 2003; *Meincke,* Römisches Privatrecht, 2. Aufl. 2017; *Rüping/Jerouschek* Grundriss der Strafrechtsgeschichte, 6. Aufl. 2011; *Schildt,* Die Rezeption des römischen Rechts, Jura 2003, 450 ff.; *Schlosser*, Neuere europäische Rechtsgeschichte, 3. Aufl. 2017; *Waldstein/Rainer*, Römische Rechtsgeschichte, 11. Aufl. 2014; *Wapler*, Frauen in der Geschichte des Rechts, in: Foljanty/Lembke (Hrsg.), Feministische Rechtswissenschaft, 2. Aufl. 2012, S. 33 ff.; *Wesel,* Geschichte des Rechts, 4. Aufl. 2014; *Wesel,* Geschichte des Rechts in Europa, 2010; *Willoweit*, Deutsche Verfassungsgeschichte, 7. Aufl. 2013; *Zahn*, Einführung in die Quellen des römischen Rechts, Jura 2015, 448 ff.; *Ziegler*, Völkerrechtsgeschichte, 2. Aufl. 2007.

Zur *Rechtsvergleichung: Basedow*, Hundert Jahre Rechtsvergleichung, JZ 2016, 269 ff.; *Brand,* Grundfragen der Rechtsvergleichung – Ein Leitfaden für die Wahlfachprüfung, JuS 2003, 1082 ff.; *Haase*, Einführung in die Methodik der Rechtsvergleichung, JA 2005, 232 ff.; *Häcker*, Das englische Common Law – Eine Einführung, JuS 2014, 872 ff.; *Hager,* Rechtsmethoden in Europa, 2009; *Jackson/Tushnet,* Comparative constitutional law, 3. Aufl. 2014; *Jung*, Grundfragen der Strafrechtsvergleichung, JuS 1998, 1 ff.; *Kischel*, Rechtsvergleichung, 2015; *Koch/Magnus/Winkler von Mohrenfels*, IPR und Rechtsvergleichung, 4. Aufl. 2010; *Lundmark*, Die Methodik des Präzedenzfalls im Common Law-Rechtskreis, Ad Legendum 2016, 109 ff.; *Markesinis*, Rechtsvergleichung in Theorie und Praxis, 2004; *Menski*, Comparative law in a global context: the legal systems of Asia and Africa, 2. Aufl. 2006; *Reimann* (Hrsg.), The Oxford handbook of comparative law, 2008; *Rösler,* Rechtsvergleichung als Erkenntnisinstrument in Wissenschaft, Praxis und Ausbildung, JuS 1999, 1084 ff., 1186 ff.; *Sacco/Rossi*, Einführung in die Rechtsvergleichung, 3. Aufl. 2017; *Seiwerth*, Einführung in die Methodik des Rechtsvergleichs, Jura 2016, 596 ff.; *Weber,* Europäische Verfassungsvergleichung, 2010; *Zweigert/Kötz*, Einführung in die Rechtsvergleichung, 3. Aufl. 1996

**28** In ganz anderer Weise sind die Rechtsgeschichte und die Rechtsvergleichung mit der Rechtsdogmatik verwandt, denn während die Rechtsdogmatik nach dem hier und jetzt geltenden Recht fragt, befasst sich die Rechtsgeschichte mit dem in der **Vergangenheit** und die Rechtsvergleichung mit dem **anderswo** geltenden Recht. Rechtsgeschichte ist also gleichsam die Rechtsdogmatik des heute nicht mehr geltenden Rechts, Rechtsvergleichung die des nicht hier geltenden Rechts.

**Beispiel** für eine diese Perspektiven verknüpfende Arbeit ist die Dissertation von *Stephan Balthasar*[38]. Der Verfasser untersucht den zivilrechtlichen Schutz der Privatsphäre, und zwar einerseits historisch, d.h. beginnend im römischen Recht, zugleich aber auch rechtsvergleichend, denn dargestellt wird die gegenwärtige Rechtslage in Deutschland, Frankreich und England.

---

[38] *Balthasar*, Der Schutz der Privatsphäre im Zivilrecht, 2006.

Man kann **Rechtsgeschichte aus zwei Perspektiven** betreiben: Entweder 29
„von außen", indem man nach den Auswirkungen bestimmter Ereignisse auf das jeweils geltende Recht fragt. Oder man untersucht die Rechtsgeschichte „von innen" heraus, indem man die Entwicklung des geltenden Rechts nachzeichnet.[39] Dabei kann man jeweils die Entwicklung des Rechtssystems im Ganzen und seiner wissenschaftlichen Behandlung in den Blick nehmen („Makroebene") oder einzelne rechtsdogmatische Institute oder Themen verfolgen („Mikroebene").

**Beispiele:** Rechtsgeschichte auf einer „Makroebene" ist insbesondere die Geschichte der Rechtsquellen und der Juristischen Methodenlehre; Rechtsgeschichte auf einer „Mikroebene" ist z.B. die Geschichte des Vertragsrechts, der Ersitzung, der Adoption, der Strafbarkeit der Brandstiftung oder des Parteienbegriffs. Rechtsgeschichte „von außen" betreibt man etwa, wenn man untersucht, wie sich der Augsburger Religionsfriede auf das Verhältnis von Staat und Kirche im deutschen Verfassungsrecht ausgewirkt hat. Rechtsgeschichte „von innen" betreibt man beispielsweise, wenn man untersucht, wie sich Altersgrenzen für Volljährigkeit, Strafmündigkeit, Wahlrecht etc. entwickelt haben.

Die Rechtsgeschichte ist nicht immer als **Grundlagenfach** verstanden worden. Zu Zeiten der von *Friedrich Carl von Savigny*[40] begründeten Historischen Rechtsschule galt die Rechtswissenschaft insgesamt primär als historische Wissenschaft. Recht war in ihrer Sicht weniger eine Frage staatlicher Setzung als ein historisch gewachsenes Etwas, eine Rechtskultur, die sich im „Volksgeist" niederschlage.[41] Erst die modernen Gesetzbücher, in denen das geltende Recht kodifiziert wurde, haben die Rechtsgeschichte zum Grundlagenfach und die Rechtsdogmatik zum Referenzpunkt der Rechtswissenschaft werden lassen.

Auf eine gewisse Weise verfährt aber, worauf *Johann Braun* aufmerksam macht, auch die Rechtsdogmatik historisierend, indem sie sich nämlich zu einem großen Teil darauf

---

[39] *Tschentscher*, Grundprinzipien des Rechts, 2003, S. 62. Vgl. auch *Wahl*, Entwicklungspfade im Recht, JZ 2013, 369 ff.

[40] 1779 bis 1861. *Savigny* studierte Rechte in Marburg und Göttingen und hielt seit 1801 Vorlesungen über Römisches Recht, Rechtsgeschichte und Methodenlehre, ab 1810 in Berlin, das durch ihn zum Zentrum der deutschen Rechtswissenschaft wurde. Seit 1842 war er „Staats- und Justizminister" für Gesetzgebung bis zu seinem Rücktritt im Zuge der Märzrevolution 1848. Hauptwerke sind „Vom Beruf unserer Zeit für Gesetzgebung und Rechtswissenschaft" und „System des heutigen Römischen Rechts". Für *Savigny* ist Recht nicht zunächst Gesetzes-, sondern vor allem Gewohnheitsrecht. Daher könne es auch nur „organisch", d.h. geschichtlich aufgefasst werden. Mit dem „System" hat *Savigny* nicht nur die heutige Methodenlehre, sondern vor allem auch das Internationale Privatrecht maßgebend beeinflusst. Näheres bei *Kleinheyer/Schröder* (Hrsg.), Deutsche und Europäische Juristen aus neun Jahrhunderten, 6. Aufl. 2017, S. 380 ff.; vgl. auch *Albers*, Wer war eigentlich ... Friedrich Carl von Savigny?, Ad Legendum 2010, 237 ff.; *Benedict*, Savigny ist tot!, JZ 2011, 1073 ff.; *Rückert*, Methode und Zivilrecht beim Klassiker Savigny, in: Rückert/Seinecke (Hrsg.), Methodik des Zivilrechts, 3. Aufl. 2017, S. 35 ff.

[41] *Savigny*, Vom Beruf unserer Zeit für Gesetzgebung und Rechtswissenschaft, 1814, S. 11. Vgl. *Rückert*, Die Historische Rechtsschule nach 200 Jahren – Mythos, Legende, Botschaft, JZ 2010, 1 ff.

beschränkt, **Präjudizien** zusammenzustellen. Ein Präjudiz ist eine frühere Entscheidung über einen ähnlichen oder sogar gleichen Fall. Die Rechtspraxis hat die Tendenz, sich derjenigen Auffassung anzuschließen, für die die meisten Präjudizien angeführt werden können. Auf diese Weise entstehen weitere Präjudizien und so fort.[42] Und zweitens steht die Rechtsdogmatik, ob bestätigend oder sich abgrenzend, immer in einer **Traditionslinie**, indem sie die Begriffe, Systeme und Prinzipien des geltenden Rechts (auch) mit den von der Rechtsgeschichte bereitgestellten Mitteln beschreibt oder zu solchen Beschreibungen Stellung nimmt.

Innerhalb der Rechtsgeschichte unterscheidet man üblicherweise **Römische** und **Deutsche Rechtsgeschichte**. Daneben nimmt die **Juristische Zeitgeschichte** eine Sonderstellung ein.

Sie umfasst etwa die Rechtsentwicklung seit Gründung der Weimarer Republik. Im formalen Gewand dieser Verfassung wurde das Deutsche Reich unter dem Nationalsozialismus zu einem totalitären Unrechtssystem: Das nationalsozialistische Rechtsdenken, maßgebend getragen von *Carl Schmitt* (1888 bis 1985), *Karl Larenz* (1903 bis 1993) und anderen[43], kannte weder Menschen- und Bürgerrechte noch überhaupt rechtliche Bindungen. Nach der Kapitulation 1945 konnte in der Bundesrepublik eine große Zahl nationalsozialistisch belasteter Juristen ihre Karrieren ungehindert fortsetzen.[44]

30 **Rechtsvergleichung** fragt nach dem anderswo geltenden Recht. Ihre Grenzen zur Rechtsgeschichte[45] und zur Rechtssoziologie (dazu § 12) sind fließend: Die Rechtsgeschichte greift oft zum Rechtsvergleich, die Rechtsvergleichung hingegen bezieht mitunter auch die Rechtsentwicklung ein, aus der die gegenwärtige Rechtslage hervorgegangen ist, und befasst sich – als Rechtsethnologie – zuweilen auch mit dem Recht traditioneller Gesellschaften. Die Rechtssoziologie fragt nach dem Verhältnis von Gesellschaft und Recht nicht nur für das hierzulande geltende Recht, sondern ebenso mit Blick auf das Recht in anderen Gesellschaften und Gegenden der Welt.

Ziel der Rechtsvergleichung[46] ist einerseits, die globale Dimension juristischen Wissens zu erschließen. Rechtsvergleichung ist aber auch auf einer

---

[42] *Braun*, Einführung in die Rechtswissenschaft, 4. Aufl. 2011, S. 364.

[43] Speziell zu Larenz vgl. *Frasek*, Karl Larenz (1903-1993) – Privatrechtler im Nationalsozialismus und Nachkriegsdeutschland, JuS 1998, 296 ff.; *ders.*, Methode und Zivilrecht bei Karl Larenz, in: Rückert/Seinecke (Hrsg.), Methodik des Zivilrechts, 3. Aufl. 2017, S. 213 ff.; *Hartmann*, Das methodologische Denken bei Karl Larenz, 2001; *Jakobs*, Karl Larenz und der Nationalsozialismus, JZ 1993, 805 ff. – Zu erwähnen sind außerdem etwa *Heinrich Schönfelder* (dazu *Willems*, Wer war eigentlich ... Heinrich Schönfelder?, Ad Legendum 2017, 147 ff.) und *Otto Palandt* (*Barnert*, Von Station zu Station, in: Festschrift Palandt Bürgerliches Gesetzbuch 75. Auflage, 2016, S. 21 ff.; *van de Loo*, Den Palandt umbenennen, JZ 2017, 827 ff., dazu kritisch *Simon*, Umtaufe, myops 2019, 5 ff.).

[44] Vgl. *Rottleuthner*, Karrieren und Kontinuitäten deutscher Justizjuristen vor und nach 1945, 2010; *Schumann* (Hrsg.), Kontinuitäten und Zäsuren: Rechtswissenschaft und Justiz im „Dritten Reich“ und in der Nachkriegszeit, 2008.

[45] Vgl. zuletzt *Fleischer*, Auf den Spuren des römischen Erbes im modernen Personengesellschaftsrecht: Ein historisch-vergleichender Streifzug, JZ 2019, 53 ff.

[46] Dazu *Coendet*, Rechtsvergleichende Argumentation, 2012.

pragmatischen Ebene bedeutsam: Man kann sich von den Lösungen, die für Rechtsprobleme durch andere anderswo gefunden worden sind, bei der eigenen Lösungssuche inspirieren lassen und man kann seine eigenen Überlegungen an den Lösungen anderer messen. Zudem fördert die Rechtsvergleichung die Rechtsvereinheitlichung: Der Vergleich der verschiedenen nationalen Lösungen ist eine wichtige Vorarbeit auf dem Weg zu supranationalem Recht.

**Beispielsweise** beruht das Wiener UN-Kaufrecht auf einem rechtsvergleichend erarbeiteten Entwurf. Rechtsvergleichend wird auch ein Großteil des Unionsrechts erarbeitet.

Umgekehrt sensibilisiert die Rechtsvergleichung aber auch für die Eigenheiten einzelner Rechtsordnungen, die einer Rechtsvereinheitlichung gerade entzogen bleiben sollen.

Methodisch geht die Rechtsvergleichung dabei funktionell vor, d.h. es werden funktionsverwandte Rechtsinstitute miteinander verglichen, also Rechtsinstitute, die in verschiedenen Rechtssystemen dieselbe Funktion erfüllen, auch wenn sie sich in der Bezeichnung oder Struktur stark unterscheiden. Funktionelle Rechtsvergleichung geht von Rechtsproblemen aus.

**Beispiel:** Man fragt also nicht: Welche Formvorschriften gibt es in Rechtsordnung A und B? Sondern: Wie schützen Rechtsordnung A und B Vertragsparteien davor, übereilt einen Vertrag abzuschließen, dessen Inhalt nicht eindeutig dokumentiert ist? Solcher Schutz kann sich aus Formvorschriften ergeben, aber ebenso kommen Beseitigungsrechte in Betracht, also etwa Anfechtung des Vertrages oder Widerruf.

### 4. Rechtspolitik

**Literatur:** S. zunächst oben vor Rn. 14. – Ferner *Feldman* (Hrsg.), Law in Politics, Politics in Law, 2013; *von Hippel*, Rechtspolitik, 1992; *von Münch*, Rechtspolitik und Rechtskultur, 2011; *Niesen* (Hrsg.), Zwischen Demokratie und globaler Verantwortung, 2013; *Zamboni,* Law and Politics, 2008

Während sich Rechtsdogmatik, Rechtsgeschichte und Rechtsvergleichung mit aktuell, früher oder anderswo geltendem Recht befassen, fragt die Rechtspolitik nach **künftigem Recht**: Wie und warum sollte sich das geltende Recht konkret verändern? Die Rechtspolitik spricht vom Recht nicht de lege lata, also wie es dem geltenden Gesetz entspricht, sondern de lege ferenda, d.h. wie es einem erst noch zu schaffenden Gesetz entspricht. Nicht selten fehlt es in Diskussionen an Klarstellungen darüber, ob sich eine Aussage auf den geltenden Rechtsstand beziehen soll (also rechtsdogmatischen Charakter hat) oder ob sie rechtspolitisch gemeint ist, also als ein Plädoyer für eine Rechtsänderung. **31**

**Beispiel** für eine rechtspolitische Arbeit ist eine Erörterung, ob die Strafprozessordnung so geändert werden sollte, dass in einem Strafbefehl eine Freiheitsstrafe bis zu zwei Jahren verhängt werden kann, wenn die Vollstreckung zur Bewährung ausgesetzt wird.[47]

---

[47] *Leipold/Wojtech*, Strafbefehl bis zu zwei Jahren Freiheitsstrafe, ZRP 2010, 243 ff.

### 5. Rechtsphilosophie, Rechtstheorie, Rechtssoziologie

**Literatur:** S. zunächst oben vor Rn. 14; ferner unten bei §§ 10, 11 und 12.

**32** Rechtsphilosophie, Rechtstheorie und Rechtssoziologie werden unter dem Begriff **theoretische Grundlagenfächer** zusammengefasst. Die Rechtsphilosophie befasst sich mit normativen, die Rechtstheorie mit formalen und die Rechtssoziologie mit faktischen Aspekten des Rechts.[48]

#### *a) Rechtsphilosophie*

**33** Die Rechtsphilosophie fragt nach den **Wertungen und Gerechtigkeitsvorstellungen**, die dem Recht zugrunde liegen oder zugrunde liegen sollten. Sie sucht nach Kriterien für „richtiges" Recht, sie fragt nach der Wertungskonsistenz des geltenden Rechts und danach, ob das geltende Recht unter Gerechtigkeitsgesichtspunkten akzeptiert werden kann. Die Rechtsphilosophie fragt nach dem Recht, wie es sein sollte.

**Beispiel** für eine rechtsphilosophische Arbeit ist etwa ein Beitrag *Rainer Zaczyks,* in dem er sich mit der strafrechtsdogmatischen Figur des untauglichen Versuchs unter dem Aspekt beschäftigt, wie die Strafbarkeit dafür gerechtfertigt werden kann.[49]

#### *b) Rechtstheorie*

**34** Die Rechtstheorie untersucht die **formalen Strukturen**, die dem Recht zugrunde liegen. Sie fragt nicht nach seiner inhaltlichen Richtigkeit, sondern sie fragt nach seiner formalen Stimmigkeit. Dabei geht es zunächst um die formale Rationalität der Rechtssprache (sprachanalytische Rechtstheorie) und der Rechtsordnung (analytische Rechtstheorie)[50], aber auch darüber hinaus um den „Versuch, das Recht als solches und das jeweilige Rechtssystem in seinen realen Funktionsabläufen zu erkennen und zu beschreiben."[51] Die Rechtstheorie fragt nach Entstehung, Geltung und Wirksamkeit von Recht an sich. „Was ist Recht? Warum gilt Recht? Wie wird Recht zutreffend angewendet?"[52] Das umfasst eine große Bandbreite verschiedener Zugänge zum Recht: (1) Einen empirischen Zugang. Gesetze, Entscheidungen und menschliches Verhalten sind beobachtbar und beschreibbar. Die Rechtstheorie fragt dann nach der Auswirkung von Normen auf menschliches Verhalten. Die Rechtstheorie untersucht die tatsächliche Anwendung und Befolgung des Rechts in der Gesellschaft. (2) Einen analytischen Zugang. Dabei geht es um die Frage, aus welchen

---

[48] *Kunz/Mona*, Rechtsphilosophie, Rechtstheorie, Rechtssoziologie, 2. Aufl. 2015, Kap. 2 Rn. 22 ff.

[49] *Zaczyk*, Strafrecht, Rechtsphilosophie und der untaugliche Versuch, in: Festschrift für Manfred Maiwald zum 75. Geburtstag, 2010, S. 885 ff.

[50] *Dreier*, Was ist und wozu Allgemeine Rechtstheorie?, 1975, S. 8 ff.; *Kunz/Mona*, Rechtsphilosophie, Rechtstheorie, Rechtssoziologie, 2. Aufl. 2015, Rn. 24.

[51] *Rüthers/Fischer/Birk*, Rechtstheorie, 10. Aufl. 2018, Rn. 21. Zum Folgenden Rn. 24 ff.

[52] *Rüthers/Fischer/Birk*, Rechtstheorie, 10. Aufl. 2018, S. VII.

Elementen die Rechtsordnung zusammengesetzt ist, es geht um die Struktur von Rechtsnormen und Rechtsbegriffen. Innerhalb der Rechtsordnung finden sich dieselben Strukturen in ganz unterschiedlichen Zusammenhängen. Die Rechtstheorie versucht, diese Verbindungen aufzuzeigen. (3) Zuweilen sucht die Rechtstheorie – entgegen der bei Rn. 32 dargestellten Aufgabenverteilung – auch einen normativen Zugang zum Recht und fragt nach dem Begriff, nach dem Wesen des Rechts und nach dem Geltungsgrund sowie nach den Methoden der Rechtsanwendung.

Stets ergeben sich dabei **Überschneidungen** mit den übrigen theoretischen Grundlagenfächern: Den normativen Zugang zum Recht suchen auch Rechtsphilosophie und, speziell in Bezug auf die Methoden der Rechtsanwendung, Juristische Methodenlehre. Dem tragen *Bernd Rüthers, Christian Fischer* und *Axel Birk*[53] Rechnung, indem sie die Rechtsphilosophie und die Juristische Methodenlehre als Teildisziplinen der Rechtstheorie auffassen. Eine dritte Teildisziplin soll die Allgemeine Rechtslehre sein. Von der Rechtsdogmatik, die ebenfalls analytische Fragen stellt, unterscheide sich die Rechtstheorie dadurch, dass es sich bei ihr um eine Meta-Dogmatik handele. Sie betrachte vor allem Rechtsnormen als solche, während die Rechtsdogmatik sich mit den konkreten Normen des geltenden Rechts befasse. Aber das gilt nicht ausschließlich. Aufgabe der Rechtsdogmatik ist es auch, die dem geltenden Recht zugrunde liegenden Prinzipien herauszuarbeiten. Das macht es oftmals erforderlich, nach den Strukturen zu fragen, die dem Recht als solchem zugrunde liegen.[54]

Wie man Rechtsphilosophie und Rechtstheorie voneinander abgrenzt, hängt ohnehin davon ab, welche inhaltlichen Positionen man zu den **Grundfragen des Rechts** vertritt: Ein Rechtsphilosoph, der überhaupt die Möglichkeit verneint, normative Aussagen zu begründen, kann sich nur noch auf die Beschreibung von Recht beschränken, also nur noch eine analytische Rechtsphilosophie betreiben, die sich wenig von einer Rechtstheorie unterscheidet. Ein Rechtstheoretiker, der umgekehrt normative Aussagen für wissenschaftlich begründbar hält (d.h.: einer Legitimationstheorie anhängt), wird eine Rechtstheorie vertreten, die nicht bloß empirische oder analytische, sondern vor allem normative Aussagen über das Recht trifft.[55]

**Beispiel** für eine rechtstheoretische Arbeit, in der es um die formalen Strukturen des Rechts geht, ist etwa der Aufsatz von *Ulrich Penski*[56] über die besonderen Eigenschaften von Rechtsgrundsätzen und Rechtsregeln.

*c) Rechtssoziologie*

Den empirischen Zugang zum Recht thematisiert vor allem die Rechts- 35
soziologie. Sie untersucht die **realen Strukturen** des Rechts, sie fragt nach den konkreten Umständen, unter denen Recht entsteht, nach den konkreten,

[53] *Rüthers/Fischer/Birk*, Rechtstheorie, 10. Aufl. 2018, S. VII und Rn. 23.

[54] *Vesting*, Rechtstheorie, 2. Aufl. 2015, Rn. 19 ff.

[55] *Mahlmann*, Rechtsphilosophie und Rechtstheorie, 5. Aufl. 2019, Einl. Rn. 7.

[56] *Penski*, Rechtsgrundsätze und Rechtsregeln, JZ 1989, 105 ff.

tatsächlichen Wirkungen, die das Recht in der Gesellschaft entfaltet, und danach, wie es gelebt wird, also ob es seinen Anspruch, die Gesellschaft in gewisser Weise zu steuern, tatsächlich einlöst. Rechtssoziologie befasst sich mit dem Recht als einem Teil der gesellschaftlichen Wirklichkeit und der Lebenspraxis. Damit geraten die Differenzen zwischen gesellschaftlichem Sein und rechtlichem Sollen in den Blick, und es wird nach den Wechselwirkungen von Lebenswirklichkeit und Rechtsordnung gefragt.[57]

**Beispiel** für eine rechtssoziologische Arbeit, in der es um die konkreten Umstände geht, unter denen Recht entsteht, ist etwa die Untersuchung von *Rüdiger Lautmann*[58]. Die Studie behandelt (auf der Grundlage einer verdeckten teilnehmenden Beobachtung richterlicher Beratungsrunden) die richterliche Entscheidungsfindung: Welche Strategien und welche Mechanismen spielen bei der Entscheidungsfindung eine Rolle?

36 **Kriminologie** beschäftigt sich mit Kriminalität als sozialem Phänomen, also mit den Hintergründen von Straftaten, den Folgen, die das strafbare Verhalten für das Opfer und die Gesellschaft hat, sowie mit der Art und Weise, in der Staat und Gesellschaft auf strafbare Handlungen reagieren.[59] Kriminologie ist also eine empirische Wissenschaft, die einen interdisziplinären Zugang zum Phänomen „Kriminalität" sucht. Einer von ihnen ist der rechtssoziologische Zugang. Ihn verfolgt die Kriminologie, wenn sie danach fragt, welche Rolle das Recht für das Phänomen „Kriminalität", die Hintergründe und Folgen von sowie die Reaktionen auf Straftaten spielt.

**Beispielsweise** untersucht die kriminologische Forschung die Neigung der Gesellschaft und der zuständigen Stellen, auf bestimmtes Verhalten mit harten Strafen zu reagieren (Punitivität).

Kriminalität ist nicht das einzige rechtlich bedeutsame Phänomen, das interdisziplinär untersucht wird. Ein anderes ist etwa das Phänomen „Verwaltung" (die entsprechende Disziplin ist die Verwaltungslehre[60]) oder das Phänomen „Medien".

### 6. Ökonomische Analyse

**Literatur:** S. zunächst oben vor Rn. 14. – Ferner § 12 IV.

37 Auch die ökonomische Analyse des Rechts fragt nach dem Verhältnis von Recht und Wirklichkeit, aber nicht nach einem bestimmten Phänomen, sondern unter einem bestimmten Blickwinkel. Dieser Blickwinkel ist der

---

57 *Tschentscher*, Grundprinzipien des Rechts, 2003, S. 64.

58 *Lautmann*, Justiz – die stille Gewalt, 1972.

59 *Meier*, Kriminologie, 5. Aufl. 2016, § 1 Rn. 5. Vgl. näher *Eisenberg/Kölbel*, Kriminologie, 7. Aufl. 2017, § 1 Rn. 1 ff.; *Göppinger*, Kriminologie, 6. Aufl. 2008, § 1 Rn. 1 f.

60 Dazu *Oebbecke*, Verwaltungsrechtswissenschaft und Verwaltungswissenschaft, Verw. Beih. 7 (2007), 210 ff.

**Zusammenhang von Recht und Ökonomie.**[61] Ökonomischer Analyse geht es einerseits um die ökonomischen Auswirkungen des Rechts. Sie untersucht, in welchem Maße die Normenordnung des Rechts die Verschwendung von Ressourcen verhindert und den effizienten Ressourceneinsatz begünstigt. Andererseits werden auch das Zustandekommen einer bestehenden Rechtsstruktur und die tatsächlichen Voraussetzungen für die Herausbildung einer effizienten Rechtsstruktur in die ökonomische Analyse einbezogen. Dann wird untersucht, wie sich ökonomische Verhältnisse in rechtlichen Regelungen niederschlagen, und es wird gefragt, wie das ökonomische Umfeld beschaffen sein müsste, wenn eine effiziente Rechtsstruktur entstehen soll. Die ökonomische Analyse beruht auf der Prämisse, Recht lasse sich als System zur Maximierung gesellschaftlichen Wohlstandes beschreiben, auch wenn mit der Frage nach der Effizienz erklärtermaßen nur ein Wirklichkeitsbezug unter vielen in den Blick genommen wird.[62]

Bildlich bringt dieses Bewusstsein der Untertitel des einflussreichen Aufsatzes von *Guido Calabresi* und *A. Douglas Melamed* auf eindrucksvolle Weise zum Ausdruck: „Property Rules, Liability Rules, and Inalienability: One View of the Cathedral".[63]

### 7. Kritische Rechtswissenschaft

Ebenfalls eine spezielle Perspektive, die sowohl realen (also rechtssoziologi- 38
schen) als auch rechtspolitischen Charakter hat, macht sich die kritische, insbesondere die feministische Rechtswissenschaft zu eigen.[64] Sie fragt allgemein danach, wie Recht **Machtverhältnisse und Ausschlüsse** produziert (rechtssoziologisch, aber auch wissenschaftstheoretisch) und mit welchen Strategien Veränderungen dieser Machtverhältnisse möglich sind (rechtspolitisch). Die ursprüngliche Kategorie der Analyse ist das Geschlechterverhältnis, gefragt wird aber auch darüber hinaus nach Ausschlussmechanismen (etwa Benachteiligung

61 *Cooter/Ulen*, Law and Economics, 6. Aufl. 2012, S. 3 ff.; *Posner*, Economic Analysis of Law, 9. Aufl. 2014, S. 3, 29 ff.; *Schäfer/Ott*, Lehrbuch der ökonomischen Analyse des Zivilrechts, 5. Aufl. 2012, S. XXXIII, XLIV; *Towfigh/Petersen*, Ökonomische Methoden im Recht, 2. Aufl. 2017, S. 2 ff.

62 *Posner*, Economic Analysis of Law, 9. Aufl. 2014, S. 31 ff., 34 f.

63 85 Harvard Law Review 1089 (1972).

64 *Elsuni*, Feministische Rechtstheorie, in: Buckel/Christensen/Fischer-Lescano (Hrsg.), Neue Theorien des Rechts, 2. Aufl. 2009, S. 157 ff.; *Foljanty/Lembke* (Hrsg.), Feministische Rechtswissenschaft, 2. Aufl. 2012, Einl. Rn. 2 ff. Vgl. auch *Greif/Schobesberger*, Einführung in die Feministische Rechtswissenschaft, 2. Aufl. 2007, S. 1 ff., 107 ff.; *Kocher*, Geschlecht und Recht, Ad Legendum 2017, 281 ff.; *Rudolf*, Recht und Rechtswissenschaft im Dialog mit Frauen- und Geschlechterstudien, in: dies., Geschlecht im Recht, 2009, S. 8 ff.; zusammenfassende Einschätzungen bei *Mahlmann*, Rechtsphilosophie und Rechtstheorie, 5. Aufl. 2019, § 19.

von Menschen mit Behinderungen). Diese Perspektiven firmieren oftmals unter den Bezeichnungen „Legal Gender Studies“ oder „Critical Legal Studies“[65].

39 Dieses Fächerspektrum ließe sich noch erweitern zu einer **rechtskulturwissenschaftlichen Perspektive**: Man kann Recht als intersubjektiv verbindliche Normenordnung auch in einen kulturellen Zusammenhang stellen und nach den Wechselwirkungen zwischen Recht und kulturellen Zeichen- und Symbolsystemen fragen (z.B. „Law and Literature“[66]) oder das Recht unter dem Aspekt seiner kulturellen Bedingtheit analysieren.[67]

### 8. Gesamtschau: Was ist Rechtswissenschaft?

40 Rechtswissenschaft ist also **Vieles**. Das Spektrum der Fächer und ihrer Fragen reicht von der Rechtsdogmatik über die theoretischen Grundlagenfächer bis hin zu rechtsökonomischen und rechtskulturwissenschaftlichen Perspektiven. Ihr gemeinsamer Mittelpunkt ist das Recht als eine intersubjektiv verbindliche Normenordnung.

**Grafik: Disziplinen der Rechtswissenschaft**

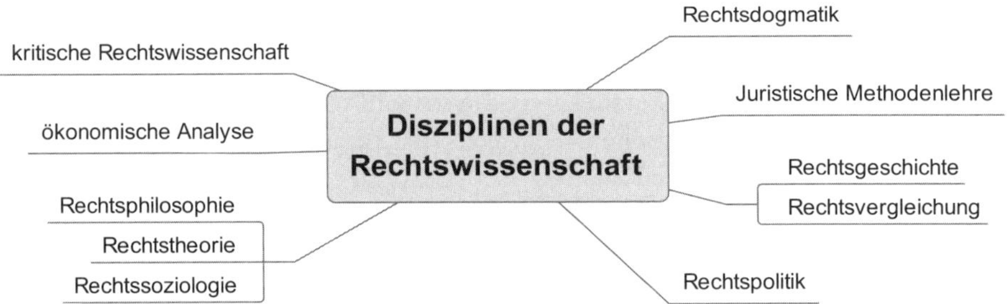


41 Eine erinnernswerte **Zusammenfassung** dessen, was Rechtswissenschaft ist, hat *Rudolf von Jhering*[68] geliefert: „so nenne ich die Rechtswissenschaft das wissenschaftliche Bewusstsein in Dingen des Rechts, das Bewusstsein, das nach Seiten der Rechtsphilosophie hin die letzten Gründe zu erforschen hat, denen das Recht auf Erden seinen Ursprung und seine Geltung verdankt, nach Seiten der Rechtsgeschichte ihm folgt auf allen seinen Wegen, die es genommen hat, um von Stufe zu Stufe zur höheren Vollkommenheit sich zu erheben, nach Seiten der Dogmatik die zum praktischen Gebrauch geordnete wissenschaftliche Darstellung aller Erfahrungen und Tatsachen, welche den augenblicklichen

---

[65] Dazu nur *Baer*, Rechtssoziologie, 2. Aufl. 2015, § 4 Rn. 187 ff.; *Frankenberg*, Partisanen der Rechtskritik: Critical Legal Studies etc., in: Buckel/Christensen/Fischer-Lescano (Hrsg.), Neue Theorien des Rechts, 2. Aufl. 2009, S. 75 ff.

[66] S. nur *Kastner*, Literatur und Recht, NJW 2003, 609 ff.; *Klimke*, Recht & Literatur, Jura 2016, 1125 ff.; *Schramm*, Law and Literature, JA 2007, 581 ff.; *Weber* (Hrsg.), Recht und Juristen im Bild der Literatur, 2005.

[67] Etwa *Mankowski*, Rechtskultur, 2016.

[68] Zur Person unten Fn. 280.

Höhen- und Endpunkt unserer Erkenntnis und Erfassung des Rechts in sich schließen."[69]

## III. Rechtswissenschaft im Kreis der Wissenschaften

**Literatur:** *Braun*, Einführung in die Rechtswissenschaft, 4. Aufl. 2011, S. 353 ff.; *Dreier*, Zum Selbstverständnis der Jurisprudenz als Wissenschaft, RTh 2 (1971), 37 ff.; *Grimm* (Hrsg.), Rechtswissenschaft und Nachbarwissenschaften, 2 Bände (Band 1 in 2. Aufl.), 1976; *Henke*, Alte Jurisprudenz und neue Wissenschaft, JZ 1987, 685 ff.; *Honsell/Mayer-Maly*, Rechtswissenschaft, 7. Aufl. 2017, S. 1 ff.; *Horn*, Einführung in die Rechtswissenschaft und Rechtsphilosophie, 6. Aufl. 2016, Rn. 48 ff.; *Hufen*, Der wissenschaftliche Anspruch des Jurastudiums, JuS 2017, 1 ff.; *Kiesow*, Rechtswissenschaft – was ist das?, JZ 2010, 585 ff.; *Kirste*, Einführung in die Rechtsphilosophie, 2010, S. 25 ff.; *Kühl/Reichold/Ronellenfitsch*, Einführung in die Rechtswissenschaft, 2. Aufl. 2015, § 1 Rn. 59 ff.; *Larenz*, Aufgabe und Eigenart der Jurisprudenz, JuS 1971, 449 ff.; *Larenz*, Methodenlehre der Rechtswissenschaft, 6. Aufl. 1991, S. 189 ff.; *Mahlmann*, Konkrete Gerechtigkeit, 4. Aufl. 2019, § 13; *ders.*, Rechtsphilosophie und Rechtstheorie, 5. Aufl. 2019, § 35; *Potacs*, Rechtstheorie, 2015, S. 129 ff.; *Röhl/Röhl*, Allgemeine Rechtslehre, 3. Aufl. 2008, S. 79 ff., 135 ff., 169 ff.; *Rüthers/Fischer/Birk*, Rechtstheorie, 10. Aufl. 2018, Rn. 280 ff.; *Seelmann/Demko*, Rechtsphilosophie, 6. Aufl. 2014, § 9; *Tschentscher*, Grundprinzipien des Rechts, 2003, S. 59

### 1. Rechtswissenschaft als Geisteswissenschaft

Rechtswissenschaft befasst sich mit dem Recht, einer intersubjektiv verbind- 42
lichen Normenordnung. Normen sind keine Naturerscheinungen, deshalb ist Rechtswissenschaft keine Naturwissenschaft. Normen müssen nicht entdeckt und können nicht mit Naturgesetzen erklärt werden. Normen sind Teil der vom Menschen geschaffenen Lebenswelt. Rechtswissenschaft ist daher eine **Geisteswissenschaft**.

Gerade aus Sicht eines Rechtswissenschaftlers darf der Unterschied zwischen Natur- und Geisteswissenschaften[70] aber nicht überbetont werden: Zwischen beiden Wissenschaftszweigen bestehen vielfältige **Verbindungen**. Auf eine gewisse Weise ist die Zuordnung der Rechtswissenschaft zu den Geisteswissenschaften allerdings ohnehin fragwürdig. Wissenschaftshistorisch gesehen setzt sich in den Natur- und Geisteswissenschaften die Philosophische Fakultät alten Zuschnitts fort (der sogenannten unteren Fakultät der artes liberales), während die Rechtswissenschaft, die Theologie und die Medizin als die drei oberen Fakultäten von dem, was heute als Geisteswissenschaften betrieben wird, schon immer getrennt waren.

---

[69] *Jhering*, Ist die Jurisprudenz eine Wissenschaft?, Wiener Antrittsvorlesung vom 16.10.1868, hrsg. v. O. Behrends, 1998, S. 47–92, 92.

[70] Grundlegend *Dilthey*, Einleitung in die Geisteswissenschaften. Versuch einer Grundlegung für das Studium der Gesellschaft und der Geschichte (1883), Neuabdruck in: ders., Gesammelte Schriften, Band I, 1973, S. 3 ff.

Innerhalb der Geisteswissenschaften nimmt die Rechtswissenschaft eine Stellung ein, die je nach Fachrichtung zwischen **Sozial- und Textwissenschaft** changiert: Sie ist etwa dann Sozialwissenschaft, wenn sie nach der realen Wirksamkeit des Rechts fragt.[71] Textwissenschaftliche Methoden wendet sie etwa an, wenn sie fragt, welches Recht im Alten Rom gegolten hat.[72] Textwissenschaftliche Methoden stehen auch für die Rechtsdogmatik im Mittelpunkt. Im Unterschied zu anderen Textwissenschaften ist die Rechtsdogmatik aber auf praktische Entscheidungen hin orientiert, also anwendungsbezogen.

**43** Sowohl als Sozial- wie als Textwissenschaft ist die gesamte Rechtswissenschaft in weitem Umfang darauf angewiesen, bei der Behandlung ihres Gegenstandes **Erkenntnisse aus anderen Wissenschaften** einzubeziehen. Das Recht bezieht sich auf die Wirklichkeit. Wo die Erwartung besteht, dass eine Aussage über Recht getroffen wird, ist Wissen über die Wirklichkeit Voraussetzung. Über dieses Wissen verfügt die Rechtswissenschaft nicht von sich aus. Sie darf diesen Mangel nicht durch den Rückgriff auf Alltagstheorien zu kaschieren versuchen, sondern sie muss sich das Wissen anderer Disziplinen verfügbar machen, insbesondere indem sie deren Vertreter als Sachverständige hinzuzieht.[73] Interdisziplinäre Arbeitsteilung ist ein Qualitätsmerkmal moderner Wissenschaft. Im Unterschied zu den Erkenntnissen der Grundlagenfächer, die zum Verständnis des Rechts selbst beitragen, liefern diese Wissenschaften für sich genommen aber noch keine Erkenntnisse über Recht, sondern Erkenntnisse, an die die Rechtswissenschaft anknüpfen kann. Aus Sicht der Rechtswissenschaft handelt es sich deshalb um Hilfswissenschaften.

**Beispiele:** Zu nennen sind etwa Logik (dazu näher § 4 Rn. 27 ff.), Linguistik, Informatik, Friedensforschung, Ethnologie, Psychologie (Individual- und Sozialpsychologie), Wirtschaftswissenschaften.[74]

Mit der Bezeichnung als Hilfswissenschaften soll keineswegs überheblicher Selbstgefälligkeit das Wort geredet werden. Der Begriff soll nur den eben beschriebenen Zusammenhang einfangen, dass diese Wissenschaften für die Rechtswissenschaft Erkenntnisse bereithalten, die der Rechtswissenschaft eine Hilfe sind, die aber nicht für sich schon rechtswissenschaftliche Inhalte haben.

---

[71] *Horn*, Einführung in die Rechtswissenschaft und Rechtsphilosophie, 6. Aufl. 2016, Rn. 48.

[72] *Tschentscher*, Grundprinzipien des Rechts, 2003, S. 60 f.

[73] Zur Methodik *Hamann*, Empirische Erkenntnisse in juristischen Ausbildungsarbeiten, Jura 2017, 759 ff.; *Hilgendorf*, Bedingungen gelingender Interdisziplinarität, JZ 2010, 913 ff.; *Coupette/Fleckner*, Quantitative Rechtswissenschaft, JZ 2018, 379 ff.

[74] *Tschentscher*, Grundprinzipien des Rechts, 2003, S. 61, 65 f.

**Grafik: Rechtswissenschaft als Sozial- und Textwissenschaft**

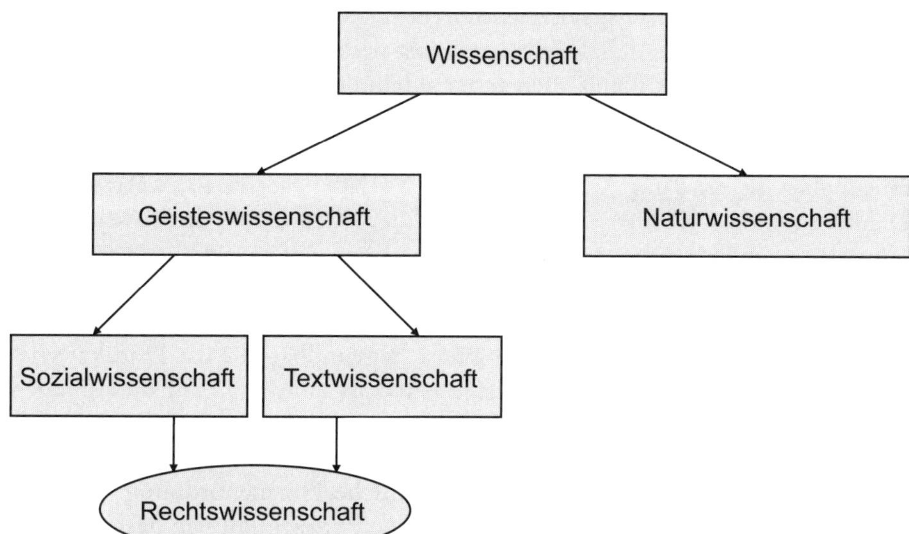


## 2. Werturteilsstreit und Münchhausen-Trilemma

Unabhängig davon, dass die Rechtswissenschaft je nach Fachrichtung zwischen Sozial- und Textwissenschaft changiert, trifft sie **teilweise deskriptive, teilweise normative Aussagen**[75]: Deskriptive Aussagen verwendet die Rechtswissenschaft, wenn sie einen bestehenden Zustand beschreibt. Deskriptive Aussagen sind wahr oder falsch. Ob sie aber wahr oder falsch sind, ist nicht immer gleichermaßen leicht feststellbar, weil nicht immer ein aussagekräftiger Mechanismus zur Verfügung steht, mit dem eine deskriptive Hypothese falsifiziert werden könnte. Eine normative Aussage ist keine Beschreibung, sondern eine Bewertung eines (bestehenden oder zu schaffenden) Zustandes. Schließlich können sich in einer Aussage deskriptive und normative Inhalt verbinden. 44

**Beispiele:** Deskriptiven Charakter haben Aussagen wie „Junge Männer neigen eher zu Gewalttaten als alte Frauen." Normativen Charakter haben Aussagen wie „Das deutsche Vertragsrecht gewährleistet einen angemessenen Verbraucherschutz." „Drogen sollten legalisiert werden." oder „... sollten illegal bleiben." In einer Aussage wie „Das Heilige Römische Reich war eine Wahlmonarchie." verbinden sich deskriptive und normative Inhalte: Einerseits handelt es sich um eine Beschreibung, die falsifiziert wäre, wenn sich Belege für eine Erbmonarchie fänden. Insoweit ist die Aussage deskriptiv. Andererseits kann es Gründe geben, aus denen man den Begriff „Wahlmonarchie" angesichts der damaligen Staatspraxis für unangemessen hält. Insoweit handelt es sich also um eine normative Aussage.

Je weniger eine Wissenschaft deskriptive Aussagen enthält, die sich als wahr oder falsch überprüfen lassen, umso eher stellt sich die Frage, ob es sich bei einer 45

[75] Vgl. *Rüthers/Fischer/Birk*, Rechtstheorie, 10. Aufl. 2018, Rn. 291 ff.

solchen Disziplin überhaupt um eine Wissenschaft handelt. Dieser Streit wird als **Werturteilsstreit** (Positivismusstreit) bezeichnet.[76] Der Wissenschaftscharakter der Rechtswissenschaft wird also nicht deshalb in Frage gestellt, weil die Rechtsdogmatik stark vom Gesetzgeber abhängig ist (s. Rn. 16), sondern weil Rechtswissenschaft normative Aussagen enthält, bei denen man es für nicht überprüfbar hält, ob sie im exakten Sinne wahr oder falsch sind. Wissenschaft müsse aber, so wird im Anschluss an *Max Weber*[77] vertreten, wertfrei sein. Denkbar sei, dass Werturteile die Auswahl des Themas und die Einschätzung seiner Relevanz bestimmen, auch dass als gegeben angenommene Werturteile selbst Gegenstand einer wissenschaftlichen Behandlung werden. Aber Werturteile ließen sich nicht *wissenschaftlich* begründen. Andere bestreiten das und halten auch Werturteile für in einer Weise begründbar, die das Prädikat wissenschaftlich verdiene. Eine endgültige Antwort kann man auf diese Fragen nicht geben.

**46** Für die Rechtswissenschaft sind sie aber besonders wichtig. Aussagen über Recht betreffen eine intersubjektiv verbindliche Normenordnung. Die sich im rechtswissenschaftlichen Kontext stellenden Fragen können deshalb nicht im Ungefähren belassen werden. Bei genauerer Betrachtung gilt aber für *jede* wissenschaftliche Aussage, dass sie von Voraussetzungen (Prämissen) abhängig ist, deren Gültigkeit niemals bis ins Letzte nachgewiesen werden kann. Jede wissenschaftliche Aussage beruht auf bestimmten Voraussetzungen, die ihrerseits auf bestimmten Voraussetzungen beruhen und so fort.[78] Es gibt drei Möglichkeiten, damit umzugehen. In keinem der drei Fälle gelingt eine Letztbegründung von Wahrheit – man spricht deshalb vom **Münchhausen-Trilemma**[79]: Entweder die wissenschaftliche Begründung einer Aussage führt immer weiter zurück bis ins Unendliche, an den Anfang der Welt. Oder an einer bestimmten Stelle wird in einen Begründungszirkel abgebogen. Die größte Lebensnähe weist die dritte Verfahrensweise auf: An einer bestimmten Stelle wird die Begründungskette abgebrochen und die Prämissen werden zu Axiomen, zu Weltanschauung oder Ideologie und damit zu einer gesellschaftlichen Konstruktion der Lebenswirklichkeit. Was man für wahr hält, ist eine Frage des je-eigenen Weltbildes, als Kind seiner Zeit. Als Wissenschaftler hat man die Pflicht, sich über diese Bedingtheit klar zu werden, aber man unterliegt ihr auch in diesem Moment.[80]

---

[76] Überblick bei *Rüthers/Fischer/Birk*, Rechtstheorie, 10. Aufl. 2018, Rn. 290a ff.

[77] Zur Person näher unten § 12 Rn. 12.

[78] Vgl. *Röhl/Röhl*, Allgemeine Rechtslehre, 3. Aufl. 2008, S. 170.

[79] So benannt nach *Hieronymus Carl Friedrich Freiherr von Münchhausen* (1720–1797), bekannt als „Lügenbaron Münchhausen“. *Albert*, Traktat über kritische Vernunft, 5. Aufl. 1991, S. 11 ff.

[80] Vgl. *Grimm*, in: ders. (Hrsg.), Rechtswissenschaft und Nachbarwissenschaften, Band 1, 2. Aufl. 1976, S. 7.

Darüber darf aber nicht in Vergessenheit geraten, dass bei aller Relativität 47
jeder Erkenntnis gleichwohl **Möglichkeiten geteilter menschlicher Erkenntnis** in diesem human relativen Sinn bestehen. Zu einer bestimmten Zeit an einem bestimmten Ort unter bestimmten tatsächlichen Verhältnissen ist eine Verständigung zwischen Menschen nach vernünftigen Grundsätzen möglich. Auch eine nicht letztbegründete Einsicht kann gut begründet sein. Diese Möglichkeiten muss der Wissenschaftler ausloten und ausschöpfen.[81] Die Aufgabe der Rechtswissenschaft besteht daher weniger darin, Aussagen zu formulieren, die im exakten Sinne als wahr begründet werden können, sondern die in einem geisteswissenschaftlichen Sinne rational sind. Das bedeutet vor allem, Aufschluss über die eigenen Voraussetzungen und Bewertungen zu geben. Mit den Worten *Bernd Rüthers'*, *Christian Fischers* und *Axel Birks*: „Die kritische Reflexion und Diskussion über Wertfragen muss nicht notwendig ‚unwissenschaftlich' sein. Es bleibt die Aufgabe der normativ arbeitenden Wissenschaften, die intersubjektive wissenschaftliche Verständigung über Wertfragen voranzutreiben, also Werturteile im erreichbaren Umfang nachprüfbar zu machen."[82]

Das unterscheidet sich nur in Nuancen von der Konsequenz, die *Hans Albert* selbst aus dem Münchhausen-Trilemma ziehen will: Man solle die Leitidee einer objektiven Begründung von Lehrsätzen aufgeben und durch die einer kritischen Prüfung von Hypothesen ersetzen, was selbst aber auch nur eine Hypothese sei.[83]

### 3. Zusammenfassung

Zusammenfassend ist also festzuhalten, dass Rechtswissenschaft zu den 48
Geisteswissenschaften gehört. Insbesondere die Rechtsdogmatik wendet im Schwerpunkt textwissenschaftliche Methoden an, ist dabei aber anwendungsbezogen und muss empirische (sozialwissenschaftliche) Ergebnisse berücksichtigen. Rechtswissenschaft trifft teilweise deskriptive, teilweise normative Aussagen, die jeweils nur relativ wissenschaftlich begründbar sind, aber jedenfalls kritisch reflektiert werden können.

## § 3. Rechtswissenschaft als Beruf

**Literatur:** *Baer*, Rechtssoziologie, 2. Aufl. 2015, § 5; *Baldus/Finkenauer/Rüfner* (Hrsg.), Juristenausbildung in Europa zwischen Tradition und Reform, 2008; *Forstmoser/Vogt*, Einführung in das Recht, 4. Aufl. 2008, S. 541 ff.; *Honsell/Mayer-Maly*, Rechtswissenschaft, 7. Aufl. 2017, S. 31 ff.; *Mahlmann*, Konkrete Gerechtigkeit, 4. Aufl. 2019, § 9; *von Münch*, Der Jurist in der modernen internationalen Gesellschaft, Jura 2016, 1 ff.; *Niedostadek/Lorenz*, Jura Professionell – Karrierewege für Juristen, 2006; *Raiser*, Grundlagen der Rechtssoziologie, 6. Aufl. 2013, S. 353 ff.; *Ranieri*, Juristenausbildung und Richterbild in

---

[81] *Mahlmann*, Rechtsphilosophie und Rechtstheorie, 5. Aufl. 2019, § 37 Rn. 4 ff.
[82] *Rüthers/Fischer/Birk*, Rechtstheorie, 10. Aufl. 2018, Rn. 290d.
[83] *Albert*, Traktat über rationale Praxis, 1978, S. 11 f.

der europäischen Union, DRiZ 1998, 285 ff.; *Rehbinder*, Rechtssoziologie, 8. Aufl. 2014, Rn. 132 f.; *Rinken*, Einführung in das juristische Studium, 3. Aufl. 1996; *Röhl*, Rechtssoziologie, 1987, S. 343 ff.; *Schwinge*, Der Jurist und sein Beruf, 1960

## I. Rechtskunde und Rechtswissenschaft

1 Wissenschaft ist nicht der einzig denkbare Zugang zum Recht. In vielen Lebenslagen, in denen das Recht eine Rolle spielt, ist **Rechtskunde** ausreichend. Wer sich im Straßenverkehr bewegt, muss Verkehrsregeln kennen, aber nicht ihren wissenschaftlichen Zusammenhang. Wer am Wirtschaftsleben teilnimmt, muss etwas über Verträge wissen, aber nichts über die Dogmatik des Vertragsrechts. Jeder muss wissen, welches Verhalten ihm erlaubt und welches ihm verboten ist, aber nicht reflektieren, warum dieses erlaubt, jenes verboten ist. Auch in beruflichen Zusammenhängen genügt es oft, wenn man mit dem Recht auf einer handwerklich-technischen Ebene umgehen kann. So muss ein Polizeibeamter abschätzen können, ob eine Anweisung, die er einem Bürger erteilt, bei einer gerichtlichen Überprüfung Bestand haben würde oder nicht (und das setzt umfassende Rechtskenntnisse und die Fertigkeiten zur Anwendung von Recht auf den Einzelfall voraus), aber er muss nicht den wissenschaftlichen Hintergrund dieser Überprüfung kennen. In allen diesen Fällen sind die besonderen Charakteristika eines wissenschaftlichen Umgangs mit Recht – das ordnende und erklärende Interesse und das methodische, reflektierte und kritische Vorgehen dabei – nicht gefragt.

2 Trotzdem ist Rechtswissenschaft kein Monopol der akademischen Rechtswissenschaft, die an Hochschulen und Forschungsinstituten beruflich als Wissenschaft betrieben wird. Rechtswissenschaft ist eine **praktische Wissenschaft**.[84]

Es dürfte daher kein Zufall sein, dass als ihr **Schutzheiliger** der *Heilige Ivo Hélory von Kermartin* gilt, ein bretonischer Advokat und Priester.[85]

Rechtswissenschaftlich arbeitet man völlig unabhängig davon, ob man sich als Rechtswissenschaftler oder als Rechtspraktiker versteht. Auch im Bereich des **Alltäglichen** genügen Rechtskunde und methodische Fertigkeiten oft nicht. Das tägliche Leben wirft immer wieder Fragen auf, die schon bei ihrer praktischen Bewältigung (und nicht erst bei ihrer theoretischen Reflexion) einer wissenschaftlichen Behandlung bedürfen. Schon der Rechtspraktiker kann sie nur ordnend und erklärend, methodisch, reflektiert und kritisch be-

---

[84] *Engisch*, Einführung in das juristische Denken, 12. Aufl. 2018, S. 31.

[85] *St. Ivo* lebte von ca. 1247 bis 1303. Nach dem Studium in Paris (Kirchenrecht) und Orléans (römisches Recht) wurde er 1280 in Rennes Kirchenrichter, 1284 auch Priester. Außerdem trat er als Anwalt auf, vor allem für Mittellose (pro Deo, d.h. für Gotteslohn). 44 Jahre nach seinem Tod 1303 wurde er heiliggesprochen. Vgl. *Streck/Rieck*, St. Ivo, 2007; außerdem *Großfeld*, Zauber des Rechts, 1999, S. 304 ff.

wältigen. Die Bearbeitung dieser Fragen ist Sache der rechtswissenschaftlich Ausgebildeten.

Das bedeutet nicht, dass *jeder* rechts*wissenschaftlich* Ausgebildete *immer* wissenschaftlich gefordert wäre. Oftmals verlangen Fragestellungen zwar spezialisiertes rechtskundliches Wissen, über das ein Nicht-Jurist regelmäßig nicht mehr verfügt. Sie erfordern aber allein deshalb noch nicht notwendigerweise eine wissenschaftliche Behandlung. Wer rechtswissenschaftlich ausgebildet ist, kann vom modus der Rechtskunde aber jederzeit in den modus rechtswissenschaftlichen Arbeitens überwechseln, **Rechtskunde und Rechtswissenschaft verbinden**. Dass jeder wissenschaftlich ausgebildete Jurist *auch* Rechts-*Wissenschaft* betreibt, ändert aber nichts daran, dass es in der Herangehensweise an wissenschaftliche Fragestellungen doch große Unterschiede geben kann zwischen der rechtswissenschaftlichen Arbeit des Rechtspraktikers und der des akademischen Rechtswissenschaftlers, der auf institutionalisierte Weise wissenschaftlich tätig ist. Der Rechtspraktiker steht unter anderen Handlungszwängen, hat aber oft auch einen direkteren Problemzugang und kann die akademische Rechtswissenschaft wie einen Steinbruch verwenden. 3

## II. Berufsfelder

Die Fähigkeit, rechtliche Fragestellungen wissenschaftlich bearbeiten zu können, verschafft den Juristen großen **Einfluss auf die Lebenswirklichkeit**. Juristen prägen die Anwendung des Rechts, aber ebenso Rechtsetzung und Rechtsgestaltung, denn Juristen sind es, die neue Regelungen im Detail ausarbeiten, während die Auftraggeber (insbesondere die Vertragsparteien oder die Politik) oftmals nur über die Grundfragen selbst entscheiden. Wie kein anderer Berufsstand sind Juristen deshalb an der staatlichen Machtausübung beteiligt. Dem enormen Einfluss der Juristen entsprechen ein hohes Ansehen, das Juristen in der Bevölkerung genießen, sowie eine gemessen an anderen Berufsgruppen privilegierte wirtschaftliche Lage, die sich allerdings im Einzelnen differenziert darstellt.[86] 4

In der deutschen **Berufswelt** verteilen sich Juristen auf vier Hauptfelder: Justiz (Richterschaft, Staatsanwaltschaften), Anwaltschaft (einschließlich Notariat), Verwaltung und Wirtschaft (Unternehmens-/Verbandsjustiziare einerseits, fachfremde Verwendungen wie Management, Personal, Steuern, Finanzen und Versicherung, Wirtschaftsprüfung, Vermögensverwaltung etc. andererseits). In zahlenmäßig unbedeutendem Umfang sind Juristen in Wissenschaft und Lehre sowie etwa auch als Diplomaten oder Journalisten tätig. Während Juristen im Staatsdienst (also vor allem Richter, Staatsanwälte, Verwaltungsjuristen und Hochschullehrer) regelmäßig Beamte (bzw. beamtenähnlich beschäftigt) sind, 5

[86] Vgl. *Raiser*, Grundlagen der Rechtssoziologie, 6. Aufl. 2013, S. 353 f.

also ein gesetzlich festgelegtes Gehalt beziehen, das dem anderer beamteter Akademiker (Ärzte oder Lehrer) entspricht, hängt das Einkommen freiberuflich tätiger Rechtsanwälte und Notare vom Geschäftswert der ihnen übertragenen Angelegenheiten ab und differiert deshalb je nach Mandantenstruktur und Reputation. Die Spanne ist in der Größenordnung durchaus mit derjenigen vergleichbar, die in einem Großkonzern zwischen Pförtner und Vorstand besteht. Dabei haben es gerade Kanzleineugründungen mitunter schwer, sich auf dem Markt zu behaupten. Spezialisierungs-, Internationalisierungs-, Expansions- und Konzentrationstendenzen sind zu beobachten. Der einstmals „freie Beruf" wird heute als Dienstleistungsgewerbe verstanden. Erst ansatzweise zeigt die Digitalisierung disruptive Effekte. Im übrigen leidet die Anwaltschaft nicht unerheblich darunter, dass gegenüber allen anderen juristischen Berufen die Zulassungshürden am niedrigsten sind. In Zeiten knapper öffentlicher Haushalte, in denen Justiz und Verwaltung keine konkurrenzfähigen Gehälter anbieten, gelingt es ihnen umgekehrt kaum, im Wettbewerb mit anderen Arbeitgebern ihren Bedarf an qualifiziertem Personal zu decken.

6 Nach den von *Thomas Raiser*[87] referierten **Zahlen** ist seit 1965 die Zahl der Juristen entsprechend dem zunehmenden Bedarf an Rechtsberatung und Konfliktbereinigung in allen sozialen Lebensbereichen erheblich gestiegen: die der Richter und Staatsanwälte um etwa 70%, die der Verwaltungsbeamten um etwa 150%, die der Rechtsanwälte um 600%. Im internationalen Vergleich ist die Anzahl der Richter pro Einwohner in Deutschland ausgesprochen hoch, auch in der Anwaltsdichte wird Deutschland nur von den USA und England übertroffen. Dem entspricht eine relativ hohe Prozessrate. Die Ursachen dafür sind zahlreich: In Japan etwa ist auch heute noch eine Tradition lebendig, die viel Wert auf Verhandlung, Versöhnung und Vermittlung legt und den Gang zum Gericht sozial verpönt. In England hingegen ist die Zahl der Richter klein und die Prozesskosten sind prohibitiv hoch. Solche Erschwerungen beim Rechtszugang begünstigen Parallelstrukturen, also zum Beispiel Schiedsinstanzen für massenhaft auftretende Streitigkeiten im Verbraucherrecht.

7 **Rechtsvergleichend** ist zu vermerken, dass im anglo-amerikanischen Raum vorwiegend nicht junge Absolventen, sondern nur besonders erfahrene und profilierte Rechtsanwälte zu Richtern ernannt werden. Das Richteramt ist dann prestigeträchtige Krönung eines Berufslebens, das infolgedessen auch erst im höchsten Alter endet. Gegenüber den im Prozess auftretenden Anwälten hat der Richter daher zumeist einen erheblichen Erfahrungs- und Kompetenzvorsprung. Die Rolle des Richters ist demgegenüber aber tendenziell deutlich passiver. Während nach deutschem Verständnis der Richter den Prozess leitet, ist er im anglo-amerikanischen Denken eher ein Schiedsrichter, der auf ein faires Verfahren achtet und zugunsten der Partei entscheidet, die ihn juristisch überzeugt hat. Dieser besonderen Verantwortung entspricht es, dass die Prozessführung weithin einem spezialisierten Rechtsberater vorbehalten ist (barrister), während die übrigen Funktionen des Rechtsanwalts der

[87] *Raiser*, Grundlagen der Rechtssoziologie, 6. Aufl. 2013, S. 353 ff.

solicitor versieht. Im deutschen Recht sind allenfalls die Rechtsanwälte beim Bundesgerichtshof dem barrister vergleichbar.

Die Juristen sind integraler Bestandteil des Rechtssystems. Ihnen ist das Recht als Normenordnung gleichsam anvertraut. Weil Wesensmerkmal des Rechts seine intersubjektive Verbindlichkeit – und also: seine Erzwingbarkeit – ist, lassen sich die Juristen als „der speziell auf die Erzwingung eingestellte Menschenstab", als der **Rechtsstab** verstehen (*Max Weber*).[88] Als Rechtsstab sind die Juristen ein Forschungsgegenstand der Rechtssoziologie.[89] Dabei ergibt sich beispielsweise, dass Richter nach ihrer sozialen Herkunft keineswegs den Durchschnitt der Bevölkerung repräsentieren, sondern nur die obere Mittelschicht. Das ist nicht in erster Linie ausbildungspolitisch interessant, sondern mehr noch deshalb, weil die soziale Herkunft auch bestimmte Einstellungen und Werthaltungen vermuten lässt, die sich dann auf die Anwendung des Rechts auswirken. Hingegen ist unklar, ob die Juristenausbildung ihrerseits zur Ausprägung bestimmter Persönlichkeitsmerkmale oder Wertvorstellungen führt („Erziehung zum Establishment"). Auf der Hand liegt aber, dass das Ausbildungs- und Rekrutierungssystem den Rechtsstil prägt, also die Art und Weise, in der das Rechts- und Justizsystem eines Staates gehandhabt wird. 8

**Beispielsweise** zeigt ein Vergleich deutscher, französischer und italienischer sowie englischer Urteile vollkommen unterschiedliche Darstellungsweisen: Das deutsche Urteil ist ausführlich begründet und gleicht stilistisch einer wissenschaftlichen Abhandlung. Darin kommt eine enge Verbundenheit von Wissenschaft und Rechtsprechung zum Ausdruck. Das französische Urteil besteht oft nur aus wenigen Zeilen und enthält niemals Zitate. Die rechtlichen Hintergründe einer Entscheidung werden nur im Schrifttum offengelegt. Das italienische Urteil wiederum erzählt den Prozessverlauf nach und nimmt dann zu jedem von den Parteien vorgebrachten Argument Stellung. In englischen Urteilen steht die Rechtsmeinung des individuellen Richters im Vordergrund. Jeder dieser Stile geht auf eine jahrhundertealte Tradition zurück.[90] Der Standort im Ausbildungsgang ist unterschiedlich: Während die deutsche Gutachten- und Relationstechnik vom ersten Semester an vermittelt wird und von Anfang an ein zentrales Ausbildungsziel darstellt, findet in Frankreich oder Italien traditionell an den Universitäten fast ausschließlich eine theoretische Ausbildung statt.

## III. Juristenausbildung

Im derzeitigen System der deutschen Juristenausbildung wird die „Befähigung zum Richteramt" (die zugleich den Zugang zur Anwaltschaft und 9

---

[88] *Weber*, Wirtschaft und Gesellschaft, 5. Aufl. 1976, S. 17.

[89] Für das Folgende vgl. *Röhl*, Rechtssoziologie, 1987, S. 345 ff. Ferner *Rehbinder*, Rechtssoziologie, 8. Aufl. 2014, Rn. 132 ff.

[90] Vgl. *Cullmann*, Autoritätsargumente in der Rechtsprechung des deutschen Bundesverwaltungsgerichtes und des englischen Court of Appeal, 2009; *Ranieri*, Juristenausbildung und Richterbild in der europäischen Union, DRiZ 1998, 285, 291 ff.

zum Notariat öffnet) durch ein rechtswissenschaftliches **Studium und Referendariat** erworben. Das Studium befähigt den Absolventen zur rechtswissenschaftlichen Arbeit, also zur wissenschaftlichen Behandlung rechtlicher Fragestellungen, und wird mit der Ersten Juristischen Prüfung (Referendarexamen) abgeschlossen. Im Referendariat, das von Bundesland zu Bundesland sehr unterschiedlich ausgestaltet ist, geht es darum, durch die Heranführung an die Rechtspraxis das rechtswissenschaftliche Arbeiten im Alltag zu lernen. Das Referendariat endet mit dem Assessorexamen (Große Juristische Staatsprüfung). Wer dieses bestanden hat, ist Volljurist und hat die „Befähigung zum Richteramt". Für die beruflichen Chancen werden die Examensnoten als nicht unwichtig angesehen, obwohl Prüfungsergebnisse, wie jeder weiß, nur ein Schlaglicht auf die wirklichen Fähigkeiten des Kandidaten werfen. Kommerzielle Repetitorien versprechen die gezielte Vorbereitung auf die Examina und haben im rechtswissenschaftlichen Studium eine lange Geschichte[91]. Die Reform des Ausbildungssystems ist ein Diskussionsthema, das von Zeit zu Zeit mehr oder weniger Aufmerksamkeit erfährt, ohne dabei aber an seiner Aktualität zu verlieren.[92]

**10** Die Befähigung zum Richteramt ergänzen Juristen gern durch **weitere Qualifizierungen**, insbesondere durch ein LL.M.-Studium und/oder eine Promotion. Für eine akademische Laufbahn ist eine Promotion geradezu zwingende Voraussetzung. Wie in anderen Fächern auch schließt die akademische Ausbildungslaufbahn mit der Habilitation ab, durch die die Lehrbefugnis (venia legendi) für bestimmte Fächer verliehen wird. Wer schon habilitiert ist, aber noch nicht auf einen Lehrstuhl berufen wurde, erhält oft den Titel „Privatdozent".

**11** Die **einheitliche Ausbildung** aller Juristen durch Universitätsstudium und Referendariat ist eine deutsche Besonderheit. Das englische Recht etwa kennt kein gemeinsames Universitätsstudium. Im französischen oder italienischen Recht gibt es ein gemeinsames Universitätsstudium, aber daran anschließende spezialisierte Ausbildungsgänge für Anwaltschaft und Richter, für die man eine Aufnahmeprüfung bestehen muss, auf die das Universitätsstudium nicht allein vorbereitet. Die frühzeitige Sonderung der Berufsgruppen begünstigt aber offenbar Entfremdungen und Konflikte, so dass eine Tendenz zu vermehrter gemeinsamer Ausbildung besteht, während in Deutschland immer wieder Modelle einer früheren Spezialisierung diskutiert werden.

---

[91] *Martin*, Juristische Repetitorien und staatliches Ausbildungsmonopol in der Bundesrepublik Deutschland, 1993.

[92] Vgl. etwa *Hirte/Mock*, Die Juristenausbildung in Europa vor dem Hintergrund des Bologna-Prozesses, JuS Beilage 12/2005, 3 ff.; *Reich/Vanistendael*, Bologna und der Euro-Jurist. Wie kann die Juristenausbildung in Europa (wieder) wettbewerbsfähig werden?, ZRP 2002, 269 ff.

## IV. Zusammenfassung

In juristischen Berufen genügt teilweise bloße Rechtskunde, teilweise ist aber wissenschaftlicher Umgang mit Recht erforderlich, und zwar auch außerhalb des akademischen Bereichs. Juristen müssen daher wissenschaftlich ausgebildet sein. Sie finden sich in Justiz, Anwaltschaft, Verwaltung und Wirtschaft sowie in der Wissenschaft. Der Rechtsvergleich ergibt, dass Berufsfelder und Ausbildung sehr unterschiedlich strukturiert sind. Das Ausbildungs- und Rekrutierungssystem prägt den Rechtsstil in einer Rechtsordnung. **12**

# Hauptteil: Juristisches Denken

## Einleitung

Ius est ars boni et aequi.
Das Recht ist die Kunst der guten Ordnung und der Billigkeit.[93]

### § 4. Was ist „juristisches Denken"?

**Literatur:** *Engisch*, Einführung in das juristische Denken, 12. Aufl. 2018; *Feser*, Das Recht im juristischen Denken, 1996; *Mastronardi*, Juristisches Denken, 2. Aufl. 2003; *Pawlowski*, Methodenlehre für Juristen, 3. Aufl. 1999, Rn. 31 ff.; *Puppe*, Kleine Schule des juristischen Denkens, 3. Aufl. 2014; *Wurzel*, Das juristische Denken (1904), in: ders., Rechtswissenschaft als Sozialwissenschaft, 1991; *Zippelius*, Rechtsphilosophie, 6. Aufl. 2011, §§ 38 ff.

1 Gegenstand der Rechtswissenschaft ist das Recht, **Grundlage der Rechtswissenschaft** ist das juristische Denken. Denken ist die Arbeit des Intellekts (*Victor Hugo*). Diese Arbeit besteht in einer inneren Beschäftigung mit Vorstellungen, Erinnerungen und Begriffen. Ihr Ziel sind Erkenntnisse. Juristisches Denken zielt auf juristische Erkenntnisse. Es lässt sich thematisch und methodisch beschreiben sowie anhand einzelner Denkstile.

#### I. Thematisch

2 Thematisch geht es juristischem Denken darum, Lebensvorgänge, die auch eine kulturelle, psychologische, ökonomische, soziologische, politische, anthropologische Seite (und noch viele Seiten mehr) haben, von einem **rechtlichen Standpunkt** (einem legal point of view) aus zu untersuchen.[94] Es geht darum, das Recht auf Sachverhalte – wirklich passierte oder gedachte, in der

---

[93] So die klassische Definition von *Celsus*, in Digesten 1,1,1 pr. „Digesten" (von lat. digesta, d.h. Geordnetes; auch: Pandekten, d.h. Gesamtausgabe): Abschnitt des Corpus Iuris Civilis, der von Kaiser Justinian erlassenen Gesetzessammlung (s. Glossar; zu Justinian s. *Willems*, Jura 2016, 1241 ff.).

[94] *Ernst*, Gelehrtes Recht, in: Engel/Schön (Hrsg.), Das Proprium der Rechtswissenschaft, 2007, S. 15 ff.

Vergangenheit liegende oder sich in die Zukunft entwickelnde – anzuwenden. Sachverhalte werden rechtlich bewertet. Juristische Erkenntnis führt damit zu juristischer Entscheidung.

Die Rechtswissenschaft nimmt hier vornehmlich die Perspektive eines **Richters** ein, der sich fragt: Verdient ein gegebener Sachverhalt eine bestimmte rechtliche Bewertung oder nicht? Für einen rechtlichen Standpunkt ist prägend, dass es sich beim Recht um eine intersubjektiv verbindliche Normenordnung handelt. Die Aussage, ein Sachverhalt verdiene eine bestimmte rechtliche Bewertung, nimmt intersubjektive Verbindlichkeit notwendigerweise für sich in Anspruch. Wer in einer Frage einen rechtlichen Standpunkt einnehmen will, darf nicht alles für Recht erklären, was gut scheint, sondern nur das, was geltendem Recht entspricht.[95] 3

**Beispiel:** Hat A dem B ein Darlehen gegeben, so stellt sich die Frage, ob B das Geld zurückzuzahlen hat. Man kann diese Frage ökonomisch beantworten (würde das Kapital größeren Nutzen für die Volkswirtschaft entfalten wenn B es zurückgibt oder behält?), moralisch (tut A gut daran, das Geld zurückzuverlangen, obwohl sich B vielleicht in einer Notlage befindet?), aber eben auch rechtlich. Dann fragt sich, ob der Sachverhalt, so wie er vorliegt, die Bewertung verdient, dass B von Rechts verpflichtet ist, dem A das Geld zurückzuzahlen, oder nicht. Das hängt nach geltendem Recht zum Beispiel davon ab, ob das Darlehen bereits zur Rückzahlung fällig ist oder nicht (§ 488 Abs. 1 S. 2 BGB). Dass die Bewertung danach fragt, ob B „von Rechts wegen" verpflichtet ist, zeichnet sie als *rechtliche* Bewertung aus.

Das ist thematisch eine beurteilende und damit richterliche Perspektive. **Praktisch** nimmt diese Perspektive aber keineswegs nur ein Richter ein, sondern ebenso jeder andere Jurist, der eine richterliche Entscheidung zu prognostizieren hat, weil es für seine Tätigkeit darauf ankommt, wie ein Richter entscheiden würde. Im eben genannten **Beispiel** würde also ein Rechtsanwalt, den der A um Rat fragt, ebenso wie ein Richter fragen, ob der Sachverhalt, so wie er vorliegt, die rechtliche Bewertung verdient, dass B verpflichtet ist, dem A das Geld zurückzuzahlen, oder nicht.

Die Rechtswissenschaft nimmt aber nicht nur die Perspektive des Richters ein, der geltendes Recht anwendet, sondern sie versetzt sich ebenso in die Lage eines Rechtsberaters, der **Vorschläge für neues Recht** unterbreitet. Wer damit beauftragt wird, eine Regelung, sei es in einem Gesetz (Rechtsetzung) oder in einem Vertrag (Rechtsgestaltung), zu entwerfen, muss sich immer wieder zwei Fragen stellen: (1) Angenommen, der Entwurf wäre geltendes Recht – wie wären dann die Sachverhalte rechtlich zu beurteilen, zu denen es kommen wird oder kommen könnte? (2) Entsprechen diese Ergebnisse dem, was die Politik oder die Vertragsparteien mit der rechtlichen Regelung erreichen wollen? 4

**Beispiel:** Man stelle sich vor, der Referent einer Bundestagsfraktion wird damit beauftragt, ein Gesetz zu entwerfen, das die Ausfuhr bestimmter Antiquitäten unter Strafe stellt. Er wird zu überlegen haben, durch welche Begriffe man den Anwendungsbereich des Gesetzes so definieren kann, dass genau die Antiquitäten erfasst werden, die die Bundestagsfraktion erfasst wissen will.

---

[95] *Mastronardi*, Juristisches Denken, 2. Aufl. 2003, S. 3.

Wie sich bei näherem Hinsehen ergeben wird (§ 9 Rn. 10), handelt es sich auch bei Rechtsetzung oder Rechtsgestaltung um eine Anwendung des Rechts, freilich im weiteren Sinne.

5 Anwendung des Rechts (Rechtsetzung und Rechtsgestaltung eingeschlossen) findet nicht im leeren Raum statt, sondern sie hat **gedankliche Voraussetzungen**, ob sie dem Rechtsanwender, -gestalter oder -setzer bewusst sind oder nicht. Er kann nicht anders, als in einem bestimmten geistigen Umfeld zu agieren. Diese gedanklichen Voraussetzungen betreffen die Frage nach dem Rechtsbegriff selbst, aber auch nach seinen systematischen Zusammenhängen und seinen historischen und internationalen Bezügen.

Damit ist das **Programm** für den Hauptteil dieses Buches vorgegeben: Es geht im ersten Kapitel um die Anwendung des Rechts einschließlich der Rechtsetzung und Rechtsgestaltung, also das juristische Denken im eigentlichen Sinne. Die Kapitel zwei und drei befassen sich dann mit dem gedanklichen Umfeld: Das zweite Kapitel stellt Rechts-, Staats- und Gerechtigkeitstheorien vor, bevor es im dritten Kapitel um die Rechtsordnung insgesamt (also ihren systematischen Zusammenhang) geht.

**Grafik: Gliederung**

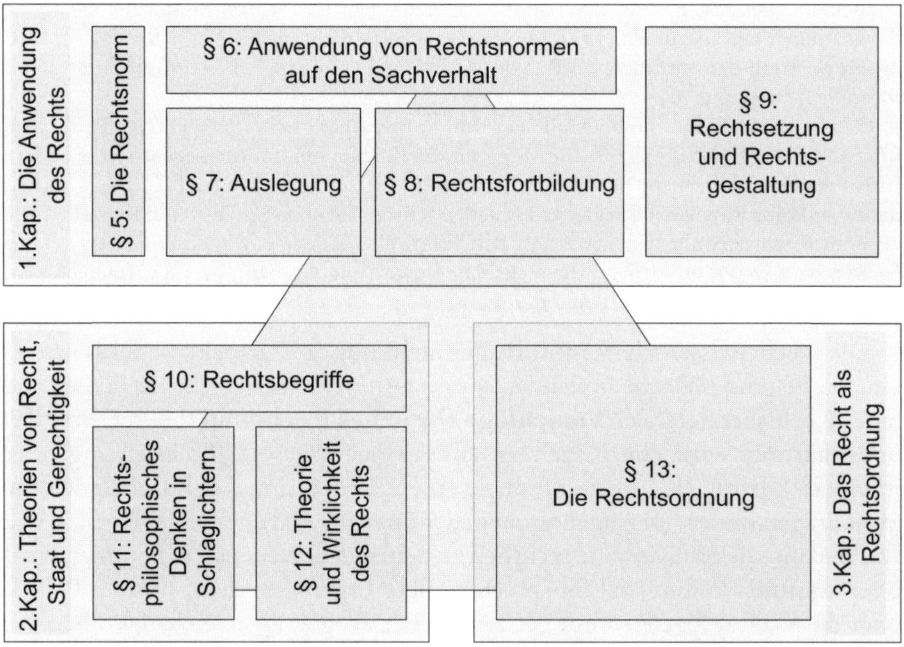

## II. Methodisch

In methodischer Hinsicht hat *Karl Georg Wurzel* **drei Postulate** benannt, um 6
die Eigenart juristischen Denkens zu kennzeichnen[96]: (1) Juristisches Denken habe leidenschaftslos, unparteilich, unbefangen und vorurteilsfrei vor sich zu gehen. (2) Juristisches Denken müsse zu vorhersehbaren und konsequenten Urteilen führen (Rechtssicherheit). (3) Juristisches Denken müsse es verstehen, sich den tatsächlichen Bedürfnissen anzupassen und den Mut zur Inkonsequenz haben, wo dies die Verhältnisse erfordern.

Das erste Postulat, leidenschaftslos, unparteilich, unbefangen und vorur- 7
teilsfrei vor sich zu gehen, gilt für die Rechtswissenschaft nicht anders als für jede andere **Wissenschaft**. Wissenschaft verlangt immer ein methodisches, reflektiertes und kritisches Vorgehen.

In *dieser* Hinsicht muss man die provokante Frage verneinen, die *Walter Grasnick* bei der Besprechung des Buches „Juristisches Denken" von *Philippe Mastronardi* gestellt hat, ob denn Juristen anders als andere Menschen denken würden.[97]

Die Postulate zwei und drei hingegen tragen den besonderen Anforderungen 8
Rechnung, die sich aus dem Gegenstand ergeben: Wenn es um das Recht geht und das Recht eine intersubjektiv verbindliche Normenordnung ist, juristische Erkenntnis also den **Anspruch intersubjektiver Verbindlichkeit** erhebt, dann kann das für das juristische Denken nicht bedeutungslos sein. Schon im Erkenntnisprozess muss man berücksichtigen, dass das Ergebnis auch für die verbindlich sein soll, die sich damit nicht freiwillig einverstanden erklären. Daraus ergeben sich Besonderheiten, die juristisches Denken kennzeichnen. Insoweit denken Juristen sehr wohl anders als andere Menschen. Von diesen Besonderheiten handeln das zweite und das dritte Postulat: Juristisches Denken müsse zu vorhersehbaren und konsequenten Urteilen führen, also Rechtssicherheit schaffen, und sich den im Einzelfall gegebenen tatsächlichen Bedürfnissen anpassen, also Einzelfallgerechtigkeit gewährleisten, auch wenn damit Einheitlichkeit verloren geht. Wenn das Ergebnis für jeden verbindlich sein soll, darf es nicht überraschend sein, und es muss eine gerechte Lösung für den Einzelfall bieten.

Beide Aspekte lassen sich besonders mit strafrechtlichen **Beispielen** veranschaulichen: Für jeden Menschen muss von vornherein klar sein, welches Verhalten strafbar ist und welches Verhalten nicht bestraft wird. Strafrechtliches Denken muss methodisch deshalb so vorgehen, dass es nicht eine Strafbarkeit dort begründet, wo man nicht damit rechnen musste. Gerade im Strafrecht ist auch Einzelfallgerechtigkeit ein hohes Gut: Beispielsweise ist es grundsätzlich erlaubt, sich gegen einen rechtswidrigen Angriff zur Wehr zu setzen. Das wäre aber etwa dann ein zweifelhaftes Ergebnis, wenn man den Angriff zuvor selbst

---

[96] *Wurzel*, Das juristische Denken (1904), in: ders., Rechtswissenschaft als Sozialwissenschaft, 1991. Vgl. auch *Pawlowski*, Methodenlehre für Juristen, 3. Aufl. 1999, Rn. 31 ff.

[97] *Grasnick*, Gedanken über Juristisches Denken und zu dem gleichnamigen Buch von Philippe Mastronardi, Jura 2003, 663.

provoziert hätte. In diesem Fall wäre angesichts der Umstände des Einzelfalls eine Ausnahme von dem Grundsatz geboten. Juristisches Denken muss so von statten gehen, dass solche Ausnahmen bedacht werden können.

Damit wird bereits deutlich, dass Rechtssicherheit und Einzelfallgerechtigkeit zu einander widersprechenden Ergebnissen führen können: Während es ein Gebot der Rechtssicherheit ist, ein Problem entsprechend den bislang angewendeten Grundsätzen zu lösen, kann es ein Gebot der Einzelfallgerechtigkeit sein, von diesen Grundsätzen abzuweichen. Aber auch für sich genommen stellen beide Postulate das juristische Denken vor große Probleme.

9 Dem Postulat, juristisches Denken müsse **Rechtssicherheit** bieten, also zu vorhersehbaren und konsequenten Entscheidungen führen, kann die Rechtswissenschaft nur in den Standardfällen des täglichen Lebens genügen. Gerade in den Problemfällen, also dann, wenn es auf die Rechtswissenschaft ankommt, ist das juristische Urteil nicht genau vorhersehbar. Wäre bereits von vornherein erkennbar, wie das Urteil zu lauten hat, bräuchte es nicht das Nachdenken darüber. Rechtssicherheit kann deshalb nur bedeuten, dass erstens die methodischen Instrumente so eingesetzt werden müssen, dass sich das Urteil in bestimmten Bahnen hält. Zweitens bedeutet Rechtssicherheit, dass es nicht bedeutungslos ist, welche rechtliche Entscheidung das gesellschaftliche Umfeld in einer gegebenen Situation erwartet.

Das gilt insbesondere in **zeitlicher Hinsicht**: Wenn es eine lange Tradition gibt, ein bestimmtes Rechtsproblem auf eine bestimmte Weise zu lösen, dann ist es ein rechtlich relevanter Aspekt, dass sich die Menschen darauf verlassen, dass das Rechtsproblem auch künftig so gelöst werden wird. Dieser Aspekt muss berücksichtigt werden, wenn eine Abkehr von der Tradition erwogen wird. Gleichwohl führt er selbstverständlich nicht dazu, dass eine solche Abkehr ausgeschlossen wäre.

**Beispielsweise** wäre es der Rechtssicherheit abträglich, wenn die Rechtsprechung ständig andere Anforderungen im Bereich der Arzthaftung aufstellen würde, weil die Ärzte dann nicht wissen können, wie sie einen Patienten aufzuklären und zu behandeln haben, ohne sich schadensersatzpflichtig zu machen.

10 Juristisches Denken auf **Einzelfallgerechtigkeit** zu verpflichten, wirft ein nicht weniger grundsätzliches Problem auf. Worin eine sachgerechte Anpassung an die „tatsächlichen Bedürfnisse“ besteht und was „die Verhältnisse erfordern“, ist gerade die dem juristischen Denken gestellte Frage. Das dritte Postulat kann deshalb nur darin bestehen, dass juristisches Denken Lebenswirklichkeit und Lebenspraxis im Einzelfall zur Kenntnis nehmen muss.

Werden die Postulate der Rechtssicherheit auf der einen und der Einzelfallgerechtigkeit auf der anderen Seite auf diesen Kern reduziert, wird auch vermieden, dass sie für einander widersprechende Ergebnisse streiten.

11 **Zusammenfassen** lässt sich also, dass juristisches Denken in methodischer Hinsicht wissenschaftlichen Standards sowie den Eigengesetzlichkeiten des Gegenstandes Rechnung tragen muss.

## III. Juristische Denkstile

In diesem thematischen und methodischen Rahmen lassen sich verschiedene Denkstile unterscheiden, die zum **Repertoire der Rechtswissenschaft** gehören. Wenn man sich über dieses Repertoire im Klaren ist, hat man es leichter, wenn es darum geht, das juristische Denken anderer zu analysieren, zu entschlüsseln und zu bewerten. Das wiederum ist ein erheblicher Vorteil für die eigene juristische Arbeit. Es ist darüber hinaus unverzichtbare Voraussetzung, um das eigene juristische Denken selbstkritisch zu reflektieren und zu hinterfragen. Um welche Denkstile es sich dabei im Einzelnen handelt und wie sie miteinander zusammenhängen, kann man nicht begründen, ohne in den grundsätzlichen Fragen der Rechtswissenschaft Position zu beziehen. Deshalb können hier nur einzelne Denkstile vorgestellt werden, ohne sie hier einordnen oder bewerten zu können. 12

### 1. Beobachten und Verstehen

**Literatur:** *Apel*, Die Erklären:Verstehen-Kontroverse in transzendental-pragmatischer Sicht, 1979; *Bühler* (Hrsg.), Unzeitgemäße Hermeneutik, 1994; *Esser*, Vorverständnis und Methodenwahl in der Rechtsfindung, 1970/1972; *Gadamer*, Wahrheit und Methode, 1960 (Gesammelte Werke, Band 1); *Horn*, Einführung in die Rechtswissenschaft und Rechtsphilosophie, 6. Aufl. 2016, Rn. 46, 366 f.; *Larenz*, Methodenlehre der Rechtswissenschaft, 6. Aufl. 1991, S. 206 ff.; *Mastronardi*, Juristisches Denken, 2. Aufl. 2003, Rn. 84 ff.; *Meder*, Interpretation und Konstruktion, JZ 2012, 529 ff.; *Potacs*, Rechtstheorie, 2015, S. 75 ff.; *Röhl/Röhl*, Allgemeine Rechtslehre, 3. Aufl. 2008, S. 116 ff.; *Rüthers/Fischer/Birk*, Rechtstheorie, 10. Aufl. 2018, Rn. 156 ff.

#### *a) Begriffe*

Die beiden ersten Denkstile, die bereits in anderem Zusammenhang erwähnt wurden (oben § 1 Rn. 3), sind die des **Beobachtens** und des **Verstehens**. Beobachten bedeutet, einen Sachverhalt über die Sinne wahrzunehmen. Beobachtung führt zu deskriptiven Aussagen, die wahr oder unwahr sein können und universell gültig sind. Verstehen bedeutet hingegen, einen Sachverhalt auszulegen, zu interpretieren, einzuordnen, zu beurteilen. Verstehen führt zu normativen Aussagen, zu Urteilen. Sie können richtig oder falsch sein. Wer urteilt, nimmt keine Beobachter-, sondern eine Teilnehmerperspektive ein. 13

Diese im Grundsatz klare Struktur wirft allerdings in mehrfacher Hinsicht **Fragen** auf: So wird unterschiedlich gesehen, ob nicht auch normative Aussagen „wahr" oder „unwahr" sein können (dazu unten § 5 Rn. 5 ff.). Ferner kann man sich auf den Standpunkt stellen, dass jedes Beobachten eines Gegenstandes ein Wissen darüber voraussetzt, worum es sich bei dem Gegenstand handelt, also eine Interpretation des Sachverhaltes und damit ein Urteil: Keine Beobachtung ohne vorheriges Verstehen. Umgekehrt ist für jedes Verstehen Voraussetzung, dass ein durch Beobachtung gewonnenes Wissen über den Gegenstand schon zur Verfügung steht. Beobachten und Verstehen bedingen also einander.

Wendet man sich dem Recht beobachtend zu, so nimmt man seine faktische Seite in den Blick. Das führt zu Aussagen darüber, wie die Normenordnung tatsächlich gelebt wird: Wie wirkt sie sich auf die Wirklichkeit aus, wie wird über sie gedacht, wie entwickelt sie sich. Nimmt man das Recht normativ in den Blick, so fragt man, wie das Recht die Wirklichkeit seiner Idee nach prägen will.

**14** Worum es sich beim Beobachten handelt, darüber verfügt jeder über ein ausreichendes Alltagsverständnis. Einer näheren Betrachtung bedarf daher nur das Verstehen.

*b) Insbesondere: Hermeneutik*

**15** Mit dem Verstehen befasst sich die Hermeneutik, die **Theorie der Übersetzung** (vgl. oben § 1 Rn. 3). Ihre These lautet: Der Sinn aller Aussagen bildet und vollendet sich erst im Verstehen.[98] Dabei ist es im Ausgangspunkt unbedeutend, ob es sich um einen Text, eine Skulptur, ein Musikstück oder eine Geste handelt: Jede menschliche Ausdrucksform wird sinnvoll erst, indem sie verstanden wird.

**16** Verstehen kann man einen Text, eine Skulptur oder jeden anderen Gegenstand erst, nachdem man den **Gegenstand selbst erfahren** hat: Der Text muss gelesen oder vorgelesen, die Skulptur angesehen werden etc. Allgemein gesagt: es müssen Zeichen zur Kenntnis genommen werden.

**17** Das Verstehen ist dann ein **Rückschluss** von diesen Zeichen **auf die Bedeutung**.[99] Das ist aber nicht bloß eine logische Operation, sondern es ist ein sinnstiftendes und insofern ein produktives Verhalten des Verstehenden. Verstehen und logisches Schließen unterscheiden sich grundlegend voneinander.[100] Das Urteil, worin der Inhalt einer Botschaft bestehe, geht über die Beschreibung der verwendeten Zeichen hinaus und ist keine bloße logische Folgerung aus ihnen, sondern eine Bewertung. Es ist ein Vorschlag, wie man die Botschaft verstehen *sollte*. Dieser Vorschlag kann nicht wahr oder falsch sein, sondern nur mehr oder weniger als richtig überzeugen. Urteil bedeutet immer, eine eigene Wertung zu vollziehen.

Auf das **Lesen** bezogen: Das Lesen ist ein Picknick, zu dem der Autor die Wörter und der Leser die Bedeutung beisteuert (*Georg Christoph Lichtenberg*).

Dabei ist man aber nicht völlig frei, sondern auf eine gewisse Weise gebunden, wenn das Urteil nicht beliebig, sondern überzeugend sein soll.

**Beispiel:** Angenommen, A sagt zu B: „Damit bin ich nicht einverstanden." Diese Aussage wird sinnvoll erst, wenn B sie als *Antwort* auf einen Vorschlag deutet, der A zuvor gemacht worden ist. Was B zum Verständnis als Eigenes hinzugeben muss, ist sein Wissen darum, was „einverstanden" bedeutet. Weiß B nichts davon, kann er die Aussage des A

---

[98] *Gadamer*, Wahrheit und Methode, 1960, Gesammelte Werke, Band 1, S. 170.

[99] Vgl. *Apel*, Die Erklären:Verstehen-Kontroverse in transzendental-pragmatischer Sicht, 1979, S. 15.

[100] *Larenz*, Methodenlehre der Rechtswissenschaft, 6. Aufl. 1991, S. 204.

nicht einordnen und sie ist für ihn sinnlos. Sinnvoll wird die Aussage ferner nur dann, wenn B sie als *ablehnende* Antwort deutet. Entscheidet sich B, die Aussage des A als Zustimmung zu verstehen, verfehlt er denjenigen Sinn, den jeder andere der Aussage entnehmen würde. Diesen Sinn wollte A mit seiner Aussage aber vermutlich zum Ausdruck bringen, und ihn muss man der Aussage deshalb entnehmen (sog. Gebrauchstheorie der Bedeutung, nach *Ludwig Wittgenstein*[101]).

Wie man etwas versteht, hängt davon ab, was man mitbringt, also was man schon verstanden hat. Man versteht das Ganze nicht ohne die Einzelteile und diese nicht ohne das Ganze. Verständnis setzt ein **Vorverständnis** voraus, ohne Vorurteil kein Urteil. **18**

Deshalb ist der negative Klang, den das Wort **Vorurteil** heute hat, nicht gerechtfertigt. Er ist auch erst eine Folge der Europäischen Aufklärung.[102] Zuvor war mit „Vorurteil" (lat. praeiudicium) schlicht ein Urteil gemeint, das vor dem endgültigen Urteil gefällt wurde. Gerechte Vorurteile können wir uns heute aber nicht mehr vorstellen.

Gleichzeitig hängt umgekehrt das Vorverständnis vom Verständnis ab. Als Vorverständnis steht einem nur zur Verfügung, was man schon als Verständnis erworben hat. Man umschreibt diesen Zusammenhang als **hermeneutischen Zirkel**: Man muss immer schon verstanden haben, was man erst verstehen will. Damit ist ein methodisches Problem angesprochen, aber zugleich auch eine Grundbedingung des Verstehens.

**Grafik: Hermeneutischer Zirkel**

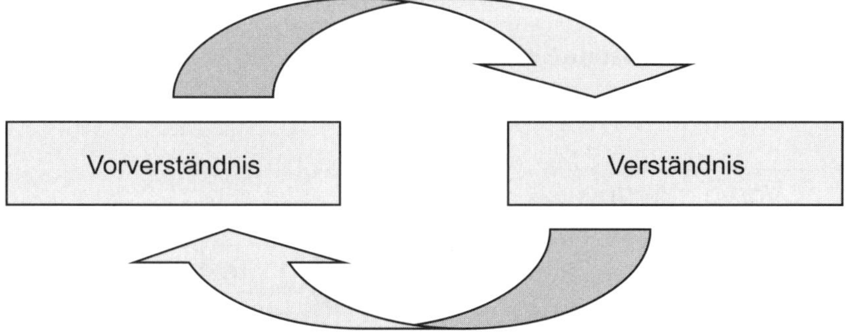


Eine schöne **Illustration** für diesen Zusammenhang ist die bekannte Schwarz-weiß-Zeichnung, die man entweder als eine Vase oder als zwei einander ansehende Gesichter deuten kann: Wer in diesem Bild auf den ersten Blick eine Vase sieht (Vorverständnis), sieht die Gesichter in der Regel erst, nachdem er darauf hingewiesen worden ist („man muss schon verstanden haben, was man erst verstehen will"). Wer umgekehrt in diesem Bild auf den ersten Blick zwei Gesichter sieht, sieht in der Regel die Vase erst, nachdem er darauf hingewiesen worden ist. **19**

---

[101] Benannt nach *Ludwig Wittgenstein* (1889–1951), einem österreichisch-britischen Philosophen.

[102] *Gadamer*, Wahrheit und Methode, 1960, Gesammelte Werke, Band 1, S. 275 ff.

20 Wenn man über den „hermeneutischen Zirkel“ hinauskommen will, muss man über seine Vorurteile die Kontrolle behalten, sie sich immer wieder bewusst machen und sein Vorverständnis immer wieder in Frage stellen. Das Vorverständnis muss der Ausgangspunkt des Verständnisses sein, es darf nicht wie eine Grenze wirken. Ausgehend von einem eher generellen Vorverständnis muss man ein Verständnis der Einzelheiten erwerben, daraus ein neues Verständnis vom Zusammenhang, daraus wiederum ein fortgeschrittenes Verständnis vom Einzelnen und so fort. Über den „hermeneutischen Zirkel“ kommt man also hinaus, indem man sich vom Vorverständnis ausgehend spiralförmig einen Kegel emporarbeitet, so dass man, indem man den Gegenstand konzentrisch umkreist, ihn auf immer höherem Niveau versteht.

Bei einem **Text** geht das Verstehen aus von einem bestimmten Vorverständnis, das der Leser mitbringt, wenn er an den Text herangeht. Mit dem Text konfrontiert entwickelt er sodann ein erstes Text-Verständnis. Dieses ordnet er in sein Denken ein, so dass sich das Vorverständnis zu einem Verständnis erster Stufe transformiert. Dieses erlaubt es wiederum, den Text neu zu lesen, ihm einen anderen Sinn zu entnehmen. Der Leser kann jetzt Differenzierungen ausmachen, die ihm vorher nicht klar waren. Er kann im Text eine andere Struktur auffinden als zuvor. Er kann jetzt Informationen als relevant einstufen, die er zuvor für irrelevant halten musste, und umgekehrt. Kurz: Sein Verständnis verfeinert und vertieft sich. Das gestattet wiederum einen höherstufigen Zugriff auf den Text und so fort. Theoretisch ist dieser Vorgang niemals abgeschlossen, es gibt aus dem ständigen Neu-Verstehen und Neu-Lesen keinen Ausweg. Praktisch muss der Leser seine Arbeit aber zumindest vorläufig zu einem Abschluss bringen, wenn er aus ihr (etwa als Rechtsanwender) praktische Konsequenzen ziehen will.

**Grafik: Hermeneutische Spirale**

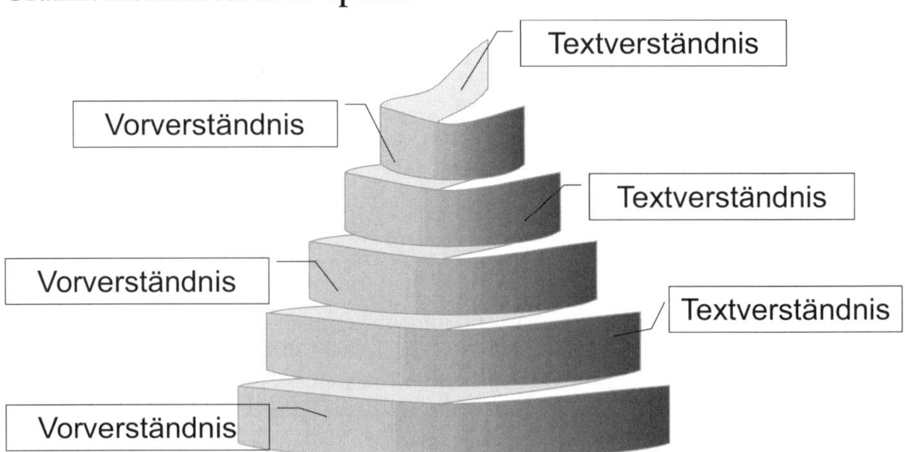


21 Eine Selbsterfahrung der hermeneutischen Spirale kann man sich mit den großen Werken der Literatur, Kunst oder Musik verschaffen, die so facettenreich sind, dass einem bei jedem Lesen, jeder Betrachtung oder jedem Hören neue Zusammenhänge oder neue Details klar werden.

Das Verstehen im rechtlichen Zusammenhang ist im Verhältnis dazu nur insofern ein **Sonderfall**[103], dass juristisches Denken auf juristische Erkenntnisse zielt, die den Anspruch intersubjektiver Verbindlichkeit erheben. Die Freiheit des Interpreten ist deshalb eingeschränkter. Er muss eine intersubjektiv verbindliche Verstehensleistung erbringen. Davon abgesehen sind es nur besondere Gegenstände, die im Zusammenhang des juristischen Denkens verstanden werden müssen, das Verstehen selbst ist die gleiche Aufgabe wie sonst auch. Diese Gegenstände finden sich auf allen Ebenen des Erkenntnisprozesses (unten § 6 Rn. 12 ff.): Nur durch eine Verstehensleistung kann beurteilt werden, wie ein bestimmtes Verhalten auf der Ebene des Sachverhalts zu bewerten ist. 22

**Beispiele:** Handelt es sich beim Winken um den Gruß eines Freundes oder um die Abgabe eines Gebotes in einer öffentlichen Versteigerung? Ist das Wort „Müllmann“ eine Berufsbezeichnung oder eine Beleidigung? Ist eine Zusage verbindlich gemeint oder eine bloße Absichtserklärung? Ist die Bemerkung „Die ist geladen!“ eine Drohung? Eine Drohung mit Gewalt? Oder mit dem Tod?

Eine Verstehensleistung ist aber ebenso auf der rechtlichen Ebene gefordert:

**Beispiele:** Ist eine Garage eine Wohnung im Sinne von § 244 Abs. 1 Nr. 3 StGB? Was bedeutet „lediglich einen rechtlichen Vorteil erlangen“ im Sinne von § 107 BGB?

Solche Fragen lassen sich nur dadurch beantworten, dass man ein Verständnis davon entwickelt, was das Gesetz bedeutet. Man muss von den Zeichen, die man lesen kann, zurück auf die Bedeutung des Gesetzes schließen.

## 2. Systemdenken und Problemdenken

**Literatur:** *Gast*, Juristische Rhetorik, 5. Aufl. 2015, Rn. 307 ff.; *Launhardt*, Topik und Rhetorische Rechtstheorie, 2010; *Mastronardi*, Juristisches Denken, 2. Aufl. 2003, Rn. 839 ff.; *Puppe*, Kleine Schule des juristischen Denkens, 3. Aufl. 2014, S. 271 ff.; *Rüthers/Fischer/Birk*, Rechtstheorie, 10. Aufl. 2018, Rn. 611 ff.; *Schuster*, „Die alte Frau hat immer Recht“ und „Der Handwerker bekommt sein Geld“ – Gerechtigkeitserwägungen und Kontrollüberlegungen in der Klausur, JA 2018, 728 ff.; *Vesting*, Rechtstheorie, 2. Aufl. 2015, Rn. 67 ff.; *Viehweg*, Topik und Jurisprudenz, 5. Aufl. 1974

Zwei weitere Denkstile betreffen die Frage, ob man **vom System** oder **vom Problem her** denkt. Systemdenken liegt die Vorstellung zugrunde, man habe eine Art Maschine vor sich, die auf Fragen nach einem vorprogrammierten Ablauf Antworten liefert. Problemdenken[104] geht gerade umgekehrt vor: Es gibt die Aufgabe und eine prinzipiell unbegrenzte Menge für die Lösung relevanter Aspekte. Man findet sie mit Hilfe bestimmter Standardfragen, die typischerweise weiterführen (griech. topoi, lat. loci argumentorum). 23

[103] Vgl. aber *Gadamer*, Wahrheit und Methode, 1960, Gesammelte Werke, Band 1, S. 330, 334.

[104] Der ebenfalls verwendete Terminus „Problemlösungsdenken“ ist unglücklich, denn um Problemlösung geht es auch demjenigen, der vom System her denkt.

24 Was mit Topoi gemeint ist, kann man leicht mit einer Liste *Quintilians* **illustrieren**. Man stelle sich vor, man habe jemanden zu verteidigen, der einen Diebstahl begangen haben soll. Dann findet man für die Verteidigung an fünf verschiedenen Orten Argumente[105]:

- Beweise von der Person her (*argumenta a persona*): Eigenschaften einer Partei, eines Zeugen, die im Fall eine Rolle spielen können, z.B. Abstammung, Alter, Erziehung und Ausbildung, Körperbeschaffenheit, Vermögensverhältnisse, soziale Stellung, Berufstätigkeit, Vorleben
- Beweise aus den Gründen geschehener oder auch künftiger Handlungen (*argumenta ex causis factorum vel futurorum*): warum, wo, wann, wie und mit welchen Mitteln?
- Beweise vom Ort her (*argumenta ex loco*): Charakteristika eines Ortes
- Argumente aus der Zeit, d.h. aus der Abfolge/Gleichzeitigkeit von Ereignissen
- Argumente mit Blick auf die „Möglichkeit“: Ist oder war jemand zu einem bestimmten Verhalten fähig?

Die Topik lehrt also, welche Fragen man zu stellen hat, wenn man Argumente sucht. Diese Fragen sind unabhängig vom konkreten Problem. Die gleichen Fragen wie hier kann man etwa auch dann stellen, wenn man eine Anklage vorbereitet, aber auch außerhalb des Gerichts. Sie sind zum Beispiel im politischen Raum ebenso nützlich.

25 Systemdenken ist funktional, Problemdenken (sogenanntes topisches Denken) handlungsorientiert. Systemdenken ist tendenziell statisch, Problemdenken ist potentiell innovativ, d.h. es werden immer neue Argumente gefunden, die berücksichtigt werden können. Die Topik setzt da an, wo es um die Erörterung eines Problems geht. „Die Topik will Winke geben, wie man sich in einer solchen Situation verhält, um nicht rettungslos stecken zu bleiben. Sie ist daher die *Techne des Problemdenkens*.“[106] Als Begründer des topischen Denkens gilt *Aristoteles*. Systemdenken hat seine Wurzel in neuzeitlicher Naturwissenschaft. Sowohl Systemdenken wie Problemdenken lassen sich auf das Recht anwenden. Im Stil des Systemdenkens ist das Recht eine Ordnungsmaschine, die auf Rechtsfragen Antworten liefert. Die Antwort ist im System schon abstrakt vorhanden, sie muss nur noch durch Deduktion herausgefiltert werden. Im Stil des Problemdenkens stellt das Recht kein System zur Verfügung, sondern eine Aufgabe. Es formuliert für die Lösung relevante Aspekte, aber es hat keine Lösung vorprogrammiert. Diesen Unterschied in Erinnerung gerufen zu haben, ist das Verdienst *Theodor Viehwegs*. *Viehweg* strich heraus, dass juristisches Denken in weiten Teilen nicht systematisch-deduktiv vor sich geht, sondern topisch.

---

105 Nach *Gast*, Juristische Rhetorik, 5. Aufl. 2015, Rn. 308.

106 *Viehweg*, Topik und Jurisprudenz, 5. Aufl. 1974, S. 31 (Hervorhebungen im Original).

## Grafik: Systemdenken und Problemdenken

Systemdenken

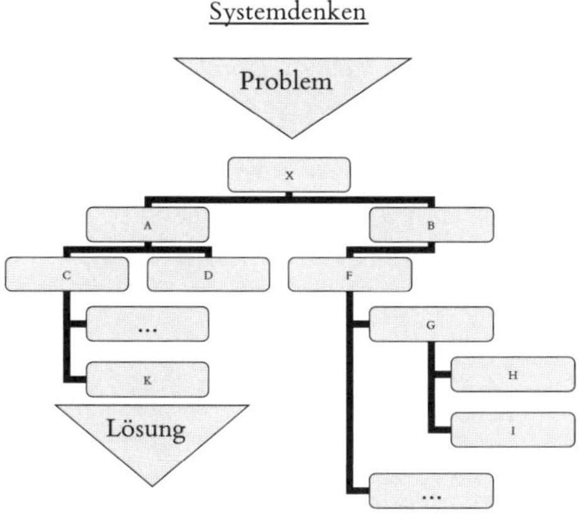


Problemdenken

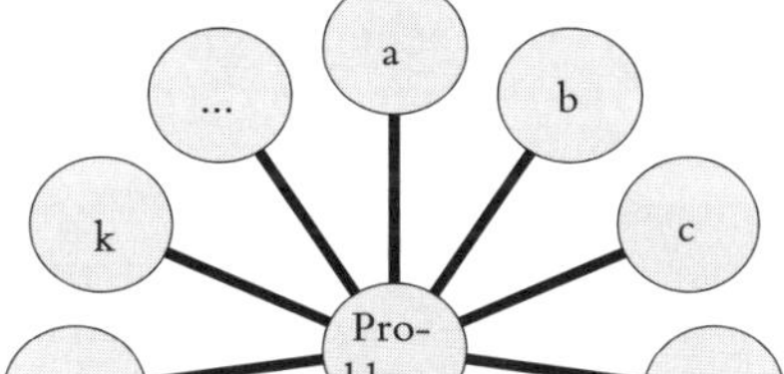


- vom System her
- vorprogrammierter Ablauf
- funktional
- statisch
- Recht = Ordnungsmaschine

- vom Problem her
- typische Standardfragen
- handlungsorientiert
- innovativ
- Recht = Aufgabe

### 3. Denken in Interessen und in Werten

Mit den Denkstilen des Beobachtens und Verstehens sowie des Systemden- 26
kens und des Problemdenkens sind vier wichtige juristische Denkstile genannt. Ergänzen ließen sich noch zwei weitere Denkstile, die sich danach unterscheiden, ob juristische Argumente aus der Sicht der jeweils Betroffenen (d.h. aus der Perspektive ihrer Interessen) oder aus einer den Betroffenen übergeordneten Perspektive (d.h. als überindividuelle, wenn nicht gar universelle Werte) strukturiert werden. Im ersten Fall treten Unterschiede in den Bedürfnissen, Ressourcen, Potentialen, Prioritäten, Risiken, Lebenssituationen etc. in den Blick, im zweiten Fall Gemeinsamkeiten.

Weiter aufgefächert ergeben sich damit die von *Philippe Mastronardi*[107] unterschiedenen **elf Paare von Denkstilen**: (1) Beobachten und Teilnehmen (2) Erkennen und Verstehen (3) Erkenntnisinteresse und Entscheidungsinteresse (4) deskriptiv und normativ (5) System und Diskurs (6) universaler Anspruch und kulturelle Bedingtheit (7) Vorverständnis und Methode (8) juristische Logik und empirische Realität (9) Differenzieren und Generalisieren (10) Systemdenken und Problemlösungsdenken (11) Nutzen/Schaden und Rechte/Pflichten. Jede Denkweise liefert Beiträge zum Entscheidungsprozess, die alle gleichermaßen zur Geltung kommen müssen. Die Paare (1) bis (6) gewinnt *Mastronardi* jeweils aus einer Leitfrage, anhand derer man eine Denkweise beschreiben kann: (1) Was ist meine Stellung zum Gegenstand (bin ich Beobachter oder Teilnehmer)? (2) Geht es mir um den Erwerb von Wissen unmittelbar durch Sinne und Denken (um Erkenntnis) oder um Erwerb von Wissen mittelbar durch sprachliche Verständigung (um Verstehen)? (3) Will ich deskriptive

[107] *Mastronardi*, Juristisches Denken, 2. Aufl. 2003.

Aussagen (wahr oder falsch) oder normative Aussagen (richtige Urteile) gewinnen? (4) Bin ich von einem zweckfreien Erkenntnisinteresse geleitet oder habe ich ein Entscheidungsinteresse? (5) Frage ich nach dem Kommunikationsprozess in einem sozialen System oder geht es um die zwischenmenschliche Verständigung unter von einem Konflikt betroffenen konkreten Personen? (6) Ist mein Ergebnis universell gültig oder kulturell bedingt? Die Paare (7) bis (11) bezeichnet *Mastronardi* als „Spielarten des juristischen Denkens“: (7) Juristisches Denken müsse Meinung (Vorverständnis) und Urteil (Methode) in Zusammenhang bringen, (8) ebenso Norm (juristische Logik) und Wirklichkeit (empirische Realität), (9) Unterschied und Gemeinsamkeit, (10) Recht als System und Recht als Aufgabe sowie (11) das Interesse (das Gute) und das Recht (das Gerechte).

## IV. Elementare juristische Logik

**Literatur:** *Hesse*, Das kleine Einmaleins des klaren Denkens, 2009; *Joerden*, Logik im Recht, 3. Aufl. 2018; *Klaner*, Basiswissen Logik für Jurastudenten, 2005; *Neumann*, Juristische Logik, in: Hassemer/Neumann/Saliger (Hrsg.), Einführung in die Rechtsphilosophie und Rechtstheorie der Gegenwart, 9. Aufl. 2016, S. 272 ff.; *Puppe*, Kleine Schule des juristischen Denkens, 3. Aufl. 2014, S. 203 ff.; *Rüthers/Fischer/Birk*, Rechtstheorie, 10. Aufl. 2018, Rn. 186 ff.; *Schnapp*, Logik für Juristen, 7. Aufl. 2016, §§ 9 ff.; *Tetens*, Philosophisches Argumentieren, 4. Aufl. 2015, S. 282 ff.

27 Jedes juristische Denken ist an die Gesetze der Logik gebunden – in der Sprache des Bundesgerichtshofs: an **Denkgesetze**. Aus Logik allein kann man keine juristischen Erkenntnisse gewinnen, aber Logik gehört zum juristischen Denken dazu. Juristisches Denken muss folgerichtig und frei von Widersprüchen sein. Dazu genügt gesunder Menschenverstand, man muss weder die Terminologie noch die Zusammenhänge mathematischer Logik beherrschen. Mit Hilfe logischer Begriffe und Zusammenhänge kann man aber die Folgerichtigkeit und Widerspruchsfreiheit eines Gedankens zur Sprache bringen. Deshalb können diese Begriffe hilfreich sein. Im Folgenden werden darum wichtige Teilgebiete der Logik kurz vorgestellt.[108]

### 1. Aussagen- und Prädikatenlogik

28 Im Mittelpunkt steht die Aussagen- und Prädikatenlogik. Die Aussagenlogik beschäftigt sich mit der **Verbindung von Aussagesätzen**. Man kann Aussagesätze nach der Reichweite unterscheiden, die sie für ihre Aussage in Anspruch nehmen. Mit diesen unterschiedlichen Reichweiten befasst sich die Prädikatenlogik. Die Prädikatenlogik fügt der Aussagenlogik die sogenannten Quantoren hinzu: den „Allquantor“ (alle sind) und den „Existenzquantor“ (es gibt mindestens ein) sowie ihre jeweilige Verneinung. Damit ergeben sich vier Typen von Aussagen: (1) Alle p sind q (Allquantor). (2) Einige p sind q (Existenzquantor). (3) Kein p ist q

[108] Zu Anwendungsbeispielen, insbesondere aus dem Strafrecht, vgl. insbesondere *Joerden*, Logik im Recht, 3. Aufl. 2018.

(genauer: für alle p gilt: sie sind nicht q, also Allquantor negiert). (4) Einige p sind nicht q (also Existenzquantor negiert). Diese vier Aussagen bilden das sogenannte (quantoren-)logische Quadrat. Man kann es zum Sechseck erweitern, wenn man berücksichtigt, dass das Wort „einige" eine doppelte Bedeutung hat. Die Aussage „einige p sind q" kann einmal bedeuten, dass es einige p gibt, die q sind, und dass es auch einige p gibt, die nicht q sind. Es sind also auf keinen Fall alle p q. „Einige" steht für „*nur* einige". Die Aussage „einige p sind q" ist umgangssprachlich aber auch dann wahr, wenn alle p q sind. Genau gesagt bedeutet „einige" dann: „mindestens ein". In diesem Sinne wird „einige" im quantorenlogischen Quadrat verwendet. Nimmt man die Bedeutung „nur einige" und ihre Negation hinzu, ergibt sich das quantorenlogische Sechseck mit den zwei weiteren Aussagen: (5) Einige p sind q und einige p sind nicht q. (6) Entweder alle oder kein p sind q.

Die Aussagenlogik untersucht die in diesem Sechseck bestehenden **logischen Beziehungen**. Beispielsweise können (1) und (3) nicht zugleich wahr sein: Entweder es sind alle p q oder es ist kein p q. Dieses Verhältnis nennt man Exklusion. Auch kann (1) nicht ohne (2) und (3) nicht ohne (4) wahr sein: Dass alle p q sind, kann nicht wahr sein, ohne dass einige p q sind, dass kein p q ist, kann nicht wahr sein, ohne dass einige p nicht q sind. Dieses Verhältnis nennt man Implikation. Zwischen (2) und (4) besteht ein Verhältnis der Disjunktion, d.h. mindestens eine von beiden Aussagen ist wahr, es ist nicht denkbar, dass beide Aussagen falsch sind, es können aber beide Aussagen wahr sein. Zwischen (1) und (4), (4) und (1), (2) und (3) sowie (3) und (2) besteht Kontravalenz, d.h. entweder die eine oder die andere Aussage ist wahr. 29

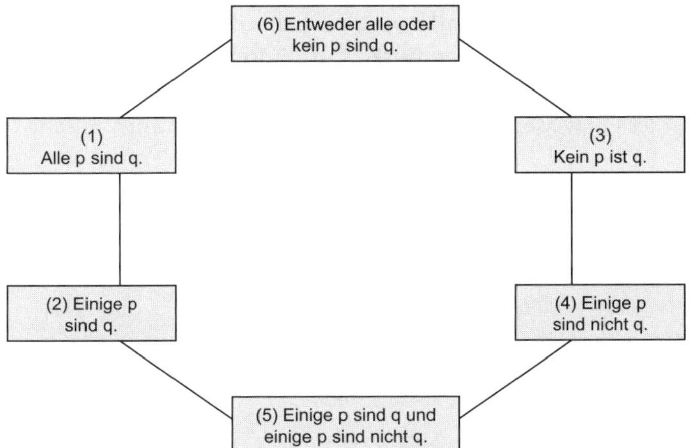


Es gibt noch zwölf weitere mögliche logischen Beziehungen. Alle sechzehn kann man der sogenannten **Wittgensteinschen Wahrheitswertetafel**[109] entnehmen. Es handelt sich um: (1) Tautologie (alles, d.h. die Verknüpfung gilt in jedem Fall), (2) Disjunktion

[109] Benannt nach *Ludwig Wittgenstein* (1889–1951), einem österreichisch-britischen Philosophen.

(mindestens eins (nicht keins), (3) Replikation (das andere nicht ohne das eine), (4) Präpendenz (jedenfalls das eine, gleichgültig ob auch das andere), (5) Implikation (das eine nicht ohne das andere), (6) Postpendenz (jedenfalls das andere, gleichgültig ob auch das eine), (7) Äquivalenz (nicht eins allein, sondern beides oder keins), (8) Konjunktion (beides), (9) Exklusion (höchstens eins, nicht beides), (10) Kontravalenz (genau eins von beiden, entweder das eine oder das andere), (11) Postnonpendenz (keinesfalls das andere, gleichgültig ob das eine), (12) Postsektion (das eine ohne das andere), (13) Pränonpendenz (keinesfalls das eine, gleichgültig ob das andere), (14) Präsektion (das andere ohne das eine), (15) Rejektion (keins, beides nicht) und (16) Antilogie (nichts, d.h. die Verknüpfung gilt in keinem Falle).

Der Wahrheitswertetafel kann man nicht nur die zwei verschiedenen Bedeutungen von „einige" entnehmen, sondern auch verschiedene Bedeutungen für die Junktoren „oder" und „wenn ... dann ..." (dazu unten § 5 Rn. 30 f., § 7 Rn. 9).

Werden Aussagen so miteinander verknüpft, dass die Verknüpfung immer wahr ist, unabhängig davon, ob die einzelne Aussage wahr oder falsch ist, handelt es sich bei der Verknüpfung um ein logisches Gesetz. Ein logischer Schluss, der einem logischen Gesetz entsprechend gezogen wird, ist stets gültig, mögen die Teilaussagen wahr oder falsch sein (näher § 7 Rn. 54).

30 Die quantorenlogischen Zusammenhänge lassen sich auch mit den sogenannten **alethischen Modalbegriffen** wiedergeben. Dabei handelt es sich um die Begriffe „notwendig", „möglich", „unmöglich" und „unnotwendig". Statt „alle p sind q" lässt sich auch sagen „p ist notwendig q". Ebenso wie „einige" im Verhältnis zu „alle" mehrdeutig ist, ist auch „möglich" mehrdeutig im Verhältnis zu „notwendig": Man kann „möglich" verstehen als „möglich und unnotwendig" (also zufällig, kontingent; die Negation ist „bestimmt"), aber auch als „möglich unter Einschluss von notwendig". Damit entspricht dem quantorenlogischen ein modallogisches Sechseck. In diesem Sechseck lassen sich alle Begriffe aus den sogenannten „drei modallogischen Grundbegriffen" ableiten, nämlich aus „notwendig", „kontingent" und „unmöglich". Jeder Sachverhalt ist entweder notwendig, kontingent oder unmöglich.

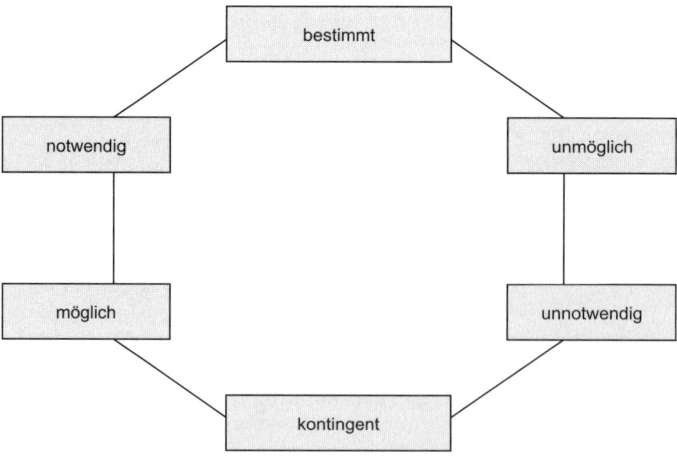

Wendet man diese Grundbegriffe auf Handlungen an, ergibt sich, dass eine Handlung entweder notwendig ist, d.h. sie ist geboten, oder unmöglich, d.h. sie ist verboten, oder kontingent, d.h. sie ist indifferent, also weder geboten noch verboten (freigestellt[110]). Damit sind die sogenannten deontischen Operatoren (dazu § 5 Rn. 5) aufgezählt. Sie und ihre Negationen ergeben das **deontologische Sechseck**. Ebenso wie „einige" und „möglich" hat jetzt „erlaubt" eine doppelte Bedeutung. „Erlaubt" ist eine Handlung einmal in dem Sinne, dass sie nicht verboten, sondern geboten ist: Sie ist relativ erlaubt. „Erlaubt" ist eine Handlung aber auch in dem Sinne, dass die Handlung weder geboten noch verboten, sondern indifferent, also freigestellt ist. Das nennt man absolut erlaubt. 31

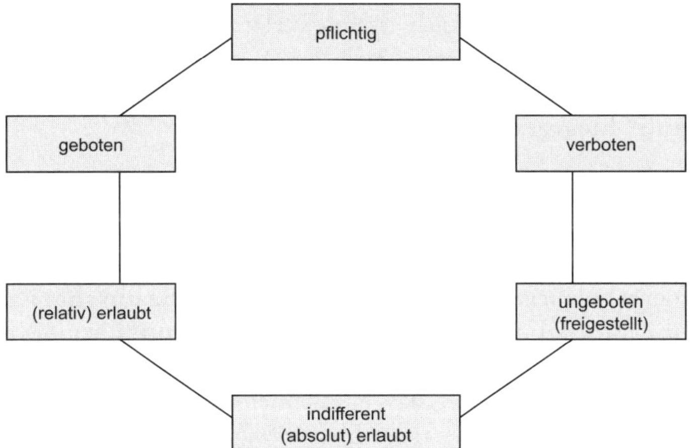


## 2. Klassen und Relationen

Die logischen Beziehungen zwischen Aussagen kann man auch auf Klassen anwenden. Eine **Klasse** setzt sich aus einer Anzahl von Elementen zusammen. Ist gar kein Element vorhanden, ist die Klasse leer. Zwei Klassen können etwa Identität aufweisen (alle p sind q und alle q sind p), oder Heterogenität (kein p ist q und kein q ist p), Subordination (alle p sind q aber nicht umgekehrt) oder Interferenz (einige p sind q, einige p sind nicht q, einige q sind p, einige q sind nicht p). 32

Dabei ist die Interferenz der Grundfall, aus dem sich die anderen drei ergeben, wenn einzelne Mengen leer sind. Alle vier Beziehungen entsprechen einer aus der Wahrheitswertetafel bekannten Beziehung: die Identität entspricht der Konjunktion, die Heterogenität der Kontravalenz, die Subordination der Präpendenz oder Postpendenz und die Interferenz der Disjunktion.

Beziehungen zwischen zwei oder mehr Objekten werden in der Logik durch zwei- oder mehrstellige Prädikate ausgedrückt. Man spricht bei solchen Beziehungen auch von **Relationen**. 33

[110] Die Terminologie ist insoweit uneinheitlich, vgl. auch *Joerden*, Logik im Recht, 3. Aufl. 2018, S. 176 ff.; *Rüthers/Fischer/Birk*, Rechtstheorie, 10. Aufl. 2018, Rn. 124, 190 f.

Das ist nicht zu verwechseln mit der Relation („das Ausgeführte") im Sinne eines Gutachtens, das nach Regeln der Relationstechnik aufgebaut ist. Dabei handelt es sich um eine spezielle Herangehensweise an Rechtsfälle bei einem Gericht oder einer Behörde, bei der die Rechtslage nacheinander aus verschiedenen Perspektiven („Stationen") gewürdigt wird.

Jede Relation kann man daraufhin untersuchen, ob sie bestimmte formale Eigenschaften aufweist. Dabei interessieren in erster Linie Symmetrie, Reflexivität und Transitivität. Symmetrie bedeutet, dass eine Relation zwischen zwei Objekten jeweils in beiden Richtungen gleichermaßen besteht. Das gilt etwa für „verheiratet mit", nicht aber für „größer als". Reflexiv ist eine Relation, wenn jedes Objekt die fragliche Beziehung nicht nur zu einem anderen Objekt sondern auch zu sich selbst hat (etwa „identisch mit": jedes Objekt ist auch identisch mit sich selbst). Transitiv ist eine Relation, wenn sich daraus, dass die Relation zwischen A und B sowie zwischen B und C besteht, schließen lässt, dass sie auch zwischen A und C besteht. Transitiv ist etwa die Relation „größer als", intransitiv hingegen „leiblicher Vater von".

### 3. Unscharfe Mengen

34 Rechtswissenschaft muss die Bewertung als „recht" oder „unrecht" vornehmen (s. oben § 2 Rn. 7), hat es aber oft mit unscharfen Grenzen zu tun. Daher ist zur elementaren juristischen Logik auch die **Theorie unscharfer Mengen** (Fuzzylogik, von engl. fuzzy, d.h. verschwommen) zu zählen. Sie modelliert Unsicherheiten und Unschärfen von umgangssprachlichen Beschreibungen. Eine unscharfe Menge bedeutet, dass ein Element nicht nur zur Menge gehören kann oder nicht, sondern dass es auch *ein wenig* in der Menge enthalten sein kann. Mit welchem Grad das Element in der Menge enthalten ist, wird mit seiner Zugehörigkeitsfunktion angegeben.

**Beispielsweise** könnte man einen Menschen von 40 Jahren mit dem Grad 0,75 zur Menge „noch junger" Menschen, mit 0,25 zur Menge „mittleres Alter" zuordnen. Es wäre daher nicht falsch, ihn als einen Menschen mittleren Alters zu bezeichnen, aber deutlich plausibler wäre die Bezeichnung als „noch jung".

Mit welchem Grad das Element in der Menge enthalten ist, kann man freilich nicht durch logische Operation ermitteln. Diese Zuordnung ist kein fuzzylogisches Problem, sondern – im rechtlichen Kontext – eine Rechtsfrage. Die Fuzzylogik kann nur dabei behilflich sein, diese Frage so präzise wie möglich zu formulieren. Erst recht nicht beantwortet sich durch logische Operation, welche Rechtsfolgen sich daraus ergeben, dass ein Element nicht in Gänze, aber ebenso wenig überhaupt nicht, sondern mit einem gewissen Grad zur Menge gehört. Damit gilt für die Fuzzylogik noch einmal mehr, was für die Logik überhaupt gilt: Sie beantwortet keine Rechtsfragen, sondern sie hilft, wenn es darum geht, die Widerspruchsfreiheit und Folgerichtigkeit rechtlichen Denkens zu beurteilen.

Wenn **beispielsweise** in § 138 Abs. 2 BGB von „Unerfahrenheit“ die Rede ist, so muss man sich vor Augen führen, dass „Erfahrung“ immer ein unscharfer Maßbegriff ist: Sie liegt immer in gewissem Maße vor und sie fehlt immer in gewissem Maße. Daher ist bei der Anwendung einer solchen Rechtsnorm stets zu begründen, unter welchen Umständen der vom Gesetz vorausgesetzte Grad „Unerfahrenheit“ vorliegt. Rückschlüsse ergeben sich etwa aus der an die „Unerfahrenheit“ geknüpften Rechtsfolge sowie aus den tatbestandlichen Alternativen, die dieselbe Rechtsfolge auslösen.

## V. Zusammenfassung

Juristisches Denken zielt auf **juristische Erkenntnisse**. Thematisch geht **35**
es um die rechtliche Bewertung von Sachverhalten (aus der Perspektive eines Richters oder eines Rechtsberaters) und ihre gedanklichen Voraussetzungen. In methodischer Hinsicht muss juristisches Denken wissenschaftlichen Standards sowie den Eigengesetzlichkeiten des Gegenstandes Rechnung tragen. Dabei kann man eine Perspektive des **Beobachtens** oder des **Verstehens** einnehmen. Verstehen ist kein logisches Schließen, sondern eine produktive Tätigkeit aufgrund einer eigenen Bewertung. Verstehen hängt vom Vorverständnis ab („hermeneutischer Zirkel“), muss aber darüber hinaus kommen. Man kann vom **System** oder vom **Problem** her denken. Systemdenken geht von einem statischen Lösungsweg aus (deduktiv), Problemdenken (topisches Denken) fragt nach den im Einzelfall relevanten Aspekten (den Topoi), ist also potentiell innovativ. Juristisches Denken ist an die **Gesetze der Logik** gebunden, aus Logik allein kann man aber keine juristischen Erkenntnisse gewinnen.

# 1. Kapitel. Die Anwendung des Rechts

Recht auf Sachverhalte anzuwenden, also Sachverhalte rechtlich zu bewerten, ist das thematische Zentrum juristischen Denkens. Das Recht ist eine Normenordnung (oben § 2 Rn. 2 ff.), ihre Elementarteilchen[111] sind die Rechtsnormen (unten § 5). Recht auf einen Sachverhalt anzuwenden, bedeutet daher, **Rechtsnormen auf den Sachverhalt anzuwenden** – aus der Sicht eines Richters (§§ 6–8) oder in der Perspektive der Rechtsetzung/-gestaltung (§ 9).

## § 5. Die Rechtsnorm

### I. Normen

**Literatur:** *Börner*, Einführung in die Normentheorie, Jura 2014, 1258 ff.; *Honsell/Mayer-Maly*, Rechtswissenschaft, 7. Aufl. 2017, S. 57 ff.; *Horn*, Einführung in die Rechtswissenschaft und Rechtsphilosophie, 6. Aufl. 2016, Rn. 6 f.; *Mahlmann*, Rechtsphilosophie und Rechtstheorie, 5. Aufl. 2019, §§ 26, 28; *Philipps*, Normentheorie, in: Hassemer/Neumann/Saliger (Hrsg.), Einführung in die Rechtsphilosophie und Rechtstheorie der Gegenwart, 9. Aufl. 2016, S. 291 ff.; *Röhl/Röhl*, Allgemeine Rechtslehre, 3. Aufl. 2008, S. 85 ff., 129 ff., 189 ff.; *Rüthers/Fischer/Birk*, Rechtstheorie, 10. Aufl. 2018, Rn. 92 ff.; *Vesting*, Rechtstheorie, 2. Aufl. 2015, Rn. 30 ff.

#### 1. Normen als präskriptive Werturteile

1 Normen sind Sollens-Sätze: Sie schreiben etwas vor. Sie beschreiben nicht, was ist, sondern sie beschreiben, was geschehen soll. Sie werden Wirklichkeit, indem sie, auf Wirklichkeit angewandt, menschliches Verhalten motivieren und damit eine neue Wirklichkeit prägen (oben § 2 Rn. 3). Daher sind Normen **Werturteile**. Die Aussage, dass etwas sein soll, beruht auf einer Bewertung. Ob etwas sein soll oder nicht, lässt sich nicht aus einer Tatsache ableiten. Daraus, dass etwas ist, folgt niemals, dass es so sein soll.

Wer trotzdem aus einem Sein auf ein Sollen schließt, also ohne weitere Begründung behauptet, weil etwas so und so *ist*, deshalb *solle* es auch so und so sein, begeht einen sogenannten **naturalistischen Fehlschluss** (dazu unten § 7 Rn. 75).

Das bedeutet, dass eine **Verhaltensgewohnheit**, die innerhalb einer Gruppe herrscht, für sich genommen noch keine Norm begründet, auch wenn man durch Abgleich mit

---

[111] *Röhl/Röhl*, Allgemeine Rechtslehre, 3. Aufl. 2008, S. 189; *Rüthers/Fischer/Birk*, Rechtstheorie, 10. Aufl. 2018, Rn. 92.

dieser Gewohnheit sagen kann, ob ein bestimmtes Verhalten „normal" ist oder nicht. Von einer (sozialen) Norm kann man erst dann sprechen, wenn (was meistens der Fall ist) sich mit der Verhaltensregelmäßigkeit die *Erwartung* verbindet, jeder möge sich entsprechend dieser Gewohnheit verhalten.[112]

Es ist aber nicht jedes Werturteil eine Norm. Normen schreiben vor, dass etwas sein soll. Sie sind **präskriptive Werturteile**. Manche Werturteile besagen nicht, dass etwas sein soll, sondern sie bewerten etwas als so oder so, als dieses oder jenes. Sie sind deskriptive Werturteile.

**Beispiel:** Die Sätze „In engen Straßen soll niemand parken." und „Die X-Straße ist zu eng zum Parken." sind beide Werturteile. Aber nur der erste von ihnen besagt, dass etwas sein soll und ist deshalb ein präskriptives Werturteil. Der zweite Satz ist ein deskriptives Werturteil. Hingegen ist der Satz „Wer ordnungswidrig handelt, wird mit einer Geldbuße bestraft." ein präskriptives Werturteil, denn obwohl er wie eine Beschreibung oder eine Vorhersage formuliert ist, besagt er nichts anderes, als dass der ordnungswidrig Handelnde bestraft werden *soll*. Ob er tatsächlich bestraft wird, hängt dann wieder davon ab, ob es der Norm tatsächlich gelingt, die Wirklichkeit zu prägen oder nicht. Die Sätze „Wer in engen Straßen parkt, handelt ordnungswidrig." und „Wer ordnungswidrig handelt, wird mit einer Geldbuße bestraft." lassen sich zu dem Satz „Wer in engen Straßen parkt, wird mit einer Geldbuße bestraft." verbinden, also zu einem präskriptiven Werturteil.

Indem Normen beschreiben, was geschehen soll, formulieren sie präskriptive 2
Werturteile. Es ist aber auch nicht jedes präskriptive Werturteil eine Norm. Manche Werturteile besagen, dass etwas sein soll, richten sich mit dieser Aussage aber nur an eine bestimmte Person in einer bestimmten, gerade bestehenden Situation. Etwas soll für diese individuelle Person in dieser konkreten Situation gelten. Ein präskriptives Werturteil, das sich an eine individuelle Person in einer konkreten Situation richtet, nennt man **Imperativ** (von lat. imperare, d.h. befehlen, anordnen). Demgegenüber ist die Aussage einer Norm eine andere: Eine Norm beschreibt das, was sein soll, unabhängig von einem individuellen Adressaten und unabhängig von der konkreten Situation. Vom individuellen Adressaten und der konkreten Situation hängt nur ab, ob die Norm auf die bestimmte Person in dieser Situation anzuwenden ist, aber die Norm ist keine individuell-konkrete Beschreibung, sondern sie ist generell-abstrakt. Sie beschreibt generell-abstrakt, was geschehen soll. Daher nennt man Imperative situativ, Normen hingegen universal.

**Beispiele:** Der Satz „Herr X soll die Tür schließen!" ist ein Imperativ. Der Satz „Brandschutztüren sind geschlossen zu halten." ist eine Norm.

Zwischen generell-abstrakten Normen und individuell-konkreten Impera- 3
tiven gibt es zwei **Zwischenstufen**, und zwar die individuell-abstrakten und die generell-konkreten Sätze. Beide Arten von Sätzen stehen den Imperativen näher als den Normen, denn sie sind nicht in gleicher Weise universell wie eine Norm und damit eher situativ, wenn auch der Geltungsbereich weitergefasst ist als im typischen Fall des Imperativs.

[112] Vgl. *Rüthers/Fischer/Birk,* Rechtstheorie, 10. Aufl. 2018, Rn. 97.

**Beispiele:** Individuell-abstrakt ist der Satz „Sie da, wenn es hier zu kalt wird, sollen Sie die Tür schließen!" Der Satz ist individuell, denn er richtet sich an eine bestimmte Person, das Werturteil „Die Tür soll geschlossen werden." soll aber nicht nur in einer konkreten Situation gelten (wie es bei einem Imperativ der Fall wäre), sondern abstrakt, nämlich in allen Fällen, in denen die Bedingung „zu kalt" gegeben ist. Ein Schild „Bitte die Tür schließen, es zieht!" ist generell-konkret, denn es richtet sich an den jeweils Anwesenden, aber für eine konkrete Situation.

4 **Zusammenfassen** kann man also: Werturteile besagen entweder, dass etwas sein soll (präskriptive Werturteile), oder sie beschreiben etwas als dieses oder jenes (deskriptive Werturteile). Präskriptive Werturteile können universal sein (Normen) oder situativ (Imperative). Normen sind generell-abstrakte Sätze, Imperative individuell-konkret. Individuell-abstrakte und generell-konkrete Sätze sind eher Imperative als Normen.

**Arten von Werturteilen**

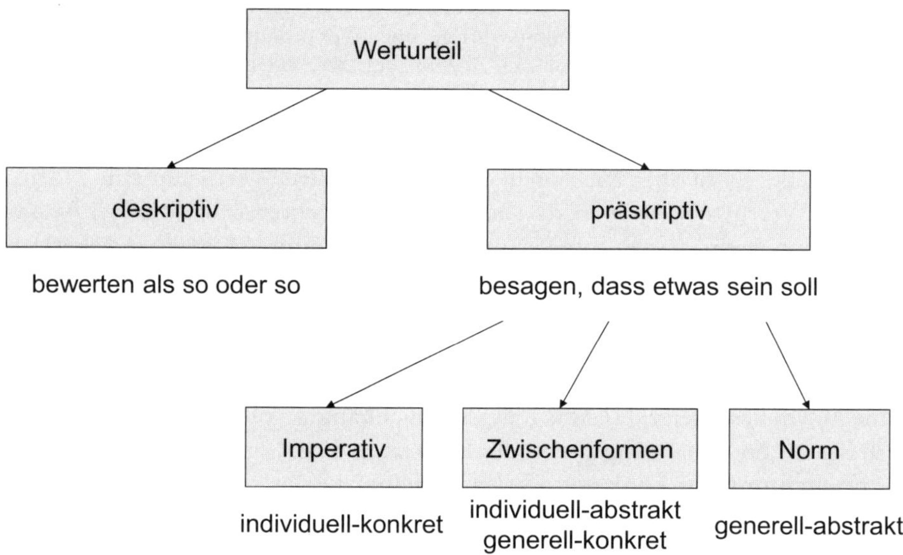


Die Verwendung der Begriffe „Norm" und „Imperativ" ist allerdings nicht einheitlich. Verbreitet werden auch Normen und Imperative gleichgesetzt. Als Normen werden dann nicht nur generell-abstrakte Sätze angesehen, sondern ebenso individuell-konkrete, individuell-abstrakte und generell-konkrete Sätze.[113]

## 2. Normen und das Wissen über Normen

**Literatur:** *Quante*, Einführung in die Allgemeine Ethik, 6. Aufl. 2017, S. 40 f.; *Röhl/Röhl*, Allgemeine Rechtslehre, 3. Aufl. 2008, S. 191 ff.; *Rüthers/Fischer/Birk*, Rechtstheorie, 10. Aufl. 2018, Rn. 94 ff.

[113] Vgl. *Röhl/Röhl*, Allgemeine Rechtslehre, 3. Aufl. 2008, S. 196 ff.

Eine Norm lässt sich auf zwei ganz verschiedene Weisen auffassen: Eine Möglichkeit ist es, eine Norm als eine **behauptende Aussage** zu begreifen. Sie behauptet, dass etwas geboten, verboten oder erlaubt ist, hat also eine Feststellung zum Inhalt. Gebot, Verbot und Erlaubnis (präziser: Freistellung) nennt man die deontischen Operatoren (d.h. Sollensoperatoren, vgl. oben § 4 Rn. 31). Gebot und Verbot schließen einander aus. Etwas kann nicht zugleich geboten und verboten sein. Deshalb folgt daraus, dass etwas geboten ist, dass es nicht verboten sein kann. Daraus, dass etwas nicht verboten ist, folgt aber nicht, dass es geboten ist: Was nicht verboten ist, kann auch freigestellt sein. Ist etwas verboten, kann nicht auch zugleich das Unterlassen (also jede Verhaltensalternative) verboten sein. Ist ein Tun geboten, kann nicht zugleich auch das Unterlassen dieses Tuns geboten sein. 5

Von ihrem Ausgangspunkt her fragt die Ethik traditionell: „Was soll ich tun?", sie fragt also nach Geboten. In jüngerer Zeit gerät aber auch die umgekehrte Fragestellung in den Blick: „Was soll ich unterlassen?" (sog. **negative Ethik**[114]).

Eine Feststellung, dass etwas geboten, verboten oder erlaubt ist, kann wahr oder falsch sein, sie kann begründet sein oder unbegründet. Wer Normen als behauptende Aussagen versteht, der bringt damit zum Ausdruck, dass er Normen prinzipiell für wahrheitsfähig und begründbar hält. Diese Auffassung wird als **Kognitivismus** bezeichnet.

Ein solches Verständnis ist aber nicht zwingend. Man kann eine Norm auch statt als eine behauptende Aussage als einen **bloßen Sprechakt** auffassen, also als eine Anweisung, einen Appell oder eine Stellungnahme. Ein Sprechakt ist Ausdruck von Anweisungen, Empfehlungen oder Einstellungen. Er kann mehr oder weniger authentisch sein, aber er ist weder wahr noch falsch. Wer Normen statt als behauptende Aussagen als Sprechakte versteht, hält sie für nicht begründungs- oder wahrheitsfähig. Eine solche Auffassung wird als Nonkognitivismus bezeichnet. 6

Innerhalb der Rechtstheorie vertrat etwa *Hans Kelsen* (unten § 12 Rn. 7) einen nonkognitivistischen Ansatz: Mit der Setzung einer Norm werde nicht ein schon gegebener Gegenstand erkannt, sondern es werde gefordert, dass etwas sein soll. Die in der Rechtspolitik getroffenen Werturteile seien einer rational nachprüfbaren Begründung von vornherein unzugänglich.

**Beispiel:** Die Norm „Man soll nicht stehlen." kann man als Feststellung eines Gebots verstehen: „Es ist geboten, dass man nicht stehlen soll." oder als Sprechakt: „Stehlt nicht!", „Ich ziehe es vor, nicht zu stehlen und empfehle jedem das Gleiche." oder „Stehlen gehört sich nicht." 7

Kognitivistische Ansichten verstehen Normen als **wahrheitsfähige Aussagen**. Trotzdem besteht aber ein bedeutender Unterschied zu nicht-normativen Aussagen: Ob eine Norm als wahr angesehen werden kann, hängt nicht von 8

[114] Vgl. *Ottmann* (Hrsg.), Negative Ethik, 2005.

der Übereinstimmung der Norm mit der Empirie ab, d.h. nicht davon, ob das, was die Norm besagt, auch in der empirischen Wirklichkeit so ist. Denn eine Norm beschreibt nicht, was ist, sondern was sein soll (s. oben Rn. 1). Wahr ist eine Norm deshalb nach kognitivistischer Auffassung vielmehr dann, wenn sie die *normative* Wirklichkeit zutreffend beschreibt. Wenn die Norm also aussagt, was wirklich geschehen soll.

**Beispiel:** Die Wahrheit der Norm „rechts vor links" hängt nicht davon ab, ob tatsächlich die von rechts Kommenden vorgelassen werden oder nicht. Ob die Norm „rechts vor links" wahr ist oder nicht, hängt vielmehr davon ab, ob sie ein geltender Teil der Rechtsordnung ist oder nicht. Wenn es nach dieser Rechtsordnung geschehen soll, dass die von rechts Kommenden vorgelassen werden, dann beschreibt die Norm „rechts vor links" die in dieser Rechtsordnung herrschende normative Wirklichkeit zutreffend und ist daher wahr.

Nonkognitivistischen Ansichten stellt sich die Frage nach der Wahrheit von Normen hingegen nicht, denn nach ihrer Auffassung sind Normen ohnehin nicht wahrheitsfähig. Für die nonkognitivistischen Auffassungen stellt sich auch die Frage nach der Quelle von Normen und dem Wissen über sie nicht. Normen sind für den Nonkognitivismus Sprechakte, mittels derer wir versuchen, auf das Verhalten unserer Mitmenschen Einfluss zu nehmen.[115] Kognitivistische Ansichten stehen jedoch, da sie Normen für prinzipiell begründbar und wahrheitsfähig halten, vor der Aufgabe, Kriterien für die Wahrheitsfähigkeit von Normen zu benennen (dazu unten §§ 10–12).

### 3. Funktionen von Normen

**Literatur:** oben vor Rn. 1

9 Normen dienen der **Verhaltensregelung**.[116] Um dieses Ziel zu erreichen, nimmt eine Norm zwei ganz unterschiedliche Funktionen wahr bzw. wird eine Norm in zwei ganz unterschiedlichen Zusammenhängen relevant: Erstens kann man sich die Frage stellen, ob man selbst oder ein anderer etwas künftig tun oder unterlassen soll oder in der Vergangenheit hätte tun oder unterlassen sollen. Man kann Normen also als Prüfmaßstab für menschliches Verhalten heranziehen. Menschliches Verhalten wird mit dem Verhalten verglichen, das die Norm als das gesollte Verhalten beschreibt. Man kann aber auch umgekehrt eine Norm zum Ausgangspunkt nehmen und sie darauf hin befragen, welches künftige Verhalten sie von einem selbst oder von anderen verlangt. In dieser Hinsicht dienen Normen zur Verhaltensorientierung.

**Beispiel:** Eine Norm wie „Innerorts darf nicht schneller als 50 km/h gefahren werden." dient als Prüfmaßstab, wenn die Geschwindigkeit gemessen wird, mit der jemand innerorts fährt oder gefahren ist. Ist er zu schnell gefahren, wird die Abweichung je nach Schwere zum Anlass genommen für Geldbuße, Fahrverbot, Führerscheinentzug etc. Diese Norm

---

115 *Quante*, Einführung in die Allgemeine Ethik, 6. Aufl. 2017, S. 43.
116 *Zippelius*, Juristische Methodenlehre, 11. Aufl. 2012, S. 2 ff.

dient hingegen der Verhaltensorientierung, indem sie dem Autofahrer an der Ortseinfahrt die Frage beantwortet, wie schnell er nunmehr noch fahren darf.

Obwohl inhaltlich klar unterscheidbar, besteht zwischen beide Funktionen ein enger **Zusammenhang**: Die verhaltensorientierende Funktion einer Norm ergibt sich gerade daraus, dass man die Norm als Prüfmaßstab in die eigene Gedankenwelt integriert. Man durchdenkt verschiedene Verhaltensalternativen und stellt sich jeweils vor, wie eine Prüfung am Maßstab der Norm ausgehen würde. Dabei mag es einem auch darauf ankommen, was für Folgen sich aus einem entdeckten Normverstoß ergeben würden. 10

**Beispiel:** Der Autofahrer, der einen Ortseingang erreicht, stellt sich verschiedene mögliche Geschwindigkeiten vor und vergleicht sie mit der Norm „Innerorts darf nicht schneller als 50 km/h gefahren werden." Er verwendet die Norm also als Prüfmaßstab. Verhaltensorientierend wirkt die Norm, weil der Autofahrer sein Verhalten nun darauf einstellen kann, wie die Prüfung ausgeht („Diese Geschwindigkeit wäre verboten/erlaubt.") und welche Folgen sich daraus ergeben könnten (Geldbuße, Fahrverbot, Führerscheinentzug).

Auf der anderen Seite ist es nur deshalb gerechtfertigt, menschliches Verhalten an der Norm zu messen, weil die Norm bereits zur Verhaltensorientierung zur Verfügung gestanden hätte und dazu hätte herangezogen werden sollen.

Auf diesem Gedanken beruht das **Verbot einer rückwirkenden Bestrafung**: Bestraft werden darf man nur, wenn die Strafbarkeit angedroht war, bevor die Tat begangen wurde (Art. 103 Abs. 2 GG, § 1 StGB, dazu unten § 7 Rn. 20, § 8 Rn. 19). Andernfalls musste man nicht mit Strafe rechnen und durfte sich darauf verlassen, nicht später bestraft zu werden. Diesen Rechtsgedanken hat das Bundesverfassungsgericht auch auf einen Bußgeldbescheid angewendet, der wegen „erheblicher Ruhestörung", und zwar durch sonntägliches Klavierspiel, erlassen worden war.[117] Diese Rechtsnorm darf nicht so angewendet werden, dass es allein auf die Einschätzung von Nachbarn oder Polizeibeamten ankäme, ob eine „erhebliche Ruhestörung" vorliegt oder nicht. Dann wäre für den Einzelnen nämlich nicht im voraus erkennbar, ob er gegen den Bußgeldtatbestand verstößt oder nicht.

Die Unterscheidung von Prüfmaßstab auf der einen, Verhaltensorientierung auf der anderen Seite ist vorzugswürdig gegenüber **Alternativen**, etwa der Bezeichnung als Handlungsnormen auf der einen, Kontrollnormen auf der anderen Seite[118] und gegenüber der Formulierung, Normen seien auf der einen Seite (für das Gericht) Entscheidungsnormen, auf der anderen Verhaltensnormen.[119] Denn damit wird suggeriert, es handele sich um verschiedene Arten. Tatsächlich aber sind es nur zwei unterschiedliche Funktionen *einer* Norm, einmal Grundlage einer Entscheidung zu sein (also Prüfmaßstab), einmal der Verhaltensorientierung zu dienen. Es handelt sich also nicht um eine inhaltliche Einteilung von Normen, wie sie etwa die Begriffe Verhaltensnormen und Sanktionsnormen (dazu unten § 13 Rn. 77 ff.) bewerkstelligen.

---

117 BVerfG, NJW 2010, 754.

118 *Forsthoff*, Über Maßnahme-Gesetze, Gedächtnisschrift für Jellinek, 1955, S. 221, 232 f.

119 *Rüthers/Fischer/Birk*, Rechtstheorie, 10. Aufl. 2018, Rn. 121.

### 4. Normen und Sprache

**Literatur:** *Endicott*, Law and Language, in: Coleman/Shapiro (Hrsg.), The Oxford Handbook of Jurisprudence and Philosophy of Law, 2002, S. 969 ff.; *Forstmoser/Vogt*, Einführung in das Recht, 4. Aufl. 2008, § 3; *Kirchhof*, in: Ebke/Kirchhof/Mincke (Hrsg.), Sprache und Recht, 2009, S. 27 ff.; *Koch*, Sprachphilosophische Grundlagen der juristischen Methodenlehre, in: Alexy/Koch/Kuhlen/Rüßmann, Elemente einer juristischen Begründungslehre, 2003, S. 123 ff.; *Meier*, Der Denkweg der Juristen, 2000, S. 52 ff.; *Röhl/Röhl*, Allgemeine Rechtslehre, 3. Aufl. 2008, S. 17 ff., 24 ff., 37 ff., 44 ff., 85 ff., 94 ff., 123 ff.; *Rüthers/Fischer/Birk*, Rechtstheorie, 10. Aufl. 2018, Rn. 150 ff.; *Schnapp*, Vom Nutzen der Kommunikationstheorie für die juristische Ausbildung, Jura 2010, 897 ff.; *Thiel*, in: Krüper (Hrsg.), Grundlagen des Rechts, 3. Aufl. 2017, § 12

11 Unabhängig davon, ob man Normen als behauptende Aussagen oder als Sprechakte begreift und ob man sie als Prüfmaßstab oder zur Verhaltensorientierung heranzieht, sind Normen **an Sprache gebunden**.

Umgekehrt lautet die ursprüngliche Bedeutung des Wortes „Rede" auch „Rechenschaft" und gerichtlicher Parteivortrag.[120]

Den Begriff „Sprache" muss man dabei sehr weit verstehen. Er umfasst nicht nur die gesprochene oder geschriebene Sprache (also ein System aus Laut- oder Schriftzeichen), sondern auch alle anderen Handlungen und Artefakte, die Botschaften transportieren können, also etwa Gesten und Gebärden oder Bilder. Je nach Kommunikationsmedium kommt es zu unterschiedlichen Wechselwirkungen zwischen dem jeweiligen Medium und dem Inhalt der Kommunikation. Im Folgenden soll es jedoch nur um allgemeine Strukturen in der Kommunikation von Normen gehen.

12 Sprachliche Verständigung ist ein **vielschichtiger Vorgang**: Sprache ist kein statisches Gefüge von Zeichen und Bedeutungen, sondern sie verändert sich ständig. Der einzelne Autor ändert sein Sprachverhalten, weil er seine Einstellungen ändert und seine Auffassungen darüber, wie ein Sachverhalt sprachlich angemessen wiederzugeben sei. Dadurch ändert sich auch das Sprachverhalten der Sprachgemeinschaft um ihn herum. Ferner ist die Bedeutung eines Zeichens nicht nur von dem sozialen Kontext abhängig, in dem es verwendet wird, sondern auch von Erfahrungen und Empfindungen. Von ihnen hängt ab, welche Konnotationen ein Zeichen hervorruft. Diese Konnotationen können individuell und kontextabhängig sehr unterschiedlich sein.

**Beispiel:** In dem Satz „Vorsicht ist die Mutter der Porzellankiste." bedeutet das Zeichen „Mutter" etwas ganz anderes als in dem Satz „Mutter und Vater eines Kindes sind seine Eltern."

Auf der anderen Seite setzt Verständigung aber voraus, dass Autor und Adressat einer Botschaft die verwendeten Zeichen zumindest annähernd über-

---

[120] Vgl. *Kirchhof*, in: Ebke/Kirchhof/Mincke (Hrsg.), Sprache und Recht, 2009, S. 27, 31.

einstimmend verstehen oder sich im Verlauf ihrer Kommunikation zumindest annähernd auf eine übereinstimmende Bedeutung einigen. Dazu bedarf es einer ständigen Übersetzung der Zeichen aus der Sprachwelt des Autors in die des Adressaten.

Was der Adressat einer Botschaft für die Bedeutung eines Zeichens hält, ist die Vorstellung, die das Zeichen in ihm hervorruft von einem realen oder fiktiven Gegenstand, der durch das Zeichen bezeichnet wird. Die Vorstellung nennt man die Intension. Sie ist eine Repräsentation von tatsächlichen Dingen (Extension). Der Extensionsbereich eines Zeichens umfasst sämtliche Gegenstände der Welt, auf die man das Zeichen anwenden kann. Zeichen, Intension und Extension bilden das sogenannte **semiotische Dreieck**. 13

### Grafik: Semiotisches Dreieck

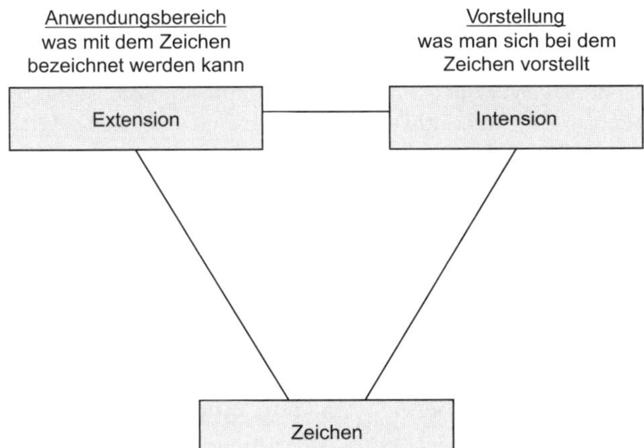


**Beispiel:** In der Botschaft „Auf der Straße sind viele Autos." macht sich der Adressat eine Vorstellung von einem „Auto" (und nicht: von einem Lastwagen, einer Kutsche oder einem Fahrrad). Diese Vorstellung ist die Intension. Der Extensionsbereich des Zeichens „Auto" umfasst etwa gewöhnliche Pkws, aber auch Kombis, Polizeiautos, Postautos usf.

Das **Verhältnis** von Anwendungsbereich (Extension) und Vorstellung (Intension) kann man auf verschiedene Weise beschreiben. Man kann sich auf den Standpunkt stellen, dass die Bedeutung nicht von den subjektiven Vorstellungen von Autor und Adressat abhängt, sondern dass die Bedeutung eines Satzes jener gedankliche Gehalt ist, auf den man die Beurteilung als wahr oder falsch bezieht, wenn man ein Urteil über den Satz fällt. 14

**Beispiel:** Das wäre in dem Satz „Dieses Auto dort ist rot." alles das, wovon es in der Wirklichkeit abhängt, ob man das betreffende Auto als rot bezeichnen würde oder nicht.

Damit repräsentiert der Satz einen äußeren Sachverhalt, der vorliegt oder nicht vorliegt. Liegt er vor, ist der ihn repräsentierende Satz wahr, sonst ist er falsch. Das ist der Ausgangspunkt der repräsentationistischen Zeichentheorie. Man kann auch eine instrumentalistische Gegenposition beziehen. Ihr zur Folge erhalten die Zeichen ihre „objektive" Bedeutung dadurch, dass sie innerhalb der Sprachgemeinschaft nach einheitlichen Regeln verwendet werden. Wie das Zeichen gemäß diesen Regeln verwendet wird, daraus ergibt sich, was es bedeutet. Weil die Regeln einheitlich sind, ermöglichen die Zeichen Verständigung. Hier steht nicht die Frage im Mittelpunkt, was kommuniziert wird, sondern was die Voraussetzungen für gelingende Kommunikation sind.

**Beispiel:** Der Satz „Dieses Auto dort ist rot." ist dann unabhängig davon wahr oder falsch, welche Farbe das Auto in der Wirklichkeit hat. Entscheidend ist, dass es nach den Regeln der Sprachgemeinschaft als rot bezeichnet wird.

Man kann diese Positionen philosophiegeschichtlich als den **Universalienstreit** beschreiben: Eine repräsentationistische Zeichentheorie entspricht der Auffassung, die Begriffe (Universalien) existierten unabhängig von den Dingen, die sie bezeichnen (Idealismus) oder gehörten zum Wesen dieser Dinge (Realismus). Eine instrumentalistische Zeichentheorie bezieht den Standpunkt, die Begriffe würden an die Dinge herangetragen, seien also bloße Namen (Nominalismus).[121] Sprachphilosophisch ist die repräsentationistische Zeichentheorie eine Abbildtheorie, eine instrumentalistische Zeichentheorie eine Gebrauchstheorie.[122]

**15** Beiden Ansätzen gemeinsam ist die Erkenntnis, dass Worten oft eine **unbestimmte Bedeutung** haben. Man kann dem Wort die Bedeutung nicht einfach entnehmen.

**Beispiele:** Ab welcher Körpergröße ist ein Mensch „klein", wann ist er „arm"? Wann ist „mittags"? Kann ein „Elefant" auch ein Stofftier sein?

Zwar gibt es einen Kernbereich, in dem eine bestimmte Intension ohne Zweifel zum Extensionsbereich eines Wortes gehören würde. Ferner gibt es einen Außenbereich, in dem eine Intension ohne Zweifel nicht zum Extensionsbereich eines Wortes gehören würde. Zwischen beiden gibt es aber eine Zone, in der die Zugehörigkeit zum Extensionsbereich unklar ist und besonders geprüft werden muss.

**Beispiel:** So ist ein erwachsener Mensch mit einer Körpergröße von 1,50 m unzweifelhaft klein (Intension gehört ohne Zweifel zum Extensionsbereich), ein Mensch von 2 m ist unzweifelhaft nicht klein (Intension gehört ohne Zweifel nicht zum Extensionsbereich). Dazwischen gibt es eine Zone, in der die Frage, ob jemand klein ist, besonderer Prüfung bedarf. Sie ist aber weder nach unten noch nach oben hin randscharf abgegrenzt (vgl. oben § 4 Rn. 34).

**16** Beiden Ansätzen gemeinsam ist ferner die Erkenntnis, dass Kommunikation stets ein **gegenseitiger Vorgang** ist. Mit dem Absenden einer Botschaft durch den Autor ist es nicht getan. Nicht weniger entscheidend für das Gelingen der Kommunikation ist die Aufnahme der Botschaft durch den Adressaten. Die

---

[121] Näher *Röhl/Röhl*, Allgemeine Rechtslehre, 3. Aufl. 2008, S. 42.
[122] Dazu *Röhl/Röhl*, Allgemeine Rechtslehre, 3. Aufl. 2008, S. 44 ff.

Bedeutung der Botschaft kann nicht unmittelbar durch Sinneswahrnehmung (d.h. durch Beobachtung der Zeichenfolge) erkannt werden. Kommunikation ist vielmehr stets eine Verstehensleistung (oben § 4 Rn. 13 ff.). Der Adressat muss sich die in der Botschaft transportierte Bedeutung erschließen.

Veranschaulicht wird das in dem Sprichwort: Gemeint ist nicht gesagt, gesagt ist nicht gehört, gehört ist nicht verstanden, verstanden ist nicht einverstanden.

### 5. Zusammenfassung

Normen sind also präskriptive, universale **Werturteile**. Universal sind jedenfalls generell-abstrakte Sätze. Individuell-konkrete Sätze sind situative Werturteile (Imperative). Die Zwischenformen (individuell-abstrakte und generell-konkrete Sätze) sind eher Imperative als Normen. Man kann Normen für bloße Sprechakte halten (**Nonkognitivismus**) oder sie als wahrheitsfähig ansehen (**Kognitivismus**). Wahr ist eine Norm dann, wenn sie die normative Wirklichkeit zutreffend beschreibt. Normen können der **Verhaltensorientierung** dienen sowie als **Prüfmaßstab** angewendet werden. Normen sind an **Sprache** gebunden. Sprache verändert sich ständig, die Bedeutung von Worten (Zeichen) ist nicht statisch festgelegt. Das Verhältnis von Zeichen und Bezeichnetem kann man repräsentationistisch (Idealismus oder Realismus) oder instrumentalistisch (Nominalismus) interpretieren. Unabhängig davon ist die Bedeutung von Worten oft unklar (im Grenzbereich), es erfordert eine gegenseitige Kommunikationsleistung, sie zu erschließen. 17

## II. Rechtsnormen und andere Normen

**Literatur:** *Ellscheid*, Recht und Moral, in: Hassemer/Neumann/Saliger (Hrsg.), Einführung in die Rechtsphilosophie und Rechtstheorie der Gegenwart, 9. Aufl. 2016, S. 201 ff.; *Forstmoser/Vogt*, Einführung in das Recht, 4. Aufl. 2008, §§ 6 ff.; *Höfling*, „Sittlichkeit" und Freiheit, JuS 2017, 617 ff.; *Hofmann*, Einführung in die Rechts- und Staatsphilosophie, 5. Aufl. 2011, S. 3 ff.; *Honsell/Mayer-Maly*, Rechtswissenschaft, 7. Aufl. 2017, S. 57; *Horn*, Einführung in die Rechtswissenschaft und Rechtsphilosophie, 6. Aufl. 2016, Rn. 6 ff.; *Kirste*, Einführung in die Rechtsphilosophie, 2010, S. 99 ff.; *Lindner*, Zum Verhältnis von Recht und Moral, Jura 2016, 8 ff.; *Mahlmann*, Rechtsphilosophie und Rechtstheorie, 5. Aufl. 2019, § 24; *Raiser*, Grundlagen der Rechtssoziologie, 6. Aufl. 2013, S. 162 ff., 190 ff.; *Röhl/Röhl*, Allgemeine Rechtslehre, 3. Aufl. 2008, S. 199 ff., 204 ff., 294 ff.; *Rüthers/Fischer/Birk*, Rechtstheorie, 10. Aufl. 2018, Rn. 97 ff.; *Seelmann/Demko*, Rechtsphilosophie, 6. Aufl. 2014, § 3; *Zippelius*, Rechtsphilosophie, 6. Aufl. 2011, §§ 5,6

Rechtsnormen sind intersubjektiv verbindlich. Die intersubjektive Verbindlichkeit unterscheidet Rechtsnormen von Normen aus **anderen Normenordnungen**, namentlich von sittlichen, gesellschaftlichen und technischen Normen. 18

### 1. Sittliche Normen

19 Sittliche Normen haben ihren Geltungsgrund im **Gewissen des Einzelnen**. Sie sind Gegenstand der Ethik (d.h. Moral, von lat. mos). Sie gelten, weil sich der Einzelne von seinen Gewissensgründen leiten lässt, ob im eigenen Handeln oder in der Beurteilung anderer. Sie sind nicht inter-, sondern intrasubjektiv verbindlich. In der Aussage, etwas sei moralisch bzw. unmoralisch, mag ein Appell liegen, der Angesprochene möge dieses Urteil teilen. Darin mag auch die Behauptung liegen, man könne über den jeweiligen Gegenstand in moralischer Hinsicht gar nicht anders urteilen. Dann wird auf einen moralischen Konsens (die öffentliche Moral) Bezug genommen. Aber seinen Geltungsgrund hat dieses Urteil eben in den Gewissensgründen eines jeden Einzelnen. Rechtsnormen hängen hingegen nicht von den Gewissensgründen Einzelner ab. Rechtsnormen gelten mit intersubjektiver Verbindlichkeit.

Als einen weiteren Unterschied zwischen Rechtsnormen und sittlichen Normen wird es angesehen, dass sittliche Normen notwendigerweise an ein **persönliches Unwerturteil** anknüpfen, das sich auf innere Einstellungen und subjektives Können bezieht. Für Rechtsnormen ist das hingegen nicht zwangsläufig der Fall. So kann sich zivilrechtlich haftbar auch derjenige machen, der „gar nichts dafür konnte", dass es zum Unfall gekommen ist: Im Bereich der Gefährdungshaftung genügt es, eine (erlaubte!) Gefahr geschaffen zu haben. Sorgfaltspflichten muss man nicht verletzt haben.[123] Man muss sich aber fragen, ob sich nicht ebenso schon aus der Gefahrschaffung eine – zumindest leichte – moralische Verantwortung ergibt.

### 2. Gesellschaftliche Normen

20 Gesellschaftliche Normen sind **Anschauungen über richtiges Verhalten**, die in der Gesellschaft anerkannt sind und überwiegend befolgt werden (Höflichkeit, Fairness, Gastfreundschaft). Sie haben ihren Geltungsgrund nicht in den Gewissensgründen der Einzelnen, sondern sie sind vom Einzelnen ebenso unabhängig wie die Normen des Rechts. Ihre Verletzung hat aber nicht die gleichen Folgen: Wer gegen eine gesellschaftliche Norm verstößt, muss mit sozialen Sanktionen wie Missbilligung oder sozialem Druck rechnen, gibt sich eventuell auch der Lächerlichkeit preis. Aber er darf es, wenn er will. Die gesellschaftliche Norm ist intersubjektiv, aber sie ist nicht intersubjektiv verbindlich, sondern intersubjektiv unverbindlich.

**Beispiel:** Wer auf der Straße flanierend jedem Fremden eine Begrüßung mit Handschlag aufdrängt, fällt auf, denn er verstößt gegen eine gesellschaftliche Norm, die besagt, dass man nicht jeden auf der Straße Vorbeigehenden mit Handschlag begrüßt (sondern nur Freunde oder Bekannte). Es drohen soziale Sanktionen, nämlich Unmuts- oder Widerwillensäußerungen der Angesprochenen: Manche werden einen Streich vermuten und darauf unwirsch reagieren. Aber rechtlich verboten ist ein solches „unkonventionelles" Verhalten selbstverständlich nicht.

---

123 *Rüthers/Fischer/Birk*, Rechtstheorie, 10. Aufl. 2018, Rn. 99c.

Zwischen sittlichen und gesellschaftlichen Normen gibt es eine **Schnittmenge**: Manche Normen sind sowohl sittlicher Art (also intrasubjektiv verbindlich), als auch gesellschaftlicher Art (also intersubjektiv unverbindlich). 21

**Beispiel:** So mag man Gastfreundschaft nicht nur als gesellschaftliche Norm, sondern in Grenzen auch als sittliche Pflicht empfinden.

Das bedeutet, dass der Verstoß gegen eine sittliche Norm, die ihren Geltungsgrund im Gewissen des Einzelnen hat, zu gesellschaftlichen Sanktionen führen kann.

### 3. Technische Normen

Den gesellschaftlichen Normen ähneln technische Normen. Sie definieren **Standards** und sind Anleitungen, wie etwas zu tun ist, wenn es funktionieren soll. Auch sie sind unverbindlich, denn wer gegen eine technische Norm verstößt, muss damit rechnen, dass seine Arbeit dysfunktional ausgeht, aber er darf es. 22

**Beispiel:** Wer Backbleche herstellt, sollte dafür ein Format wählen, das für Standard-Backöfen geeignet ist. Aber selbstverständlich ist es nicht verboten, Backbleche in anderen Größen herzustellen. Die soziale Sanktion resultiert einzig aus den geringeren Absatzchancen.

Einen Unterschied zu gesellschaftlichen Normen kann man aber darin sehen, dass technische Normen noch nicht einmal notwendigerweise intersubjektiv sind. Sie betreffen nur die Frage, wie ein bestimmtes Ziel zweckmäßig erreicht werden kann. Gibt man das Ziel auf oder nimmt man es hin, dass man es nur auf unzweckmäßige Weise erreicht, muss man sich an die technische Norm nicht halten. Insofern sind technische Normen nur hypothetisch intersubjektiv. 23

Demgegenüber kann man sich von gesellschaftlichen Normen nur in dem Sinne befreien, dass man sich für den Verstoß entscheidet und die Sanktion in Kauf nimmt. In den Augen der anderen bleibt es aber ein Verstoß.

### Grafik: Sittliche, gesellschaftliche und technische Normen

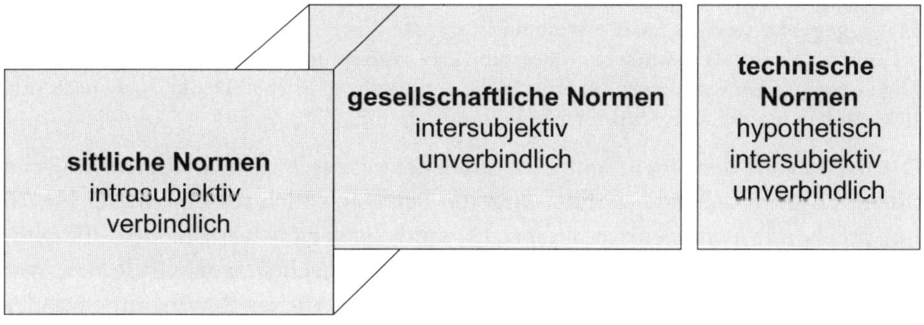

### 4. Bezüge

24 Zwischen Rechtsnormen auf der einen und sittlichen, gesellschaftlichen und technischen Normen auf der anderen Seite bestehen vielfältige Wechselwirkungen. So gibt es zu einem Teil der sittlichen, gesellschaftlichen und technischen Normen eine **je-entsprechende** Rechtsnorm.

**Beispiele:**
Es ist nicht nur ein Verstoß gegen den moralischen Konsens, jemanden um seine Ersparnisse zu betrügen, sondern unter den Voraussetzungen des § 263 Abs. 1 oder § 266 Abs. 1 StGB auch strafbar. Insoweit gibt es also nicht nur eine sittliche Norm, die verletzt wird, sondern ebenso eine Rechtsnorm. Das gleich gilt etwa bei Unterlassener Hilfeleistung (§ 323c StGB): Mitmenschen in Not zu Hilfe zu kommen, ist nicht nur eine sittliche Pflicht, sondern ebenso eine strafbewehrte Rechtspflicht.

Wer singend durch die Straßen zieht, verstößt nicht nur gegen eine gesellschaftliche Norm, sondern handelt in krassen Fällen ordnungswidrig: Gemäß § 117 OWiG handelt ordnungswidrig, „wer ohne berechtigten Anlass oder in einem unzulässigen oder nach den Umständen vermeidbaren Ausmaß Lärm erregt, der geeignet ist, die Allgemeinheit oder die Nachbarschaft erheblich zu belästigen …"

Ein Rechtsgeschäft, das gegen die guten Sitten verstößt, verstößt nicht nur gegen eine gesellschaftliche Norm, sondern es ist nach § 138 Abs. 1 BGB nichtig, also unwirksam. Es gibt also eine Rechtsnorm, die sittenwidrige Geschäfte mit Nichtigkeit „bestraft".

Wer eine technische Norm nicht einhält, riskiert, für sich daraus ergebende Gefahren rechtlich verantwortlich gemacht zu werden, und zwar dann, wenn es eine Rechtsnorm gibt, die die Einhaltung bestimmter technischer Standards verlangt (etwa Backbleche mit gesundheitsgefährdender Beschichtung: sie wären nicht nur ungeeignet, weil kein Käufer krank werden möchte, sondern auch verboten, weil sie Menschen in Gefahr bringen könnten).

In derartigen Fällen entspricht der Inhalt der Rechtsnorm dem einer sittlichen, gesellschaftlichen oder technischen Norm oder verweist sogar ausdrücklich auf sie (wie § 138 Abs. 1 BGB). Aber die Rechtsnorm ist **niemals die bloße Folge** dieser sittlichen, gesellschaftlichen oder technischen Norm. Es bedarf vielmehr stets eines zusätzlichen Schrittes, aus dem sich erklärt, weshalb eine sittliche, gesellschaftliche oder technische Norm zugleich als Rechtsnorm intersubjektiv verbindlich ist (dazu unten § 10).

Das sagt freilich noch nichts darüber aus, ob diese Erklärung in Bezug auf die einzelne Norm gegeben werden muss – weshalb ist gerade diese sittliche, gesellschaftliche oder technische Norm als Rechtsnorm intersubjektiv verbindlich? – oder ob diese Erklärung allgemein gegeben werden kann, etwa in der Art naturrechtlichen Denkens, wonach sittliche Normen *per se* als Rechtsnormen verbindlich sind.

Ob man auf der einen Seite eine sittliche, gesellschaftliche oder technische Norm befürwortet oder auf der anderen Seite sich auch für eine dieser Norm entsprechende Rechtsnorm ausspricht, sind zwei ganz verschiedene Fragen, denn erst mit der Einführung dieser Norm als Rechtsnorm würde das, was zuvor dem Gewissen des Einzelnen, der gesellschaftlichen Anschauungen oder technischen Standards überlassen war, intersubjektiv verbindlich geregelt.

Manche nehmen an, die enge Verwandtschaft zu einer sittlichen, gesellschaftlichen oder technischen Norm verschaffe der Rechtsnorm ein **besonderes Maß an Akzeptanz**. Daran trifft zu, dass eine Rechtsnorm, die inhaltlich einer sittlichen Norm entspricht, eine größere Aussicht auf gesellschaftliche Akzeptanz hat, gegenüber einer Rechtsnorm, die zu sittlichen Normen in keinem Zusammenhang steht. Die enge Verwandtschaft zu einer sittlichen, gesellschaftlichen oder technischen Norm *garantiert* der Rechtsnorm aber keine Akzeptanz. Als Rechtsnorm akzeptiert ist eine Norm nämlich nur dann, wenn ein Konsens darüber besteht, dass die Norm intersubjektiv verbindlich sein sollte. Das ist aber eine vom Inhalt der Norm unabhängige zweite Frage: Dass in einer Gesellschaft eine bestimmte sittliche, gesellschaftliche oder technische Norm ohnehin anerkannt ist (wann auch immer man davon sprechen kann, eine Norm sei „anerkannt"), besagt nichts dafür, ob die intersubjektive Verbindlichkeit dieser Norm – also ihre Qualität als Rechtsnorm – in gleichem Maße anerkannt ist. Man kann durchaus der Ansicht sein, dass ein bestimmtes Verhalten sittenwidrig ist (z.B. Ehebruch), sich aber zugleich dagegen aussprechen, dass die Rechtsordnung an die Sittenwidrigkeit irgendwelche Folgen knüpfen sollte.

Auf der anderen Seite gibt es auch Rechtsnormen, die überhaupt **keinen Bezug** zu sittlichen, gesellschaftlichen oder technischen Normen haben. 25

**Beispiel:** Das gilt etwa für Rechtsnormen wie „rechts vor links": diese Vorfahrtsregel ist weder mit ihrem konkreten Inhalt noch ihrer Form nach sittlich, gesellschaftlich oder technisch beeinflusst.

Das Gros der Rechtsnormen weist zwar einen **inhaltlichen Bezug** auf zu sittlichen, gesellschaftlichen oder technischen Normen, ist aber durch solche Normen nicht restlos determiniert.

**Beispiel:** So entspricht es etwa einer gesellschaftlichen Norm, dass man lange zurückliegende, abgeschlossene Vorgänge nicht einfach wieder aufbringen kann. Dem entspricht es, dass ein zivilrechtlicher Anspruch der Verjährung unterliegt (§§ 194 ff. BGB) und dass Rechte ganz allgemein unter zwei Voraussetzungen verwirkt sind: (1) wenn man sie lange Zeit nicht ausübt, obwohl man dazu in der Lage wäre; und (2) wenn der Verpflichtete sich darauf eingerichtet hat und sich nach dem gesamten Verhalten des Berechtigten auch darauf einrichten durfte, dass dieser das Recht nicht mehr geltend machen werde (BGHZ 84, 280, 281 = NJW 1982, 1999). Unter welchen Voraussetzungen im Einzelnen eine Verjährung oder Verwirkung eintritt und welche Rechtsfolgen sich daraus ergeben, ist aber nicht durch gesellschaftliche Normen vorgegeben.

Sittliche, gesellschaftliche oder technische Normen kommen nicht nur 26
als Inspiration für Rechtsnormen in Betracht, sondern auch als **Grenze** für Rechtsnormen.

**Beispiel:** Das Recht selbst erkennt das an, etwa indem es eine Straftat, die im entschuldigenden Notstand begangen wird, nicht bestraft (§ 35 Abs. 1 S. 1 StGB). Ein entschuldigender Notstand liegt demnach unter anderem dann vor, wenn der Täter eine rechtswidrige Tat begeht, um eine gegenwärtige, nicht anders abwendbare Lebensgefahr für eine ihm nahestehende Person abzuwenden. Das Gesetz trägt hier der Gewissensnot Rechnung, in die der Täter geriete, wenn er die ihm nahestehende Person in Lebensgefahr ließe und nichts unternehmen würde. Man kann diesen Gedanken zu der These erweitern, dass einer Rechtsordnung wenig anderes übrig bleibt, als auf das Rücksicht zu nehmen, was in der Gesellschaft einem Minimalkonsens sittlicher und gesellschaftlicher Normen entspricht.

Diese Wechselwirkung besteht schließlich auch umgekehrt: Rechtsnormen begrenzen den Spielraum möglicher Sanktionen, mit denen ein Verstoß gegen gesellschaftliche oder technische Normen belegt werden darf.

**Beispiel:** Man stelle sich vor, im oben genannten Beispiel des jeden Fremden mit Handschlag Begrüßenden würde einer der Angesprochenen eine soziale Sanktion in Gestalt einer wüsten Beschimpfung oder gar eines Faustschlages verhängen: Das wäre eine strafbare Beleidigung (§ 185 Abs. 1 StGB) oder Körperverletzung (§ 223 Abs. 1 StGB), ganz ohne Rücksicht darauf, dass das Opfer im Tatvorfeld gegen eine bestimmte gesellschaftliche Norm verstoßen haben mag. Da die strafrechtlichen Normen auch in dieser Konstellation uneingeschränkt gelten, begrenzen sie den Spielraum möglicher und rechtlich erlaubter sozialer Sanktionen.

### 5. Zusammenfassung

27 Intersubjektive Verbindlichkeit unterscheidet Rechtsnormen von Normen aus anderen Normenordnungen: **Sittliche Normen** (Moral) gelten intrasubjektiv verbindlich, aus dem Gewissen des Einzelnen. **Gesellschaftliche Normen** gelten intersubjektiv, aber sie sind nicht verbindlich. Zwischen sittlichen und gesellschaftlichen Normen gibt es eine Schnittmenge. **Technische Normen** sind hypothetisch intersubjektiv, aber ebenfalls nicht verbindlich. Es gibt sittliche, gesellschaftliche und technische Normen, die zugleich Rechtsnormen sind, aber dazu bedarf es einer selbständigen Begründung. Oft sind Rechtsnormen von sittlichen, gesellschaftlichen oder technischen Normen zumindest inspiriert. Aber es gibt auch Rechtsnormen, die überhaupt keinen Bezug zu sittlichen, gesellschaftlichen oder technischen Normen haben. Schließlich wirken sich sittliche, gesellschaftliche und technische Normen einerseits und Rechtsnormen andererseits begrenzend aufeinander aus.

**Grafik: Sittliche, gesellschaftliche, technische Normen und Rechtsnormen**

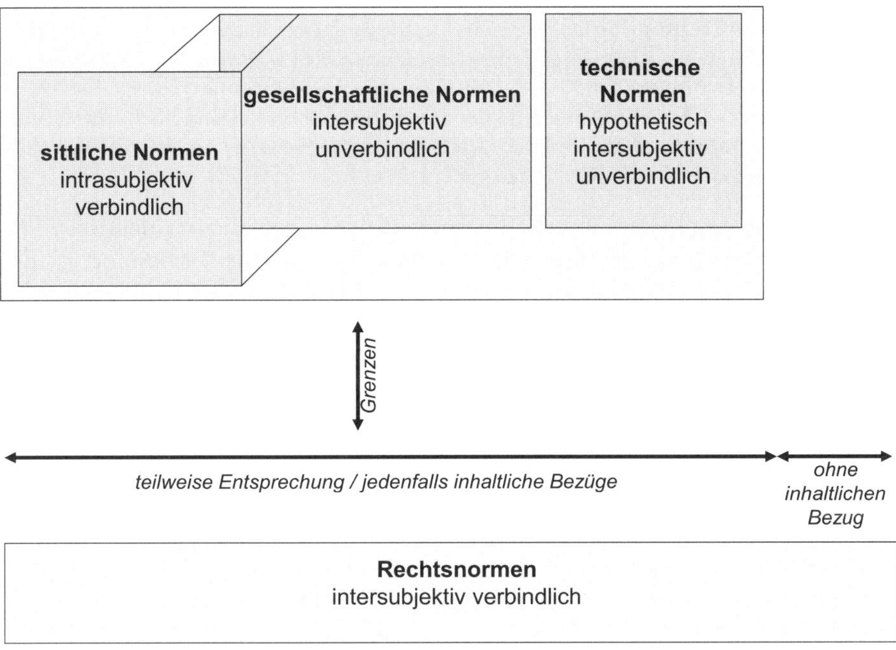


## III. Arten von Rechtsnormen

**Literatur:** *Alexy*, Theorie der Grundrechte, 3. Aufl. 1996, S. 71 ff.; *Avila*, Theorie der Rechtsprinzipien, 2006; *Jakab*, Prinzipien, RTh 37 (2006), 49 ff.; *Larenz*, Methodenlehre der Rechtswissenschaft, 6. Aufl. 1991, S. 250 ff., 474 ff.; *Penski*, Rechtsgrundsätze und Rechtsregeln, JZ 1989, 105 ff.; *Potacs*, Rechtstheorie, 2015, S. 97 ff.; *Röhl/Röhl*, Allgemeine Rechtslehre, 3. Aufl. 2008, S. 37 ff.; 230 ff., 283 ff.; *Rüthers/Fischer/Birk*, Rechtstheorie, 10. Aufl. 2018, Rn. 120 ff.; 195 ff.; *Sieckmann*, Regelmodelle und Prinzipienmodelle des Rechtssystems, 1990; *Zippelius*, Juristische Methodenlehre, 11. Aufl. 2012, §§ 5 ff.

In der Gesamtheit der Rechtsnormen lassen sich drei verschiedene Arten von Rechtsnormen unterscheiden: **Regeln, Definitionen und Prinzipien**. 28

### 1. Regeln

Regeln sind die erste und wichtigste Gruppe von Rechtsnormen. Oft meint man nur Regeln, wenn man von Rechtsnormen spricht. Regeln geben an, dass **unter bestimmten Voraussetzungen bestimmte Rechtsfolgen** eintreten. Die Voraussetzungen, unter denen eine Rechtsfolge eintritt, nennt man den Tatbestand. 29

**Beispielsweise** ordnet § 823 Abs. 1 BGB an, dass, wer vorsätzlich oder fahrlässig das Leben, den Körper, die Gesundheit, die Freiheit, das Eigentum oder ein sonstiges Recht eines anderen widerrechtlich verletzt (Tatbestand), zum Schadensersatz verpflichtet ist

(Rechtsfolge). § 242 Abs. 1 StGB ordnet an, dass, wer eine fremde bewegliche Sache einem anderen in der Absicht wegnimmt, die Sache sich oder einem Dritten rechtswidrig zuzueignen (Tatbestand), sich strafbar macht (Rechtsfolge).

Ein Wort zur **Terminologie**: Tatbestand in diesem Sinne hat nichts zu tun mit dem Tatbestand im Sinne des Besonderen Strafrechts: Dort spricht man vom Straftatbestand des Mordes, des Diebstahls etc. und meint damit die jeweilige Norm im Ganzen, die Mord, Diebstahl unter Strafe stellt. Außerhalb des Strafrechts hat Tatbestand noch eine weitere Bedeutung. Er bezeichnet den Teil der Urteilsgründe, in denen es um den zur Entscheidung stehenden Sachverhalt geht (unten § 6 Rn. 26).

Liegen die Voraussetzungen vor (man spricht auch davon, dass der Tatbestand verwirklicht ist), tritt die Rechtsfolge ein. Der Tatbestand ist der Anwendungsbereich der Norm, die Rechtsfolge gibt an, was die Norm für die Fälle vorsieht, die im Anwendungsbereich der Norm liegen. Dabei gilt für Rechtsnormen, was für Normen allgemein gilt: Die Rechtsnorm beschreibt mit der Rechtsfolge nicht etwas, was ist, sondern etwas, was sein soll. Dass die Rechtsfolge eintritt, ist also keine Wirklichkeitsbeschreibung, sondern besagt, was in der Wirklichkeit geschehen soll.

**Beispiel:** Aus § 823 Abs. 1 BGB folgt also nicht, dass jeder Geschädigte auch in jedem Einzelfall einer Schädigung Schadensersatz erhält. Dass die Rechtsfolge des § 823 Abs. 1 BGB eintritt, besagt nur, dass der Geschädigte, weil die Voraussetzungen des § 823 Abs. 1 BGB erfüllt sind, Schadensersatz erhalten soll. – Aus § 242 Abs. 1 StGB folgt nicht, dass jeder Dieb bestraft wird. Dass die Rechtsfolge des § 242 Abs. 1 StGB eintritt, besagt nur, dass der Täter, weil die Voraussetzungen des § 242 Abs. 1 StGB vorliegen, als Dieb bestraft werden soll.

**30** Ob die Rechtsfolge einer bestimmten Norm eintritt, hängt davon ab, ob der Tatbestand dieser Norm verwirklicht ist. Tatbestand und Rechtsfolge einer Norm sind **konditional miteinander verknüpft**: Immer wenn die tatbestandlichen Voraussetzungen vorliegen, tritt die Rechtsfolge ein. Der Tatbestand einer Rechtsnorm ist hinreichende Bedingung für den Eintritt ihrer Rechtsfolge.

Einen solchen „immer wenn A, dann B"-Zusammenhang nennt man Implikation: Das Vorliegen des Tatbestandes der Norm impliziert den Eintritt ihrer Rechtsfolge.

**Grafik: Struktur der Rechtsregel**

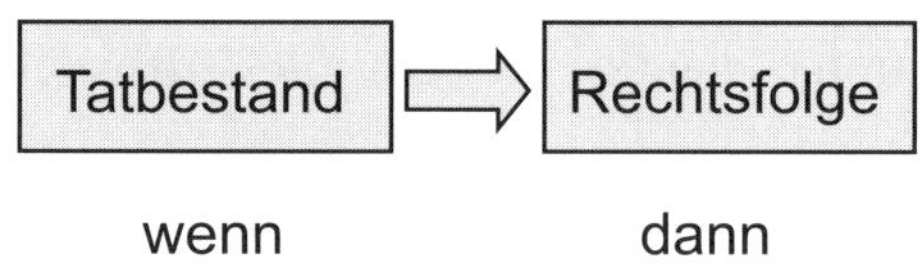


**31** Umgekehrt tritt die Rechtsfolge der Norm nur dann ein, wenn die tatbestandlichen Voraussetzungen vorliegen. Dass die tatbestandlichen Voraussetzungen der Norm vorliegen, ist notwendige Bedingung dafür, dass die Rechtsfolge der Norm eintritt.

Diesen „nur wenn A, dann B"-Zusammenhang bezeichnet man als Replikation: Man kann vom Eintritt der Rechtsfolge der Norm auf das Vorliegen des Tatbestandes der Norm rückschließen. Logisch ausgedrückt besteht zwischen Tatbestand und Rechtsfolge einer Rechtsnorm damit Äquivalenz, weil es sich um eine Implikation und zugleich um eine Replikation handelt.

Statt einer konditionalen Verknüpfung kann man sich die Verknüpfung auch prädikativ vorstellen: Nicht „wenn Tatbestand A vorliegt, dann gilt Rechtsfolge B", sondern „für den Tatbestand A gilt die Rechtsfolge B".[124]

Diese Betrachtungsweise bezieht sich auf Tatbestand und Rechtsfolge einer einzelnen Norm. Man kann Tatbestand und Rechtsfolge aber auch in einem **weiter gefassten Sinn** verstehen. Der Eintritt einer bestimmten Rechtsfolge hängt oft nicht nur von einer einzelnen Rechtsnorm ab, sondern vom Ineinandergreifen verschiedener Rechtsnormen. Diese hinzutretenden Rechtsnormen nennt man Hilfsnormen (vgl. unten Rn. 41 ff.). 32

**Beispiele:**

Verlangt jemand nach einem Verkehrsunfall Geldersatz wegen der Reparaturkosten, so lässt sich aus § 823 Abs. 1 BGB allein nicht entnehmen, ob ein solcher Anspruch besteht. Dazu muss man vielmehr, wenn die tatbestandlichen Voraussetzungen von § 823 Abs. 1 BGB gegeben sind, ebenso den § 249 BGB in den Blick nehmen. Nach Absatz 1 dieser Norm besteht die Pflicht zum Schadensersatz in der Pflicht, den Zustand herzustellen, der bestehen würde, wenn der zum Ersatz verpflichtende Umstand nicht eingetreten wäre. Nach Absatz 2 S. 1 kann der Geschädigte bei Beschädigung einer Sache den zur Herstellung dieses Zustandes erforderlichen Geldbetrag verlangen. Ob Geldersatz geschuldet ist oder nicht, hängt also außer von § 823 Abs. 1 BGB auch davon ab, ob die tatbestandlichen Voraussetzungen von § 249 Abs. 1 und 2 S. 1 BGB erfüllt sind, d.h. ob es sich bei dem geforderten Geldersatz um denjenigen Geldbetrag handelt, der zur Herstellung desjenigen Zustandes erforderlich wäre, der bestehen würde, wenn der zum Ersatz verpflichtende Umstand nicht eingetreten wäre.

Stellt sich die Frage nach der Verfolgbarkeit eines Diebstahls, so hängt diese nicht allein davon ab, ob die tatbestandlichen Voraussetzungen von § 242 Abs. 1 StGB verwirklicht worden sind, sondern nach § 248a StGB ist es dann, wenn es sich um einen Diebstahl geringwertiger Sachen handelt, Voraussetzung, dass ein Strafantrag vorliegt, wenn nicht ausnahmsweise ein besonderes öffentliches Interesse an der Strafverfolgung bejaht wird. Ob ein wirksamer Strafantrag vorliegt, richtet sich nach den §§ 77 ff. StGB, also z.B. danach, ob der Antragsteller auch antragsberechtigt ist nach § 77 StGB, ob die Antragsfrist des § 77b StGB eingehalten ist und so fort. Ob eine als Diebstahl verfolgbare Tat vorliegt, hängt also außer von § 242 Abs. 1 StGB ebenso davon ab, dass es sich nicht um eine geringwertige Sache handelt oder ein wirksamer Strafantrag oder ein besonderes öffentliches Interesse an der Strafverfolgung vorliegt (§ 248a StGB).

Sowohl für den Schadensersatzanspruch des Geschädigten gemäß § 823 Abs. 1 BGB wie für die Strafbarkeit wegen Diebstahls gemäß § 242 Abs. 1 StGB ist auf Tatbestandsseite die Eigentumslage wichtig: Schadensersatz kann der Geschädigte als Eigentümer der beschädigten Sache verlangen. Strafbarkeit wegen Diebstahls setzt umgekehrt voraus, dass es sich um eine fremde Sache handelt. Die Rechtsfolge, dass jemand Schadensersatz verlangen kann bzw. sich strafbar gemacht hat, hängt deshalb tatbestandlich (auch) davon ab, ob nach anderen Rechtsnormen die Rechtsfolge, dass jemand Eigentum erworben hat, (nicht) eingetreten ist.

---

124 *Larenz*, Methodenlehre der Rechtswissenschaft, 6. Aufl. 1991, S. 256.

33 Verbreitet wird diesem Sachverhalt dadurch Ausdruck verliehen, dass die einzelne Vorschrift als **Rechtssatz** (oder als unvollständige Rechtsnorm) bezeichnet wird und nur die vollständige Kombination der Rechtssätze, in der alle Voraussetzungen für den Eintritt der Rechtsfolge aufgezählt sind, als (vollständige) Rechtsnorm.[125]

Manche verstehen unter Rechtssätzen aber auch etwas ganz anderes, nämlich Aussagesätze, die die Rechtswissenschaft über Rechtsnormen formuliert. Ein Rechtssatz ist dann also selbst gerade keine Norm, er bezieht sich nur inhaltlich auf eine solche.[126]

34 Auch auf der Rechtsfolgenseite kann man den Blick von der einzelnen Rechtsnorm lösen. Oft kommt ein Ergebnis nicht nur aufgrund einer einzigen Rechtsnorm in Betracht, sondern zahlreiche Normen sehen die gleiche Rechtsfolge vor. Steht fest, dass die Rechtsfolge eintritt, so sieht man ihr doch nicht an, aufgrund welcher tatbestandlicher Voraussetzungen sie eintritt. Ein logisches Verhältnis der Äquivalenz (oben § 4 Rn. 29) besteht also nur zwischen Tatbestand und Rechtsfolge einer *bestimmten* Norm, nicht darüber hinaus.

**Beispiele:**
Zum Schadensersatz kann man nicht nur aus § 823 Abs. 1 BGB verpflichtet sein. Liegen die tatbestandlichen Voraussetzungen dieser Norm nicht vor, so kommt etwa noch eine Schadensersatzpflicht aus § 823 Abs. 2 BGB oder § 826 BGB in Frage. Umgekehrt kann also aus dem Bestehen einer Schadensersatzpflicht allein nicht darauf geschlossen werden, dass die tatbestandlichen Voraussetzungen einer dieser Normen vorliegen.

Strafbar macht man sich nicht nur nach § 242 Abs. 1 StGB, sondern nach diversen weiteren Tatbeständen.

Über die einzelne Norm hinaus ist das logische Verhältnis zwischen Tatbestand und Rechtsfolge ohne Erkenntniswert. Es handelt sich ebenfalls um eine Äquivalenz, aber sie besteht zwischen den vollständigen tatbestandlichen Voraussetzungen in allen nach der Rechtsordnung insgesamt denkbaren Alternativen auf der einen Seite und den verschiedenen jeweils nach der Rechtsordnung insgesamt denkbaren Rechtsfolgen auf der anderen Seite.

### 2. Prinzipien

35 Eine Rechtsordnung besteht nicht nur aus Regeln, sondern sie enthält auch Rechtsnormen, die man als Prinzipien (von lat. principium, d.h. Anfang, Ursprung; auch: Rechtsprinzipien, Rechtsgrundsätze) bezeichnet. Der Unterschied zwischen Regeln und Prinzipien besteht in Folgendem: Regeln besagen, unter welchen Voraussetzungen eine Rechtsfolge eintritt. Prinzipien besagen, dass ein Wert oder ein Ziel in möglichst großem Maß verwirklicht werden soll. Prinzipien gebieten, dass „etwas in einem relativ auf die rechtlichen und tatsächlichen Möglichkeiten möglichst hohen Maße realisiert wird." Prinzipien sind **Optimierungsgebote**.[127]

---

[125] *Larenz*, Methodenlehre der Rechtswissenschaft, 6. Aufl. 1991, S. 250 f., 257 ff.; *Rüthers/Fischer/Birk*, Rechtstheorie, 10. Aufl. 2018, Rn. 129 ff.

[126] Vgl. etwa *Kelsen*, Reine Rechtslehre, 2. Aufl. 1960, S. 73 ff.

[127] *Alexy*, Theorie der Grundrechte, 3. Aufl. 1996, S. 75 f.; ferner *ders.*, Ideales Sollen, in: Clérico/Sieckmann (Hrsg.), Grundrechte, Prinzipien und Argumentation, 2009,

**Beispiele:**
Im Zivilrecht gilt das Prinzip der Privatautonomie. Das Zivilrecht hat demnach die Aufgabe, dem Rechtsverkehr so viel Spielraum wie möglich zu belassen. Es gilt aber auch das Sozialstaatsprinzip. Deshalb muss das Zivilrecht einschreiten, um den Schwächeren zu schützen, wenn er vom Stärkeren übervorteilt zu werden droht.

Nach dem „ultima ratio"-Prinzip ist das Strafrecht nur dort gefragt, wo Grundbedingungen des menschlichen Zusammenlebens gesichert werden müssen. Aber auch dort muss der Schutz der Schwachen gewährleistet werden.

Prinzipien enthalten ein Sollen ebenso wie Regeln. Prinzipien sind also nicht nur eine Beschreibung von Werten oder Zielen, sondern sie geben Werte und Ziele vor. Anders als Regeln lassen Prinzipien aber offen, unter welchen Voraussetzungen diese Werte oder Ziele auf welche Weise erreicht werden sollen.

Innerhalb der Rechtsanwendung haben Prinzipien eine **Doppelfunktion**:[128] Im Vordergrund steht die Funktion als Direktive für die Rechtsanwendung. Prinzipien steuern die Rechtsanwendung in eine bestimmte Richtung. Eine Entscheidung über den Eintritt einer Rechtsfolge wird auf die von den Prinzipien vorgegebenen Werte und Ziele hin orientiert getroffen. Das Prinzip wird im Zuge dessen konkretisiert, d.h. es gewinnt durch die Rechtsanwendung konkretere Konturen. Prinzipien werden also angewandt, indem sie bei der Entscheidung über den Eintritt einer Rechtsfolge als richtungsweisend zugrunde gelegt werden. Demgegenüber werden Regeln angewandt, indem an ihrem Maßstab über den Eintritt der Rechtsfolge entschieden wird: Der Eintritt der Rechtsfolge wird davon abhängig gemacht, ob die tatbestandlichen Voraussetzungen vorliegen, die die Rechtsnorm vorsieht.[129] **36**

**Beispielsweise** unterliegen sogenannte Außergeschäftsraumgeschäfte (z.B. an der Haustür) wegen der mit dem Überraschungseffekt verbundenen Überrumpelungsgefahr besonderen verbraucherschützenden Vorschriften. Die Anwendung dieser Regeln bedeutet, dass unter den dort genannten Voraussetzungen ein Geschäft widerrufen werden kann. Die Anwendung des Prinzips „Verbraucherschutz" hat – jedenfalls grundsätzlich – zur Folge, dass die Entscheidung, ob diese Voraussetzungen vorliegen oder nicht, tendenziell zugunsten des Verbrauchers ausfällt.

Geraten Prinzipien miteinander in Konflikt, muss jedes Prinzip soweit hinter das andere zurücktreten, dass beide optimal zum Zuge kommen.

Den Anstoß hierzu hat *Josef Esser* mit „Grundsatz und Norm in der richterlichen Fortbildung des Privatrechts" (1956) gegeben, indem er herausarbeitete, dass die juristische Entscheidung nicht nur von Normen abhängt, die man auslegen und anwenden kann, sondern dass auch Rechtsprinzipien eine Rolle spielen. Die Prinzipientheorie des amerikanischen

S. 21 ff.; *Dreier*, NJW 1986, 890, 892 f.; *Dworkin*, Taking Rights Seriously, 1977, S. 22 ff. (deutsche Ausgabe: Bürgerrechte ernstgenommen, 1984). Das ist freilich alles andere als unbestritten, vgl. *Penski*, Rechtsgrundsätze und Rechtsregeln, JZ 1989, 105 ff.; *Möllers*, Juristische Methodenlehre, 2017, § 11.

[128] *Röhl/Röhl*, Allgemeine Rechtslehre, 3. Aufl. 2008, S. 283 f.

[129] Vgl. *Larenz*, Methodenlehre der Rechtswissenschaft, 6. Aufl. 1991, S. 474 f.

Rechtsphilosophen *Ronald Dworkin*[130] aufgreifend hat *Robert Alexy* Rechtsprinzipien in den Mittelpunkt einer „Theorie der Grundrechte"[131] gestellt.

37 Zum Zweiten kann man Prinzipien dazu heranziehen, Zusammenhänge innerhalb der Rechtsordnung zu beschreiben. Prinzipien dienen dann dazu, Regelungskonzepte auf den Punkt zu bringen. Anhand solcher Grundwertungen kann man sie voneinander abgrenzen. Diese Grundwertungen dienen dann nicht als Direktiven, sondern sie haben Modellcharakter, indem sie Aufbau- oder Strukturprinzipien sind.

**Beispiele:** Man sagt, im Bürgerlichen Recht gelte das Abstraktionsprinzip, d.h. die Gültigkeit eines dinglichen Rechtsgeschäftes hängt nicht davon ab, ob auch das zugrunde liegende schuldrechtliche Kausalgeschäft wirksam ist. Im Strafverfahren gilt beispielsweise ein Prinzip, das man als Inquisitionsmaxime bezeichnet. Es besagt, dass es die Aufgabe der Strafverfolgungsbehörden ist, den rechtlich relevanten Sachverhalt zu erforschen. Im Unterschied dazu gilt im Zivilverfahren der Beibringungsgrundsatz, d.h. das Gericht fällt sein Urteil auf der Grundlage derjenigen Informationen, die die streitenden Parteien in den Prozess eingeführt haben. „Prinzip", „Maxime" (von lat. maximae et principales propositiones, d.h. die obersten und allgemeinsten Aussagen) und „Grundsatz" werden meist synonym verwendet.

Der Begriff „Prinzip" hat allerdings oft auch eine **nur rhetorische Bedeutung**, indem er bezeichnet, dass etwas als besonders wichtig, als grundlegend angesehen wird. Verschleiernd wird der Begriff eingesetzt, wenn er verdecken soll, dass eine Lösung in Abkehr von geltenden Regeln gefunden und auf eine Scheinbegründung gestützt wird.

38 Die Verwendung von Prinzipien als Beschreibung von Grundwertungen lenkt den Blick auf den engen **Zusammenhang zwischen Regeln und Prinzipien.**[132] Die Verknüpfung bestimmter tatbestandlicher Voraussetzungen mit bestimmten Rechtsfolgen ist das Ergebnis einer Bewertung, einer Billigung oder Missbilligung: Der Eintritt der Rechtsfolge erscheint als gerechte Regelung in allen Fällen, in denen die tatbestandlichen Voraussetzungen der Rechtsnorm gegeben sind. Den Tatbestand und Rechtsfolge verknüpfenden Normen (den Regeln, in diesem Zusammenhang werden sie auch Bestimmungsnormen genannt) liegen damit Bewertungsnormen zugrunde. Sie besagen, unter den tatbestandlichen Voraussetzungen sei der Eintritt der Rechtsfolge gerecht. Die Bewertungsnormen bilden das „innere System" der Rechtsordnung, im Unterschied zum „äußeren System", das aus den Bestimmungsnormen besteht. Die Bewertungsnormen sind wiederum Ausdruck von Rechtsprinzipien bzw. einer wertenden Entscheidung zwischen mehreren konfligierenden Rechtsprinzipien.

---

130 Vgl. *Dworkin*, Taking Rights Seriously, 1977 (deutsche Ausgabe: Bürgerrechte ernstgenommen, 1984); näher *Braun,* Rechtsphilosophie im 20. Jahrhundert, 2001, S. 181 ff.; *Herbst*, Die These der einzig richtigen Entscheidung, JZ 2012, 891 ff.

131 3. Aufl. 1996.

132 Zum Folgenden *Engisch*, Einführung in das juristische Denken, 12. Aufl. 2018, S. 53 f.; *Rüthers/Fischer/Birk*, Rechtstheorie, 10. Aufl. 2018, Rn. 136 ff., 140 ff.

**Grafik: Rechtsprinzipien und Rechtsregel**

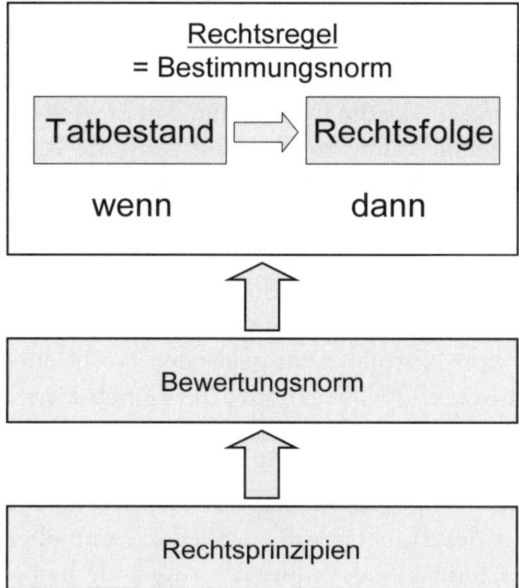


Während also jeder Rechtsregel Rechtsprinzipien zugrunde liegen, gilt das umgekehrt nur eingeschränkt. Nicht jedes Rechtsprinzip findet in seiner gesamten Tragweite in Regeln Niederschlag. Manchen Rechtsprinzipien verbleibt ein sogenannter **normativer Überschuss**, d.h. ein Überschuss an wertendem Sinngehalt, der nicht zu Regeln konkretisiert ist. 39

*Larenz* unterscheidet insoweit rechtssatzförmige Prinzipien und offene Prinzipien: Rechtssatzförmige Prinzipien erlauben es, aus dem normativen Überschuss unmittelbar weitere Regeln zu schöpfen. Das setzt voraus, dass das Prinzip ausreichend präzise formuliert ist. Offene Prinzipien erlauben es hingegen nicht, sie ohne zusätzliche Wertungen zu Einzelergebnissen zu konkretisieren.

Andere Rechtsprinzipien reichen nur genau so weit, wie sie in Regeln konkretisiert sind.

### 3. Exkurs: Zur Imperativentheorie

Dieses Verhältnis von Regeln und Prinzipien hat eine rechtstheoretisch bedeutsame Konsequenz. Es wird nämlich die Auffassung vertreten, das Recht bestehe ausschließlich aus präskriptiven Sätzen, die für festgelegte Situationen ein bestimmtes menschliches Verhalten anordnen und für den Fall der Zuwiderhandlung eine **Sanktion androhen** (Imperativentheorie).[133] Mit anderen Worten: Nur Normen, die ein bestimmtes Verhalten anordnen, seien im enge- 40

[133] Sie wird etwa vertreten von *Engisch*, Einführung in das juristische Denken, 12. Aufl. 2018, S. 45 ff.; *Röhl/Röhl*, Allgemeine Rechtslehre, 3. Aufl. 2008, S. 230 ff.; *Rüthers/Fischer/Birk*, Rechtstheorie, 10. Aufl. 2018, Rn. 148 ff.

ren Sinne Rechtsnormen.[134] Gegen dieses Modell ist Verschiedenes eingewandt worden.

In der Hauptsache stützt sich die **Kritik** darauf, die Rechtsordnung enthalte Rechtsnormen, die kein menschliches Verhalten vorschreiben. Dazu wird etwa auf Normen hingewiesen, die die Entstehung, den Erwerb oder den Verlust von Rechtspositionen regeln.[135] Diesen Einwand weist die Imperativentheorie zu Recht ab, denn die angeführten Normen, die eine Rechtsposition umschreiben, lassen sich ohne weiteres in das Imperativen-Modell integrieren.[136] Beispielsweise klären die Normen über den Eigentumsübergang nur die Vorfrage, wer bei Beschädigung der Sache der Geschädigte ist, dem ein Schadensersatz zu leisten ist. Auch wenn auf Normen hingewiesen wird, mit deren Hilfe über die Zugehörigkeit von Normen zum geltenden Recht entschieden wird (sogenannte Erkenntnisregeln)[137], begründet das keinen Einwand gegen die Imperativentheorie. Auch diese Normen der Metaebene haben nur eine dienende Funktion im Verhältnis zu den letztlich entscheidenden Normen.

Ein weiterer Einwand gegen die Imperativentheorie lautet, sie betone einseitig einen Aspekt der Rechtsnorm, der jedoch nur oberflächlich gesehen hervortrete. Dem Charakter als Imperativ zugrunde liege nämlich der Charakter als Bestimmungssatz. Entscheidend sei nicht der von der Rechtsnorm ausgesprochene Befehl, der auf Befolgung aus sei, sondern die in ihr enthaltene Bestimmung, dass etwas fortan als maßgeblich genommen werden soll, dass es im normativen Sinne „gilt".[138] Richtig ist aber, dass es sich bei dieser Vorstellung um eine Kunstfigur handelt.[139]

Dass das Imperativen-Modell zu kurz greift, zeigt sich jedoch, wenn man die Rechtsnormen in den Blick nimmt, die keine Regeln, sondern Prinzipien sind. Diese Rechtsnormen besagen nämlich selbst gerade nicht, dass etwas geboten oder verboten ist, sondern sie besagen nur, anhand welcher Werte und Ziele darüber entschieden werden soll. Das Imperativen-Modell könnte nur eine allein aus Regeln bestehende Rechtsordnung beschreiben. Eine Rechtsordnung ohne Prinzipien ist aber undenkbar, weil jeder Bestimmungsnorm (also jeder Regel) notwendigerweise eine Bewertungsnorm zugrunde liegt, die nur ein Ausdruck von Rechtsprinzipien sein kann. Es trifft zwar zu, dass eine Rechtsordnung ohne Regeln, allein aus Prinzipien von geringem praktischem Wert wäre.[140] Aber es ist wenig plausibel, nur Rechtsnormen in Regelgestalt als Rechtsnormen zu verstehen. Rechtsprinzipien sind ebenso intersubjektiv

---

134 *Röhl/Röhl*, Allgemeine Rechtslehre, 3. Aufl. 2008, S. 190.

135 Vgl. *Larenz*, Methodenlehre der Rechtswissenschaft, 6. Aufl. 1991, S. 253 ff.

136 *Engisch*, Einführung in das juristische Denken, 12. Aufl. 2018, S. 46 ff.; *Rüthers/Fischer/Birk*, Rechtstheorie, 10. Aufl. 2018, Rn. 148d.

137 Etwa *Hart*, Der Begriff des Rechts, 1973, S. 131 ff., 142 ff.

138 *Larenz*, Methodenlehre der Rechtswissenschaft, 6. Aufl. 1991, S. 256 f.

139 *Röhl/Röhl*, Allgemeine Rechtslehre, 3. Aufl. 2008, S. 233.

140 *Engisch*, Einführung in das juristische Denken, 12. Aufl. 2018, S. 54.

verbindliche, präskriptive generell-abstrakte Werturteile, also Rechtsnormen, wie es die intersubjektiv verbindlichen Regeln sind.

### 4. Definitionen

Zu den oben (Rn. 32) angesprochenen Hilfsnormen gehören auch Definitionen. Definitionen präzisieren andere Rechtsnormen, indem sie **Wortbedeutungen festlegen**. Die Festlegung einer Wortbedeutung leistet eine Definition dadurch, dass sie einem zu definierenden Wort (dem *definiendum*) Begriffe zuordnet, die zusammen das *definiens* bilden. Diese Zuordnung kann auf verschiedene Weise geschehen. 41

Man kann dem *definiendum* Begriffe zuordnen, die die Verwendung des *definiendums* beschreiben. Man nennt diese Verfahrensweise **lexikalische oder analytische Definition**. Eine solche Definition kann durch eine Worterklärung (Explikation) erfolgen, insbesondere nach dem Muster *definitio fiat per genus proximum et differentiam specificam* (d.h. definiert wird ein Begriff durch Angabe seines Oberbegriffs und seiner spezifischen Besonderheit). 42

**Beispielsweise** kann man „Europa" definieren als „nördlich von Afrika gelegenen Erdteil". „Europa" ist definiendum, „Erdteil" wird man als genus proximum ansehen, „nördlich von Afrika gelegen" als differentia specifica. Zwingend ist diese Deutung aber nicht, ebenso könnte man „nördlich von Afrika gelegen" als den Oberbegriff für verschiedenste Erscheinungen ansehen, also als genus proximum, von denen die Eigenschaft „Erdteil" die den Begriff „Europa" definierende Besonderheit, also die differentia specifica, ist.

Eine lexikalische (analytische) Definition ist ferner durch Aufzählung möglich.

**Beispiele:** „Gebiet der Europäischen Union" kann man durch eine Aufzählung der Gebiete ihrer Mitgliedstaaten definieren. „Europa" kann man durch eine Aufzählung definieren, die man mit „Portugal + Spanien + Italien + Frankreich" beginnen könnte. Gerade der Begriff „Europa" zeigt aber auch, dass solche Aufzählungen nicht immer trennscharf möglich sind.

Anders als eine lexikalische (analytische) Definition beschreibt eine **Realdefinition** nicht die Verwendung des *definiendums*, sondern den vom *definiendum* bezeichneten Gegenstand selbst, etwa durch eine Aufzählung wichtiger Merkmale oder Eigenschaften. 43

**Beispiel:** So kann man den Begriff „Wasser" als „eine chemische Verbindung aus den Elementen Sauerstoff (O) und Wasserstoff (H), insbesondere im flüssigen Aggregatzustand" definieren. Damit ist nicht die Verwendung des Begriffs Wasser beschrieben, sondern wichtige Merkmale des mit diesem Begriff bezeichneten Gegenstandes.

Schließlich kann eine Definition in der Weise erfolgen, dass sie weder die Verwendung noch die Eigenschaften des bezeichneten Gegenstands (oder gar sein Wesen) beschreibt, sondern die Verwendung des *definiendums* erst festlegt. Eine solche Definition ist eine **Nominaldefinition** (Benennung). Statt einen langen, bereits eingeführten Ausdruck zu verwenden, wird ein neuer Ausdruck 44 eingeführt und dadurch definiert, dass festgelegt wird, wie der neue Ausdruck verwendet werden soll: zur Benennung des *definiens*.

**Beispiel:** Statt immer vom „nördlich von Afrika gelegenen Erdteil" zu sprechen, führen wir den Begriff „Europa" ein und definieren es als den „nördlich von Afrika gelegenen Erdteil".

Eine lexikalische (analytische) Definition kann wahr oder falsch sein, je nachdem, ob sie die Verwendung des Begriffs zutreffend beschreibt oder nicht. Eine Nominaldefinition kann nicht wahr oder falsch sein, sondern nur zweckmäßig oder unzweckmäßig. Unzweckmäßig ist eine Nominaldefinition insbesondere dann, wenn sie dem allgemeinen Sprachgebrauch zuwiderläuft oder wenn sie den Gegenstand nicht so zu begrenzen vermag, wie es der Verwendungszweck verlangt.

45 Inhaltlich können Rechtsnormen auch lexikalische (analytische) Definitionen oder Realdefinitionen sein, aber ihrer Struktur nach sind **definierende Rechtsnormen immer Nominaldefinitionen**, denn sie besagen, wie das *definiendum* verwendet werden, d.h. wie es verstanden werden soll. Wo immer ein an anderer Stelle definierter Begriff in einem Tatbestand oder einer Rechtsfolge verwendet wird, soll das *definiens* in den Tatbestand oder die Rechtsfolge hineingelesen werden.

**Beispiele:**
Wenn etwa § 823 Abs. 1 BGB davon spricht, zum Schadensersatz sei verpflichtet, wer fahrlässig eine schädigende Handlung vornehme, so muss das Wort fahrlässig im Sinne von § 276 Abs. 2 BGB verstanden werden: Fahrlässig handelt gemäß dieser Norm, wer die im Verkehr erforderliche Sorgfalt außer Acht lässt. Diese Definition muss überall dort hineingelesen werden, wo von Fahrlässigkeit die Rede ist. § 823 Abs. 1 BGB muss so gelesen werden, dass zum Schadensersatz verpflichtet ist, wer die im Verkehr erforderliche Sorgfalt außer Acht lassend eine schädigende Handlung vornimmt.

Wenn § 242 Abs. 1 StGB Diebstahl einer Sache unter Strafe stellt, so ergibt sich aus § 90 BGB, was damit gemeint ist: Sachen sind nur körperliche Gegenstände. § 242 Abs. 1 StGB stellt also den Diebstahl körperlicher Gegenstände unter Strafe.

Teilweise sind Definitionen sprachlich in Regeln eingebunden und nur dadurch zu erkennen, dass das *definiendum* in einem Klammerzusatz an das *definiens* angefügt wird.

**Beispielsweise** ist in § 122 Abs. 2 BGB bestimmt, dass die Schadensersatzpflicht aus Absatz 1 nicht eintritt, wenn der Beschädigte den Grund der Nichtigkeit oder der Anfechtbarkeit kannte „oder infolge von Fahrlässigkeit nicht kannte (kennen musste)." Damit ist erkennbar, dass das Gesetz überall dort, wo es die Formulierung „kennen musste" verwendet, eine auf Fahrlässigkeit beruhende Unkenntnis meint.

### 5. Zusammenfassung

46 Man unterscheidet drei Arten von Rechtsnormen: (1) **Regeln** sind nach Tatbestand und Rechtsfolge strukturiert. Sie besagen, unter welchen Voraus-

setzungen eine Rechtsfolge eintritt. (2) **Prinzipien** geben Werte und Ziele vor, lassen aber offen, unter welchen Voraussetzungen diese Werte oder Ziele auf welche Weise erreicht werden sollen. Sie können als Direktive für die Rechtsanwendung („Optimierungsgebote") sowie dazu dienen, Regelungskonzepte anhand ihrer Grundwertungen zu beschreiben. Prinzipien kommen in Bewertungsnormen zum Ausdruck, die wiederum den Bestimmungsnormen (den Regeln) zugrunde liegen. Manche Rechtsprinzipien reichen genau so weit, wie sie in Regeln konkretisiert sind, anderen Rechtsprinzipien verbleibt ein Überschuss an wertendem Sinngehalt. Prinzipien passen nicht in das Imperativen-Modell einer Rechtsordnung. (3) **Definitionen** präzisieren andere Rechtsnormen, indem sie Wortbedeutungen festlegen. Eine definierende Rechtsnorm ist strukturell immer eine Nominaldefinition, denn sie besagt, wie das *definiendum* verwendet werden soll. Inhaltlich kann sie auch eine lexikalische (analytische) Definition oder eine Realdefinition sein.

**Grafik: Arten von Rechtsnormen**

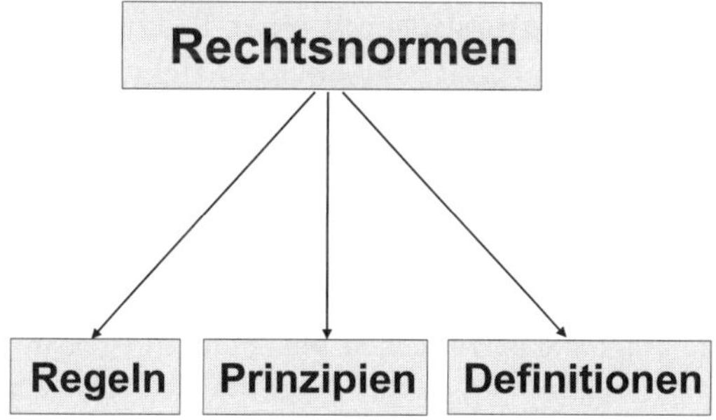


## IV. Wirksamkeit, Geltung und Anwendbarkeit einer Rechtsnorm

**Literatur:** *Barczak*, Normenkonkurrenz und Normenkollision, JuS 2015, 969 ff.; *Heckmann*, Geltungskraft und Geltungsverlust von Rechtsnormen, 1997; *Hess*, Intertemporales Privatrecht, 1998, S. 31 ff.; *Hoffmann*, Recht und Zeit, Jura 2012, 11 ff.; *Honsell/Mayer-Maly*, Rechtswissenschaft, 7. Aufl. 2017, S. 58 ff.; *Reimer*, Juristische Methodenlehre, 2016, Rn. 162 ff.; *Röhl/Röhl*, Allgemeine Rechtslehre, 3. Aufl. 2008, S. 579 ff.

### 1. Der Anwendungsbereich einer Rechtsnorm

Der Sinn einer Rechtsnorm liegt darin, angewendet zu werden, d.h. zu 47
Sachverhalten in Beziehung gesetzt zu werden (s. oben Rn. 28 ff.; § 2 Rn. 3 ff.). Das bedeutet, dass das präskriptive Werturteil, das in der Rechtsnorm liegt, ein Werturteil über Sachverhalte sein soll. Es ist aber nicht jede Rechtsnorm dazu bestimmt, zu *jedem* Sachverhalt in Beziehung gesetzt zu werden. Ein Werturteil über den Sachverhalt kann man vielmehr nur den Rechtsnormen entnehmen, die ihrem Inhalt nach auf den Sachverhalt anwendbar sind. Umgekehrt formu-

liert: Nur Fälle, auf die die Rechtsnorm anwendbar ist, sind nach der Rechtsnorm zu behandeln. Die Anwendbarkeit einer Rechtsnorm ist eine Frage ihres persönlichen, sachlichen, örtlichen und zeitlichen Anwendungsbereichs.

**48** Der **persönliche Anwendungsbereich** hängt davon ab, wen die Norm meint.

**Beispiele:**
Ein gemeinschaftliches Testament kann nur von Ehegatten (§ 2265 BGB) oder eingetragenen Lebenspartnern (§ 10 Abs. 4 LPartG) errichtet werden. Auf sie beschränkt sich daher der persönliche Anwendungsbereich der Vorschriften über gemeinschaftliche Testamente (§§ 2266–2272 BGB, § 349 FamFG).

Gemäß § 340 Abs. 1 StGB macht sich ein Amtsträger wegen Körperverletzung im Amt strafbar, wenn er während der Ausübung seines Dienstes oder in Beziehung auf seinen Dienst eine Körperverletzung begeht. Hier umfasst der persönliche Anwendungsbereich nur Amtsträger. In § 11 Abs. 1 Nr. 2 StGB wird der Begriff näher definiert.

Gemäß Art. 8 Abs. 1 GG haben alle Deutschen das Recht, sich ohne Anmeldung oder Erlaubnis friedlich und ohne Waffen zu versammeln. Der persönliche Anwendungsbereich umfasst nur Deutsche im Sinne des Art. 116 GG.

**49** Der **sachliche Anwendungsbereich** einer Rechtsnorm hängt davon ab, auf welche Sachverhalte sich die Rechtsnorm bezieht.

**Beispiele:**
§ 31 BGB – eine Norm aus dem Recht des eingetragenen Vereins – besagt, der Verein sei für den Schaden verantwortlich, den unter anderem der Vorstand einem Dritten zufügt. Diese Norm erfasst erstens nicht nur eingetragene Vereine, sondern alle juristischen Personen, also etwa auch die Aktiengesellschaften oder die Gesellschaften mit beschränkter Haftung. Das ist eine Frage des persönlichen Anwendungsbereichs. Auf welche Schädigungen sich die Rechtsnorm bezieht, ist eine Frage des sachlichen Anwendungsbereichs.

Der sachliche Anwendungsbereich des § 340 Abs. 1 StGB umfasst nur während der Dienstausübung oder in Beziehung auf den Dienst begangene Körperverletzungen.

Der sachliche Anwendungsbereich des Art. 8 Abs. 1 GG umfasst nur friedliche Versammlungen.

**50** Sowohl sachlicher wie auch persönlicher Anwendungsbereich einer Rechtsnorm ergeben sich aus dem Inhalt der Rechtsnorm selbst, hängen sodann aber auch vom Inhalt anderer Rechtsnormen ab. Eine Rechtsnorm ist nämlich dann nicht auf einen Sachverhalt anwendbar, wenn eine andere Rechtsnorm für diesen Sachverhalt oder für Sachverhalte dieser Art eine besondere Bewertung vorsieht. Die letztgenannte Rechtsnorm ist dann spezieller (sie ist lex specialis), die andere allgemeiner. Die speziellere Rechtsnorm ist vorrangig, sie hat **Anwendungsvorrang** vor der allgemeineren Rechtsnorm, also vor der mit dem größeren Anwendungsbereich (lat. lex specialis derogat legi generali: das speziellere Gesetz verdrängt das allgemeine). Es besteht nämlich Grund zu der Annahme, dass diejenige Rechtsnorm die sachgerechtere Bewertung des Sachverhalts ist, die spezifischer auf den Sachverhalt zugeschnitten ist, gegenüber der allgemeineren Rechtsnorm, die ebenso noch zahlreiche andere Sachverhalte abdecken muss. Entsprechendes gilt für den persönlichen Anwendungsbereich.

**Beispiele:**

Gemäß § 138 Abs. 1 BGB ist ein Rechtsgeschäft nichtig, das gegen die guten Sitten verstößt. Wer zur Abgabe einer Willenserklärung durch arglistige Täuschung oder widerrechtlich durch Drohung bestimmt worden ist, kann die Erklärung gemäß § 123 Abs. 1 BGB anfechten. Diese Norm ist gegenüber § 138 Abs. 1 BGB spezieller. Ein Rechtsgeschäft, das auf einer arglistigen Täuschung oder widerrechtlichen Drohung beruht, wird in der Regel aus diesem Grund auch gegen die guten Sitten verstoßen, aber ein Sittenverstoß im Sinne von § 138 Abs. 1 BGB kann sich ebenso aus vielen anderen Gründen ergeben (etwa aus dem Inhalt des Geschäfts). Für den Fall der arglistigen Täuschung oder widerrechtlichen Drohung sieht § 123 Abs. 1 BGB aber gerade nicht die Rechtsfolge der Nichtigkeit vor (wie sie bei Sittenwidrigkeit im allgemeinen vorgesehen ist), sondern die der Anfechtbarkeit, d.h. der Getäuschte oder Bedrohte hat es selbst in der Hand, ob er das Geschäft gelten lassen will. Das Gesetz stellt damit in Rechnung, dass es sich bei dem Geschäft ja auch um ein trotz allem gutes Geschäft für den Getäuschten oder Bedrohten handeln kann. Das ist gegenüber der Nichtigkeit die sachgerechtere, nämlich spezifischere Lösung.

Körperverletzung im Amt ist gemäß § 340 Abs. 1 StGB strafbar. Diese Vorschrift ist gegenüber § 223 Abs. 1 StGB, der die „einfache" Körperverletzung unter Strafe stellt, spezieller. Die spezifischere Regelung liegt in der höheren Strafandrohung, die sich aus der besonderen Pflichtenstellung des Täters ergibt.

Art. 5 Abs. 1 GG garantiert die freie Meinungsäußerung. Diese Gewährleistung ist ein Unterfall der allgemeinen Handlungsfreiheit, die von Art. 2 Abs. 1 GG geschützt ist. Art. 5 Abs. 1 GG ist also lex specialis gegenüber Art. 2 Abs. 1 GG.

Persönlichen und sachlichen Anwendungsbereich einer Rechtsnorm zu **51** bestimmen, ist ein wesentlicher Teil der Anwendung der Rechtsnorm. Im Verhältnis dazu betreffen **örtlicher und zeitlicher Anwendungsbereich** einer Rechtsnorm eine Vorfrage: Wo und wann muss der Sachverhalt verortet sein, damit er nach der Rechtsnorm behandelt werden kann? Örtlichen und zeitlichen Anwendungsbereich bezeichnet man als kollisionsrechtliche Fragen.

## 2. Der Begriff der Geltung

Inhaltlich ist eine Rechtsnorm ein präskriptives Werturteil, eine Beschrei- **52** bung dessen, was sein soll, nicht dessen, was ist (s. oben Rn. 1 ff.). Sie kann daher nicht empirisch wahr sein im Sinne einer Übereinstimmung mit der Wirklichkeit. Wenn man Normen als wahrheitsfähige Aussagen ansieht (s. oben Rn. 5 ff.), dann hängt ihre Wahrheit von der Übereinstimmung mit der *normativen* Wirklichkeit ab, d.h. eine Rechtsnorm ist „wahr", wenn es so, wie es der Norm zufolge sein soll, wirklich sein soll, und wenn diese Bewertung wirklich intersubjektiv verbindlich ist. Hält man Normen für bloße Sprechakte, stellt sich die Frage nach der normativen Wahrheit nicht in Bezug auf den Inhalt der Norm (insofern geht es allenfalls um Authentizität), sondern nur in Bezug darauf, ob dem Sprechakt intersubjektive Verbindlichkeit zukommt. Diese Fragen werden unter dem Begriff der Geltung zusammengefasst. Allgemein formuliert bedeutet Geltung für Rechtsnormen, dass das, was die Rechtsnorm vorschreibt, **wirklich intersubjektiv verbindlich** ist als Prüfmaßstab und zur Verhaltensorientierung. Für die Rechtsnormen, die

Regeln sind, kann man noch präziser werden: Sie gelten jeweils dann, wenn die Zuordnung von Tatbestand und Rechtsfolgen intersubjektiv verbindlich ist, d.h. wenn mit intersubjektiver Verbindlichkeit gilt, dass die Rechtsfolgen unter den Voraussetzungen des Tatbestandes eintreten sollen.

Aus umgekehrter Perspektive kann man sagen, der Sinn der Rechtsnorm besteht nicht in einer empirischen Beschreibung, sondern in einer Geltungsanordnung[141], d.h. er besteht darin, eine Bewertung intersubjektiv verbindlich zu machen. Im speziellen Fall der Regeln besteht der Sinn der Rechtsnorm darin, Rechtsfolgen in Geltung zu setzen.

Geltung ist eine Eigenschaft präskriptiver Werturteile. Deshalb ist der Begriff nicht nur für Normen relevant. Normen (generell-abstrakte präskriptive Werturteile) sind nur eine Art der präskriptiven Werturteile (vgl. oben Rn. 2 f.). Für individuell-konkrete, individuell-abstrakte und generell-konkrete präskriptive Werturteile (Imperative) stellt sich die Frage der Geltung in gleicher Weise: Ein rechtlicher Imperativ gilt, wenn er intersubjektiv verbindlich ist.

Wenn man unter Geltung versteht, dass das, was die Rechtsnorm vorschreibt, wirklich als Prüfmaßstab und zur Verhaltensorientierung intersubjektiv verbindlich ist, so erörtert man die Geltung einer Rechtsnorm als **rechtliche Geltung**, also vor dem Hintergrund eines juristischen Geltungsbegriffs. Man kann die Geltungsfrage aber auch in faktischer (sozialer) und in moralischer (ethischer) Hinsicht stellen, und zwar sowohl bezogen auf die einzelne Rechtsnorm als auch in Bezug auf das Recht insgesamt. Das ist dann aber eine Frage des Rechtsbegriffs (dazu unten § 10 Rn. 4).

**53** Die Frage der Geltung ist von der der Anwendbarkeit klar zu unterscheiden (der praktische Sprachgebrauch ist aber oft unpräzise, vgl. etwa §§ 1 ff. StGB): Ob eine Rechtsnorm gilt, hat nichts zu tun mit den persönlichen, sachlichen, örtlichen oder zeitlichen Gegebenheiten der in Frage kommenden Sachverhalte. Geltung ist eine **Eigenschaft der Rechtsnorm** selbst, nicht eine Ableitung aus ihrem Inhalt. Wenn eine Rechtsnorm nicht gilt, stellt sich die Frage nach ihrem Anwendungsbereich überhaupt nicht mehr. Deutlich wird dieser Zusammenhang insbesondere in zeitlicher und räumlicher/örtlicher Hinsicht: Der Moment, ab dem eine Rechtsnorm gilt, ist der ihres Inkrafttretens. Mit ihm beginnt der zeitliche Geltungsbereich. Gelten kann eine neue Rechtsnorm stets nur für die Zukunft (denn niemand kann die Zeit zurückdrehen; eine Norm kann nur in der Zukunft Prüfmaßstab und Verhaltensorientierung sein). Anders die Anwendbarkeit: Sie kann sich durchaus auf die Vergangenheit beziehen. Die Rechtsnorm kann nämlich vorsehen, dass sie jetzt und künftig (also im Rahmen ihrer Geltung) auf in der Vergangenheit liegende Fälle angewandt werden soll, dass also die Vergangenheit nach dieser Rechtsnorm zu behandeln ist. Der räumliche Geltungsbereich einer Rechtsnorm ist das Gebiet, *in dem* sie angewendet werden soll. Der örtliche Anwendungsbereich ist das Gebiet, *auf das* die Rechtsnorm angewendet werden soll.

**Beispiel:** Besonders leicht lässt sich das beim Strafrecht unterscheiden: Das deutsche Strafrecht gilt in Deutschland (räumlicher Geltungsbereich), aber es wird angewendet auch auf bestimmte Taten, die im Ausland begangen worden sind: Auch solche Taten liegen eventuell im örtlichen Anwendungsbereich.

---

141 *Larenz*, Methodenlehre der Rechtswissenschaft, 6. Aufl. 1991, S. 253, 256.

Der persönliche Geltungsbereich umfasst alle Rechtssubjekte, *für die* die Rechtsnorm gilt – im Unterschied zum persönlichen Anwendungsbereich, der alle Rechtssubjekte umfasst, *auf die* die Rechtsnorm angewendet werden soll.

Der persönliche Geltungsbereich konstituiert eine ordnungstragende Gruppe[142], denn auch für den, auf den eine Rechtsnorm nicht anwendbar ist, ergibt sich aus ihr oft trotzdem etwas, soweit er zum persönlichen Geltungsbereich gehört. Beispielsweise folgt aus dem persönlichen Anwendungsbereich der §§ 2266 ff. BGB, dass ein Testament gemeinschaftlich von niemandem sonst errichtet werden kann, der zum persönlichen Geltungsbereich des BGB gehört.

Persönlicher Geltungs- und Anwendungsbereich treffen zusammen im Begriff des Normadressaten.[143] Damit kann einmal gemeint sein, an wen sich die Rechtsnorm überhaupt richtet (also für wen sie gilt), aber ebenso auch, auf wen die Rechtsnorm angewendet werden soll (wer also zu ihrem persönlichen Anwendungsbereich zu rechnen ist). Einige Normen richten sich an jeden und werden daher universelle Normen genannt, andere richten sich nur an einzelne und werden daher partielle Normen genannt.

Die Geltung einer Rechtsnorm ist Voraussetzung dafür, dass die Rechtsnorm überhaupt angewendet werden kann. Eine Rechtsnorm, die nicht gilt, ist auch nicht anwendbar. Dass eine Rechtsnorm in Bezug auf bestimmte Sachverhalte nicht anwendbar ist, ändert aber umgekehrt nichts an ihrer Geltung.

### 3. Wirksamkeit als Vorfrage der Geltung

Dass eine Rechtsnorm gilt, setzt zunächst voraus, dass sie überhaupt existiert. Die Existenz der Rechtsnorm ist Vorfrage der Geltung. Wird sie verneint, stellt sich die Frage der Geltung nicht mehr. Die **Voraussetzungen der Existenz einer Rechtsnorm** fasst man unter dem Begriff ihrer Wirksamkeit zusammen. Damit eine Rechtsnorm wirksam ist, müssen diejenigen Voraussetzungen gegeben sein, von denen es abhängt, ob man überhaupt von einer – in welchem Rahmen auch immer geltenden – Rechtsnorm sprechen kann. Ob diese Voraussetzungen bei einer konkreten Rechtsnorm vorliegen, ist eine Frage ihrer rechtlichen Bewertung, also eine Rechtsfrage. 54

Über das Recht selbst wird also rechtlich, am **Maßstab von Rechtsnormen**, entschieden. Das Recht als Normenordnung bestimmt auch darüber, ob eine Norm als Teil dieser Normenordnung gelten soll oder nicht. Recht ist das, was das Recht als Recht bestimmt. Recht erzeugt sich also in gewisser Weise selbst. Man bezeichnet es deshalb als autopoietisch (selbsthervorbringend).

Das Recht umschreibt die Voraussetzungen, die erfüllt sein müssen, damit eine Rechtsnorm wirksam zustande kommt: zuständige Organe müssen die Rechtsnorm in einem vorgegebenen Verfahren und in der vorgegebenen Form erlassen haben. Liegen diese Voraussetzungen vor, ist die Rechtsnorm wirksam und damit zu beachten, andernfalls ist sie (grundsätzlich) nichtig und unbeachtlich. Ein Gesetz etwa ist wirksam, wenn es formell und materiell verfassungs-

---

[142] *Röhl/Röhl*, Allgemeine Rechtslehre, 3. Aufl. 2008, S. 201.

[143] Vgl. *Röhl/Röhl*, Allgemeine Rechtslehre, 3. Aufl. 2008, S. 202; *Rüthers/Fischer/Birk*, Rechtstheorie, 10. Aufl. 2018, Rn. 121.

gemäß ist, d.h. wenn es im Rahmen der Zuständigkeitsvorschriften der Verfassung und in dem von der Verfassung vorgesehenen Verfahren verabschiedet sowie in der vorgesehenen Form ausgefertigt und ggf. im Gesetzblatt verkündet worden ist (formelle Verfassungsmäßigkeit) und wenn es auch nicht inhaltlich gegen Vorschriften der Verfassung verstößt (materielle Verfassungsmäßigkeit).

Aber auch ein unwirksames Gesetz hat gewisse rechtliche Wirkungen, insbesondere darf ein Richter das Gesetz nicht einfach übergehen, sondern er muss das Bundesverfassungsgericht im Verfahren der konkreten Normenkontrolle anrufen (Art. 100 GG). Nur das Bundesverfassungsgericht darf feststellen, dass ein Gesetz nichtig und unbeachtlich ist (sogenanntes Verwerfungsmonopol). – Ein anderer Sprachgebrauch fasst den Begriff der Wirksamkeit faktisch auf: Eine Rechtsnorm ist wirksam, sofern sie real befolgt wird.[144]

### 4. Geltungsvoraussetzungen

55 Die Voraussetzungen der Geltung sind dem **Umfeld der Rechtsnorm** zu entnehmen, also insbesondere ihr räumlicher und zeitlicher Geltungsbereich. Der räumliche Geltungsbereich erstreckt sich im Allgemeinen auf das vom Urheber der Rechtsnorm beherrschte Gebiet. Der zeitliche Geltungsbereich beginnt – wie bereits erwähnt – mit dem Inkrafttreten. Er endet, wenn die Rechtsnorm außer Kraft tritt. Außerdem kann der Geltungsbereich einer Rechtsnorm durch andere Rechtsnormen eingeengt werden, wenn ihnen Geltungsvorrang zukommt. Er kann sich aus dem Stufenverhältnis ergeben, in dem beide Rechtsnormen zueinander stehen. Wie der Grundsatz „lex superior derogat legi inferiori“[145] (die höherrangige Rechtsnorm verdrängt die niederrangige) zum Ausdruck bringt, bestimmt in erster Linie die höherrangige Rechtsnorm, was als Prüfmaßstab und Verhaltensorientierung intersubjektiv verbindlich ist. Nur soweit sie keine Bestimmung trifft, gilt die Rechtsnorm der niedrigeren Hierarchiestufe weiterhin.

Mitunter hat die Unvereinbarkeit mit einer höherrangigen Rechtsnorm aber auch schon zur Folge, dass die niederrangige Rechtsnorm ihre Wirksamkeit verliert und gar nicht erst wirksam wird. Dann stellt sich die Frage nach der Geltung nicht mehr. Umgekehrt gibt es Fälle, in denen die Geltung der niederrangigen Rechtsnorm unberührt bleibt und nur ihr Anwendungsbereich eingeengt wird. Das bedeutet, die niederrangige Rechtsnorm bleibt wirksam und in Geltung, sie wird aber in bestimmten Fällen nicht angewendet, weil eine andere Norm Anwendungsvorrang hat.

Ein Geltungsvorrang kann sich ferner aus dem zeitlichen Verhältnis der Rechtsnormen ergeben. Das ist in dem Grundsatz „lex posterior derogat legi priori“, d.h. die spätere Rechtsnorm verdrängt die frühere, angesprochen.

---

[144] *Rüthers/Fischer/Birk*, Rechtstheorie, 10. Aufl. 2018, Rn. 335. Ebenso *Heckmann*, Geltungskraft und Geltungsverlust von Rechtsnormen, 1997, S. 23 ff.

[145] Zur Herkunft vgl. *Görisch/Al-Wraikat*, Woher kommt eigentlich … lex superior derogat legi inferiori, Ad Legendum 2009, 358 ff.

Diese Grundsätze sind aber nur **Kurzbeschreibungen**.[146] Die Frage, ob einer Rechtsnorm Geltungsvorrang vor einer anderen zukommt, beantworten sie nicht abschließend. Beispielsweise verdrängt eine zeitlich spätere Rechtsnorm keineswegs eine zeitlich frühere Rechtsnorm, wenn deren Anwendungsbereich der speziellere ist. Das muss mit Hilfe derjenigen Rechtsnormen geklärt werden, die zur Beantwortung dieser Kollisionsfragen anwendbar sind. Das sind bei Gesetzen in erster Linie Normen des Verfassungsrechts.

## 5. Zusammenfassung

Man kann zusammenfassen: Eine Rechtsnorm ist **wirksam**, wenn sie rechtlich existent geworden ist. Eine Rechtsnorm **gilt**, wenn und soweit das, was die Rechtsnorm vorschreibt, tatsächlich als Prüfmaßstab und zur Verhaltensorientierung intersubjektiv verbindlich ist, d.h. insbesondere: wenn und solange die Rechtsnorm in Kraft ist. Ob eine Rechtsnorm **anwendbar** ist, hängt vom Inhalt der Rechtsnorm und dem anderer Rechtsnormen ab. 56

**Grafik: Wirksamkeit, Geltung und Anwendbarkeit**

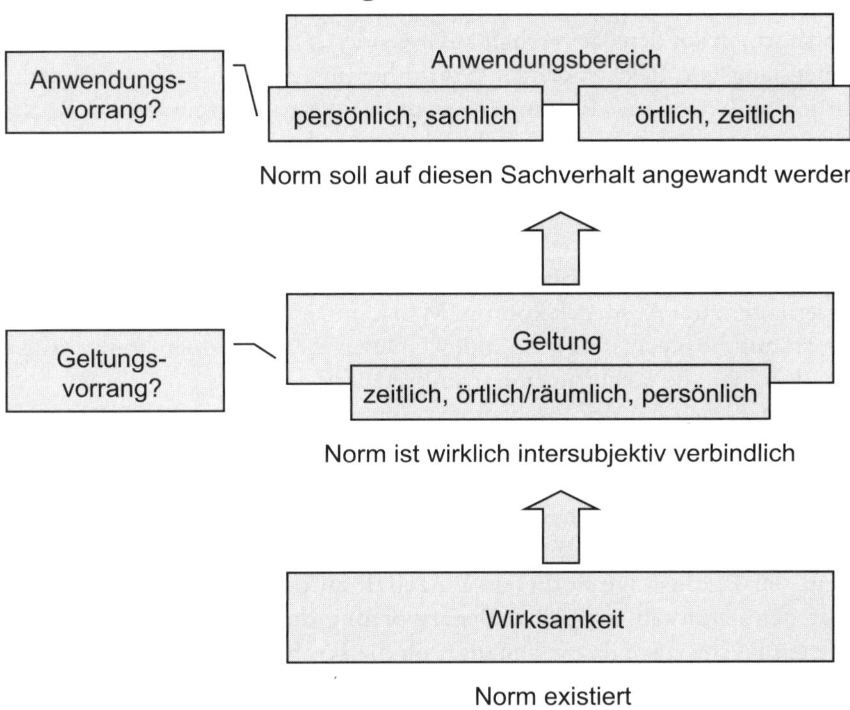


[146] *Heckmann*, Geltungskraft und Geltungsverlust von Rechtsnormen, 1997, S. 157ff., zusammenfassend S. 170ff.

# § 6. Anwendung von Rechtsnormen auf den Sachverhalt

## I. Ausgangspunkt

**Literatur:** *Meier*, Der Denkweg der Juristen, 2000, S. 15 ff.; *Horn*, Einführung in die Rechtswissenschaft und Rechtsphilosophie, 6. Aufl. 2016, Rn. 163 ff.; *Larenz*, Methodenlehre der Rechtswissenschaft, 6. Aufl. 1991, S. 278 ff.; *Reimer*, Juristische Methodenlehre, 2016, Rn. 67 ff.; *Röhl/Röhl*, Allgemeine Rechtslehre, 3. Aufl. 2008, S. 151 ff.; *Rüthers/Fischer/Birk*, Rechtstheorie, 10. Aufl. 2018, Rn. 655 ff.; *Zippelius*, Juristische Methodenlehre, 11. Aufl. 2012, §§ 14 ff.

### 1. Sachverhalt und Rechtsnorm

1 Einen Sachverhalt kann man auf verschiedene Arten rechtlich bearbeiten, d.h. ihn zu Rechtsnormen in Beziehung setzen. Eine Möglichkeit besteht darin, Rechtsnormen auf den Sachverhalt anzuwenden. Das bedeutet, ein Gesamtzusammenhang von Rechtsnormen[147] wird herangezogen, um den Sachverhalt rechtlich zu bewerten, also um eine vom Sachverhalt aufgeworfene Rechtsfrage von einem rechtlichen Standpunkt aus zu beantworten. Die **Antwort auf die Rechtsfrage** hat eine doppelte Bedeutung: Sie ist auf der einen Seite eine Aussage über den Sachverhalt, nämlich über seine rechtliche Bewertung. Auf der anderen Seite ist sie aber auch eine Aussage über die angewendeten Rechtsnormen, deren normativer Gehalt in der rechtlichen Bewertung des Sachverhaltes zum Ausdruck kommt. Man kann deshalb sagen, dass sich in der Antwort auf die Rechtsfrage die angewendeten Rechtsnormen konkretisieren (oder: dass man die Rechtsnormen konkretisiert).

2 Handelt es sich bei der Rechtsnorm um eine **Regel** (oben § 5 Rn. 29 ff.), bedeutet Anwendung auf den Sachverhalt Folgendes: Die Rechtsnorm besagt, dass die in ihr bestimmte Rechtsfolge in den Fällen eintritt, in denen die tatbestandlichen Voraussetzungen der Rechtsnorm vorliegen. Die Rechtsnorm auf den Sachverhalt anzuwenden, bedeutet also, eine Entscheidung über den Eintritt der Rechtsfolge in diesem Einzelfall zu treffen. Diese Entscheidung ist nur dann sinnvoll, wenn die Beantwortung der vom Sachverhalt aufgeworfenen Rechtsfrage davon abhängt, ob die Rechtsfolge eintritt oder nicht. Andernfalls trägt die Rechtsnorm zur Beantwortung der Rechtsfrage nichts bei. Die Rechtsnorm ist dann nicht einschlägig. Die erste Aufgabe, die sich bei der Anwendung von Rechtsnormen auf den Sachverhalt stellt, besteht also darin, die einschlägigen Rechtsnormen zu ermitteln.

[147] *Rüthers/Fischer/Birk*, Rechtstheorie, 10. Aufl. 2018, Rn. 663.

**Grafik: Rechtsnorm und Sachverhalt**

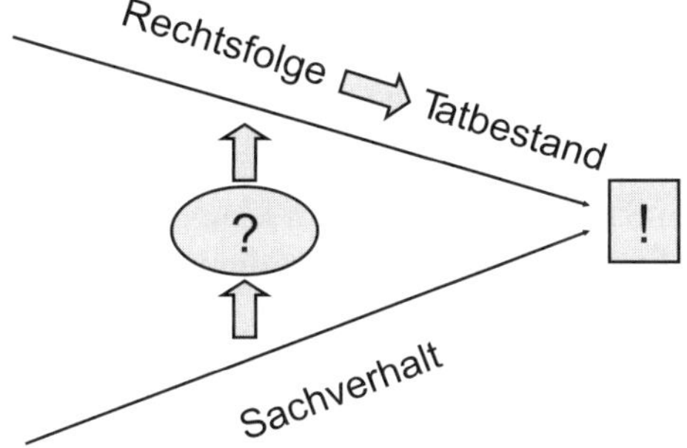


**Beispiele:**

Geht es um einen Verkehrsunfall, in dessen Folge O von T Schadensersatz in Geld wegen seines beschädigten Fahrzeugs verlangt, und lautet die Rechtsfrage: Kann O von T Schadensersatz in Geld wegen seines beschädigten Fahrzeugs verlangen?, so tragen zur Beantwortung dieser Frage beispielsweise die §§ 823 Abs. 1, 249 Abs. 1 S. 1 BGB bei. Denn nach diesen Vorschriften schuldet der Schädiger unter den dort genannten näheren Voraussetzungen als Schadensersatz den zur Reparatur erforderlichen Geldbetrag. Hingegen gehört § 253 BGB nicht zu den einschlägigen Rechtsnormen. Nach dieser Norm stünde O unter gewissen Voraussetzungen auch ein Schmerzensgeld zu. Aber ob das der Fall ist oder nicht, hat auf die Beantwortung der gestellten Rechtsfrage – Schadensersatz wegen des beschädigten Fahrzeugs ja oder nein – keinen Einfluss.

Geht es darum, ob sich T bei diesem Verkehrsunfall strafbar gemacht hat, so sind für die Beantwortung dieser Rechtsfrage unter anderem §§ 223 Abs. 1, 229, 230 Abs. 1, 77 ff. StGB einschlägig. Nicht einschlägig ist hingegen etwa § 69 StGB, denn diese Norm beantwortet nicht die Frage der Strafbarkeit, sondern sie besagt, unter welchen Voraussetzungen dem T als Maßregel der Besserung und Sicherung (vgl. § 61 Nr. 5 StGB) die Fahrerlaubnis entzogen werden darf.

Handelt es sich bei der Rechtsnorm um ein **Prinzip** (oben § 5 Rn. 35 ff.), 3
bedeutet Anwendung auf den Sachverhalt, dass die vom Prinzip vorgegebenen Werte und Ziele bei der Rechtsanwendung beachtet werden. Prinzipien sind deshalb dann nicht einschlägig, wenn sich das Prinzip zur konkreten Rechtsanwendung neutral verhält.

Im oben genannten **Beispiel** eines Verkehrsunfalls ist etwa das Prinzip der Privatautonomie bei Beurteilung der Schadensersatzpflicht nicht einschlägig.

Handelt es sich bei der Rechtsnorm um eine **Definition** (oben § 5 Rn. 41 ff.), 4
so bedeutet die Anwendung auf den Sachverhalt, dass der Sachverhalt darauf hin befragt wird, ob es sich bei diesem oder jenem um einen Anwendungsfall des *definiendums* im Sinne der Definition handele. Auch diese Frage ist nur dann erheblich, wenn die Anwendung des Rechts auf den Sachverhalt davon abhängt.

**Beispielsweise** soll eine Geschwindigkeitsbegrenzung laut Verkehrsschild „werktags" gelten. Nun fragt sich, ob der Sonnabend ein Werktag ist im Sinne dieser Geschwindigkeitsbegrenzung. Zur Beantwortung dieser Rechtsfrage wäre eine Rechtsnorm einschlägig, die „Werktag" definiert.[148]

## 2. Konstruktion von Rechtsfrage und Sachverhalt

5 Allerdings darf man sich weder die Rechtsfrage als etwas eindeutig Vorgegebenes, noch den Sachverhalt als einen klar umgrenzten Gegenstand vorstellen. Die **Rechtsfrage** ist nichts eindeutig Vorgegebenes, weil man jeden Sachverhalt aus unterschiedlicher Perspektive rechtlich bewerten kann. Auch kann man die Rechtsfrage offener oder konkreter stellen. Es sind also stets viele Rechtsfragen denkbar.

Geht es **beispielsweise** darum, dass Autofahrer A betrunken den Fußgänger F angefahren und einen Ampelmast beschädigt hat, so kann man diesen Sachverhalt aus strafrechtlicher Sicht bewerten (also die Rechtsfrage stellen, ob sich A strafbar gemacht hat), aber auch aus zivilrechtlicher Sicht (ist A verpflichtet, dem F Schadensersatz zu leisten?) oder aus verwaltungsrechtlicher Sicht (kann A eine Nachschulung aufgegeben werden?). Man kann ferner nicht nur allgemein danach fragen, ob sich A strafbar gemacht hat, sondern auch konkreter: (1) ob sich A wegen Körperverletzung strafbar gemacht hat, (2) ob sich A wegen Sachbeschädigung strafbar gemacht hat, (3) ob sich A wegen Trunkenheit im Verkehr strafbar gemacht hat. Man kann nach einer Schadensersatzpflicht des A fragen, aber auch konkreter danach ob A Ersatz der Arztkosten in Höhe von € 500 schuldet.

In der universitären Ausbildung wird die Rechtsfrage, unter der ein Übungsfall zu bearbeiten ist, im Allgemeinen mehr oder weniger konkret vorgegeben.

6 Auch der Sachverhalt ist kein feststehender Gegenstand. Rechtsnormen werden nicht auf den Sachverhalt angewendet in dem Sinne, dass man den Sachverhalt in eine Werkbank spannen und dann rechtlich bearbeiten könnte. Man hat auf „den" Sachverhalt keinen Zugriff. Zugriff hat man nur auf eine **Sachverhaltskonstruktion**, d.h. auf einen „hergestellten" Sachverhalt. Dafür gibt es zwei methodische Gründe: Der erste Grund besteht darin, dass die Anwendung einer Rechtsnorm ein historischer Vorgang ist, der zu einem bestimmten Zeitpunkt an einem bestimmten Ort unter bestimmten natürlichen, kulturellen, sozialen und psychischen Gegebenheiten vollzogen wird. Da die Anwendung einer Rechtsnorm selbst rechtlichen Bindungen unterliegt (Rn. 8), kommen rechtliche Gegebenheiten hinzu. Von diesen Gegebenheiten hängt es ab, welche Informationen über den Sachverhalt zur Verfügung stehen und wie man mit ihnen umgeht, d.h. was für einen Sachverhalt man der Rechtsanwendung zugrunde legt. Man muss deshalb unterscheiden zwischen der Lebenswirklichkeit auf der einen Seite und dem Sachverhalt, wie er bei der Rechtsanwendung vor Augen steht, auf der anderen Seite. Denn damit können wichtige Abweichungen und infolgedessen unterschiedliche Ergebnisse verbunden sein. Der zweite Grund ist, dass es von den einschlägigen Rechtsnormen abhängt, welche Aspekte der Lebenswirklichkeit für die Beantwor-

---

[148] Weil es eine solche Rechtsnorm nicht gibt, hat die Rechtsprechung eine Definition geliefert, vgl. OLG Düsseldorf, NZV 1991, 402: Auch der Sonnabend ist ein Werktag.

tung der Rechtsfrage relevant sind. Erst die Rechtsnorm bestimmt also, was überhaupt zum Sachverhalt gehört. Jede Rechtsnorm nimmt eine Bewertung vor, mit der über die Relevanz von Aspekten der Lebenswirklichkeit für eine rechtliche Beurteilung entschieden wird. Alle anderen Aspekte der Lebenswirklichkeit sind rechtlich irrelevant.

**Beispiele:**
Aus § 823 Abs. 1 BGB folgt, dass die dort normierte Schadensersatzpflicht nicht von den Einkommensverhältnissen, dem Familienstand, der politischen Einstellung etc. abhängt, sondern ausschließlich davon, ob der Schädiger vorsätzlich oder fahrlässig eines der geschützten Rechtsgüter widerrechtlich verletzt hat oder nicht.

Die Strafbarkeit wegen Diebstahls ist, von Ausnahmen abgesehen, unabhängig davon, ob das Opfer die Strafverfolgung will oder nicht (vgl. § 248a StGB).

Aus Art. 2 Abs. 2 GG folgt, dass das Recht auf körperliche Unversehrtheit nicht von der Staatsangehörigkeit abhängt.

Rechtlich relevant ist also stets nur ein Ausschnitt der Lebenswirklichkeit. Was zu diesem Ausschnitt gehört, hängt davon ab, worauf die einschlägigen Rechtsnormen abstellen, lässt sich also nicht ohne näheres Wissen über die einschlägigen Rechtsnormen sagen. Da je nach aufgeworfener Rechtsfrage unterschiedliche Rechtsnormen einschlägig sind, kann ein und derselbe Aspekt aus der Lebenswirklichkeit je nach Rechtsfrage relevant oder irrelevant sein.

**Beispielsweise** ist es für die Frage, ob T dem O nach einem Verkehrsunfall zum Schadensersatz verpflichtet ist, nicht relevant, ob sich der O privat oder dienstlich im Straßenverkehr bewegt hat. Hingegen hängt die Frage, ob es sich für O um einen Arbeitsunfall handelt oder nicht, genau davon ab.

*Karl Larenz* spricht insoweit vom **Roh-Sachverhalt**, der erst im Hinblick auf die ein- 7
schlägigen Rechtsnormen zum (endgültigen) Sachverhalt verarbeitet werde.[149] An diesem Bild trifft sicherlich zu, dass sich im Verlauf der Bearbeitung der Sachverhalt verfeinert. Die Bezeichnung „endgültig“ erscheint aber aus den beiden oben genannten Gründen nicht angemessen zu sein: erstens weil je nach Rechtsnorm andere Sachverhaltsaspekte Teil des „endgültigen“ Sachverhalts sein können, es also „endgültige“ Sachverhalte nur im Plural geben könnte. Zweitens weil die Sachverhaltserkenntnis stets unter historischen Bedingungen erfolgt und damit immer nur vorläufigen Charakter haben kann.

---

[149] *Larenz*, Methodenlehre der Rechtswissenschaft, 6. Aufl. 1991, S. 279 ff.

**Grafik: Lebenswirklichkeit, Sachverhalt und Rechtsnorm**

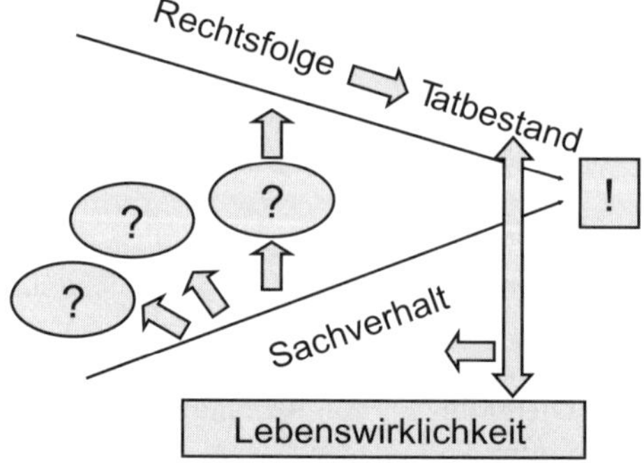


### 3. Rechtliche Bindung der Rechtsanwendung

**Literatur:** *Horn*, Einführung in die Rechtswissenschaft und Rechtsphilosophie, 6. Aufl. 2016, Rn. 163; *Röhl/Röhl*, Allgemeine Rechtslehre, 3. Aufl. 2008, S. 603 ff.; *Rüthers/Fischer/Birk*, Rechtstheorie, 10. Aufl. 2018, Rn. 704 ff.

8 Damit die Beantwortung der Rechtsfrage für sich in Anspruch nehmen kann, eine Antwort von einem rechtlichen Standpunkt aus zu sein, muss sie die rechtlichen Bindungen einhalten, die der Rechtsanwendung vorgegeben sind. Fragen, wie bei der Rechtsanwendung vorzugehen ist, sind selbst Rechtsfragen (vgl. oben § 2 Rn. 26), und zwar **Rechtsfragen auf Metaebene**. Rechtsanwendung ist daher immer in einem doppelten Sinne Rechtsanwendung: Einmal wird das Recht angewendet, mit dem die Antwort auf die Rechtsfrage gegeben wird, zugleich wird aber auch das Recht angewendet, das besagt, wie bei der Rechtsanwendung vorzugehen ist.

Es ist deshalb verkürzend, wenn nur die Methoden der Auslegung als Rechtsfragen begriffen werden. Rechtlichen Bindungen unterliegt die Rechtsanwendung auch schon bei der Feststellung des Sachverhalts. Andernfalls könnte nicht entschieden werden, ob eine Sachverhaltshypothese als festgestellt angesehen und einer Rechtsanwendung zugrunde gelegt werden darf. Die biblische Frage „Was ist Wahrheit?“ (Joh. 18, 38) ist aus Sicht des Rechts ebenfalls eine Rechtsfrage: Der Sachverhalt muss auf die Art und Weise festgestellt werden, wie das Recht es vorschreibt, dann darf er nach rechtlichen Maßstäben der Rechtsanwendung zugrunde gelegt werden (sogenannter formeller oder prozessualer Wahrheitsbegriff).

## II. Die Beantwortung der Rechtsfrage durch Definition und Subsumtion

**Literatur:** *Engisch*, Einführung in das juristische Denken, 12. Aufl. 2018, S. 84 ff.; *Horn*, Einführung in die Rechtswissenschaft und Rechtsphilosophie, 6. Aufl. 2016, Rn. 165 ff.; *Kohler-Gehrig*, Einführung in das Recht, 2. Aufl. 2017, S. 52 ff.; *Larenz*, Methodenlehre der Rechtswissenschaft, 6. Aufl. 1991, S. 273 ff.; *Mann*, Einführung in die juristische Arbeitstechnik, 5. Aufl. 2015, Rn. 227 ff.; *Meier*, Der Denkweg der Juristen, 2000, S. 46 ff.; *Möllers*, Juristische Methodenlehre, 2017, § 4 I; *Puppe*, Kleine Schule des juristischen Denkens, 3. Aufl. 2014, S. 78 ff.; *Rüthers/Fischer/Birk*, Rechtstheorie, 10. Aufl. 2018, Rn. 655 ff., 677 ff.; *Steinberg*, Angewandte juristische Methodenlehre für Anfänger, 2006, Rn. 5 ff.; *Vogel*, Juristische Methodik, 1998, S. 19 ff., 173 ff.

Die Aufgabe, eine vom Sachverhalt aufgeworfene Rechtsfrage von einem 9
rechtlichen Standpunkt aus zu beantworten, lässt sich gedanklich in zwei **Teilschritte** zerlegen: Definition und Subsumtion.

### 1. Definition

Der erste Teilschritt besteht darin, festzustellen, von welchen Umständen 10
es nach den Rechtsnormen generell-abstrakt abhängt, in welche Richtung die Rechtsnormen die Rechtsfrage beantworten. Diese Umstände werden dadurch aufgeklärt, dass die in den Rechtsnormen umschriebenen Voraussetzungen durch Definitionen entfaltet werden, d.h. durch wiederum **generell-abstrakte Bedeutungsbeschreibungen**. Handelt es sich bei der Rechtsnorm um eine Regel, geht es hier darum, die tatbestandlichen Voraussetzungen zu präzisieren, von denen der Eintritt der Rechtsfolge gemäß der Rechtsnorm abhängt. Im Fall einer Rechtsnorm, die ein Prinzip ist, lässt sich nicht ganz so leicht angeben, worauf sich die Definitionsaufgabe bezieht. Denn ein Prinzip enthält keine unmittelbare Antwort auf eine Rechtsfrage, sondern Prinzipien geben nur an, welche Werte und Ziele bei der Beantwortung der Rechtsfrage zu beachten sind. Folglich besteht die Aufgabe darin, diese Werte und Ziele in ihrem Zusammenhang mit einer bestimmten Beantwortung der Rechtsfrage näher zu bestimmen. Unmittelbar einleuchtend ist hingegen, was zu tun ist, wenn es sich bei der Rechtsnorm um eine Definition handelt: Dann geht es in diesem Schritt darum, die Begriffe näher zu bestimmen, aus denen sich das *definiens* zusammensetzt. Die Umstände, von denen es abhängt, in welche Richtung die Rechtsnormen die Rechtsfrage beantworten, sind vom Einzelfall unabhängig. Folglich beansprucht auch ihre Definition Geltung für jede Anwendung dieser Rechtsnormen. Ob die Voraussetzungen, von denen die Beantwortung der Rechtsfrage abhängt, im einen oder im anderen Sinne zu definieren sind, ist eine Rechtsfrage, die unabhängig davon beantwortet werden kann und muss, welche Umstände *im Einzelfall* vorliegen oder nicht vorliegen.

### 2. Subsumtion

Der zweite Teilschritt besteht in Abgrenzung dazu in der Untersuchung, ob 11
diejenigen Umstände, von denen es generell-abstrakt abhängt, ob die Rechtsfrage in bestimmter Richtung beantwortet werden kann, im individuell-konkreten Einzelfall, also im Sachverhalt, vorliegen oder nicht. Diesen Vorgang nennt man die Subsumtion (auch: Subsumption). Subsumtion bedeutet „Unterordnung“ und ist ein **klassifikatorischer Vorgang**. Sie fragt danach, ob sich

der Sachverhalt als individuell-konkrete Verwirklichung der generell-abstrakt formulierten rechtlich relevanten Umstände klassifizieren lässt oder nicht. Die Subsumtion hängt damit von der generell-abstrakten Definition ab. Ob sich ein Sachverhalt als individuell-konkrete Verwirklichung der generell-abstrakt formulierten Umstände klassifizieren lässt oder nicht, kann nicht entschieden werden, ohne diese Umstände formuliert zu haben. Die Definition ist also gegenüber der Subsumtion logisch vorrangig.

Anders als hier wird Subsumtion teilweise auch umfassend verstanden als „die Denkvorgänge, die das Beziehungsverhältnis zwischen Lebenssachverhalt und Rechtsnorm festlegen“[150], als die Rechtsanwendung[151], wozu dann jeweils auch die Definition als Teil der Subsumtion gehören soll. Diese Begriffsbildung verdunkelt aber den Unterschied zwischen generell-abstrakten Aussagen darüber, was eine Rechtsnorm bedeute, auf der einen Seite und über die Klassifikation des Sachverhalts auf der anderen Seite. Es erscheint deshalb vorzugswürdig, zwischen beidem gedanklich klar zu trennen.

Ergebnis der Definition sind begriffliche Maßstäbe, die den Anwendungsbereich der Rechtsnormen umschreiben. Die Definition zählt Merkmale auf, die ein Sachverhalt aufweisen muss, um im Anwendungsbereich der Rechtsnormen zu liegen. Die Subsumtion besteht nun darin, den individuell-konkreten Sachverhalt an diesem Maßstab zu messen. Entweder lässt sich damit zeigen, dass der Sachverhalt solche Merkmale aufweist, die den Anwendungsbereich der Rechtsnormen eröffnen, oder das Gegenteil ist der Fall.

Das Ergebnis ist immer eine Klassifikationsentscheidung. Dabei spielt es keine Rolle, dass sich generell-abstrakte Umstände wie „angemessen“ oder „grob“ nur schwer in Einzelmerkmalen begrifflich entfalten lassen. Deshalb verspricht es keinen besonderen Ertrag, in derartigen Fällen statt von Subsumtion von „Zuordnung des Sachverhalts zum Tatbestand“ zu sprechen.[152] Auf der Hand liegt aber, dass der Klassifikation umso weniger gedanklicher Eigenwert zukommt, je detailschärfer und präziser die generell-abstrakten Maßstäbe im Zuge der Definition formuliert worden sind.

Im Unterschied zur Definition muss die Subsumtion selbst daher individuell-konkret erfolgen. Die Antwort auf die Subsumtionsfrage kann nur für den individuell-konkreten Sachverhalt gegeben werden. Ob sich der Sachverhalt als Verwirklichung der generell-abstrakt formulierten Umstände darstellt oder nicht, ist eine Frage des Einzelfalls. In einem anderen Einzelfall steht ein ganz anderer Sachverhalt zur Entscheidung, so dass die Subsumtion zu einem ganz anderen Ergebnis führen kann. Subsumiert werden kann erst, wenn eine tatsächliche Grundlage der Subsumtion feststeht.

---

[150] *Rüthers/Fischer/Birk*, Rechtstheorie, 10. Aufl. 2018, Rn. 677.

[151] *Braun*, Einführung in die Rechtswissenschaft, 4. Aufl. 2011, S. 368; *Larenz*, Methodenlehre der Rechtswissenschaft, 6. Aufl. 1991, S. 273 ff.

[152] Wie es *Larenz*, Methodenlehre der Rechtswissenschaft, 6. Aufl. 1991, S. 274 f. vorschlägt.

### 3. Rechtsnorm und Sachverhalt verstehen

12 Anwendung der Rechtsnorm bedeutet also, die vom Sachverhalt aufgeworfene Rechtsfrage dadurch zu beantworten, dass man erstens definiert, was die einschlägigen Rechtsnormen generell-abstrakt voraussetzen, und zweitens den individuell-konkreten Sachverhalt (in dem eben klargestellten Sinne) darunter subsumiert. Sowohl die Definition der generell-abstrakten Voraussetzungen der Rechtsnormen als auch die Subsumtion der individuell-konkreten Umstände des Sachverhaltes darunter setzen eine **Verstehensleistung** (oben § 4 Rn. 13) voraus: Man kann die generell-abstrakten Voraussetzungen nur definieren, wenn man verstanden hat, was sie bedeuten. Man kann darunter nur subsumieren, wenn man verstanden hat, was die den Sachverhalt konstituierenden individuell-konkreten Umstände bedeuten. Verstehen bedeutet, ein Urteil über den Sinn eines gegebenen Umstandes zu bilden. Es ist ein produktives Verhalten, denn es geht darum, sinngebende Deutungen zu entwickeln. Es beginnt bei einem Vorverständnis, das sich schrittweise verfeinert. Dieser Vorgang kann prinzipiell unendlich fortgesetzt werden, man muss ihn aber zumindest vorläufig abschließen, will man aus dem Verstehen praktische Konsequenzen ziehen.

13 Diese praktische Konsequenz, ist, wenn es um Rechtsanwendung geht, die **Entscheidung** über die Definition dessen, was die Rechtsnormen für die Beantwortung der Rechtsfrage voraussetzen, und sodann die Entscheidung über die Subsumtion des Sachverhaltes darunter. Deshalb bricht man, wenn es um Rechtsanwendung geht, das tiefere Verstehen der Rechtsnormen dann ab, wenn man von den Voraussetzungen ein Verständnis entwickelt hat, das die Entscheidung über die Subsumtion erlaubt. Die hinsichtlich der Definition notwendige Verstehensleistung erbringt man also von vornherein im Hinblick auf den zu subsumierenden Sachverhalt. Das Gleiche gilt für die Subsumtion: Die insoweit notwendige Verstehensleistung ist auf die zu definierenden Rechtsnormen bezogen. Das tiefere Verstehen des Sachverhaltes bricht man dann ab, wenn man von den individuell-konkreten Umständen ein Verständnis entwickelt hat, das es erlaubt, die Richtung einzuschätzen, in der die Rechtsnormen der generell-abstrakten Definition bedürfen, um schließlich die Subsumtionsfrage entscheidbar zu machen.

14 Auf diese Weise beeinflusst zunächst das Vorverständnis in Bezug auf den Sachverhalt das Verstehen der Rechtsnormen. Auf jeden Versuch einer konkretisierenden Definition folgt ein Subsumtionsversuch, der dazu führen kann, sich um ein tieferes Verständnis der Rechtsnormen zu bemühen – d.h. um eine zielgenauere Definition –, wonach wieder die Subsumtion versucht wird und so fort. Der Vorgang **endet**, wenn die Rechtsnormen in einer Definition generell-abstrakt entfaltet sind, die es erlaubt, die von den individuell-konkreten Umständen gestellte Subsumtionsaufgabe zu bewältigen. Definition und Subsumtion werden also solange vorangetrieben, bis Rechtsnormen und Sachverhalt einander so angenähert sind, dass einsichtig wird, welche Antwort auf die Rechtsfrage zu geben ist.

Die inhaltliche Verbindung von Definition und Subsumtion veranlasst manche Autoren dazu, die definierende Konkretisierung der Norm bereits selbst der Subsumtion zuzuordnen. Diese Zuordnung beruht auf der Überlegung, die Konkretisierung der Norm im Hinblick auf den individuellen Sachverhalt erzeuge keine generell-abstrakte, sondern eine individuell-konkrete Norm.[153] Das ist jedoch unzutreffend: Dass man die Umstände, die eine Rechtsnorm generell-abstrakt voraussetzt, im Hinblick auf den Sachverhalt definiert, bedeutet nur, dass man die vom Sachverhalt aufgeworfenen Abgrenzungsfragen zum Anlass für die nähere Definition nimmt. Die Definition selbst gilt aber gerade über den Sachverhalt hinaus.

Am Ende von Definition und Subsumtion steht keine logische Schlussfolgerung, sondern ein Evidenzargument: eine argumentativ überzeugende, zwingende Verbindung zwischen Rechtsnormen und Sachverhalt.[154] Der Weg dorthin ist in den klassischen Worten *Karl Engisch'* das „Hin- und Herwandern des Blicks zwischen Obersatz und Lebenssachverhalt“[155].

**15** Diese Eigenart der Rechtsanwendung verdeckt, wer die Definition als Teil der Subsumtion begreift und die Subsumtion damit insgesamt zu einer logischen Schlussfolgerung ausbaut.[156] Die Zuordnung des Sachverhalts zur Rechtsnorm selbst ist keine logische Schlussfolgerung aus dem Sachverhalt, sondern eine Bewertungsentscheidung. Der Sachverhalt wird als Verwirklichung jener generell-abstrakten Voraussetzungen klassifiziert, die in der Rechtsnorm umschrieben sind bzw. die sich aus der Rechtsnorm ergeben. Eine Frage der Logik ist allein, welche Konsequenzen sich aus dieser Klassifikation ergeben.

**16** Wegen dieser Verschränkung von Definition und Subsumtion wird die Unterscheidbarkeit zwischen Tatfrage auf der einen, Rechtsfrage auf der anderen Seite, wie sie hier bereits vorausgesetzt wurde (oben Rn. 10 f.), teilweise in Frage gestellt.[157] In methodischer Hinsicht können diese Bedenken aber nicht überzeugen, denn ein Umstand kann entweder durch Begriffe aus empirischer Analyse des Lebenssachverhalts beschrieben werden oder durch Begriffe aus normativer Entfaltung der Rechtsnorm. Das gilt etwa auch in dem von *Larenz* angeführten Beispiel „ruhestörenden Lärms“: Ob jemand ruhestörenden Lärm verursacht habe, sei, wenn nicht die Lautstärke exakt gemessen wurde, schwerlich anders zu beschreiben als durch die Angabe, dass eben die Ruhe gestört worden sei.[158] Das überzeugt nicht: Man kann Lärm nicht nur exakt messen, sondern auch mit sprachlichen Mitteln beschreiben. Etwa, indem man sagt, es sei so laut gewesen, dass man in der Nachbarwohnung jedes Wort habe verstehen können, oder es sei so laut gewesen wie dieses oder jenes.[159]

---

[153] *Meier*, Der Denkweg der Juristen, 2000, S. 48 ff.

[154] *Rüthers/Fischer/Birk*, Rechtstheorie, 10. Aufl. 2018, Rn. 688.

[155] *Engisch*, Logische Studien, 3. Aufl. 1963, S. 15.

[156] So aber *Meier*, Der Denkweg der Juristen, 2000, S. 49; *Vogel*, Juristische Methodik, 1998, S. 173 ff.; offenbar auch *Horn*, Einführung in die Rechtswissenschaft und Rechtsphilosophie, 6. Aufl. 2016, Rn. 166 f., der allerdings zwischen Subsumtion und „eigentlicher Subsumtion“ unterscheidet.

[157] Vgl. die Nachweise bei *Larenz*, Methodenlehre der Rechtswissenschaft, 6. Aufl. 1991, S. 308.

[158] *Larenz*, Methodenlehre der Rechtswissenschaft, 6. Aufl. 1991, S. 309.

[159] Wie hier *Vogel*, Juristische Methodik, 1998, S. 18. Auf einem anderen Blatt steht, dass für das geltende Verfahrensrecht bei der Abgrenzung zwischen Tat- und Rechtsfrage nicht allein methodische Kriterien ausschlaggebend sind, vgl. *Larenz*, Methodenlehre der

**Grafik: Suchbewegung zwischen Sachverhalt und Rechtsnorm**

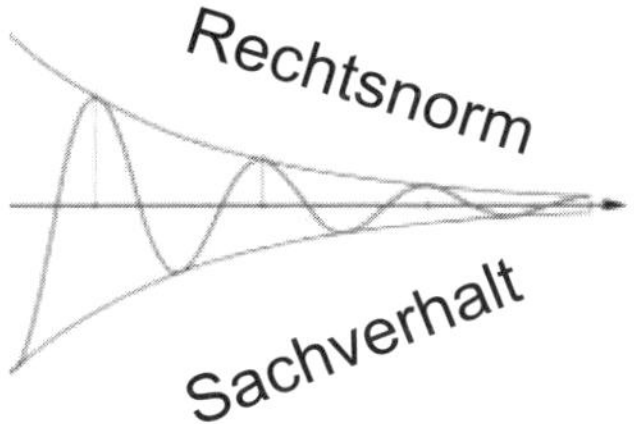


### 4. Beispiel

Das bisher zur Anwendung der Rechtsnormen auf den Sachverhalt Gesagte lässt sich an einem Beispiel veranschaulichen, das unten (Rn. 24) dann auch gutachterlich ausgeführt wird. Folgender **Sachverhalt** sei gegeben: T versetzt dem O einen heftigen Faustschlag ins Gesicht, und zwar mit der Hand, an der T einen Siegelring trägt. O erleidet eine Platzwunde. Die **Rechtsfrage** lautet, ob sich T strafbar gemacht hat. **Einschlägig** sind damit alle Rechtsnormen, deren Rechtsfolge „ist strafbar" lautet. Die Mehrzahl von ihnen hat aber Umstände zur Voraussetzung, die im vorliegenden Sachverhalt ganz offenkundig nicht gegeben sind. Ohne diese Voraussetzungen näher definieren zu müssen, kann die Subsumtionsfrage bereits verneint werden. Das gilt etwa für alle Vermögensdelikte (Diebstahl, Betrug etc.). Näher befassen muss man sich aber mit §§ 223 Abs. 1, 224 Abs. 1 Nr. 2 StGB. Gemäß § 224 Abs. 1 Nr. 2 StGB ist strafbar, wer eine Körperverletzung mittels einer Waffe oder eines anderen gefährlichen Werkzeugs begeht. Nach § 223 Abs. 1 StGB liegt eine Körperverletzung vor, wenn eine andere Person körperlich misshandelt oder an der Gesundheit beschädigt wird. Die generell-abstrakten Voraussetzungen der §§ 223 Abs. 1, 224 Abs. 1 Nr. 2 StGB lauten also: (1) Das Opfer muss eine andere Person sein. (2) Der Täter muss das Opfer körperlich misshandelt oder an der Gesundheit beschädigt haben. (3) Das muss mittels einer Waffe oder eines anderen gefährlichen Werkzeuges geschehen sein. Weitere Voraussetzungen der Strafbarkeit ergeben sich aus anderen Normen und müssen ebenfalls vorliegen: (4) Der Täter muss vorsätzlich, rechtswidrig und schuldhaft gehandelt haben. 17

Die Voraussetzung (1) ist unproblematisch; die Subsumtionsfrage kann ohne weitere Definition bejaht werden: O ist für T eine andere Person. Die Voraussetzung (2), mit der die Tathandlung der **Körperverletzung** umschrieben ist, ist im Ergebnis ebenfalls unproblematisch: Was, wenn nicht ein heftiger Faustschlag ins Gesicht, der zu einer Platzwunde führt, ist eine Körperverletzung. Die Verbindung zwischen Rechtsnorm und Sachverhalt lässt sich aber trotzdem argumentativ noch überzeugender herstellen. (2.1) Zunächst lässt sich fragen, ob der Faustschlag des T eine **körperliche Misshandlung** darstellt. 18

Rechtswissenschaft, 6. Aufl. 1991, S. 310; sondern diese Unterscheidung ist im Verfahrensrecht selbst eine Rechtsfrage, *Röhl/Röhl*, Allgemeine Rechtslehre, 3. Aufl. 2008, S. 500 ff.

Um das zu beantworten, muss man konkretisieren, was unter Misshandlung zu verstehen sein soll. Körperliche Misshandlung ist ein übles, unangemessenes Behandeln, welches das körperliche Wohlbefinden oder die körperliche Unversehrtheit nicht nur unerheblich beeinträchtigt.[160] Nun muss auf Subsumtionsebene gezeigt werden, dass der Faustschlag des T ins Gesicht des O als ein solches Behandeln klassifiziert werden kann. Dazu kann man auf die Verletzbarkeit des Gesichts hinweisen und die Schmerzen, zu denen ein Faustschlag führt, sowie auf seine soziale Unüblichkeit. (2.2) Weiter lässt sich fragen, ob T den O an der **Gesundheit beschädigt** hat. Gesundheitsschädigung ist nach ständiger Rechtsprechung und der überwiegenden Auffassung der Literatur das Hervorrufen oder Steigern eines vom Normalzustand der körperlichen und seelischen Funktionen nachteilig abweichenden pathologischen Zustands.[161] Nun geht es auf Subsumtionsebene darum, ob T einen solchen pathologischen Zustand herbeigeführt hat. O hat eine Platzwunde erlitten. Eine solche Verletzung des Hautgewebes ist ein pathologischer Zustand. Problematisch ist, ob auch die Voraussetzung (3) erfüllt ist. T trug bei dem Schlag einen Siegelring am Finger. Ohne „Waffe" näher definieren zu müssen, lässt sich festhalten, dass ein Siegelring jedenfalls keine Waffe, sondern allenfalls ein **gefährliches Werkzeug** ist. Nach der klassischen Definition ist ein gefährliches Werkzeug ein Gegenstand, der nach den konkreten Umständen seiner Benutzung geeignet ist, eine erhebliche Körperverletzung herbeizuführen.[162] Die konkrete Art der Verwendung besteht darin, dass T mit dem Siegelring am Finger einen Faustschlag in das Gesicht des O führte. Ob sich diese Verwendung als eine Verwendung klassifizieren lässt, die geeignet ist, erhebliche Verletzungen herbeizuführen, ist zweifelhaft. Dagegen spricht, dass das Verletzungspotential eines Faustschlages ins Gesicht zwar erheblich ist, durch einen Siegelring aber bei einem bloßen Faustschlag möglicherweise nicht besonders gesteigert wird. Andererseits kann im Einzelfall ein Siegelring an einem Finger im Gesicht des Opfers durchaus besondere Verletzungen hervorrufen. Man muss deshalb auf die Ebene der Definition zurückkehren und sich fragen, ob die abstrakte Eignung, erhebliche Verletzungen herbeizuführen, genügt, oder ob mit einer hohen Wahrscheinlichkeit erheblichere Verletzungen als ohne Werkzeug verursacht werden müssen. Ist der Begriff „gefährliches Werkzeug" auf diese Weise genauer definiert, kann die Subsumtionsfrage im einen oder anderen Sinne beantwortet werden. Dass T (4) **vorsätzlich** gehandelt hat, lässt sich wiederum ohne weiteres bejahen. **Rechtfertigungs-, Schuldausschließungs- oder Entschuldigungsgründe** sind nicht ersichtlich.

---

160 *Joecks (Hardtung)*, in: Münchener Kommentar zum StGB, 3. Aufl. 2017, § 223 Rn. 4.

161 *Joecks (Hardtung)*, in: Münchener Kommentar zum StGB, 3. Aufl. 2017, § 223 Rn. 29.

162 *Hardtung*, in: Münchener Kommentar zum StGB, 3. Aufl. 2017, § 224 Rn. 20.

### 5. Rechtsanwendung als Syllogismus

**Literatur:** *Braun*, Einführung in die Rechtswissenschaft, 4. Aufl. 2011, S. 367 f.; *Engisch*, Einführung in das juristische Denken, 12. Aufl. 2018, S. 74 ff.; *Horn*, Einführung in die Rechtswissenschaft und Rechtsphilosophie, 6. Aufl. 2016, Rn. 166 ff.; *Larenz*, Methodenlehre der Rechtswissenschaft, 6. Aufl. 1991, S. 271 ff.; *Mann*, Einführung in die juristische Arbeitstechnik, 5. Aufl. 2015, Rn. 248; *Meier*, Der Denkweg der Juristen, 2000, S. 32 ff.; *Rüthers/Fischer/Birk*, Rechtstheorie, 10. Aufl. 2018, Rn. 681 ff.; *Vogel*, Juristische Methodik, 1998, S. 173 ff.

Formal betrachtet ist die Anwendung von Rechtsnormen auf den Sachverhalt ein Syllogismus (griech. syllogismos, das Zusammenrechnen, logischer Schluss) im sogenannten modus barbara. Man spricht vom **Justizsyllogismus**. Wie in jedem Syllogismus führen zwei Prämissen (Obersatz und Untersatz, lat. propositio maior und minor) zu einer Schlussfolgerung (Schlusssatz, lat. conclusio): 19

(1) Alle Menschen sind sterblich. (Obersatz)

(2) Sokrates ist ein Mensch. (Untersatz)

(3) Sokrates ist sterblich. (Schlusssatz)

Nach dem modus barbara ist dieser Syllogismus deshalb aufgebaut, weil in ihm drei Aussagen der Form „alle S sind P“ verknüpft sind (sogenannte All-Aussagen; das S steht in der Logik-Literatur für „syllogistisches Subjekt“, das P für „syllogistisches Prädikat“). Das ist im Obersatz auch sprachlich klar erkennbar. In Untersatz und Schlusssatz ist zwar von einem singulären Fall die Rede, d.h. die Menge umfasst genau ein Element, aber die jeweilige Aussage („ist ein Mensch“, „ist sterblich“) gilt für jedes Element dieser Menge (und nicht nur für einige). Deshalb handelt es sich auch bei Unter- und Schlusssatz um All-Aussagen. Nach diesem Schema wird auch die Antwort auf die Rechtsfrage gefunden:

(1) Unter den Umständen A lautet die Antwort auf die Rechtsfrage B. (Obersatz: Rechtsnorm, deren Voraussetzungen durch Definition entfaltet werden)

(2) Im Sachverhalt S liegen die Umstände A vor. (Subsumtion: Sachverhalt wird als Verwirklichung der Voraussetzungen klassifiziert)

(3) Also gilt für S: Die Antwort auf die Rechtsfrage lautet B. (Ergebnis)

Der Sprachgebrauch ist allerdings nicht einheitlich: Teilweise wird auch nur die Rechtsnorm als Obersatz verstanden, während die Definition als Teil der Subsumtion den Untersatz bilden soll (vgl. oben Rn. 14).

Der Rechtsanwendung liegt demnach eine logische Struktur zugrunde. Sie ist aber nicht bloß eine logische Operation.[163] Die Weichen werden **außerhalb der Logik** gestellt, wenn die einschlägige Rechtsnorm durch Definition entfaltet wird und wenn durch Subsumtion entschieden wird, ob der Sachverhalt als Verwirklichung der von der Rechtsnorm vorausgesetzten Umstände klassifiziert werden kann. Sowohl die Definition als auch die Subsumtion erfolgen 20

[163] *Rüthers/Fischer/Birk*, Rechtstheorie, 10. Aufl. 2018, Rn. 682.

außerhalb des Syllogismus. Die Bedeutung des Syllogismus erschöpft sich darin, aus den Ergebnissen, die auf der Ebene der Definition und der Subsumtion erarbeitet werden, die Schlussfolgerung zu ziehen, wie die Rechtsfrage unter diesen Prämissen zu beantworten ist. Diese Schlussfolgerung ist wahr, wenn die Prämissen wahr sind. Aber ob die Prämissen wahr sind, kann weder aus der Schlussfolgerung noch aus dem Schluss an sich gefolgert werden. Dass die Prämissen wahr sind, muss gesondert begründet werden.

## III. Denken und Darstellen: Gutachten und Urteil

**Literatur:** *Beyerbach*, Gutachten, Hilfsgutachten und Gutachtenstil, JA 2014, 813 ff.; *Horn*, Einführung in die Rechtswissenschaft und Rechtsphilosophie, 6. Aufl. 2016, Rn. 209 f.; *Kleinhenz/Deiters*, Jura Professionell – Klausuren, Hausarbeiten, Seminararbeiten, Dissertationen richtig schreiben und gestalten, 2005, S. 107 ff.; *Mann*, Einführung in die juristische Arbeitstechnik, 5. Aufl. 2015, Rn. 204 ff.; *Steinberg*, Angewandte juristische Methodenlehre für Anfänger, 2006, Rn. 10 ff.; *Vogel*, Juristische Methodik, 1998, S. 177 ff.; *Wieduwilt*, Die Sprache des Gutachtens, JuS 2010, 288 ff.

21 Die Aufgabe, eine vom Sachverhalt aufgeworfene Rechtsfrage von einem rechtlichen Standpunkt aus zu beantworten, kann auf zwei ganz unterschiedliche Arten gedanklich angegangen werden. Entsprechend kommen auch zwei ganz unterschiedliche Darstellungsweisen in Betracht: als Rechtsgutachten oder als Urteil.

### 1. Das Rechtsgutachten

#### *a) Aufbau*

22 Die erste Möglichkeit ist das Gutachten. Ein Gutachten benennt eine Hypothese und wendet auf sie **Verfahren zur Verifikation oder Falsifikation der Hypothese** an. Das Ergebnis ist die Annahme oder Verwerfung der Hypothese. Im juristischen Gutachten wird die Hypothese dadurch gebildet, dass man eine mögliche Antwort auf die gestellte Rechtsfrage gibt. Dabei empfiehlt es sich, die Hypothese so präzise wie möglich zu formulieren.

**Beispiel:** Lautet die Rechtsfrage etwa, ob sich T im oben (Rn. 17) erörterten Beispiel wegen gefährlicher Körperverletzung strafbar gemacht hat, so kommt als Hypothese in Betracht: T könnte sich wegen gefährlicher Körperverletzung gemäß §§ 223 Abs. 1, 224 Abs. 1 Nr. 2 StGB strafbar gemacht haben, indem er dem O mit der Faust ins Gesicht schlug, und zwar mit der Hand, an der T einen Siegelring trug.

Zur Verifikation oder Falsifikation kommt es im juristischen Gutachten dadurch, dass (1) die Voraussetzungen benannt werden, von denen es nach den einschlägigen Rechtsnormen abhängt, ob die Hypothese bestätigt oder zu verwerfen ist, dass (2) diese Voraussetzungen gegebenenfalls näher definiert werden und dass (3) unter die so definierten Voraussetzungen subsumiert wird, also einsichtig gemacht wird, dass die so definierten Voraussetzungen im individuell-konkreten Sachverhalt vorliegen. Am Ende steht das Ergebnis, dass die Anwendungsvoraussetzungen im zu beurteilenden Fall gegeben sind bzw. nicht gegeben sind, d.h. die Hypothese ist bestätigt oder zu verwerfen. In Abweichung von der syllogistischen Terminologie nennt man die Hypothese und die Angabe der Voraussetzungen, von denen es nach den einschlägigen Rechtsnormen abhängt, ob die Hypothese bestätigt oder zu verwerfen ist, im Gutachten den „Obersatz": Die Hypothese ist der erste Teil des Obersatzes („Für Sachverhalt S könnte die Rechtsfrage mit B zu beantworten sein ..."), der dann bereits mit der Verifikation/Falsifikation fortfährt („dazu müssten die Voraussetzungen A gegeben sein ..."). Der Verifikation/Falsifikation dienen sodann Definition der Voraussetzungen („A liegt vor, wenn ein Sachverhalt die Merkmale A* aufweist ...") und Subsumtion („im vorliegenden Fall S können die Merkmale A* als [nicht] vorhanden angesehen werden, weil ..."). Am Ende steht das Ergebnis („also liegen die Voraussetzungen A [nicht] vor, also ist die Rechtsfrage [nicht] im Sinne B zu beantworten.").

| | |
|---|---|
| (1) Für S könnte B gelten.<br>Dazu müsste A sein. | (1) Obersatz |
| (2) A ist, wenn A*. | (2) Definition |
| (3) S ist Fall von A*. | (3) Subsumtion |
| (4) Also: Im Fall S ist A.<br>Also gilt für S: B. | (4) Ergebnis |

Entfaltet sich die Hypothese zu mehreren Voraussetzungen, ist das Gutachten verschachtelt aufzubauen, d.h. es wird für jede Voraussetzung gesondert definiert und subsumiert. 23

*b) Beispiel*

Für den oben erörterten Fall (Rn. 17) würde sich folgendes ergeben: Indem T dem O mit der Faust ins Gesicht schlug, und zwar mit der Hand, an der T einen Siegelring trug, könnte T sich wegen gefährlicher Körperverletzung gemäß §§ 223 Abs. 1, 224 Abs. 1 Nr. 2 StGB strafbar gemacht haben. (I.) Das setzt gemäß § 223 Abs. 1 StGB voraus, dass T eine andere Person körperlich misshandelt oder an der Gesundheit beschädigt hat. (1.) O ist für T eine andere Person. (2.) Ein Faustschlag stellt eine körperliche Misshandlung dar, wenn er ein übles, unangemessenes Behandeln ist, welches das körperliche Wohlbefinden oder die körperliche Unversehrtheit nicht nur unerheblich beeinträchtigt.[164] Das Gesicht eines Menschen ist eine sehr empfindliche Körperregion, in der ein heftiger Faustschlag erhebliche Schmerzen und Verletzungen verursacht. Es ist auch nicht sozial üblich, jemandem Faustschläge zu versetzen. Ein Faustschlag stellt deshalb eine üble, unangemessene Behandlung dar. (3.) Darüber hinaus 24

[164] *Joecks (Hardtung)*, in: Münchener Kommentar zum StGB, 3. Aufl. 2017, § 223 Rn. 4.

liegt auch eine Gesundheitsschädigung vor, wenn ein vom Normalzustand der körperlichen und seelischen Funktionen nachteilig abweichender pathologischer Zustand hervorgerufen oder gesteigert wird.[165] O hat eine Platzwunde erlitten. Eine solche Verletzung des Hautgewebes ist ein pathologischer Zustand. (II.) Fraglich ist, ob T die Körperverletzung mittels einer Waffe oder eines anderen gefährlichen Werkzeuges im Sinne des § 224 Abs. 1 Nr. 2 StGB begangen hat, indem er bei dem Schlag einen Siegelring am Finger trug. (1.) Um eine „Waffe" im eigentlichen Sinne des Wortes handelt es sich dabei nicht. (2.) Es könnte sich aber um ein „anderes gefährliches Werkzeug" handeln. Nach der klassischen Definition ist ein gefährliches Werkzeug ein Gegenstand, der nach den konkreten Umständen seiner Benutzung geeignet ist, eine erhebliche Körperverletzung herbeizuführen.[166] Die konkrete Art der Verwendung besteht darin, dass T mit dem Siegelring am Finger einen Faustschlag in das Gesicht des O führte. Ob sich diese Verwendung als eine Verwendung klassifizieren lässt, die geeignet ist, erhebliche Verletzungen herbeizuführen, ist zweifelhaft. Dagegen spricht, dass das Verletzungspotential eines Faustschlages ins Gesicht zwar erheblich ist, durch einen Siegelring aber bei einem bloßen Faustschlag möglicherweise nicht besonders gesteigert wird. Andererseits kann im Einzelfall ein Siegelring an einem Finger im Gesicht des Opfers durchaus besondere Verletzungen hervorrufen. Es kommt deshalb darauf an, ob die abstrakte Eignung, erhebliche Verletzungen herbeizuführen, genügt oder ob eine hohe Wahrscheinlichkeit erheblicherer Verletzungen – verglichen mit einer Körperverletzung ohne Werkzeug – vorauszusetzen ist. Da das Gesetz es gerade nicht zur Voraussetzung macht, dass die Verwendung des gefährlichen Werkzeuges Verletzungen nach sich zieht, die nicht auch ohne Werkzeug hätten herbeigeführt werden können oder herbeigeführt worden wären, ist es naheliegender, die abstrakte Eignung, erhebliche Verletzungen herbeizuführen, als ausreichend anzusehen. Es handelt sich also um ein gefährliches Werkzeug. (III.) Schließlich hat T auch vorsätzlich gehandelt. (IV.) Es liegen auch keine Rechtfertigungs-, Schuldausschließungs- oder Entschuldigungsgründe vor, so dass T auch rechtswidrig und schuldhaft gehandelt hat. (V.) T hat sich also gemäß §§ 223 Abs. 1, 224 Abs. 1 Nr. 2 StGB strafbar gemacht.

*c) Bedeutung*

**25** Eine derart schematisierte Darstellungsweise hat weniger stilistischen Wert und ist schon gar nicht Selbstzweck, sondern erleichtert erfahrungsgemäß einerseits dem Verfasser die Selbstkontrolle, andererseits dem Leser das Nachvollziehen. Ein gutachtenmäßiger Aufbau der Darstellung ist deshalb rechtswissenschaftlicher Standard. Aber auch gedanklich ist gutachtenmäßiges Vorgehen empfehlenswert, weil das schrittweise Herantasten an ein Ergebnis die

---

[165] *Joecks (Hardtung)*, in: Münchener Kommentar zum StGB, 3. Aufl. 2017, § 223 Rn. 29.

[166] *Hardtung*, in: Münchener Kommentar zum StGB, 3. Aufl. 2017, § 224 Rn. 20.

Wahrscheinlichkeit erhöht, auch bei einer Vielzahl von Voraussetzungen, Definitionen und Subsumtionen nicht die Übersicht zu verlieren.

## 2. Das Urteil

Die zweite Möglichkeit ist das Urteil. Es beginnt mit dem **Tenor** (Betonung auf „Te-"), der das Ergebnis ausspricht („T wird verurteilt …"). Ihm schließt sich die **Begründung** an, zunächst in tatsächlicher, dann in rechtlicher Hinsicht. Die Begründung in tatsächlicher Hinsicht erfordert eine Darstellung des der Entscheidung zugrunde liegenden Sachverhalts. 26

Sie trägt außer in Strafurteilen die Überschrift „Tatbestand", das bedeutet hier soviel wie „Sachverhalt" und ist nicht zu verwechseln mit (a) dem Tatbestand im Sinne der Voraussetzungen einer Rechtsnorm und (b) dem Tatbestand im Sinne des Besonderen Strafrechts (oben § 5 Rn. 29).

In rechtlicher Hinsicht begründet sich die Entscheidung durch Obersatz, Definition und Subsumtion.

Außer in Strafurteilen trägt dieser Abschnitt des Urteils die Überschrift „Entscheidungsgründe".

Im Unterschied zum Gutachten steht hier also das Ergebnis am Anfang, die Begründung folgt. Auch diese Form der Darstellung ist schematisiert, so dass auch sie Selbstkontrolle und Nachvollziehbarkeit erleichtert. Das Maß der Selbstkontrolle ist im Fall eines Gutachtenaufbaus aber deutlich höher, weil der Verfasser den Weg mitschreibt, auf dem er zu seinem Ergebnis findet.

Deshalb werden auch in der Praxis Urteile oft durch (zumindest gedankliche) Gutachten vorbereitet. In der universitären Ausbildungspraxis werden daher im Allgemeinen Gutachten verlangt, nur in der praktischen Ausbildung auch Urteilsentwürfe.

| *Gutachten:* | *Urteil:* |
|---|---|
| Hypothese | Tenor |
| Verifikation/Falsifikation | Begründung |
| Ergebnis | |

Mit der Darstellungsweise des Urteils nicht zu verwechseln ist der sogenannte **Urteilsstil**: Prüfungspunkte, die unzweifelhaft zu bejahen oder zu verneinen sind, werden auch in einem Gutachten in einer einzigen Feststellung abgearbeitet, die Obersatz, Definition und Subsumtion zusammenfasst („Ein Auto ist eine Sache.", aus dem Beispiel oben: „O ist für T eine andere Person." „Schließlich hat T auch vorsätzlich gehandelt."). Zu wissen, wann eine ausführliche gutachtliche Darstellung, wann eine zur Feststellung verknappte Darstellung angezeigt ist, erfordert Erfahrung mit der gutachtlichen Darstellungsweise und den Erwartungen des jeweiligen Adressatenkreises. 27

### IV. Zusammenfassung

28 Rechtsnormen auf den Sachverhalt anzuwenden, bedeutet, die vom Sachverhalt aufgeworfene **Rechtsfrage von einem rechtlichen Standpunkt aus zu beantworten**. Dazu muss zunächst ermittelt werden, welche Rechtsnormen einschlägig sind. Die Rechtsfrage ist nichts eindeutig Vorgegebenes, sondern man kann jeden Sachverhalt aus unterschiedlicher Perspektive rechtlich bewerten. Auch der Sachverhalt ist kein feststehender Gegenstand, sondern er ist nur in Grenzen erfassbar, und je nach einschlägiger Rechtsnorm sind unterschiedliche Aspekte der Lebenswirklichkeit relevant.

29 Sind die einschlägigen Rechtsnormen gefunden, muss die Antwort auf die Rechtsfrage in zwei Teilschritten gefunden werden: (1) **Definition** der Voraussetzungen: Von welchen Umständen hängt es generell-abstrakt ab, wie die Rechtsfrage beantwortet wird? (2) **Subsumtion**: Liegen diese Umstände im individuell-konkreten Einzelfall vor oder nicht? Sowohl die Definition wie auch die Subsumtion setzen eine **Verstehensleistung** voraus. Beide werden solange vorangetrieben, bis Rechtsnorm und Sachverhalt einander so angenähert sind, dass einsichtig wird, welche Antwort auf die Rechtsfrage zu geben ist. Formal handelt es sich dabei um eine logische Schlussfolgerung, die Rechtsanwendung ist aber nicht bloß eine logische Operation, sondern Definition und Subsumtion finden außerhalb des Syllogismus statt.

30 Gedanklich kann man Rechtsanwendung in Form eines **Gutachtens** vollziehen und darstellen. Dann geht man von einer Hypothese aus, nennt die Voraussetzungen für ihre Verifikation/Falsifikation (Obersatz), definiert diese Voraussetzungen im Hinblick auf den Sachverhalt und subsumiert den Sachverhalt darunter, bevor man das gefundene Ergebnis feststellt. Die Alternative ist die Form des **Urteils**, bei dem das Ergebnis am Anfang steht (Tenor) und die Begründung folgt.

## § 7. Auslegung

**Literatur:** *Baldus*, Gesetzesbindung, Auslegung und Analogie: Römische Grundlagen und Bedeutung des 19. Jahrhunderts, in: Riesenhuber (Hrsg.), Europäische Methodenlehre, 3. Aufl. 2015, § 3; *Beck*, Gesetzesauslegung aus methodentheoretischer Sicht, Jura 2018, 330 ff.; *Bydlinski/Bydlinski*, Grundzüge der juristischen Methodenlehre, 3. Aufl. 2018, S. 27 ff.; *Christensen/Kudlich*, Theorie richterlichen Begründens, 2001; *Engisch*, Einführung in das juristische Denken, 12. Aufl. 2018, S. 95 ff.; 129 ff.; *Forstmoser/Vogt*, Einführung in das Recht, 4. Aufl. 2008, §§ 19 f.; *Herresthal*, Die richtlinienkonforme und die verfassungskonforme Auslegung im Privatrecht, JuS 2014, 289 ff.; *Hecker*, Die richtlinienkonforme und die verfassungskonforme Auslegung im Strafrecht, JuS 2014, 385 ff.; *Honsell/Mayer-Maly*, Rechtswissenschaft, 7. Aufl. 2017, S. 95 ff.; *Horn*, Einführung in die Rechtswissenschaft und Rechtsphilosophie, 6. Aufl. 2016, Rn. 176 ff.; *Klatt*, Theorie der Wortlautgrenze, 2004; *Kohler-Gehrig*, Einführung in das Recht, 2. Aufl. 2017, S. 56 ff.; *Kramer*,

Juristische Methodenlehre, 5. Aufl. 2016, S. 57 ff.; *Kühling*, Die richtlinienkonforme und die verfassungskonforme Auslegung im Öffentlichen Recht, JuS 2014, 481 ff.; *Larenz*, Methodenlehre der Rechtswissenschaft, 6. Aufl. 1991, S. 312 ff.; *Leenen*, Die Auslegung von Richtlinien und die richtlinienkonforme Auslegung und Fortbildung des nationalen Rechts, Jura 2012, 753 ff.; *Lüdemann*, Die verfassungskonforme Auslegung von Gesetzen, JuS 2004, 27 ff.; *Mahlmann*, Konkrete Gerechtigkeit, 4. Aufl. 2019, § 8; *Mann*, Einführung in die juristische Arbeitstechnik, 5. Aufl. 2015, Rn. 228 ff.; *Meier*, Der Denkweg der Juristen, 2000, S. 91 ff.; *Mittwoch*, Richtlinienkonforme Auslegung bei überschießender Umsetzung, JuS 2017, 296 ff.; *Möllers*, Juristische Methodenlehre, 2017, §§ 4, 5; *Müller/Christensen*, Juristische Methodik, Band 1, 11. Aufl. 2013, Rn. 248 ff., 304 ff.; *Muthorst*, Auslegung, JA 2013, 721 ff.; *Nestler*, Die Auslegung von Straftatbeständen, Jura 2018, 568 ff.; *Pötters/Christensen*, Richtlinienkonforme Rechtsfortbildung und Wortlautgrenze, JZ 2011, 387 ff.; *Potacs*, Rechtstheorie, 2015, S. 153 ff.; *Puppe*, Kleine Schule des juristischen Denkens, 3. Aufl. 2014, S. 117 ff.; *F. Reimer*, Juristische Methodenlehre, 2016, Rn. 235 ff.; *Ph. Reimer*, Richtlinienkonforme Rechtsanwendung, JZ 2015, 910 ff.; *Röhl/Röhl*, Allgemeine Rechtslehre, 3. Aufl. 2008, S. 603 ff.; *Rüthers/Fischer/Birk*, Rechtstheorie, 10. Aufl. 2018, Rn. 696 ff.; *Sauer*, in: Krüper (Hrsg.), Grundlagen des Rechts, 3. Aufl. 2017, § 9; *Schäfers*, Einführung in die Methodik der Gesetzesauslegung, JuS 2015, 875 ff.; *Steinberg*, Angewandte juristische Methodenlehre für Anfänger, 2006, Rn. 113 ff.; *Stürner*, Richtlinienkonforme Rechtsanwendung im Privatrecht, Jura 2017, 777 ff., 1163 ff.; *Tonikidis*, Grundzüge der richtlinienkonformen Auslegung und Rechtsfortbildung, JA 2013, 598 ff.; *Vesting*, Rechtstheorie, 2. Aufl. 2015, Rn. 191 ff.; *Vogel*, Juristische Methodik, 1998, S. 112 ff.; *Wank*, Die Auslegung von Gesetzen, 6. Aufl. 2015; *Würdinger*, Das Ziel der Gesetzesauslegung, JuS 2016, 1 ff.; *Zippelius*, Juristische Methodenlehre, 11. Aufl. 2012, §§ 8 ff.

## I. Ziel und Gegenstand der Auslegung

Sowohl die Definition der generell-abstrakten Voraussetzungen der Rechtsnormen als auch die Subsumtion der individuell-konkreten Umstände des Sachverhaltes darunter setzen eine **Verstehensleistung** voraus. Diese Verstehensleistung wird durch Auslegung erbracht. 1

Manche wollen vom Verstehen „in reflektierter Weise, durch Auslegen" das intuitive Verstehen als das „unmittelbare Innewerden des Sinnes der Äußerung" unterscheiden.[167] Ob man dieser Terminologie den Vorzug gibt (oder mit *Gadamer* Verstehen immer als Auslegung begreift), ist die eine Frage. Davon unabhängig gilt aber: Der Sinn einer Botschaft wird nicht unmittelbar inne, sondern erschließt sich dem Empfänger der Botschaft erst durch eine produktive Tätigkeit (vgl. oben § 4 Rn. 13 ff.) – ob er diese Tätigkeit reflektiert oder nicht.

Auslegung ist das Verfahren des Verstehens. Das Ziel der Auslegung ist es, zu verstehen, was mit einem Text oder einem Verhalten gemeint ist. Dazu genügt es nicht, den Text zu lesen oder das Verhalten zu beobachten. Es genügt nicht, zu hören, was jemand sagt. Man will wissen, wie das, was er sagt, zu verstehen ist, also was es bedeutet. Dafür gibt es meistens mehrere Möglichkeiten. Jede

[167] So *Larenz*, Methodenlehre der Rechtswissenschaft, 6. Aufl. 1991, S. 204.

Auslegung beginnt deshalb damit, sich die verschiedenen Möglichkeiten, wie etwas zu verstehen sein könnte, vor Augen zu führen, d.h. Auslegungshypothesen aufzustellen. Welche Auslegungshypothese den Vorzug verdient – das ist die Auslegungsfrage. Um sie zu beantworten, sind für und gegen jede der gefundenen Möglichkeiten sprechende Aspekte zu ermitteln, und anhand dieser Aspekte ist schließlich eine abgewogene Auslegungsentscheidung zu treffen. Gedanklich wiederholt sich diese Abfolge auf jeder der Stufen, die das Verstehen des Textes durchläuft.

**Grafik: Auslegung bei Definition und Subsumtion**

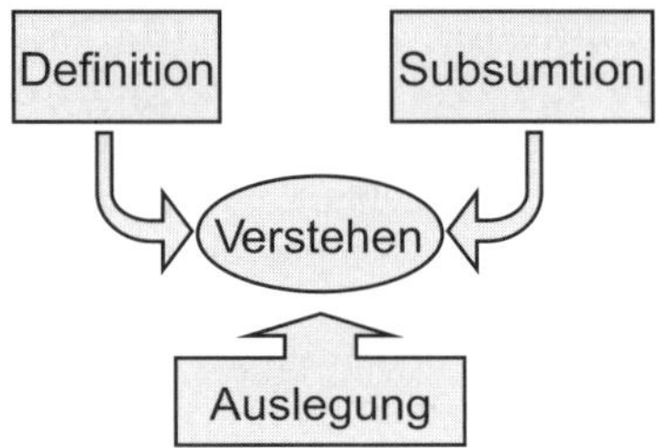


2 Im Wege der Auslegung muss geklärt werden, wie die generell-abstrakten Voraussetzungen der Rechtsnormen angemessen definiert sind und ob individuell-konkrete Umstände des Sachverhalts darunter subsumiert werden können. Ihre **zwei Schlüsselfragen** lauten: (1) Wie findet man für und gegen eine Auslegungshypothese sprechende Argumente? und (2) wie trifft man anhand dieser Aspekte die richtige Auslegungsentscheidung?

3 Vom **Gegenstand** her gesehen nimmt in der Juristischen Methodenlehre die Auslegung von Gesetzen eine absolute Vorrangstellung ein. Die Auslegung anderer Texte, insbesondere die Auslegung von Verträgen, bleibt ebenso wie die Auslegung eines Verhaltens, das keinen sprachlichen Ausdruck gefunden hat, thematisch weithin der Rechtsdogmatik überlassen. Ebenfalls an die Rechtsdogmatik werden überwiegend die besonderen methodischen Fragestellungen verwiesen, die sich bei der Auslegung der Verfassung[168] oder aus der Einbindung des Nationalstaates in die Europäische Union ergeben (dazu unten Rn. 35 ff.).

## II. Die Auslegung von Gesetzen

### 1. Hintergrund

4 Im Mittelpunkt der Juristischen Methodenlehre steht die Frage, wie Gesetze auszulegen sind. Von der Antwort, die eine Rechtsordnung darauf gibt, hängt

[168] Dazu *Maurer*, Staatsrecht I, 6. Aufl. 2010, § 1 Rn. 47 ff.

es zugleich ab, welche Rolle dem Gesetzgeber in der **Staatsorganisation** zukommt. Die Auslegung von Gesetzen ist daher staats- und demokratietheoretisch höchst bedeutsam. Die Staatsorganisation ist in der Verfassung (dem Grundgesetz) rechtlich geregelt. Deshalb ist die Auslegung von Gesetzen ein verfassungsrechtliches Problem. Gegenstand des Verfassungsrechts sind in erster Linie Aufbau und Organisation des Staates und sein Verhältnis zu den Bürgern. Nach der Konzeption des Grundgesetzes – dem Prinzip der Gewaltenteilung – wird die gesetzgebende Gewalt von besonderen Organen ausgeübt, dem Gesetzgeber (Art. 20 Abs. 2 GG). Er ist an die verfassungsmäßige Ordnung sowie an die Grundrechte gebunden (Art. 1 Abs. 3, 20 Abs. 3 GG). Hingegen ist die rechtsprechende Gewalt – und damit auch die verbindliche Anwendung von Rechtsnormen auf den Sachverhalt – den Richtern anvertraut (Art. 92 GG). Die Richter sind unabhängig und nur dem Gesetz unterworfen, aber andererseits an Gesetz und Recht (und damit auch an die Verfassung[169]) sowie an die Grundrechte gebunden (Art. 1 Abs. 3, 20 Abs. 3, 97 Abs. 1 GG). Bei den Grundrechten kommt es vor allem auf den Gleichheitssatz des Art. 3 Abs. 1 GG an, d.h. auf das Verbot, gleiche Sachverhalte ohne sachliche Gründe ungleich zu behandeln. Die verfassungsrechtliche Frage lautet nun, wie viel Eigenständigkeit man der rechtsprechenden Gewalt gegenüber dem Gesetzgeber zubilligt und wie stark man die Bindung akzentuiert, der die Rechtsprechung unterliegt. Wer für eine strikte Bindung plädiert, wird die Gewaltenteilung in den Mittelpunkt stellen und hervorheben, dass es die Aufgabe der Rechtsprechung sei, die gesetzgeberischen Entscheidungen umzusetzen. Wer eine eigenständigere Rolle der Rechtsprechung für richtig hält, kann auf Art. 20 Abs. 3 GG verweisen, wonach die rechtsprechende Gewalt eben nicht nur an „Gesetz", sondern zugleich auch an „Recht" gebunden ist.

Das methodische Echo dieser Frage ist die Kontroverse um die **subjektive** 5
**oder objektive Auslegung** von Gesetzen. Die – heute kaum noch vertretene – subjektive Theorie sieht das Ziel der Auslegung in einem Ergebnis, das dem Willen des historischen Gesetzgebers entspricht. Der Richter sei sein „denkender Gehilfe" (*Philipp Heck*). Er habe das Gesetz so zu verstehen, wie der Gesetzgeber es seinerzeit gemeint hat.

Das bedeutet nicht, dass die subjektive Theorie den Gesetzgeber für ein übermenschliches Wesen mit einheitlichem Willen hält. Ihr ist bewusst, dass es sich hierbei um eine Metapher handelt. Auch stellt sie nicht in Abrede, dass der Wille des Gesetzgebers oft gar nicht zu ermitteln ist. Wo immer sich der Wille aber aufklären lässt, sei er für die Auslegung verbindlich. Dafür bieten sich insbesondere die Gesetzgebungsmaterialien (Entwürfe und Begründungstexte) an, und zwar auch dann, wenn diese von anderen Organen oder Ämtern erarbeitet worden sind, die Gesetzgebungsorgane sie aber unwidersprochen ihrer Beschlussfassung zugrunde gelegt haben.

[169] Vgl. nur Maunz/Dürig-*Grzeszick*, GG, 51. Ergänzungslieferung 2007, Art. 20 Rn. VI, 19.

Demgegenüber stellt die objektive Theorie nicht auf den Willen des Gesetzgebers, sondern auf den Willen des Gesetzes ab, der in einer aktuell vernünftigen Regelung gesehen wird. „Der Text ist klüger als der Autor" (*Heiner Müller*). Man kann den Autor „besser verstehen, als er sich selbst verstand" (*Immanuel Kant*).[170] Dabei ist auch der „Wille des Gesetzes" eine Metapher. Sie steht für einen Gestaltungswillen[171], der sich im Gesetzestext verkörpert („verobjektiviert") und insoweit vom Willen des Gesetzgebers unterscheiden lässt. In den Worten des Bundesverfassungsgerichts: „Maßgebend für die Auslegung einer Gesetzesbestimmung ist der in dieser zum Ausdruck kommende objektivierte Wille des Gesetzgebers, so wie er sich aus dem Wortlaut der Gesetzesbestimmung und dem Sinnzusammenhang ergibt, in den diese hineingestellt ist. Nicht entscheidend ist dagegen die subjektive Vorstellung der am Gesetzgebungsverfahren beteiligten Organe oder einzelner ihrer Mitglieder über die Bedeutung der Bestimmung. Der Entstehungsgeschichte einer Vorschrift kommt für deren Auslegung nur insofern Bedeutung zu, als sie die Richtigkeit einer nach den angegebenen Grundsätzen erhaltenen Auslegung bestätigt oder Zweifel behebt, die auf dem angegebenen Weg allein nicht ausgeräumt werden können."[172] An der objektiven Theorie ist zweierlei problematisch[173]: Erstens ist nicht leicht zu bestimmen, wie der objektivierte Wille zu ermitteln ist. Während sich der Wille des historischen Gesetzgebers zuweilen eindeutig ermitteln lässt (nämlich mit den Methoden des Historikers), ist der Wille des Gesetzes *per se* unklar (und nur mit den Mitteln des Philosophen zu erschließen). Zugespitzt formuliert *Röhl*: „‚subjektive' Auslegung ist objektiv, ‚objektive' Auslegung ist subjektiv." Wenn das zutrifft, wirft – zweitens – die objektive Auslegung die Frage der Gewaltenteilung auf: Je selbständiger man den Willen des Gesetzes festlegt, umso eher macht man sich statt zum Diener zum Herren des Gesetzes. Trotzdem kommt man schon in den Fällen, in denen sich der Wille des Gesetzgebers nicht klar ermitteln lässt, ohne einen Rückgriff auf den Willen des Gesetzes nicht aus. Umso mehr schuldet die rechtsprechende Gewalt dem demokratischen Gesetzgeber Zurückhaltung und Respekt.

6 Einen Mittelweg sucht die sogenannte **Vereinigungstheorie**. Nach ihr ist Ziel der Gesetzesauslegung zwar „die Ermittlung des heute rechtlich maßgeblichen, also normativen Sinnes des Gesetzes" (objektive Theorie), dieser normative Sinn lasse sich aber „nur unter Berücksichtigung auch der Regelungsabsichten und der konkreten Normvorstellungen des historischen Gesetzgebers, keinesfalls unabhängig davon" feststellen. „Er ist vielmehr das Ergebnis

---

[170] *Kant*, Kritik der reinen Vernunft, Akademie-Ausgabe, Band III, 1968, S. 246. Vgl. auch *Engisch*, Einführung in das juristische Denken, 12. Aufl. 2018, S. 154.

[171] Vgl. *Rüthers/Fischer/Birk*, Rechtstheorie, 10. Aufl. 2018, Rn. 718.

[172] BVerfGE 1, 299, Leitsatz 2.

[173] *Röhl/Röhl*, Allgemeine Rechtslehre, 3. Aufl. 2008, S. 631.

eines gedanklichen Prozesses, in den alle vorstehend genannten Momente, also sowohl ‚subjektive' wie ‚objektive', einzubeziehen sind."[174]

## 2. Die Auslegungskriterien

Kern der juristischen Auslegungslehren ist eine Aufzählung von Auslegungskriterien. Sie haben eine lange Tradition[175] und werden in ihrer heutigen Form auf *Friedrich Carl von Savigny* (oben § 2 Rn. 29) zurückgeführt. 7

Er unterschied vier „Tätigkeiten, die vereinigt wirken müssen, wenn die Auslegung gelingen soll": das grammatische, das logische, das historische und das systematische Element der Auslegung.[176] Das grammatische Element besteht „in der Darlegung der von dem Gesetzgeber angewendeten Sprachgesetze", das logische Element fragt nach der „Gliederung des Gedankens", das historische Element soll aufklären, in welcher Hinsicht und auf welche Art das Gesetz in den zuvor bestehenden Rechtszustand eingegriffen hat, das systematische Element bezieht sich auf „den inneren Zusammenhang, welcher alle (...) Rechtsregeln zu einer großen Einheit verknüpft." Man müsse fragen, „in welchem Verhältnis dieses Gesetz zu dem ganzen Rechtssystem steht, und wie es in das System wirksam eingreifen soll." Diese Ansatzpunkte sind auch heute noch maßgebend, allerdings in einem anderen Zusammenhang, als ihn *Savigny* vor Augen hatte.[177]

Es handelt sich dabei (entgegen mancher abweichender Terminologie) nicht um einzelne Auslegungsmethoden in dem Sinne, dass jede ein für sich stehendes Verfahren beschriebe oder man sogar zwischen ihnen wählen könnte, sondern die einzelnen Auslegungskriterien sind „jeweils schon vom Ansatz her sachlich ineinander verwoben"[178], d.h. sie **ergänzen einander**. Ihr genauer Inhalt hängt freilich davon ab, ob man eher der subjektiven oder eher der objektiven Theorie anhängt. 8

---

174 *Larenz*, Methodenlehre der Rechtswissenschaft, 6. Aufl. 1991, S. 318. Zuletzt vgl. etwa *Möllers*, Juristische Methodenlehre, 2017, § 6 II; *Würdinger*, Das Ziel der Gesetzesauslegung, JuS 2016, 1 ff.

175 Zur Geschichte *Raisch*, Juristische Methoden, 1995.

176 *Savigny*, System des heutigen römischen Rechts, 1840, Band 1, S. 213 ff.

177 Vgl. *Rückert*, Der Methodenklassiker Savigny (1779–1861), in: ders. (Hrsg.), Fälle und Fallen in der neueren Methodik des Zivilrechts seit Savigny, 1997, S. 50 f.; *Rüthers/Fischer/Birk*, Rechtstheorie, 10. Aufl. 2018, Rn. 701 ff.

178 *Müller/Christensen*, Juristische Methodik, Band 1, 11. Aufl. 2013, Rn. 374. Vgl. auch *Larenz*, Methodenlehre der Rechtswissenschaft, 6. Aufl. 1991, S. 343.

## Grafik: Auslegungskriterien

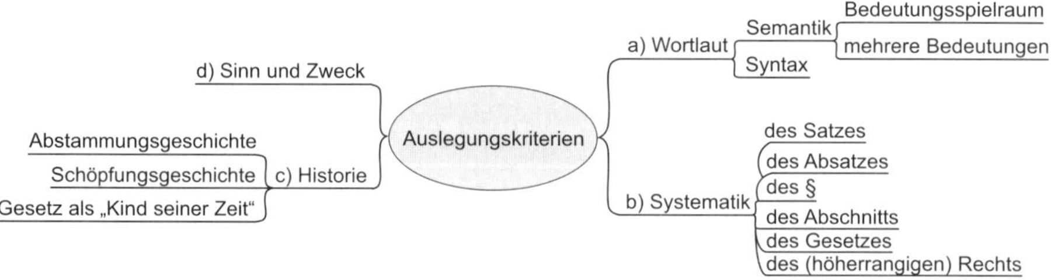


### *a) Wortlaut*

9 Erstes Auslegungskriterium ist der Wortlaut des Gesetzes (sprachlich-grammatische, philologische Auslegung). Die sprachlich-grammatische Auslegung nimmt **Semantik** (Wortbedeutung, Wortsinn) und **Syntax** (Satzbau) in den Blick: In welchen Worten und in welcher Struktur ist die Rechtsnorm formuliert, und was gibt gerade diese Wortwahl und gerade dieser Satzbau – im Unterschied zu denkbaren Alternativen – für die Beantwortung der Auslegungsfrage her. Dabei kann die Analyse der Wortwahl zeigen, dass das Gesetz Begriffe mit einem Bedeutungsspielraum verwendet oder mit mehreren Bedeutungen.

**Beispiele:**
Einen Bedeutungsspielraum lässt etwa das Wort „Menschenmenge": bei einer oder zwei Personen liegt sicherlich keine Menschenmenge vor; bei hundert Menschen sicherlich sehr wohl. Ob man auch bei drei Personen von einer Menschenmenge sprechen kann, wird wohl umstritten sein.

Mehrere Bedeutungen kann etwa das Wort „Straße" haben: Damit kann einmal der Straßenkörper gemeint sein, also Fahrbahn, Bürgersteige, Parkstreifen, Alleebäume etc., einmal die bloße Fahrbahn.

Mehrere Bedeutungen hat auch das Wort „oder": „Wenn A oder B dann C" kann bedeuten, (1) dass C eintritt, wenn entweder A oder B vorliegt, aber nicht, wenn A und B vorliegen, (2) dass C eintritt, wenn A oder B oder beide vorliegen.[179]

10 Ausgangspunkt ist stets der Sprachgebrauch des Gesetzes (wie er in Definitionen zum Ausdruck kommt). Selbst innerhalb desselben Gesetzes muss ein Begriff aber nicht immer dasselbe bedeuten.

**Beispiel:** So bedeutet etwa „verfassungsmäßige Ordnung" in Art. 2 Abs. 1 GG etwas anderes als in Art. 9 Abs. 2 GG, und in Art. 20 Abs. 3 GG wiederum etwas anderes: In Art. 2 Abs. 1 GG geht es um Schranken der allgemeinen Handlungsfreiheit. Allgemeine Handlungsfreiheit besteht in den Grenzen der gesamten, mit der Verfassung vereinbaren Rechtsordnung. „Verfassungsmäßige Ordnung" bedeutet also die Gesamtheit aller formell (d.h. ordnungsgemäß zustande gekommenen) und materiell (d.h. inhaltlich) rechtmäßigen Rechtsnormen.[180] In Art. 9 Abs. 2 GG geht es um die Schranken der Vereinigungsfreiheit.

[179] Zur Vertiefung: *Joerden*, Logik im Recht, 3. Aufl. 2018, S. 11 f.
[180] Vgl. BVerfGE 6, 32.

Vereinigungsfreiheit besteht, solange man sich nicht gegen die freiheitliche demokratische Grundordnung richtet. „Verfassungsmäßige Ordnung" bedeutet also hier die im Grundgesetz normierte demokratische, rechtsstaatliche Gesellschaftsordnung. In Art. 20 Abs. 3 GG schließlich bedeutet „verfassungsmäßige Ordnung" die Gesamtheit des formellen Verfassungsrechts.

In zweiter Linie kommt es auf den Sprachgebrauch an, wie er in der juristischen Fachsprache üblich ist. Schließlich ist der allgemeine Sprachgebrauch, also die Umgangssprache maßgebend.[181] Der allgemeine Sprachgebrauch lässt sich den Lexika entnehmen, deshalb wird die sprachlich-grammatische Auslegung in Bezug auf die Semantik auch als lexikalische Auslegung bezeichnet. Auf allen drei Stufen ist aus Sicht der subjektiven Theorie der entstehungszeitliche Sprachgebrauch maßgebend, also der Sprachgebrauch zur Zeit der Entstehung des Gesetzes, während eine objektive Auslegung den aktuellen Sprachgebrauch zugrunde legt.[182] 11

*b) Systematik*

Eine Rechtsnorm steht nicht für sich, sondern ist eingebunden in einen **größeren Textzusammenhang**: Sie ist ein Satz, ggf. ein Halbsatz, in einem Absatz eines Paragraphen in einem Abschnitt eines Gesetzes unter vielen Gesetzen. Die Anordnung und die Strukturierung dieses mehrstufigen Zusammenhanges sind ebenso wie Wortwahl und Satzbau Teil des Rechtsetzungsaktes. Folglich darf man hoffen, dass auch die Stellung der Rechtsnorm in diesem Zusammenhang kein Zufall ist, sondern etwas zur Beantwortung der Frage beiträgt, wie die Rechtsnorm zu verstehen ist. 12

**Beispielsweise** wird verbreitet angenommen, eine Rechtsnorm, die im Verhältnis zu den übrigen Regelungen des Gesetzes eine Ausnahme vorsehe, sei grundsätzlich eng zu verstehen.[183]

Dieses Auslegungskriterium wird in der modernen Terminologie als systematische Auslegung bezeichnet. Anhänger der subjektiven Theorie nehmen die entstehungszeitliche systematische Stellung in den Blick und schließen darauf, wie der Gesetzgeber die Rechtsnorm verstanden wissen wollte. Vertretern der objektiven Theorie gibt systematische Auslegung die Möglichkeit, zu berücksichtigen, welche Auslegungshypothese sich am besten in den gegenwärtigen systematischen Zusammenhang der Rechtsordnung einfügt, also Übersicht 13

---

[181] *Vogel*, Juristische Methodik, 1998, S. 114 ff.

[182] Vgl. *Larenz*, Methodenlehre der Rechtswissenschaft, 6. Aufl. 1991, S. 323 f.; *Rüthers/Fischer/Birk*, Rechtstheorie, 10. Aufl. 2018, Rn. 738 ff.

[183] Vgl. *Horn*, Einführung in die Rechtswissenschaft und Rechtsphilosophie, 6. Aufl. 2016, Rn. 181; *Rosenkranz*, Die Auslegung von „Ausnahmevorschriften", Jura 2015, 783 ff.; *Schneider*, Singularia non sunt extendenda – Zur Analogiefähigkeit von Ausnahmevorschriften –, JA 2008, 174 ff.; *Würdinger*, Ausnahmevorschriften sind analogiefähig!, JuS 2008, 949 ff.

und Transparenz erleichtert und logische Brüche im geltenden Recht so weit wie möglich vermeidet.

14 Ebenfalls auf systematischer Ebene ist die Überlegung angesiedelt, ein Gesetz sei grundsätzlich so zu verstehen, dass es **mit höherrangigem Recht vereinbar** sei. Dabei sei insbesondere an die Grenzen zu denken, die dem Gesetzgeber durch die Verfassung, durch das Unions- (früher: Gemeinschafts-) und durch das Völkerrecht gezogen sind. Denn es sei davon auszugehen, dass der Gesetzgeber das höherrangige Recht nicht verletzen wollte, als er die Rechtsnorm schuf – er stellte sie sich also mit einem Inhalt vor, der die durch höherrangiges Recht gezogenen Grenzen einhält. Das Gesetz sei also so auszulegen, dass es mit dem höherrangigen Recht vereinbar ist. Man spricht daher in diesen Fällen von verfassungskonformer, unions- oder europarechtskonformer, richtlinien- oder rahmenbeschlusskonformer oder völkerrechtskonformer (völkerrechtsfreundlicher[184]) Auslegung.

**Beispiel:** Der Wortlaut von § 35 Abs. 2 BauGB etwa ließe eine Auslegung zu, wonach ein Vorhaben im Außenbereich auch dann noch untersagt werden könnte, wenn keine öffentlichen Belange entgegenstehen („können ... zugelassen werden", d.h. nicht: müssen zugelassen werden). Es wird aber als Teil des Grundrechts auf Eigentum aus Art. 14 Abs. 1 GG angesehen, dass eine Beschränkung der Baufreiheit nur aufgrund öffentlicher Belange erfolgen kann. Deshalb wird § 35 Abs. 2 BauGB so ausgelegt, dass die Baugenehmigung erteilt werden muss, wenn keine öffentlichen Belange entgegenstehen.[185]

Die „systemkonforme" Auslegung (*Clemens Höpfner*) wird allerdings teilweise als ein über die systematische Auslegung hinausgehender Ansatz verstanden. Denn sie liefert nicht nur ein Argument für das Verständnis der auszulegenden Rechtsnorm. Wer systemkonform auslegt, verwirft auch Auslegungshypothesen als nicht systemkonform, d.h. er verlegt die Prüfung der Vereinbarkeit einer Norm mit höherrangigem Recht in den Auslegungsvorgang.[186]

### *c) Historie*

15 Eingebunden ist eine Rechtsnorm aber nicht nur in einen systematischen, sondern auch in einen **geschichtlichen Zusammenhang**, und zwar in dreifacher Hinsicht. Zum ersten knüpft jede rechtliche Regelung an einen früheren Rechtszustand an, also an eine Vorgängerregelung, mit der sie in mancher Hinsicht übereinstimmt und von der sie in anderer Hinsicht abweicht. Das ist gewissermaßen die Abstammungsgeschichte der Rechtsnorm. Dann hat jedes Gesetz seine „Schöpfungsgeschichte", in deren Verlauf Alternativen zur späteren Fassung geprüft und verworfen worden sind, um ein bestimmtes Regelungsziel zu erreichen. All dies ist oft insbesondere in den Gesetzge-

---

184 Dazu *Hofmann*, Der Grundsatz der völkerrechtsfreundlichen Auslegung, Jura 2013, 326 ff.

185 Vgl. BVerwGE 25, 161, 162 = DÖV 1967, 277.

186 *Rüthers/Fischer/Birk*, Rechtstheorie, 10. Aufl. 2018, Rn. 770; *Höpfner*, Die systemkonforme Auslegung, 2008; speziell zur verfassungskonformen Auslegung: *Lembke*, Einheit aus Erkenntnis?, 2009.

bungsmaterialien (den Antragsbegründungen, Ausschuss- und Kommissionsberichten, Sitzungsprotokollen) dokumentiert, die folglich ebenfalls Aufschluss darüber geben können, welchen Sinn der Gesetzgeber mit einer Rechtsnorm verbunden wissen wollte (genetische Auslegung).[187] Und schließlich ist jedes Gesetz „Kind seiner Zeit", d.h. es ist in Anbetracht der Gegebenheiten erlassen worden, wie sie zu dieser Zeit herrschten. Ändern sich diese Gegebenheit im Laufe der Zeit, stellen sich neue Auslegungsfragen. Wie der Gesetzgeber diese Fragen beantwortet hätte, erschließt sich eventuell dann, wenn man sich die damaligen Verhältnisse vergegenwärtigt. Man versetzt sich in die Situation des historischen Gesetzgebers und projiziert das Gesetz in die Zukunft. Nach der Entstehungsgeschichte des Gesetzes in diesem mehrfachen Sinne fragt die historische Auslegung. Anhänger der subjektiven Theorie gewinnen aus der Entstehungsgeschichte Erkenntnisse darüber, wie der Gesetzgeber die Rechtsnorm gemeint hat. Anhänger der objektiven Theorie können nach historischer Auslegung berücksichtigen, welche Auslegungshypothese als plausible Aktualisierung dieser Entstehungsgeschichte erscheint. Was die Entstehungsgeschichte des Gesetzes zu seinem Verständnis beitragen kann, wird angewandt auf die heutigen Verhältnisse.

Der Streit um eine subjektive oder objektive Auslegung lässt sich auch als Streit um den Rang der historischen Auslegung interpretieren[188]: Wer danach fragt, wie der Gesetzgeber eine Norm gemeint hat, kann die Antwort nur im Rahmen einer Rekonstruktion ihrer Entstehungsgeschichte finden. Die historische Auslegung hat dann eine herausgehobene Stellung. Für Vertreter einer objektiven Theorie gibt die historische Auslegung nur Hinweise darauf, wie die Rechtsnorm zu verstehen ist.

#### *d) Sinn und Zweck*

Schließlich gilt es, nach dem Sinn und Zweck der Rechtsnorm (und des ganzen Gesetzes) zu fragen, nach der ratio legis (teleologische Auslegung, von griech. telos, d.h. Ziel, Zweck). Der Regelungszweck liegt allgemein darin, dass einander widerstreitende Interessen auf bestimmte Weise zum Ausgleich gebracht werden. Der Regelungszweck ist also nicht zu verwechseln mit den Interessen der Beteiligten, sondern er ist die **Antwort auf einen Interessenkonflikt**. Für diese Antwort ist oft die Hoffnung ausschlaggebend, dass dann bestimmte außerrechtliche, z.B. soziale oder ökonomische Folgen eintreten und andere ausbleiben. Teleologische Auslegung fragt nach diesen einer Rechtsnorm zugrunde liegenden Leitgedanken. Nach subjektiver Theorie muss sich in dieses Wertungskonzept die Beantwortung der einzelnen Auslegungsfrage einfügen, denn es spricht alles dafür, dass sich der Gesetzgeber an diesen Leitgedanken orientierte, und darüber hinaus lässt sich durch diese Leitgedanken der inhaltliche Zusammenhang erschließen, in dem die Rechtsnorm 16

[187] Dazu *Wischmeyer*, Der „Wille des Gesetzgebers", JZ 2015, 957 ff.
[188] Vgl. *Rüthers/Fischer/Birk*, Rechtstheorie, 10. Aufl. 2018, Rn. 784 ff.

steht und in den sich ihre Auslegung einfügen muss. Anhänger der objektiven Theorie können nach teleologischer Auslegung berücksichtigen, welche Auslegungshypothese am ehesten dem Regelungszweck des Gesetzes entspricht. In beiden Lesarten fragt teleologische Auslegung nach den außerrechtlichen Folgen, die eintreten sollen oder ausbleiben sollen. Das ist eine normative Frage. Sind diese erwünschten oder unerwünschten Folgen benannt, muss aber im zweiten Schritt untersucht werden, von welchen Bedingungen es abhängt, ob diese Folgen am ehesten eintreten oder ausbleiben werden. Das ist im Wesentlichen eine empirische Aufgabe.

Geht man also **beispielsweise** davon aus, dass der Sinn und Zweck einer bestimmten Rechtsnorm darin liegt, zu einer effizienten Güterverteilung beizutragen (das ist eine normative Frage), muss man mit ökonomischen Methoden untersuchen, welche Auslegungshypothese die Effizienz der Güterverteilung auf welche Weise beeinflussen würde (das ist eine ökonomische Frage).[189]

Der „Sinn und Zweck" der Rechtsnorm, die ratio legis, als viertes Auslegungskriterium muss unterschieden werden von dem Sinn der Rechtsnorm als **Ziel der Auslegung**.[190] Es ist das Ziel der Auslegung, den Sinn der Rechtsnorm *zu verstehen*. Sinn steht hier für Bedeutung. Gefragt ist nach dem Sinn, den die Rechtsnorm *hat*. Die teleologische Auslegung fragt dazu nach dem „Sinn und Zweck" der Rechtsnorm, d.h. nach ihrer Funktion. Ihr geht es darum, welchen Sinn die Rechtsnorm haben *soll*.

#### *e) Das Verhältnis der Auslegungskriterien zueinander*

17 Im Verhältnis zueinander sind die Auslegungskriterien **gleichrangig**. Sie dienen dazu, argumentatives Potential zu erschließen. Die Auslegung nach dem Wortlaut, die systematische, historische und teleologische Auslegung sind keine Werkzeuge, mit denen man die Auslegungsfrage in dieser oder jener Richtung beantworten könnte, sondern sie helfen, gute Argumente zu finden. Sie sind Topoi (oben § 4 Rn. 23 ff.) und daher an sich auch nicht abschließend zu verstehen. Es hat sich aber gezeigt, dass andere Aspekte in der Regel einem der genannten Auslegungskriterien zugeordnet werden können.

Das gilt etwa für die **rechtsvergleichende** (komparative) Auslegung. Sie soll bei der Anwendung europäischen oder internationalen Rechts berücksichtigt werden und dabei über die systematische Auslegung hinausgehen, weil nicht nur ausländische Rechtsnormen, sondern ebenso ausländische Rechtsdogmatik und ausländische Rechtsprechung berücksichtigt werden.[191] Daraus ergibt sich aber keine Sonderstellung: Auch die systematische Auslegung nationalen Rechts führt zur Berücksichtigung von Rechtsdogmatik und Rechtsprechung. – Nichts anderes als eine Wortlautauslegung liegt vor, wenn **verschiedene Sprachfassungen** einer (europa- oder völkerrechtlichen) Rechtsnorm vergleichend in den Blick genommen werden (sprachvergleichende Auslegung).[192] Sind

---

[189] Vgl. *Towfigh/Petersen*, Ökonomische Methoden im Recht, 2. Aufl. 2017, S. 9 f.

[190] Vgl. *Rüthers/Fischer/Birk*, Rechtstheorie, 10. Aufl. 2018, Rn. 725 ff.

[191] *Meier*, Der Denkweg der Juristen, 2000, S. 96 f.

[192] Dazu *Mann*, Einführung in die juristische Arbeitstechnik, 5. Aufl. 2015, Rn. 243.

mehrere Sprachfassungen gleichermaßen verbindlich, ist der Wortlaut aber oft nicht mehr sehr aussagekräftig, weil sich die Fehlerquellen und Unsicherheiten potenzieren.[193]

In welcher **Reihenfolge** die Auslegungskriterien berücksichtigt werden, ist logisch nicht vorgegeben. Üblich ist es, mit der Wortlautauslegung zu beginnen und die teleologische Auslegung an den Schluss zu stellen. 18

**Beispiel:** Unter eine Registrierungsverordnung für Marktteilnehmer der Energieversorgung fällt „wer Strom liefert". Fraglich ist, ob das auch den Anschlussinhaber erfasst, der bei sich zu Hause einen Gast ein Handy aufladen lässt. Da der Begriff des „Lieferns" kein Entgelt voraussetzt, wäre das dem Wortlaut nach der Fall. Systematik, Historie und Sinn und Zweck der Regelung sprechen aber eindeutig dagegen.

### 3. Grenzen der Auslegung

Die Auslegungskriterien entscheiden nicht die Auslegung. Sie machen aber die **Grenzen** der Auslegung sichtbar. Diese Frage wird oft unter dem Stichwort „Rangordnung der Auslegungskriterien" behandelt. Es geht im Kern aber nicht um einen Vorrang einer bestimmten Auslegungsmethode, sondern darum, dass verschiedene Auslegungsbefunde (mit welcher Methode auch immer sie gewonnen wurden) die möglichen Auslegungsergebnisse eingrenzen. 19

In der Geschichte der juristischen Methodik ist das immer wieder in Zweifel gezogen worden, insbesondere zu Beginn des 20. Jahrhunderts durch die Vertreter der Freirechtsbewegung.[194]

#### *a) Wortlautgrenze*

An erster Stelle ist hier der Wortlaut zu nennen.[195] Er ist Grenze der Auslegung. Eine Auslegungshypothese, die mit dem Wortlaut auch nicht im weitesten Sinne in Einklang zu bringen ist, muss verworfen werden; ein derartiger Inhalt kann der Rechtsnorm nicht im Wege der Auslegung entnommen werden, sondern allenfalls (unter zusätzlichen methodischen Voraussetzungen) Ergebnis einer Rechtsfortbildung sein (dazu unten § 8). Der Wortlaut ist der gemeinsame Ausgangspunkt jeder Auslegung. 20

---

[193] *Höpfner/Rüthers*, Grundlagen einer europäischen Methodenlehre, AcP 209 (2009), 1, 10.

[194] Näher dazu *Rüthers/Fischer/Birk*, Rechtstheorie, 10. Aufl. 2018, Rn. 610 f.; *Braun*, Einführung in die Rechtsphilosophie, 2. Aufl. 2011, S. 47 ff.

[195] Dazu *Becker/Martenson*, Asche zu Asche, Staub zu Staub – Wortlaut, möglicher Wortsinn und Sprachspielabhängigkeit von Bedeutung, JZ 2016, 779 ff.; *Horn*, Einführung in die Rechtswissenschaft und Rechtsphilosophie, 6. Aufl. 2016, Rn. 178 a.E.; *Klatt*, Theorie der Wortlautgrenze, 2004; *Larenz*, Methodenlehre der Rechtswissenschaft, 6. Aufl. 1991, S. 322 f., 343; *Meier/Jocham*, Rechtsfortbildung, JuS 2016, 392, 393; *Rüthers/Fischer/Birk*, Rechtstheorie, 10. Aufl. 2018, Rn. 734 ff.; *Mann*, Einführung in die juristische Arbeitstechnik, 5. Aufl. 2015, Rn. 234 (anders aber in Rn. 240 bei Fn. 348); *Vogel*, Juristische Methodik, 1998, S. 117 f.

Wenn die Auslegung die **Strafbarkeit** einer Handlung begründen soll, ergibt sich die Grenzfunktion des Wortlauts auch aus Art. 103 Abs. 2 GG, § 1 StGB. Nach diesen Vorschriften kann eine Tat nur bestraft werden, wenn die Strafbarkeit gesetzlich bestimmt war, bevor die Tat begangen wurde (nulla poena sine lege stricta, scripta, certa, praevia).

21 Der Streit um die Wortlautgrenze der Auslegung wird dadurch **entschärft**, dass diejenigen, die eine Auslegung gegen den Wortlaut ablehnen, in den allermeisten Fällen eine Rechtsfortbildung als zulässig ansehen, deren Ergebnisse sich von denen einer Auslegung gegen den Wortlaut nicht unterscheiden (nur die methodische Begründung ist eine andere; dazu § 8 Rn. 5). Ohnehin steht die Wortlautgrenze nicht einer Berichtigung von offenkundigen **Redaktionsfehlern** entgegen.

Ein solches Redaktionsversehen findet sich zum **Beispiel** in § 254 BGB: Im zweiten Absatz dieser Vorschrift findet sich ein Satz 2, der sich anscheinend nur auf Absatz 2 Satz 1 bezieht, von dem aber allgemein anerkannt ist, dass er gleichermaßen auch im Fall des Absatzes 1 maßgeblich ist, richtigerweise also als Absatz 3 gelesen werden muss.

Die Berichtigung von Redaktionsfehlern ist kein Thema der Auslegung, sondern betrifft bereits die Frage, welcher Text oder welche Textfassung als authentisch zum Gegenstand der Auslegung gemacht werden darf. Deshalb kann für eine Auslegung auch über den Wortlaut hinaus nicht geltend gemacht werden, dass ein Gesetz zuweilen auch Redaktionsversehen und Wertungswidersprüche aufweise.[196]

*b) Verfassungskonforme Auslegung*

22 Ebenfalls wird eine Auslegungshypothese in der Regel dann verworfen werden müssen, wenn sie sich im Rahmen der systematischen Auslegung als **nicht verfassungskonform** erweist, sofern es noch nicht verworfene, verfassungskonforme Auslegungshypothesen gibt.[197] Denn der Rechtsnorm einen derartigen Inhalt zu entnehmen, hieße, sie ohne Not in einen Gegensatz zur höherrangigen (und deshalb vorrangig geltenden) Verfassung zu bringen. Das hätte aber die Unwirksamkeit der Rechtsnorm zur Folge und würde daher dem Grundsatz widersprechen, dass eine Rechtsnorm im Zweifel so zu verstehen ist, dass sie wirksam ist.

Diese Grenze der Auslegung, die der verfassungskonformen Auslegungshypothese den Vorrang gibt, setzt freilich voraus, dass es überhaupt mehrere Möglichkeiten für das Verständnis einer Rechtsnorm gibt. Nimmt man an, dass eine Rechtsnorm genau einen zutreffenden Inhalt hat, stellt sich die Frage nach Vorrangregeln für Auslegungshypothesen nicht mehr.[198]

---

196 So aber *Rüthers/Fischer/Birk*, Rechtstheorie, 10. Aufl. 2018, Rn. 735.

197 *Larenz*, Methodenlehre der Rechtswissenschaft, 6. Aufl. 1991, S. 339 ff., 344 f.

198 Vgl. *Lembke*, Einheit aus Erkenntnis?, 2009, S. 217 f.

*c) Weitere Aspekte*

Die allgemeine Fassung dieses Grundsatzes lautet, dass eine Rechtsnorm nicht so ausgelegt werden darf, dass ihr **kein Sinn** zukommt. Eine Auslegungshypothese muss also verworfen werden, wenn sie zur Folge hätte, dass die Rechtsnorm sinnlos werden würde, sofern es noch nicht verworfene Auslegungshypothesen gibt, bei denen die Rechtsnorm einen Sinn hätte. Ebenso darf eine Rechtsnorm nicht so ausgelegt werden, dass einer anderen Rechtsnorm kein Sinn zukäme.[199] Nach diesem Grundsatz muss eine Auslegungshypothese verworfen werden, wenn sie zur Folge hätte, dass eine andere Rechtsnorm sinnlos werden würde. Auch dies gilt wiederum nur, sofern es noch nicht verworfene Auslegungshypothesen gibt, bei denen die andere Rechtsnorm noch einen Sinn behielte. 23

Dieser Grundsatz beruht auf der Überlegung, dass der Gesetzgeber nicht zwei Rechtsnormen erlassen hätte und eine von ihnen so verstanden wissen will, dass die andere daneben von vornherein bedeutungslos wäre. (Hierin liegt der richtige Kern der Aufforderung, Ausnahmevorschriften mit Vorsicht zu handhaben, s. oben Rn. 12.) Es ist aber durchaus möglich, dass eine später eingefügte Rechtsnorm so auszulegen ist, dass eine ältere Rechtsnorm infolge dieser Gesetzesänderung bedeutungslos wird.

Schließlich sollen sich Grenzen der Auslegung aus dem **Alter des Normtextes** ergeben. Ein erst kürzlich verabschiedetes Gesetz muss demnach weitgehend anhand der Gesetzgebungsmaterialien ausgelegt werden. Mit zunehmendem Alter lockert sich diese Bindung, und die Bedeutung der historischen Auslegung schwächt sich ab.[200] 24

## 4. Zusammenfassung

Die Auslegung von Gesetzen steht im Spannungsfeld von **subjektiver** (maßgebend ist der Wille des historischen Gesetzgebers) und **objektiver Theorie** (maßgebend ist der Wille des Gesetzes). **Auslegungskriterien** sind nach beiden Ansätzen der Wortlaut des Gesetzes, die Systematik, die Historie, der Sinn und Zweck (Teleologie). Die Auslegungskriterien sind Topoi, sie entscheiden nicht die Auslegungsfrage. Verschiedene Auslegungsbefunde können die möglichen Auslegungsergebnisse aber **eingrenzen**: Eine Auslegungshypothese muss verworfen werden, wenn sie mit dem Wortlaut der Rechtsnorm nicht vereinbar ist oder wenn sie sich als nicht verfassungskonform erweist (sofern es noch verfassungskonforme Auslegungsalternativen gibt), oder wenn sie dazu führt, dass einer Rechtsnorm kein Sinn zukommt. 25

[199] *Kramer*, Juristische Methodenlehre, 5. Aufl. 2016, S. 113 ff.

[200] *Horn*, Einführung in die Rechtswissenschaft und Rechtsphilosophie, 6. Aufl. 2016, Rn. 179a; *Mann*, Einführung in die juristische Arbeitstechnik, 5. Aufl. 2015, Rn. 247.

## III. Auslegung von Willenserklärungen und Verträgen

**Literatur:** *Biehl*, Grundsätze der Vertragsauslegung, JuS 2010, 195 ff.; *Bork*, Allgemeiner Teil des Bürgerlichen Gesetzbuchs, 4. Aufl. 2016, Rn. 493 ff.; *Doehring*, Völkerrecht, 2. Aufl. 2004, Rn. 387 ff.; *Fischer*, Die Auslegung von Testamenten, Ad Legendum 2010, 344 ff.; *Gurlit*, in: Ehlers/Pünder (Hrsg.), Allgemeines Verwaltungsrecht, 15. Aufl. 2016, § 28 III; *Kluth*, Rechtsfragen der verwaltungsrechtlichen Willenserklärung Auslegung, Bindung, Widerruf, Anfechtung, NVwZ 1990, 608 ff.; *Larenz*, Methodenlehre der Rechtswissenschaft, 6. Aufl. 1991, S. 346 f.; *Rosenberg/Schwab/Gottwald*, Zivilprozessrecht, 18. Aufl. 2018, § 65 Rn. 21 ff.; *Stein/von Buttlar/Kotzur*, Völkerrecht, 14. Aufl. 2017, § 7; *Zeller*, Auslegung von Gesetz und Vertrag, 1989, S. 427 ff.

26 Während es bei der Auslegung von Gesetzen darum geht, den Sinn einer Rechtsnorm zu ermitteln, ist es das Ziel der Auslegung von Willenserklärungen, den **rechtlich relevanten Sinn eines menschlichen Verhaltens** herauszufinden. Die Auslegung dient dazu, zu ermitteln, ob es sich bei einem Verhalten überhaupt um ein rechtlich relevantes Verhalten gehandelt hat und welche Erklärungsfolgen genau gewollt sind. Die Auslegung von Willenserklärungen überlässt die Juristische Methodenlehre thematisch weithin der Rechtsdogmatik. Das beruht darauf, dass das positive Recht Normen enthält, die sich mit der Auslegung von Willenserklärungen und Verträgen befassen. Im Bürgerlichen Gesetzbuch sind das die §§ 133 und 157 BGB. Sie gelten eingeschränkt auch für die Auslegung von Willenserklärungen auf dem Gebiet des Verfahrensrechts oder des Verwaltungsrechts. Für Völkerrechtliche Verträge gelten die Art. 31 bis 33 der Wiener Vertragsrechtskonvention. Die Einzelheiten dieser Regelungen können hier nicht vertieft werden. Für einen Überblick mag Folgendes genügen:

### 1. Auslegungsmethoden

27 Im Bürgerlichen Recht gibt es **drei Auslegungsmethoden**: Die natürliche Auslegung, die erläuternde Auslegung und die ergänzende Auslegung. Erläuternde und ergänzende Auslegung sind beide Unterfälle der normativen Auslegung. Während die natürliche Auslegung fragt, was der Erklärende wirklich gewollt hat, stellt die normative Auslegung darauf ab, wie die Erklärung aus Sicht des Empfängers redlicherweise verstanden werden durfte. Die erläuternde Auslegung fragt deshalb nicht nach einem wirklichen Willen, sondern nach einer schutzwürdigen Meinung des Empfängers über den wirklichen Willen. Demgegenüber betrifft die ergänzende Auslegung Fälle, in denen die vorliegende Erklärung Lücken aufweist, die durch Rückgriff auf einen mutmaßlichen Willen geschlossen werden; sie wird im Zusammenhang mit der Rechtsfortbildung näher behandelt (unten § 8 Rn. 39 ff.). Im Folgenden geht es also nur noch um natürliche Auslegung auf der einen, erläuternde Auslegung auf der anderen Seite.

**Grafik: Auslegungsmethoden im Bürgerlichen Recht**

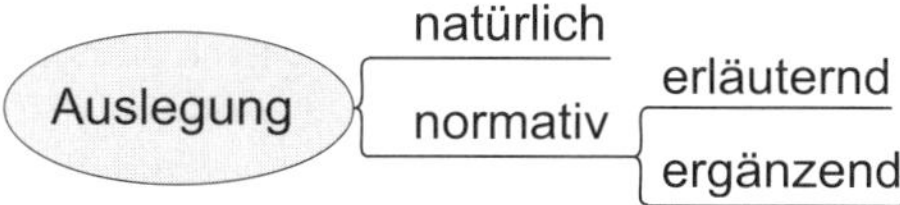


Die Trennlinie zwischen natürlicher und erläuternder Auslegung ergibt sich aus Schutzbedürftigkeiten: In den Fällen, in denen ein besonderes Schutzbedürfnis anderer nicht entgegensteht, spricht auch nichts gegen **natürliche Auslegung**. Man kann also den Erklärenden so verstehen, wie er verstanden werden wollte. Der Wortlaut ist keine Grenze: Gemäß § 133 BGB hat die Auslegung nicht am Wortlaut zu haften, sondern den Sinn der Erklärung zu ermitteln. 28

**Beispiel:** Das ist insbesondere bei Testamenten der Fall: Ein Testament ist immer so zu verstehen, wie der Erblasser es wirklich gemeint hat (wie auch immer man das feststellen kann). Das Vertrauen irgendwelcher anderen auf eine bestimmte Bedeutung einzelner testamentarischer Anordnungen ist nicht schutzwürdig.

Ein Sonderfall natürlicher Auslegung ist die Auslegung gemäß dem übereinstimmenden Parteiverständnis nach dem Grundsatz **falsa demonstratio non nocet** (die falsche Benennung schadet nicht): Wenn die Parteien eine Erklärung übereinstimmend in einer bestimmten Weise verstehen und keine schutzwürdigen Belange Dritter entgegenstehen, spricht nichts dagegen, die Erklärung mit diesem Inhalt als verbindlich anzusehen.

**Beispiel:** V verkaufte an K 200 Fass „Haakjöringsköd". Beide gingen davon aus, dies sei das norwegische Wort für Walfischfleisch. In Wahrheit bedeutet „Haakjöringsköd" aber Haifischfleisch. Nach der „falsa demonstratio non nocet"-Regel haben die Parteien einen Vertrag über Walfischfleisch geschlossen. Dass sie, um das sprachlich auszudrücken, für Walfischfleisch beide die falsche Vokabel benutzt haben, ändert daran nichts.[201]

Stehen Interessen eines Vertragspartners oder eines Dritten in Rede, ist der Weg zu einer natürlichen Auslegung versperrt. Erforderlich ist vielmehr eine erläuternde Auslegung, die einen Maßstab normativ zugrunde legt. Dieser Maßstab ist der **Empfängerhorizont**: Der Vertrag oder die Erklärung muss so verstanden werden, wie der Vertragspartner oder der Dritte sie unter Berücksichtigung von Treu und Glauben mit Rücksicht auf die Verkehrssitte (§ 157 BGB) verstehen durfte. Dafür ist nicht der wirkliche Wille des Erklärenden maßgebend, wenn dieser für einen objektiven Beobachter nicht erkennbar ist. Ebenso wenig ist entscheidend, wie der andere die Erklärung verstanden hat, wenn das Parteiverständnis nicht gerade übereinstimmt (oben Rn. 28). Sondern es kommt darauf an, wie der andere die Erklärung in der konkreten Situation verstehen durfte und musste, und zwar unter Einbeziehung aller Umstände, die er kannte oder bei gehöriger Sorgfalt hätte kennen können (Auslegung vom Empfängerhorizont). 29

201 RGZ 99, 147.

Man kann in der Abgrenzung der natürlichen und der erläuternden Auslegung den Streit wiedererkennen zwischen subjektiver und objektiver Auslegung von Gesetzen. Richtig ist, dass es bei der Auslegung von Gesetzen je nach Standpunkt nur eingeschränkt auf das Verständnis der Normadressaten ankommt. Ansonsten dürfen die Unterschiede im Detail aber nicht verdecken, dass es im Grundsatz um ein und dieselbe Frage geht: Wie ist das Gesetz/der Vertrag zu verstehen?

### 2. Auslegungskriterien

**30** Die Frage der Auslegungskriterien hat für die bürgerlich-rechtliche Auslegung nicht den gleichen Stellenwert, wie er ihr bei der Auslegung von Gesetzen zukommt. Im Anwendungsbereich der **natürlichen Auslegung** ist der wirkliche Wille des Erklärenden festzustellen. Wortlaut, Zusammenhang oder Vorgeschichte sind nur unter diesem Blickwinkel relevant. Im Anwendungsbereich der **erläuternden Auslegung** ist, soweit es sich um eine mündlich oder schriftlich formulierte Erklärung handelt, vom Wortlaut auszugehen. Sodann sind die außerhalb der Erklärung liegenden Umstände in den Blick zu nehmen, und zwar alle Umstände, die für den Erklärungsempfänger erkennbar waren. Hier kommen auch solche Umstände in Betracht, die einer systematischen, historischen oder teleologischen Auslegung entsprechen. Welche Umstände relevant sind, hängt aber sehr vom Einzelfall ab, so dass mit der Zuordnung zu diesen Auslegungskriterien nur wenig Erkenntnisgewinn verbunden ist.

Bei einer Erklärung, die allein darin besteht, dass wortlos ein bestimmtes Verhalten gezeigt wird, entfällt der Wortlaut als Auslegungskriterium. Das ist **beispielsweise** der Fall beim Abschluss eines Beförderungsvertrages durch Einsteigen in ein Taxi oder beim Abgeben eines Gebots in einer Versteigerung durch Handheben. Hier ergibt sich erst aus den Umständen des Verhaltens, dass es sich überhaupt um eine rechtlich erhebliche Erklärung handeln könnte (etwa Handheben zur Gebotsabgabe im Unterschied zum Handheben zum Grüßen eines Freundes). Stattdessen muss der nonverbale Sachverhalt darauf befragt werden, was die verwendete Gestik, Mimik usw. für die Beantwortung der Auslegungsfrage hergeben – im Kontrast zu Alternativen, die der Handelnde nicht gewählt hat.

### 3. Grenzen der Auslegung

**31** Auch im bürgerlichen Recht sind der Auslegung Grenzen gezogen. So enthält das Gesetz an verschiedenen Stellen Rechtsnormen, die besagen, wie eine Erklärung **im Zweifel** auszulegen ist. Diese Normen ziehen der Auslegung Grenzen, indem sie es verbieten, einer anderen Auslegungshypothese den Vorzug zu geben, solange nicht alle Zweifel über das richtige Auslegungsergebnis ausgeräumt sind. Solange das nicht der Fall ist, muss die vom Gesetz favorisierte Auslegungshypothese zugrunde gelegt werden.

**Beispielsweise** ist gemäß § 311c BGB ein Kaufvertrag über eine Sache im Zweifel so auszulegen, dass auch das Zubehör der Sache mitverkauft sein soll.

**32** Ganz ähnlich wie die Auslegung von Gesetzen darf auch die Auslegung von Willenserklärungen grundsätzlich nicht zu einem Ergebnis kommen, das den

Vertrag ganz oder teilweise **sinnlos** oder widersprüchlich machen oder dem **Vertragszweck** zuwiderlaufen würde – es sei denn, ein solches Auslegungsergebnis ist ausnahmsweise aufgrund der Schutzbedürftigkeit eines Vertragspartners gerade zwingend.

Ein Rechtsgeschäft kann nämlich auch zum Schutz einer Partei unwirksam sein. Dieser Schutz darf nicht dadurch umgangen werden, dass Rechtsgeschäfte stets so ausgelegt werden, dass sie (gerade noch) wirksam bleiben.

Grenzen können der Auslegung von Willenserklärungen auch dann gezogen sein, wenn 33
das Rechtsgeschäft **formbedürftig** ist. Grundsätzlich ist dann in einem ersten Schritt zu ermitteln, wie die Erklärung auszulegen ist. In einem zweiten Schritt muss untersucht werden, ob es nach der jeweiligen Formvorschrift für die Wirksamkeit des Geschäfts darauf ankommt, dass dieser Inhalt in der vorgeschriebenen Form zumindest andeutungsweise zum Ausdruck gekommen ist. Falls es auf die formgerechte Andeutung ankommt, eine solche aber fehlt, muss geprüft werden, ob nach dem oben erläuterten Grundsatz einer anderen Auslegungshypothese der Vorzug gegeben werden muss, um das Rechtsgeschäft wirksam zu lassen, oder ob eine solche Auslegung zur Wirksamkeit dem Schutzzweck der Formvorschrift zuwiderlaufen würde.

### 4. Zusammenfassung

Ist niemand besonders schutzbedürftig, werden Willlenserklärungen so 34
ausgelegt, wie der Erklärende sie verstanden wissen wollte (**natürliche Auslegung**). Andernfalls muss die Erklärung vom Empfängerhorizont her ausgelegt werden (**erläuternde Auslegung**). Welche Auslegungskriterien relevant sind, ist eine Frage des Einzelfalls. **Grenzen** ergeben sich aus gesetzlichen Auslegungsregeln sowie aus dem Grundsatz, dass ein Vertrag nicht durch Auslegung ganz oder teilweise sinnlos oder widersprüchlich oder zweckwidrig werden darf.

## IV. Auslegung in der europäischen Methodenlehre

**Literatur:** *von Bogdandy*, Prinzipien der Rechtsfortbildung im europäischen Rechtsraum – Überlegungen zum Lissabon-Urteil des BVerfG, NJW 2010, 1 ff.; *Bydlinski/Bydlinski*, Grundzüge der juristischen Methodenlehre, 3. Aufl. 2018, S. 62 ff.; *Heiderhoff*, Europäisches Privatrecht, 4. Aufl. 2016, § 4; *Herresthal*, Rechtsfortbildung im europarechtlichen Bezugsrahmen, 2006; *Höpfner*, Die systemkonforme Auslegung, 2008; *Höpfner/Rüthers*, Grundlagen einer europäischen Methodenlehre, AcP 209 (2009), 1 ff.; *Kohler-Gehrig*, Einführung in das Recht, 2. Aufl. 2017, S. 117 ff.; *Langenbucher*, Europarechtliche Methodenlehre, in: dies., (Hrsg.), Europäisches Privat- und Wirtschaftsrecht, 3. Aufl. 2013, § 1, *Raisch*, Juristische Methoden, 1995, S. 219 ff.; *Riesenhuber* (Hrsg.), Europäische Methodenlehre, 3. Aufl. 2015; *Sperber*, Die Grundlage richtlinienkonformer Rechtsfortbildung im Zivilrecht, EWS 2009, 358 ff.; *Stürner*, Privatrechtsangleichung durch EU-Richtlinien, Jura 2017, 394 ff.

35 Für die Mitgliedstaaten und die Organe der Europäischen Union stellt sich die Frage, welche Besonderheiten sich bei der **Auslegung des Unionsrechts** (früher: Gemeinschaftsrecht) ergeben. Sie können dabei nicht auf *eine* organisch gewachsene europäische Methodenlehre zurückgreifen, sondern ihre Methode kann nur eine Schnittmenge aus den europäischen Rechtstraditionen sein. Die bestimmenden Auslegungskriterien sind gleichwohl die bekannten: Wortlaut, Systematik, Entstehungsgeschichte und Teleologie. Besondere methodische Fragen ergeben sich aber aus dem Zusammenspiel von nationalem Recht und Unionsrecht.

### 1. Unionsverfassungsrechtliche Voraussetzungen

36 Die Auslegung des Unionsrechts kann nicht den identischen Regeln folgen, die für die Auslegung von Gesetzen gelten. Denn während die Auslegung von Gesetzen eine Frage des nationalen Verfassungsrechts ist, richtet sich die Auslegung von Unionsrecht zunächst nach dem Verfassungsrecht der Europäischen Union. Aus ihm ergibt sich die Besonderheit, dass die Europäische Union nur über die Zuständigkeiten verfügt, die ihr ausdrücklich von den Mitgliedstaaten übertragen worden sind (Grundsatz der begrenzten Einzelermächtigung, Art. 5 Abs. 2 EUV), und auch diese Zuständigkeiten nur in den Grenzen der Subsidiarität (Art. 5 Abs. 3 EUV: nur, sofern und soweit Ziele „auf Unionsebene besser zu verwirklichen sind“) und der Verhältnismäßigkeit (Art. 5 Abs. 4 EUV: nur, soweit es erforderlich ist) ausüben darf. Das hat zwei wichtige Konsequenzen für die Auslegung des Unionsrechts: Die erste besteht darin, dass der Europäische Gerichtshof (EuGH), wenn er Unionsrecht auslegt, nicht nur an das Unionsrecht gebunden ist, das er auslegt (so wie das nationale Gericht, das ein Gesetz auslegt und dabei der Bindung an dieses Gesetz unterliegt, oben Rn. 4). Sondern der Europäische Gerichtshof muss sich mit seiner Auslegung (zu der er nach Art. 19 Abs. 1 EUV, 267 AEUV berufen ist) auch in den **Kompetenzgrenzen der Europäischen Union** halten, d.h. er darf das Unionsrecht nicht so auslegen, wie es der Europäische Gesetzgeber niemals hätte erlassen können, ohne die Kompetenzgrenzen der Europäischen Union zu verletzen.

Ob das wirklich eine konzeptionelle Besonderheit des Unionsrechts ist, kann man allerdings auch in Frage stellen, denn der Grundsatz der Subsidiarität ist dem **nationalen** Verfassungsrecht ebenso wenig fremd wie die Notwendigkeit, Zuständigkeiten zwischen verschiedenen Ebenen (Bund, Länder, Kreise und Gemeinden) zu verteilen und einzuhalten. In methodischer Hinsicht hat das auf nationaler Ebene aber meistens keine Auswirkungen.

37 Die zweite Konsequenz besteht darin, dass jede systematische Auslegung des Unionsrechts schnell an Grenzen stößt. Systematische Auslegung eines Gesetzes beruht nämlich auf der Vorstellung, das Gesetz sei eingebunden in einen größeren Textzusammenhang, so dass die Einordnung der Rechtsnorm in diesen Zusammenhang etwas zur Beantwortung der Frage beiträgt, wie die Rechtsnorm zu verstehen ist (oben Rn. 12 f.). Die Rechtsnormen des Unionsrechts hingegen lassen sich nicht als Teil einer Gesamtrechtsordnung auslegen,

weil die Organe der Europäischen Union eine solche Gesamtrechtsordnung gerade nicht erlassen dürften. Dem stünde der Grundsatz der begrenzten Einzelermächtigung entgegen. Das Unionsrecht ist daher **keine geschlossene Einheit**, sondern ein Konglomerat aus punktuellen Regelungen, die nicht aufeinander abgestimmt sind. Obwohl nur punktuelle Regelungen vorliegen, ist eine systematische Auslegung aber nicht völlig ausgeschlossen.

**Beispielsweise** ist bei der Auslegung einer Richtlinie „dem Gedanken der Einheit der Gemeinschaftsrechtsordnung Rechnung zu tragen, der verlangt, dass das abgeleitete Gemeinschaftsrecht gemäß den allgemeinen Grundsätzen des Gemeinschaftsrechts ausgelegt wird.“[202] (statt Gemeinschafts- jetzt Unionsrecht).

Auch auf den Standort einer Regelung innerhalb eines Rechtsaktes kann eine systematische Auslegung gestützt werden, nicht anders als im nationalen Recht.

Schließlich gilt für die Auslegung von Unionsrecht der **Effektivitätsgrundsatz** (effet utile, vgl. Art. 4 Abs. 3 EUV): Unionsrecht soll möglichst so ausgelegt werden, dass es hohe Wirksamkeit entfaltet.[203] Gesucht wird nach dem Normverständnis, das den größten praktischen Nutzen mit sich bringt, gemessen an den Zielen der Norm und den allgemeinen Grundsätzen Unionsrechts.[204] 38

## 2. Anwendungsvorrang des Unionsrechts

Eine weitere Besonderheit des Unionsrechts ist der **Anwendungsvorrang vor dem nationalen Recht**, der dem Unionsrecht unter besonderen Voraussetzungen zukommt.[205] Hat das Unionsrecht Anwendungsvorrang, so hat das zur Folge, dass eine nationale Rechtsnorm im Anwendungsbereich einer Rechtsnorm des Unionsrechts nicht angewendet werden darf. Außerhalb dieses Anwendungsbereichs – also etwa wenn nur Inländer oder nur Angehörige von Drittstaaten außerhalb der Europäischen Union betroffen sind – bleibt die nationale Rechtsnorm hingegen in Geltung und anwendbar. 39

**Beispiel:** Das deutsche Verwaltungsverfahrensrecht beschränkt aus Gründen des Vertrauensschutzes die Möglichkeiten, eine ungerechtfertigte Subvention zurückzufordern. Verstößt eine Subvention gegen Unionsrecht (Art. 107 AEUV), muss sie aber in jedem Fall zurückgefordert werden. Das deutsche Verwaltungsverfahrensrecht kann dann teilweise nicht angewendet werden.

---

[202] EuGH v. 9.3.2006, C-499/04, Slg. I 2006, 2397 Rn. 32 = NZA 2006, 376 – Werhof.

[203] Vgl. EuGH v. 24.3.2009, C-445/06, Slg. I 2009, 2168 = NVwZ 2009, 771, 773 – Danske Slagterier.

[204] *Heiderhoff*, Europäisches Privatrecht, 4. Aufl. 2016, Rn. 110.

[205] Grundlegend EuGH v. 15.7.1964, C-6/64, Slg. 1964, 1251 = NJW 1964, 2371 – Costa/ENEL; BVerfGE 31, 145 = NJW 1971, 2122; *Kohler-Gehrig*, Einführung in das Recht, 2. Aufl. 2017, S. 118.

Ein solcher Anwendungsvorrang kommt aber nur den **unmittelbar geltenden** Normen des Unionsrechts zu. Während also der Europäische Gerichtshof sich auf der einen Seite bei der Auslegung des Unionsrechts in den der Union gezogenen Kompetenzgrenzen halten muss, entscheidet er andererseits darüber, ob eine Rechtsnorm des Unionsrechts unmittelbar gilt und ihr Anwendungsvorrang vor dem nationalen Recht zukommt, so dass eine nationale Rechtsnorm nicht angewendet werden dürfte.

### 3. Unionsrecht vor nationalen Gerichten und Behörden

**40** Das Unionsrecht wird indessen nicht nur durch den Europäischen Gerichtshof angewendet, sondern ebenso durch die nationalen Gerichte und Behörden der Mitgliedstaaten. Die Einheit von Gesetz, Gesetzgeber und Rechtsprechung hat deshalb auf europäischer Ebene keine Entsprechung. Das Unionsrecht enthält aber gleichwohl **Vorgaben**, die bei der Auslegung des Unionsrechts durch die nationalen Gerichte zu beachten sind. Die nationalen Gerichte sind zudem ebenso wie sonst an Gesetz und Recht gebunden (Art. 20 Abs. 3, 97 Abs. 1 GG), können daraus aber nicht die gleichen Konsequenzen ziehen. Aus europäischer Sicht verbieten sich Argumente aus dem Kontext der eigenen nationalen Rechtsordnung, denn die Rechtsetzung der Europäischen Union kann allenfalls an die gemeinsamen Zusammenhänge der mitgliedstaatlichen Rechtsordnungen anknüpfen. Andererseits ist die Rechtsprechung an das nationale Recht nicht weniger gebunden, nur weil sie augenblicklich Unionsrecht auszulegen und anzuwenden hat. Gilt aber eine Rechtsnorm des Unionsrechts unmittelbar und gelingt es dem nationalen Gericht nicht, eine dem Unionsrecht auf den ersten Blick widersprechende nationale Rechtsnorm unionsrechtskonform auszulegen, darf das nationale Gericht diese nationale Rechtsnorm nicht anwenden. Seine Grenze hat der Anwendungsvorrang erst dann, wenn die verfassungsrechtliche Ermächtigung und die sogenannte integrationsfeste, unantastbare Verfassungsidentität berührt werden würde.[206]

**41** Über die Auslegung des Unionsrechts dürfen die nationalen Gerichte und Behörden nicht endgültig entscheiden: Das nationale Gericht, gegen dessen Entscheidung kein Rechtsmittel mehr gegeben ist (also die letzte Instanz), ist verpflichtet, die Auslegungsfrage zur Entscheidung nach Art. 267 AEUV dem **Europäischen Gerichtshof vorzulegen**, wenn es für die Entscheidung darauf ankommt, wie Unionsrecht auszulegen ist. Die nationalen Gerichte entscheiden also letzten Endes nicht selbst über die Auslegung von Unionsrecht, sondern die Auslegung des Unionsrechts ist beim Europäischen Gerichtshof monopolisiert. Das gilt auch für die Frage, ob eine Rechtsnorm des Unionsrechts unmittelbar gilt und damit Anwendungsvorrang hat gegenüber einer nationalen Rechtsnorm.

---

[206] BVerfGE 123, 267, 347 ff. = NJW 2009, 2267 (das sogenannte „Lissabon-Urteil").

### 4. Besonderheiten der Quellenlage

Besonderheiten bei der Auslegung des Unionsrechts ergeben sich nicht nur aus den besonderen Vorgaben der Verfassung der Union, sondern haben auch faktische Gründe. Hinsichtlich der historischen Auslegung muss man sich insbesondere die eigentümliche Quellenlage vor Augen führen: Zu Teilen des Unionsrechts, insbesondere zu den Gründungsverträgen, sind **keine Materialien** zugänglich, die die Schöpfungsgeschichte eines Rechtsaktes dokumentieren würden. Andere Teile des Unionsrechts enthalten ausführliche Angaben über die Motive, die den Rechtsetzungsakt ausgelöst haben, und zwar im Rechtsetzungsakt selbst, wenn ihm Erwägungsgründe vorangestellt sind (vgl. Art. 296 AEUV). Damit ist dem Rechtsakt selbst das zu entnehmen, was für das nationale Recht erst aus den Parlamentsdrucksachen und anderen Quellen ermittelt werden muss. 42

Keine Besonderheit des Unionsrechts ist es hingegen, dass Rechtsakte im Allgemeinen in **mehreren Sprachfassungen** vorliegen. Der Europäische Gerichtshof sucht dann nicht nach dem gemeinsamen Minimum der Wortbedeutungen in allen Sprachen, sondern geht von einer (früher gemeinschafts-, jetzt:) unionsautonomen Bedeutung aus.[207] Das ist im nationalen Recht aber nicht anders: Auch dort kann ein Rechtsakt, insbesondere ein Vertrag, in mehreren Sprachfassungen vorliegen (vgl. oben Rn. 17). 43

### 5. Zusammenfassung

Die Auslegung des Unionsrechts folgt also – so kann man zusammenfassen – Besonderheiten, die sich aus der **begrenzten Zuständigkeit** der Europäischen Union (begrenzte Einzelermächtigungen) ergeben: Der Europäische Gerichtshof darf Unionsrecht nur in den Grenzen der Unionszuständigkeiten auslegen. Auch ist das Unionsrecht darum **keine geschlossene Gesamtrechtsordnung**, die systematisch auslegbar wäre. Auf der anderen Seite kann Unionsrecht **Anwendungsvorrang** gegenüber dem nationalen Recht haben und die nationalen Gerichte müssen **Auslegungsfragen dem Europäischen Gerichtshof vorlegen**. 44

## V. Auslegung als Argumentation

**Literatur:** *Alexy/Koch/Kuhlen/Rüßmann*, Elemente einer juristischen Begründungslehre, 2003; *Christensen/Kudlich*, Theorie richterlichen Begründens, 2001; *Cordes* (Hrsg.), Juristische Argumentation – Argumente der Juristen, 2006; *Ott*, Juristische Dialektik, 3. Aufl. 2008; *Gast*, Juristische Rhetorik, 5. Aufl. 2015; *Hiebaum/Koller* (Hrsg.), Politische Ziele und juristische Argumentation, ARSP Beiheft 92 (2003); *Honsell*, Die rhetorischen Wurzeln der juristischen Auslegung, ZfPW 2016, 106 ff.; *Horn*, Einführung in die Rechtswissenschaft und Rechtsphilosophie, 6. Aufl. 2016, Rn. 194 ff.; *Joerden*, Logik im

[207] *Kohler-Gehrig*, Einführung in das Recht, 2. Aufl. 2017, S. 119.

Recht, 3. Aufl. 2018; *Kastendieck*, Der Begriff der praktischen Vernunft in der juristischen Argumentation, 2000, S. 169 ff.; *Klaner*, Basiswissen Logik für Jurastudenten, 2005; *Kohler-Gehrig*, Einführung in das Recht, 2. Aufl. 2017, S. 137 ff.; *Kreuzbauer/Augeneder* (Hrsg.), Der Juristische Streit, ARSP Beiheft 99 (2004); *Launhardt*, Topik und Rhetorische Rechtstheorie, 2010; *Meier/Jocham*, Wie man Argumente gewinnt, JuS 2015, 490 ff.; *Neumann*, Theorie der juristischen Argumentation, in: Hassemer/Neumann/Saliger (Hrsg.), Einführung in die Rechtsphilosophie und Rechtstheorie der Gegenwart, 9. Aufl. 2016, S. 303 ff.; *Pawlowski*, Methodenlehre für Juristen, 3. Aufl. 1999, Rn. 175 ff.; *Puppe*, Kleine Schule des juristischen Denkens, 3. Aufl. 2014, S. 169 ff., 230 ff.; *Raisch*, Juristische Methoden, 1995, S. 205 ff.; *Rüthers/Fischer/Birk*, Rechtstheorie, 10. Aufl. 2018, Rn. 897 ff., 913 ff.; *von Schlieffen*, Rhetorische Urteilsanalyse, in: Hof/von Olenhusen (Hrsg.), Rechtsgestaltung – Rechtskritik – Konkurrenz von Rechtsordnungen …, 2012, S. 472 ff.; *dies.*, Wie Juristen begründen, JZ 2011, 109 ff.; *dies.*, Recht rhetorisch gesehen, JA 2013, 1 ff.; *Schnapp*, Logik für Juristen, 7. Aufl. 2016; *Simon*, Alle Quixe sind Quaxe, JZ 2011, 697 ff.; *Staake*, Das Ziel der Auslegung, Jura 2011, 177 ff.; *Tetens*, Philosophisches Argumentieren, 4. Aufl. 2015; *Thümmel*, Rechtsrhetorik als Methodenlehre und Instrument der Vertragsgestaltung, Diss. Tübingen 1998; *Vesting*, Rechtstheorie, 2. Aufl. 2015, Rn. 191 ff.

## 1. Juristische Argumentationstheorie, Rhetorik und Diskurs

### *a) Argumentationstheorie*

**45** Unabhängig vom Gegenstand der Auslegung ist festzuhalten, dass Auslegungskriterien die Auslegungsfrage nicht entscheiden. Auslegung ist „kein Rechenexempel“[208]. Die Auslegungskriterien besagen nicht, welche Auslegungshypothese den Vorzug verdient, sondern sie dienen dazu, Argumente für und gegen die einzelnen Auslegungshypothesen zu sammeln. Sie sind Topoi (§ 4 Rn. 23 ff.). Die Entscheidung darüber, wie die Auslegungsfrage zu beantworten ist, muss in einem zweiten Schritt gefällt werden. Dieser zweite Schritt besteht in einer **abwägenden Argumentation**, also in einer stimmigen Abfolge von Argumenten, die zu einem ausgewogenen Ergebnis führt. Es gilt also, aus den mithilfe der Auslegungskriterien zusammengetragenen Aspekten Argumente zu formulieren, deren Zusammenspiel begründet, weshalb unter Berücksichtigung aller betroffenen Interessen und Rechtsgüter diese oder jene Auslegungshypothese den Vorzug verdient.

**46** Auf diese Weise trägt juristische Argumentation in die Rechtsanwendung ein **rationales Element** hinein. Durch Argumentation wird die Entscheidung begründbar und damit zugleich auch begründet. Argumentation erschöpft sich also nicht in der Produktion von Auslegungsergebnissen, sondern sie liefert ebenso Begründungen für Auslegungsergebnisse. Damit verbunden ist, dass die Entscheidungsfindung kontrollierbar und vermittelbar wird. Die Frage des Argumentierens – also die Argumentationstheorie – hat daher für die moderne Juristische Methodenlehre zentrale Bedeutung. Während die klassische Auslegungslehre die Entscheidung vorbereitet, betrifft die Argumentationstheorie den Moment der Entscheidungsfindung selbst.

---

208 *Larenz*, Methodenlehre der Rechtswissenschaft, 6. Aufl. 1991, S. 346.

*b) Rhetorik*

Dabei öffnet sich der Blick für den dialogischen Charakter der Entscheidungsfindung. Auslegungsergebnisse müssen sich mit der ihnen zugrunde liegenden Argumentation gegenüber konkurrierenden Argumentationen, die zu anderen Ergebnissen führen, behaupten können. Diesen Aspekt hat die Juristische Rhetorik besonders vertieft. Rhetorik bedeutet **Redekunst**, also eine Technik, um für eine eigene These das Einverständnis der Zuhörer zu gewinnen. Diese Technik ist einmal eine Arbeitsweise, bei der nach einander bestimmte Produktionsstadien durchlaufen werden: Wer eine überzeugende Rede halten will, tut etwa gut daran, sich zunächst einen Überblick über sein Thema und die möglichen Argumente und Gegenargumente zu verschaffen (inventio) und sich dann eine sinnvolle Gliederung des Vortrags zu überlegen (dispositio). Die so geordneten Gedanken muss man im nächsten Schritt ausformulieren (elocutio) und sich einprägen (memoria). Der letzte Schritt schließlich ist der Vortrag selbst (pronuntatio). Die Technik besteht aber nicht nur in einer Arbeitsmethodik, sondern auch im zielgerichteten Einsatz von gedanklichen oder sprachlichen Mitteln. Man unterscheidet die Mittel des Logos, des Pathos und des Ethos. Auf der Ebene des Logos geht es um den vernünftigen, nachvollziehbaren Aufbau einer Rede, um vernünftiges und nachvollziehbares Denken. Die Mittel des Pathos dienen dazu, den Argumenten Nachdruck zu verleihen. Sie sind sprachliche Mittel (sogenannte rhetorische Figuren). Man muss sie nicht so sehr deshalb kennen, um sie selbst zum Einsatz bringen zu können – das gelingt meist allein aufgrund der eigenen Sprachphantasie –, sondern um in den Beiträgen anderer die Überzeugungsstrategien benennen zu können. 47

Besonders wichtige rhetorische Figuren sind in diesem Zusammenhang: (1) **Metapher** und **Allegorie**. Eine Metapher liegt vor, wenn ein Wort nicht in seiner eigentlichen Bedeutung verwendet wird, sondern in einem übertragenen Sinn, wobei aber zwischen der eigentlichen und der übertragenen Bedeutung ein Ähnlichkeitszusammenhang besteht. Beispiel: Der Zug der Zeit. Eine Allegorie ist eine Verbildlichung eines Abstraktums. Sie begegnet oft als Personifikation (Justitia als Personifikation des Abstraktums -Gerechtigkeit), kann sich aber auch auf einen Gegenstand beziehen (die Sanduhr als Allegorie für Vergänglichkeit). 48

(2) **Euphemismus**, **Ameliorativum**, **Pejoration** und **Litotes**. Diese vier Figuren betreffen besondere Formulierungsweisen. Ein Euphemismus liegt vor bei einer beschönigenden, verharmlosenden Bezeichnung eines Sachverhalts (Arbeitnehmer werden nicht entlassen, sondern freigesetzt). Das Ameliorativum ist das Wort, durch das der negative Begriff ersetzt wird (Kündigung wird durch Freisetzung, Sterben durch Entschlafen ersetzt). Das Gegenteil davon ist die Pejoration: Ein pejorativer Ausdruck enthält eine Bedeutungsverschiebung zum Schlechteren (wenn beispielsweise eine Regierung als Regime bezeichnet wird). Je nach Kontext auf- oder abwertend kann eine Litotes, eine doppelte Verneinung eingesetzt werden (Der Preis war nicht unangemessen.). 49

(3) Schließlich sind als Formen des Satzbaus **Klimax**, **Parallelismus** und **rhetorische Frage** zu erwähnen. Eine Klimax erzeugt eine besondere Betonung, indem sich steigernde Ausdrücke verwendet werden (veni, vidi, vici), ein Parallelismus durch mehrfache Verwendung der gleichen Satzstruktur (Reden ist Silber, Schweigen ist Gold). Eine rhetorische 50

Frage ist eine Scheinfrage, auf die der Fragende keine Antwort erwartet, sondern deren Antwort er schon selbst vorweggenommen hat (Was verstehen Sie schon davon? Quousque tandem abutere, Catilina, patientia nostra? – Wie lange noch, Catilina, wirst du unsere Geduld missbrauchen?).

51 Im heutigen Bewusstsein stehen solche rhetorischen Figuren im Mittelpunkt der Rhetorik. Schöne Worte oder flammende Rede sind aber nur ein Aspekt von Rhetorik, das rhetorische Pathos ist nur eine der drei Ebenen Logos, Pathos und Ethos. Auf der dritten Ebene, der des Ethos, geht es um die Haltung des Redners gegenüber seinem Thema und seinem Publikum. In antiker Vorstellung war zum *wahren* Rednertum ohnehin nur „ein Ehrenmann" begabt.[209] Demgegenüber sind Leitfäden zur Anwendung taktischer Kunstgriffe („Die Kunst Recht zu behalten") innerhalb der Rhetorik nur ein Teilaspekt.[210]

52 Die Bedeutung der Rhetorik geht über die Redekunst im eigentlichen Sinne weit hinaus. Sie ist nicht einmal an Sprache gebunden, sondern man versteht auch Werke der Kunst oder der Musik als Produkte von Rhetorik bzw. man versteht Rhetorik als ein auch für derartige Werke produktives Verfahren. Speziell juristische Rhetorik begreift **„Recht" als Rhetorikprodukt** und umgekehrt Rhetorik als Verfahren zur Entscheidungsfindung. Die Tradition der juristischen Rhetorik lässt sich bis in die Antike zurückverfolgen. Die Rhetorik insgesamt geht auf die Gerichtsrede zurück. Da die Rhetorik einerseits Anleitung zum Reden, andererseits die Lehre von der wirksamen, d.h. von der überzeugenden Argumentation ist, geht es der juristischen Rhetorik – anders als der Argumentationstheorie – nicht nur um die Gültigkeit von Argumenten, sondern auch um ihr Überzeugungspotential, also darum, in welchem Maße und auf welche Weise sie geeignet sind, Zuhörer oder Leser zum Einverständnis mit den Hypothesen zu bewegen.[211]

---

[209] *Gast*, Juristische Rhetorik, 5. Aufl. 2015, Rn. 9.

[210] Hervorzuheben ist vor allem die „Eristische Dialektik" von *Arthur Schopenhauer*, veröffentlicht aus dem Nachlass, neu herausgegeben *von Haffmans*, 2005. Eine Anwendung seiner Thesen auf die Juristische Rhetorik findet sich bei *Ott*, Juristische Dialektik, 3. Aufl. 2008.

[211] Vgl. dazu *Röhl/Röhl*, Allgemeine Rechtslehre, 3. Aufl. 2008, S. 180f.

**Grafik: Rhetorik und Recht**

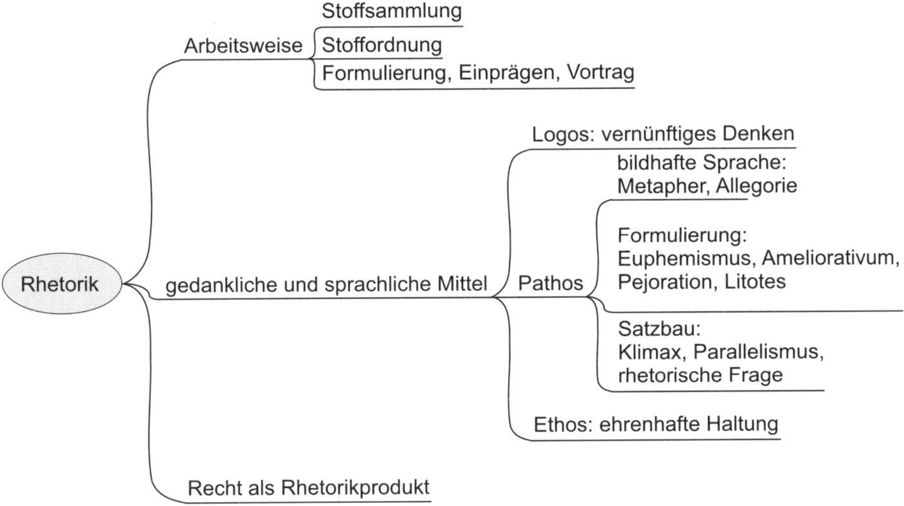


*c) Diskurs*

Schließlich kann man die juristische Argumentation auch als einen Diskurs auffassen, also als eine **immerwährende Debatte**. Werden die für diesen Diskurs geltenden Rationalitätsbedingungen eingehalten, kann das Ergebnis allein aus diesem Grund eine gewisse Richtigkeit für sich in Anspruch nehmen. Ob man diese gewisse Richtigkeit schon ausreichen lässt, das Ergebnis für schlechthin richtig zu halten, hängt davon ab, ob man eine Konsenstheorie der Wahrheit normativer Aussagen vertritt oder nicht (dazu unten § 11 Rn. 19 ff.). Unabhängig davon rückt die Diskurstheorie aber ins Bewusstsein, dass die Argumentation nicht zwischen einem Redner und einem Zuhörer stattfindet, wie es das argumentationstheoretische und das rhetorische Modell nahe legen, sondern dass der Adressat zugleich auch die Gegenrede hält. Rede und Gegenrede beeinflussen einander gegenseitig. 53

## 2. Argument

*a) Prämissen, Konklusion, Schlussregel*

Ein Argument ist ein **Zusammenhang aus Prämissen und Konklusion** (Schlussfolgerung). Mit einem Argument wird folgendes behauptet: (1) Die Prämissen sind wahr. (2) Die Schlussfolgerung muss wahr sein, falls die Prämissen wahr sind, d.h. das Argument ist schlüssig. Ein Argument ist schlüssig genau dann, wenn die Schlussfolgerung wahr sein muss, falls die Prämissen wahr sind, d.h. wenn aus den Prämissen des Arguments seine Schlussfolgerung logisch folgt. Dann liegt dem Argument eine logisch gültige Schlussregel zugrunde. Falls die Prämissen wahr sind, dann ist in einem schlüssigen Argument 54 auch die Schlussfolgerung wahr. Die Schlüssigkeit des Arguments garantiert aber keineswegs eine wahre Schlussfolgerung: Bei unwahren Prämissen kann die Schlussfolgerung unwahr sein, ob das Argument schlüssig ist oder nicht. Umgekehrt kann auch in einem unschlüssigen Argument die Schlussfolgerung durchaus wahr sein. Aber das hat dann mit dem präsentierten Argument nichts zu tun.

**Beispiele:**
Schlüssig und wahr ist etwa das folgende Argument (der oben § 6 Rn. 19 bereits erwähnte Syllogismus im modus barbara):
(1) Alle Menschen sind sterblich.
(2) Sokrates ist ein Mensch.
(3) Sokrates ist sterblich.
Schlüssig ist es deshalb, weil die Schlussfolgerung (3) logisch aus den Prämissen (1) und (2) folgt. Das einzusehen, erfordert kein logisches Spezialwissen. Man erkennt ohne weiteres, dass in (2) Sokrates einer Gruppe zugeordnet und in (1) eine Eigenschaft jedem einzelnen Gruppenmitglied. Dann ist es logisch zutreffend, diese Eigenschaft auch dem Gruppenmitglied Sokrates zuzuordnen. In Wahrheit trägt Sokrates diese Eigenschaft aber nur dann, wenn er wirklich zu der Gruppe gehört (so dass Prämisse (2) wahr ist) und wenn diese Eigenschaft wirklich jedem einzelnen Gruppenmitglied zukommt (so dass Prämisse (1) wahr ist). Sind beide Prämissen wahr, so ist, da das Argument schlüssig ist, auch die Schlussfolgerung (3) wahr: Wenn es stimmt, das Sokrates ein Mensch ist, und es zugleich stimmt, dass alle Menschen sterblich sind, dann stimmt es notwendigerweise auch, dass Sokrates sterblich ist.
Das folgende Argument
(1) Sokrates ist ein Mensch.
(2) Sokrates ist sterblich.
(3) Alle Menschen sind sterblich.
liefert zwar eine wahre Schlussfolgerung (3), ist aber ganz offensichtlich unschlüssig: Dass (1) Sokrates einer Gruppe zuordnet und (2) ihm eine Eigenschaft zuschreibt, besagt nichts darüber, ob diese Eigenschaft auch jedem anderen Gruppenmitglied zukommt oder nicht. Das kann so sein (wir wissen: es ist so), muss aber nicht so sein.
Das folgende Argument
(1) Karlsson kann fliegen.
(2) Karlsson ist ein Mensch.
(3) Mindestens ein Mensch kann fliegen.
wiederum liefert ganz offensichtlich eine unwahre Schlussfolgerung (3), ist aber ebenso offensichtlich schlüssig. Die Prämisse (1) schreibt Karlsson eine Fähigkeit zu, die Prämisse (2) ordnet ihn einer Gruppe zu. Dann ist es logisch zutreffend, dass diese Fähigkeit mindestens einem (nämlich dem eben zugeordneten) Gruppenmitglied zukommt. Es handelt sich dabei um einen Syllogismus im sogenannten modus darapti. Dass die Schlussfolgerung unwahr ist, liegt daran, dass Prämisse (1) oder (2) nicht zutrifft: Entweder Karlsson kann ebenso wenig fliegen wie jeder andere Mensch, oder Karlsson kann fliegen, ist dann aber kein Mensch, sondern z.B. eine von *Astrid Lindgren* erfundene Kinderbuchfigur.

**55** Zwei zentrale Fragen an ein Argument lauten: (1) Sind seine Prämissen wahr? (2) Ist es schlüssig? Diese Fragen müssen unterschiedlich spezifisch beantwortet werden. Ob die Prämissen wahr sind, muss für jedes Argument gesondert geprüft werden, denn die Antwort hängt davon ab, worum es in dem Argument inhaltlich geht. Für die zweite Frage gilt das nicht: Ob ein Argument schlüssig ist oder nicht, hängt nicht davon ab, wovon das Argument inhaltlich handelt, sondern nur von der Form des Arguments.

*b) Annahme um des Arguments willen*

Außer Prämissen, Konklusion und zugrunde liegender Schlussregel kann 56
ein Argument auch noch „Annahmen um des Arguments willen" enthalten. Als Annahmen eignen sich Aussagen, von denen man nicht weiß, ob sie **wahr oder falsch** sind (sonst könnte man die Aussage oder ihr Gegenteil als Prämisse verwenden). Es kann aus zwei Gründen sinnvoll sein, in einem Argument eine solche Aussage als wahr zugrunde zu legen: Entweder, weil man ohnehin nur an einer hypothetischen Schlussfolgerung interessiert ist, d.h. man möchte wissen, was gelten würde, falls die „Annahme um des Arguments willen" wahr wäre. Oder man will gerade zeigen, dass die „Annahme um des Arguments willen" unwahr ist. Dann legt man sie als wahre Prämisse zugrunde, bis man mit Hilfe schlüssiger Argumente nachgewiesen hat, dass aus dieser Prämisse eine Aussage logisch folgt, von der man schon weiß, dass sie unwahr ist. Auf diese Weise hat man gezeigt, dass die „Annahme um des Arguments willen" unwahr sein muss.

## 3. (Juristische) Argumentation

Eine Argumentation, also eine **stimmige Abfolge von Argumenten**, 57
entsteht dann, wenn sich die Argumente stützen oder ergänzen. Ein Argument stützt ein anderes, wenn es in einer Schlussfolgerung endet, die zugleich eine Prämisse des anderen Arguments ist. Die Argumente bilden gewissermaßen eine Kette. Demgegenüber ergänzt ein Argument ein anderes Argument, wenn beide Argumente dieselbe Schlussfolgerung haben, ohne sich in den Prämissen zu widersprechen. Bildlich formuliert zeigen beide Argumente in dieselbe Richtung, bilden also ein Bündel.

**Grafik: Ketten und Bündel von Argumenten**

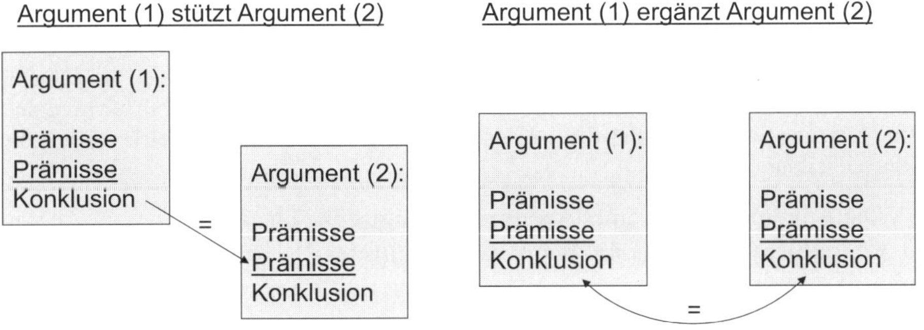

58 Oft werden in einer Argumentation die einzelnen Argumente nicht ausformuliert, sondern **verkürzt dargestellt**. Zum einen werden nicht alle Prämissen aufgeführt, von denen eine Schlussfolgerung abhängt. Prämissen, die als selbstverständlich angesehen werden, werden übergangen.

**Beispiel:** In folgendem Argument: „Sokrates ist sterblich, denn schließlich ist er ein Mensch.", das ohne weiteres überzeugt, ist die unausgesprochene Prämisse „und schließlich sind alle Menschen sterblich", enthalten.

Zum anderen wird nicht jede Prämisse ihrerseits argumentativ abgesichert, weil man es für ausgeschlossen hält, dass jemand die Wahrheit der Prämisse bestreiten könnte. Die Argumente in ihrer vollständigen Fassung werden folglich erst sichtbar, nachdem man zusätzliche Prämissen und Argumente rekonstruiert hat. Man muss also den unausgesprochenen Argumentationsgang erst wieder zur Sprache bringen. Dabei zeigt sich nicht selten, dass in einer solchen Argumentation an zentralen Stellen Prämissen zugrunde gelegt wurden, die nicht zwingend wahr sind. Ebenso kann eine kleinteilige Rekonstruktion des Argumentationsgangs aber auch ergeben, dass einzelne Argumente verwendet werden, die jedenfalls in dieser Form gar nicht schlüssig sind. Gegebenenfalls können sie durch Einfügen weiterer Prämissen zu schlüssigen Argumenten umgeformt werden. Die Argumentation profitiert davon aber nur, wenn diese zusätzlichen Prämissen wahr sind. Das muss gegebenenfalls erst gesondert gezeigt werden.

### 4. Standardargumente

59 Die Überzeugungskraft eines Arguments hängt nicht allein von der Wahrheit seiner Prämissen und der logischen Gültigkeit seiner Schlussregel ab. Damit ist nur die formale Seite bedacht. Soll ein Argument überzeugen, muss es Prämissen und Schlussregel auf eine dem Gegenstand adäquate Weise verwenden, d.h. das Argument muss **angemessen** sein.

**Beispielsweise** hängt die Angemessenheit des Arguments
(1) Die alten Philosophen waren klug.
(2) Sokrates ist ein alter Philosoph.
(3) Sokrates war klug.
(dessen Schlüssigkeit außer Frage steht), davon ab, ob es überhaupt angemessen ist, aus einer derartig allgemeinen Prämisse (1) eine so konkrete Schlussfolgerung für einen Einzelfall (3) zu ziehen. Das hat nicht allein damit zu tun, ob die Prämisse wahr ist. Denn man kann den Satz „Die alten Philosophen waren klug" sehr wohl für wahr halten, sich aber trotzdem weigern, auch jeden einzelnen alten Philosophen in dem gleichen Sinne für klug zu halten.

Die Angemessenheit eines Arguments hängt vom Thema und davon ab, wie das Argument aufgebaut ist. Wann ein bestimmtes Aufbaumuster angemessen ist und wann nicht, lässt sich nicht losgelöst vom Zusammenhang beschreiben. Abstrakt kann man nur verschiedene Aufbaumuster (Standardargumente) unterscheiden. Einige wichtige sollen im Folgenden vorgestellt werden.

*a) Analogieargumente*

In juristischen Argumentationen haben Analogieargumente einen hohen Stellenwert. Das beruht darauf, dass es als Gebot der Gerechtigkeit angesehen wird, Gleiches gleich und Ungleiches ungleich zu behandeln. Nun sind allerdings zwei Sachverhalte niemals vollkommen gleich (sonst wäre es ein und derselbe Sachverhalt); Gleichheit impliziert bereits Nicht-Identität. Auch zwischen gleichen Sachverhalten gibt es Unterschiede. Gleich sind die Sachverhalte aber deshalb, weil die Unterschiede irrelevant sind für das Ergebnis: die Sachverhalte unterscheiden sich, aber sie unterscheiden sich in keiner relevanten Hinsicht und sind deshalb gleich zu behandeln. Dass sich die Sachverhalte in keiner relevanten Hinsicht unterscheiden, bedeutet, (1) dass sich in ihnen dieselbe Struktur verwirklicht und (2) dass es nur auf das Vorhandensein oder Nichtvorhandensein dieser Struktur ankommt. Das heißt, es handelt sich um **einander entsprechende, analoge Sachverhalte**. Die Schwierigkeit von Analogieargumenten besteht weniger darin, zu zeigen, dass sich in zwei Sachverhalten dieselbe Struktur verwirklicht, sondern in der zweiten Frage: Kommt es nur auf das Vorhandensein oder Nichtvorhandensein dieser Struktur an? Wer dem Analogieargument widersprechen will, der muss nur behaupten, dass die Strukturgleichheit nicht alle relevanten Aspekte umfasst, so dass im Hinblick auf die Entscheidung unterschiedliche Sachverhalte vorliegen, die unterschiedlich behandelt werden müssen. 60

**Beispiel:** Angenommen, es ist verboten, Waffen mitzuführen. Entschieden ist bereits, dass dann das Mitführen von Klappmessern verboten ist. Dass es ebenfalls verboten ist, einen Baseballschläger mitzuführen, lässt sich mit einem Analogieargument begründen: Klappmesser und Baseballschläger unterscheiden sich, aber in ihnen verwirklicht sich dieselbe Struktur (geeignet, erhebliche Verletzungen herbeizuführen, Drohpotential usw.), und für die Frage, ob das Mitführen erlaubt ist oder nicht, kommt es nur darauf an, dass es sich in beiden Fällen um Verwirklichung dieser Struktur handelt. Man kann aber auch die gegenteilige Ansicht vertreten und ein Analogieargument für unzulässig halten, denn schließlich ist ein Baseballschläger in erster Linie ein Sportgerät.

**Grafik: Analogieargument**

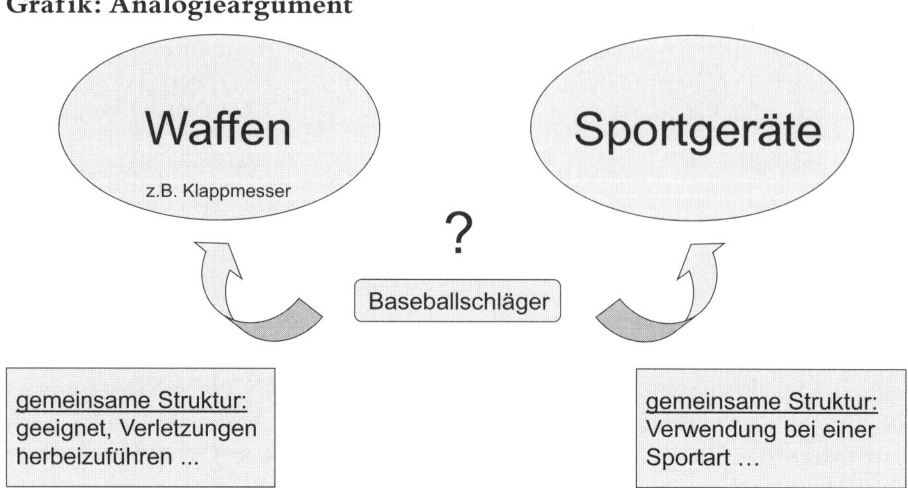


*b) Schluss auf die beste Erklärung*

61 Mit Analogieargumenten eng verwandt sind Argumente, in denen ein sogenannter „Schluss auf die beste Erklärung" vorgenommen wird. Ein solcher Schluss liegt vor, wenn man daraus, dass eine Tatsache am besten durch eine bestimmte Annahme erklärt wird, folgert, dass die Annahme zutrifft, falls die Tatsache vorliegt. Die Annahme wird für wahr gehalten, weil sie die **beste Erklärung** für die Tatsache bietet. Ähnlich wie ein Analogieargument ist auch einem solchen Schluss relativ einfach zu begegnen. Man muss nur zeigen, dass es eine andere, bessere Erklärung für die Tatsache gibt.

**Beispielsweise** kann man die Tatsache, dass ein Auto nicht mehr dort steht, wo der Fahrer es zuletzt abgestellt hat, am besten durch die Annahme erklären, dass das Auto gestohlen worden ist. Deshalb folgert man aus dem Nichtwiederauffinden des Autos durch den Fahrer den Diebstahl des Autos. Zeigt sich aber etwa, dass das Auto ein Neuwagen mit Wegfahrsperre war und dem Fahrer bereits zum dritten Mal in zwei Monaten das Auto „gestohlen" wird, drängt sich eine andere Erklärung als die beste auf, nämlich die Erklärung, dass der Fahrer mit dem „Dieb" zusammengearbeitet hat und es sich folglich gar nicht um einen Diebstahl handelt, sondern um den Versuch, sich die Versicherungssumme zu erschleichen.

Bei der Suche nach einer besseren Erklärung im eben dargestellten Sinn, sind auch die irrationalen Aspekte rechtlicher Hypothesen von Bedeutung. Zu denken ist insbesondere an Halo- und Priming-Effekte sowie Rückschaufehler.[212]

---

[212] Näher *Staake*, Rechtliches Wissen, Jura 2018, 661 ff.; *Westerhoff*, Ungute psychische Einflüsse auf das Rechtsdenken und deren Überwindung, JR 2013, 87 ff.

*c) Erst-recht-Schluss*

62 Ein auf andere Art mit Analogieargumenten verwandtes Argument ist der Erst-recht-Schluss (argumentum a fortiori, „wenn schon ..., dann erst recht ...").[213] Es gibt ihn in zwei Varianten, nämlich erstens in der Fassung „in je höherem Maße das Merkmal gegeben ist, desto eher tritt die Rechtsfolge ein bzw. nicht ein" (**a minore ad maius**, vom Kleineren auf das Größere) und zweitens in der Version „in je geringerem Maße das Merkmal gegeben ist, desto eher tritt die Rechtsfolge nicht ein bzw. ein" (**a maiore ad minus**, vom Größeren auf das Kleinere).

**Beispiele:**
Wer ein Jahreseinkommen von 20.000 € hat, ist steuerpflichtig. Dann ist a minore ad maius erst recht steuerpflichtig, wer ein Jahreseinkommen von 30.000 € hat.

Wer ein Jahreseinkommen von 10.000 € hat, ist nicht steuerpflichtig. Dann ist a maiore ad minus erst recht nicht steuerpflichtig, wer ein Jahreseinkommen von 5.000 € hat.

Nach Art. 14 Abs. 3 GG ist eine Enteignung zum Wohle der Allgemeinheit möglich, sie setzt aber voraus, dass der Eigentümer entschädigt wird. Wenn also für rechtmäßige Enteignungen ein Entschädigungsanspruch vorgesehen ist, so muss es erst recht bei einer rechtswidrigen Enteignung einen Entschädigungsanspruch geben.[214] Aus der Entschädigung bei rechtmäßiger Enteignung wird a minore ad maius auf einen Entschädigungsanspruch bei rechtswidriger Enteignung geschlossen. Oder negativ formuliert: Wenn man schon die rechtmäßige Enteignung nicht entschädigungslos hinnehmen muss, dann erst recht nicht die rechtswidrige.

**Grafik: Erst-recht-Schluss**

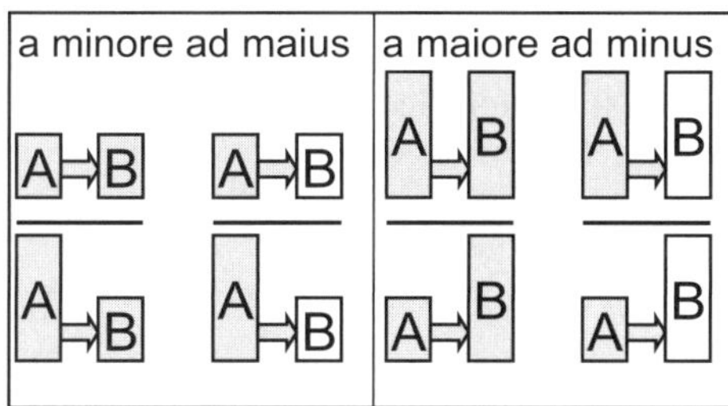


63 In beiden Varianten (a minore ad maius und a maiore ad minus) hat ein Erst-recht-Schluss **drei Voraussetzungen**: (1) Der Ausgangssatz und der Sachverhalt, der zur Entscheidung steht, unterscheiden sich dadurch, dass ein gemeinsames Merkmal in verschiedener Ausprägung vorliegt, und zwar in einem der beiden Sätze in größerer Ausprägung, im anderen Satz in kleinerer. Wichtig ist, dass es sich um Ausprägungen desselben Merkmals handelt, d.h. das Merkmal muss linear-steigerungsfähig sein. Die eine Ausprägung darf nicht etwas qualitativ ganz anderes sein als die andere. Zwischen den verschiedenen Stärken

[213] Vgl. *Puppe*, Kleine Schule des juristischen Denkens, 3. Aufl. 2014, S. 81 ff.
[214] Vgl. BGHZ 6, 270.

darf nicht ein Unterschied von solcher Art bestehen, dass eine ganz andere Behandlung sachgerecht wäre. Das muss man in Bezug auf die Rechtsfolge untersuchen, über die entschieden werden soll.

**Beispiele:**
In den beiden ersten Beispielen ist das Jahreseinkommen das gesteigerte Merkmal. Es ist linear-steigerungsfähig, denn 20.000 € und 30.000 € unterscheiden sich nicht in der Qualität bezogen auf das Bestehen der Steuerpflicht und 10.000 € und 5.000 € nicht in Bezug auf das Nichtbestehen der Steuerpflicht. Ob das Gleiche für „rechtmäßige Enteignung" und „rechtswidrige Enteignung" in Bezug auf den Entschädigungsanspruch gilt, kann man aber bereits unterschiedlich beurteilen: Denkbar wäre es auch, bei rechtswidriger Enteignung einen Rückgabeanspruch vorzusehen, aber einen Entschädigungsanspruch gerade auszuschließen.

Zweifelsfrei nicht gegeben wäre diese Voraussetzung bei folgendem Argument: Wer für Sachbeschädigung Schadensersatz zu leisten hat, hat bei Körperverletzung erst recht Schmerzensgeld zu zahlen. Die Merkmale Sachbeschädigung und Körperverletzung sind qualitativ verschieden in Bezug auf die schadensrechtlichen Folgen; eine Körperverletzung ist nicht ein Mehr (oder gar Weniger) gegenüber einer Sachbeschädigung. Deshalb ist die Pflicht, für Körperverletzungen Schmerzensgeld zu zahlen, im Gesetz gesondert geregelt (§ 253 Abs. 2 BGB).

**64** (2) Es gilt für dieses Merkmal eine komparative Regel („je … desto …"), durch die sich der bereits entschiedene Fall und der zu entscheidende (unbekannte) Fall verbinden lassen.

Im **Beispiel** der Steuerpflicht lautet die komparative Regel: je mehr Jahreseinkommen, desto eher ist die Steuerpflicht zu bejahen. Je weniger Jahreseinkommen, desto eher ist die Steuerpflicht zu verneinen. In folgendem Erst-recht-Schluss würde beispielsweise eine komparative Regel fehlen: Wer ein Jahreseinkommen von 20.000 € hat, ist steuerpflichtig, wer ein Jahreseinkommen von 10.000 € hat, ist erst recht steuerpflichtig. Dieser Schluss würde eine komparative Regel voraussetzen, die besagte: Je weniger Jahreseinkommen, desto eher ist die Steuerpflicht zu bejahen. Eine solche komparative Regel wäre aber mit unseren Vorstellungen von einem lastengerechten Steuerwesen nicht zu vereinbaren: Umso eher besteht die Steuerpflicht, je mehr Einkommen man erzielt, nicht je weniger.

**65** (3) Der entschiedene Fall und der zu entscheidende Fall weichen nur in dem steigerungsfähigen Merkmal voneinander ab, in keinem anderen relevanten Merkmal. Nur bei konstanten Randbedingungen kann man aus dem entschiedenen Fall, dem linear-steigerungsfähigen Merkmal und der komparativen Regel etwas für den zur Entscheidung stehenden Fall schließen.

**Beispielsweise** ist der Erst-recht-Schluss: „Wer ein Jahreseinkommen von 20.000 € hat, ist steuerpflichtig. Dann ist a minore ad maius erst recht steuerpflichtig, wer ein Jahreseinkommen von 30.000 € hat." nicht zutreffend, wenn dem Jahreseinkommen von 30.000 € erhebliche Unterhaltspflichten gegenüberstehen, die als außergewöhnliche Belastungen steuerlich zu berücksichtigen sind, und wenn das bei dem Jahreseinkommen von 20.000 € nicht der Fall ist. Dann kann bei 20.000 € eine Steuerpflicht bestehen, die bei 30.000 € wegen der anderen Randbedingungen zu verneinen ist.

*d) Umkehrschluss*

Ein Gegenstück zum Erst-recht-Schluss ist der Umkehrschluss (**argumentum e contrario**). Er beruht auf der Schlussregel „wenn B für A gilt, gilt B nicht für C". 66

Steht **beispielsweise** auf einem Verbotsschild „Hunde ohne Maulkorb haben keinen Zutritt!", folgt daraus im Umkehrschluss, dass Hunde mit Maulkorb von diesem Verbot nicht erfasst werden: Wenn das Zutrittsverbot (B) für Hunde ohne Maulkorb (A) gilt, gilt dieses Verbot nicht für Hunde mit Maulkorb (C). Daraus folgt aber noch nicht, dass Hunden ohne Maulkorb der Zutritt nicht aus einer anderen Norm verboten sein könnte.

Ein solcher Umkehrschluss hat **zwei Voraussetzungen**: (1) A und C unterscheiden sich in mindestens einer Hinsicht. (2) Es ist gerade diese Besonderheit von A, auf der die Geltung von B beruht. Nur wenn das gegeben ist, kann aus „Für A gilt B" geschlossen werden, dass B nicht für C gelten kann.

Im Maulkorb-**Beispiel** sind beide Voraussetzungen gegeben: A und C unterscheiden sich in der Hinsicht, ob der Hund einen Maulkorb trägt oder nicht. Und gerade auf dem Fehlen eines Maulkorbes beruht nach dem Wortlaut des Verbotsschildes dieses Zutrittsverbot. Es bestünde nämlich kein Anlass, zu dem Wort „Hund" noch „ohne Maulkorb" hinzuzufügen, wenn es für die Anwendung dieses Verbots nicht gerade darauf ankommen sollte, dass der Hund keinen Maulkorb trägt.

*e) Folgenargumente*

Ebenfalls eine große Bedeutung in juristischen Argumentationen haben Argumente, die auf bestimmte **reale Folgen einer Handlung** abstellen, von der fraglich ist, ob sie geboten, erlaubt oder verboten ist. Diesen Argumenten liegt die Prämisse (1) zugrunde, dass in der zu beurteilenden Situation diese Folgen eintreten, wenn man die Handlung ausübt; die Prämisse (2), dass diese Folgen gut (oder schlecht) sind; die Prämisse (3), dass es geboten bzw. erlaubt ist, Gutes herbeizuführen, hingegen verboten ist, Schlechtes herbeizuführen. Sind die Folgen gut, wird das Argument eingesetzt, um damit zu begründen, dass die Handlung geboten oder zumindest erlaubt ist, sind die Folgen schlecht, dass die Handlung verboten ist. 67

Einen Sonderfall des Folgenarguments stellen **dialektische Argumente** dar: Zunächst wird begründet, dass es notwendig ist, einen bestimmten Ablauf in Gang zu setzen, um das erstrebte Ziel zu erreichen. Dann wird gezeigt, dass dieser Ablauf aber dann, wenn man das Ziel vollständig erreichen will, aus Gründen, die sich nicht verhindern lassen, gerade zum Gegenteil des eigentlich Erstrebten führt. Also bewirkt der Versuch, dieses Ziel vollständig zu erreichen, am Ende das Gegenteil, so dass man also nie versuchen sollte, dieses Ziel vollständig zu erreichen. 68

*f) Strategien bei Widersprüchen*

69 Auch in juristischen Argumentationen treffen zuweilen widersprüchliche Prämissen auf einander. Dann stellt sich die Frage, ob **wirklich ein Widerspruch** vorliegt – was dafür spräche, dass mindestens eine der beiden Prämissen falsch ist – oder ob nur ein scheinbarer Widerspruch vorliegt. Will man scheinbare Widersprüche ausräumen, kommen drei Strategien in Betracht: (1) Präzisierung, (2) Relativierung oder (3) Reformulierung.

70 (1) Eine **Präzisierung** kann einen Widerspruch ausräumen, wenn sich dabei herausstellt, dass man sich nur ungenau ausgedrückt hatte. Zunächst sah es so aus, als würde man dem Gegen-stand A die Eigenschaft B zuschreiben und zugleich absprechen. Bei genauerer Betrachtung zeigt sich aber, dass dem Gegenstand A die Eigenschaft B zugesprochen wird und dass der Gegenstand, dem die Eigenschaft B abgesprochen wird, ein ganz anderer, von A verschiedener Gegenstand C ist. Es liegt also gar kein Widerspruch vor, denn A kann die Eigenschaft B haben, während C sie nicht haben kann. Eine Präzisierung kann auch dadurch erfolgen, dass man die Eigenschaft B, die demselben Gegenstand A einmal zukommt und einmal nicht zukommt, in räumlicher oder zeitlicher Hinsicht präzisiert: An einer Stelle hat der Gegenstand A die Eigenschaft B, an einer anderen Stelle hat er sie nicht. Zu einer bestimmten Zeit hat der Gegenstand A die Eigenschaft B, zu einer anderen Zeit hat er sie nicht.

**Beispiele:** Die Sätze „Pfannkuchen macht man aus Kartoffeln." und „In Pfannkuchen gehören keine Kartoffeln." sind keine Widersprüche: Im ersten Satz sind Kartoffelpuffer gemeint, im zweiten Satz Eierkuchen. Für beide Gerichte ist in verschiedenen Gegenden die Bezeichnung Pfannkuchen üblich. Ein Auto ist auf der einen Seite rot lackiert, auf der anderen Seite grün. Die Eigenschaft „rot" kommt dem Auto auf der einen Seite zu, auf der anderen nicht. Der Mensch hat von Natur aus graue Haare, aber nur wenn er alt ist, nicht wenn er noch jung ist.

71 (2) Widersprüche können auch dadurch ausgeräumt werden, dass man die jeweiligen Aussagen **relativiert**, d.h. man begründet, dass die Aussagen aus unterschiedlichen Perspektiven zustande kommen.

**Beispiel:** Sieht man von einem rechteckigen Turm die Turmwand hinunter, laufen die Kanten nach unten hin aufeinander zu. Von unten hat man den umgekehrten Eindruck. Die Aussagen: Der Turm ist oben breiter als unten bzw. unten breiter als oben kommen aus unterschiedlichen Perspektiven zustande. Ganz ähnlich ist das Paradoxon vom Schiff des Theseus aufgebaut: Entnimmt man dem Schiff des Theseus eine Planke und ersetzt sie durch eine neue, bleibt es doch das Schiff des Theseus. Aber gilt das auch, wenn immer wieder und wieder eine Planke durch eine neue ersetzt wird? Und wenn die ausgebauten Planken an einem anderen Ort wieder zu einem Schiff zusammengesetzt werden, handelt es sich dann dabei „auch" um das Schiff des Theseus?[215]

[215] Dazu *Tiedemann*, JA 2012, 8 ff.

(3) Schließlich kann man Widersprüche ausräumen, indem man einander widersprechende Aussagen so **reformuliert**, dass angemessenere und präzisere Begriffe verwendet werden und sich der Widerspruch dadurch auflöst. 72

**Beispiel:** „Gegen dieses Urteil ist Berufung zulässig." und „Eine Berufung gegen dieses Urteil ist unzulässig.": Beide Aussagen sind wahr und ohne Widerspruch miteinander vereinbar, wenn gegen das Urteil das Rechtsmittel der Berufung an sich gegeben ist, d.h. eine Berufung gegen das Urteil wäre statthaft, wenn aber inzwischen die Berufungseinlegungsfrist ungenutzt verstrichen ist, so dass im Ergebnis keine zulässige Berufung mehr eingelegt werden kann. Der Unterschied zur Strategie der Präzisierung besteht darin, dass es hier nicht um eine genauere Beschreibung des Gegenstandes oder des Geltungsbereichs der Aussage geht, sondern dass am Inhalt der Aussage gearbeitet werden muss, um den Widerspruch auszuräumen. (Vgl. dazu auch unten Rn. 79.)

### *g) Begründungsaufgaben: Quines Maxime*

In juristischen Argumentationen wird oft auf die **allgemeine („herrschende") Meinung** verwiesen, also darauf, dass eine bestimmte Prämisse allgemein anerkannt sei und von niemandem ernsthaft in Frage gestellt werde. Es liegt auf der Hand, dass die Prämisse deshalb keineswegs richtig sein muss (vgl. unten Rn. 75). Es kann gute Gründe geben, sie zu verwerfen, obwohl sie allgemein anerkannt ist. Wie man sich auch entscheidet – ob für oder gegen die allgemeine Meinung –, man muss sich nur klar machen, welche Begründungsaufgaben man dann zu bewältigen hat. In der Philosophie gilt dafür „Quines Maxime"[216]: „Wenn du als Philosoph unbedingt an einer These festhalten willst, weil du dir die Welt auf andere Weise nicht befriedigend denken kannst und willst, so hast du in aller Regel Spielraum genug dafür, vorausgesetzt, du nimmst an anderen Stellen deines Überzeugungsnetzes bestimmte andere Thesen dafür in Kauf. Setze deinen logischen Scharfsinn und deine theoretische Phantasie daran, für das Festhalten an einer aus deiner Sicht unverzichtbaren These mit einer möglichst harmlosen und für dich daher disponiblen Meinung zu bezahlen." Mit anderen Worten: Jede beliebige Aussage kann als wahr aufrechterhalten werden, wenn man nur anderweitig in dem System ausreichend drastische Änderungen vornimmt. Der Spielraum, von dem in „Quines Maxime" die Rede ist, ist nun in der juristischen Argumentation allerdings deutlich eingeschränkt. Bestimmte Positionen sind nur mit Prämissen begründbar, die sich ihrerseits innerhalb des juristischen Überzeugungsnetzes nicht begründen lassen. 73

So wäre es **beispielsweise** vollkommen abwegig, würde man eine Körperverletzung im Sinne von § 223 Abs. 1 StGB in Abrede stellen, wenn T dem O nachts auflauert und ihn verprügelt. Der Preis, den man bezahlen müsste, um an der entgegengesetzten These festzuhalten, wäre hoch: Man müsste behaupten, „Körperverletzung" sei in einer Weise

---

[216] So genannt von *Tetens*, Philosophisches Argumentieren, 4. Aufl. 2015, S. 257 ff., nach dem US-amerikanischen Philosophen Willard Van Orman Quine (1908–2000), vgl. *Quine,* Two Dogmas Of Empiricism, The Philosophical Review 60 (1951), 20 ff. (sub. VI.).

zu verstehen, die „nächtliches Verprügeln" nicht umfasse. Dagegen wird man mit Recht einwenden müssen, ein solches Verständnis von „Körperverletzung" verletzte die Bindung an das Gesetz, denn nach jedem denkbaren Sprachgebrauch umfasst der Begriff „Körperverletzung" auch „nächtliches Verprügeln".

Aber trotzdem ist auch innerhalb des juristischen Überzeugungsnetzes **viel Spielraum**, in dem nicht nur unklar ist, ob eine Prämisse wahr oder falsch ist, sondern in dem es auch verschiedene methodisch korrekte Möglichkeiten gibt, sie zu begründen. Dann sind in der Tat der logische Scharfsinn und die theoretische Phantasie gefragt, die „Quines Maxime" anspricht.

### 5. Fehlschlüsse

74 In juristischen Argumentationen finden sich zuweilen auch Fehlschlüsse. Man deckt sie auf, indem man fragt, ob ein Argument schlüssig ist oder in einer schlüssigen Form rekonstruiert werden kann. Fünf Fehlschlüsse sollen erwähnt werden.

#### *a) Naturalistischer Fehlschluss*

75 Von einem naturalistischen Fehlschluss spricht man, wenn **ein Sollen mit einem Sein begründet** wird. Denn daraus, dass etwas so ist, wie es ist, folgt nicht, dass es so sein soll, wie es ist. Das Sollen drückt „eine Art von Notwendigkeit und Verknüpfung aus, die in der ganzen Natur sonst nicht vorkommt."[217] Es kann deshalb nicht aus Naturbeobachtung logisch geschlossen werden.

Deshalb ist ein Hinweis auf **ständige Rechtsprechung** oder auf **herrschende Lehre** kein valides Argument. Denn was in der Rechtsprechung oder der Lehre vertreten wird, ist nicht deshalb richtig, weil es dort vertreten wird. Schlüssig machen kann man das Argument nur mit der Prämisse, dass man an ständiger Rechtsprechung oder herrschender Lehre festzuhalten hat. Es gibt sogar Fälle, in denen diese Prämisse wahr ist: Wird etwa ein Rechtsanwalt gebeten, die Erfolgschancen eines Rechtsstreits zu prognostizieren, so tut er gut daran, diese Prognose zunächst auf der Grundlage der ständigen Rechtsprechung zu erstellen, und erst danach, also in einem zweiten Schritt, zu untersuchen, welche Ergebnisse sich bei einer Rechtsprechungsänderung ergeben könnten und mit welcher Wahrscheinlichkeit mit einer solchen Rechtsprechungsänderung zu rechnen ist. Für den ersten Schritt ist die Prämisse „an ständiger Rechtsprechung ist festzuhalten" also wahr.

Genauer gesagt gilt also: Es kann nicht *allein* aus einer Naturbeobachtung geschlossen werden. Aber aus einer Naturbeobachtung in Verbindung mit einer Norm als zweiter Prämisse kann man selbstverständlich auf eine Norm schließen.

**Beispiel:** Einen Fehlschluss stellt es dar, wenn aus dem Satz „A hat B versprochen, ihm ein Fahrrad zu kaufen." der Satz „A soll B ein Fahrrad kaufen." abgeleitet wird.[218] Der erste Satz, die Prämisse, beschreibt ein Sein, nämlich einen historischen Vorgang, der sich

---

[217] *Kant*, Kritik der reinen Vernunft (1781/1787), S. 498.

[218] Vgl. *Gärtner*, Ist das Sollen ableitbar aus einem Sein?, 2010, S. 357.

zu einer bestimmten Zeit an einem bestimmten Ort abgespielt hat. Der zweite Satz, die Schlussfolgerung, hat ein Sollen zum Gegenstand, eine Aussage darüber, wie sich A verhalten soll. Trotzdem ist die Schlussfolgerung zweifelsohne wahr, wenn die Prämisse wahr ist: Wenn A dem B versprochen hat, ihm ein Fahrrad zu kaufen, soll A dem B ein Fahrrad kaufen. Schlüssig wird dieses Argument freilich erst durch eine zusätzliche Prämisse, die so selbstverständlich ist, dass wir es für überflüssig halten, sie auszusprechen: „Was man versprochen hat, soll man einhalten." Nimmt man diese Prämisse hinzu, wird nicht mehr *allein* aus der Naturbeobachtung auf ein Sollen geschlossen, sondern aus einer Beobachtung und einer Norm. In beiden Prämissen zu ergänzen wäre noch, dass keine Gründe vorliegen dürfen, an der Wirksamkeit des Versprechens zu zweifeln.

### *b) Verstoß gegen den Satz vom Widerspruch*

Ebenfalls ein Fehlschluss liegt vor, wenn gegen den Satz vom Widerspruch verstoßen wird. Das ist der Fall, wenn in einer Argumentation **einander widersprechende Prämissen** gleichrangig nebeneinander stehen, die sich jeweils logisch ausschließen und deshalb nicht beide wahr sein können. 76

**Beispiel:** Angenommen A klagt gegen B einen Kaufpreis von 100 € ein. A trägt vor, zwischen ihnen sei ein Kaufvertrag zustande gekommen, wonach B das Fahrrad des A für 100 € gekauft habe. A beschreibt näher die Umstände des Gesprächs, in dem es zu der Vereinbarung gekommen sein soll, und benennt einen Zeugen. B bestreitet, dass ein Kaufvertrag zustande gekommen sei. Er habe sich bei A nur nach dem Preis erkundigt, aber keinesfalls eingewilligt, das Fahrrad zu diesem – wie er meint: völlig überzogenen – Preis zu kaufen. Auch B benennt einen Zeugen. Der Amtsrichter müsste an sich eine Beweiserhebung vornehmen, und zunächst den Zeugen des A vernehmen. Geht er danach davon aus, dass die Sachverhaltsversion des A zutrifft, müsste er den Zeugen des B vernehmen. Geht er danach immer noch von einem Kaufvertragsschluss aus, müsste er den B zur Zahlung der 100 € verurteilen. Kann er sich nicht davon überzeugen, dass ein Kaufvertrag zustande gekommen ist, müsste er die Klage abweisen, und B müsste nichts bezahlen. Dieser Weg scheint dem Amtsrichter R aber zu aufwendig. Stattdessen lässt er sich vom Fahrrad des A ein Photo zeigen, er schätzt ab, dass für dieses Fahrrad 50 € ein fairer Preis wäre, und verurteilt B zur Zahlung von 50 €. Dieses Urteil würde auf einem Verstoß gegen den Satz vom Widerspruch beruhen: Es geht einerseits davon aus, dass ein Kaufvertrag zustande gekommen ist (sonst müsste B gar nichts zahlen), andererseits aber davon, dass der von A vorgetragene Kaufvertrag nicht zustande gekommen ist (sonst müsste B 100 € zahlen). Der Kaufvertrag ist also einmal zustande gekommen, zugleich aber nicht zustande gekommen. Das ist ein Widerspruch.

### *c) Quaternio terminorum*

Um einen Fehlschluss handelt es sich auch dann, wenn in einem Argument **nicht drei, sondern vier Begriffe** verwendet werden (quaternio terminorum, Vierheit der Begriffe). Ein Wort kann in unterschiedlichem Zusammenhang ganz unterschiedliches bedeuten. Das kann dazu führen, dass ein Argument so aussieht, als wiese es drei Begriffe auf, obwohl es in Wahrheit zwar drei Worte, aber vier Begriffe enthält. 77

**Beispiel:**[219]
(1) Was du nicht vergessen hast, weißt du noch.
(2) Chinesisch hast du nicht vergessen.
(3) Also weißt du es noch.
Bei (1) ist vorausgesetzt, dass man das, was man „nicht vergessen hat", einmal gelernt hatte, so dass es also noch im Gedächtnis verblieben ist. Bei (2) ist diese Voraussetzung für „nicht vergessen" aufgegeben: Hier umfasst „nicht vergessen" auch etwas, was man nicht Erlernt hatte. „Nicht vergessen" in (1) und „nicht vergessen" in (2) bedeuten also ganz unterschiedliches, es stehen vier Begriffe im Schluss. Deshalb liegt ein Fehlschluss vor.

#### *d) Ignoratio elenchi*

78 Ein Fehlschluss kann auch darin liegen, dass im Verlauf einer Argumentation unaufgedeckt **die Richtung geändert** wird: Anstatt die begonnene Argumentation mit schlüssigen Argumenten fortzusetzen, wird ein Argument eingeführt, dass mit der zu begründenden These nichts zu tun hat und sie nur scheinbar unterstützt. Nach *Aristoteles* handelt es sich dabei um einen misslungenen Versuch (ignoratio), ein Gegenargument zu formulieren (elenchus). Man bezeichnet diesen Fehlschluss daher als ignoratio elenchi.

**Beispiel:**[220] Der Richter zum Angeklagten: „Es gibt drei Zeugen, die gesehen haben, wie Sie die Uhr genommen haben – wollen Sie den Diebstahl nicht gestehen?" Eine ignoratio elenchi vollführt der Angeklagte, wenn er antwortet: „Ich kann dreihundert Zeugen benennen, die es nicht gesehen haben!" Dass ein Zeuge es nicht gesehen hat, dass der Angeklagte die Uhr genommen hat, besagt nur dann etwas für die Tatfrage, wenn der Zeuge das Tatgeschehen hätte beobachten müssen, wenn es so stattgefunden hätte, wie es dem Angeklagten vorgeworfen wird. Ob es davon abgesehen Zeugen gibt, die das Tatgeschehen nicht gesehen haben, ist nicht die Frage.

#### *e) Petitio principii*

79 Ein ähnlicher Fehlschluss liegt vor, wenn **das Beweisziel zum Beweisgrund genommen wird**: das, was zu beweisen ist, wird der Argumentation bereits als Prämisse zugrunde gelegt, ohne zuvor argumentativ abgesichert worden zu sein (petitio principii, die Inanspruchnahme [des zu beweisenden] als Beweisgrund; auch: Zirkelschluss).

**Beispiele:**
Leicht veranschaulichen lässt sich der Fehlschluss mit folgendem Dialog: „S sagt, Gott habe mit ihm gesprochen." „Das glaube ich nicht. S lügt!" „Das kann nicht sein, Gott würde nie mit jemandem sprechen, der lügt!"[221]
Im Verfassungsrecht wird diskutiert, in welcher Hinsicht der Bundespräsident vor der Ausfertigung eines Gesetzes ein Prüfungsrecht hat. Für ein materielles Prüfungsrecht wird angeführt, wenn der Bundespräsident ein offensichtlich materiell verfassungswidriges Gesetz ausfertige, könne er wegen vorsätzlicher Verletzung des Grundgesetzes angeklagt

---

[219] *Schnapp*, Logik für Juristen, 7. Aufl. 2016, § 43.
[220] *Schnapp*, Logik für Juristen, 7. Aufl. 2016, § 48.
[221] *Hesse*, Das kleine Einmaleins des klaren Denkens, 2009, S. 22.

werden. Das ist ein Zirkelschluss, denn wenn der Bundespräsident zur Prüfung nicht berechtigt ist, kann im Unterlassen der Prüfung (und entsprechend: in der Ausfertigung) keine Grundgesetzverletzung liegen.[222]

Ein geradezu klassisches Beispiel aus dem juristischen Kontext ist das Argument der Strafbarkeitslücke.[223] Es sei anhand der Kontroverse um die Strafbarkeit des Schwarzfahrens als Erschleichen von Leistungen gemäß § 265a StGB vorgestellt. Gegen die Strafbarkeit wurde argumentiert, wer ohne besondere Sperren oder ähnliches überwinden zu müssen, in einen Bus oder eine Bahn ohne Fahrausweis einsteige, der „erschleiche" die Beförderungsleistung nicht, sondern er nehme schlicht die Beförderungsmöglichkeit wahr. Dagegen argumentiert das OLG Stuttgart, auch in diesem Fall liege § 265a StGB vor, denn diese Norm sei weit auszulegen, da sie dazu diene, Strafbarkeitslücken zu schließen, eben so weit, dass auch Schwarzfahren darunter subsumiert werden kann. Unabhängig davon, wie die Streitfrage richtig entschieden ist – dass der Straftatbestand der Lückenfüllung diene, ist nur dann ein schlüssiges Argument, wenn man die Strafbarkeit des Schwarzfahrens nach § 265a StGB bereits voraussetzt. Andernfalls verlagert sich die Argumentation nur von der ursprüngliche Frage, ob Schwarzfahren als Erschleichen von Leistungen strafbar *ist*, hin zu der Frage, ob es als Erschleichen von Leistungen strafbar sein *soll,* was dann aber ebenso begründungsbedürftig wäre, wie die Ausgangsfrage.

Sehr viel besser versteckt ist die petitio principii in folgendem Fall, der seit Jahrhunderten durch die juristische Literatur geht[224]: *Euathlos* nahm Rhetorikunterricht bei *Protagoras*, um sich auf eine Laufbahn als Gerichtsredner vorzubereiten. Das Unterrichtshonorar sollte fällig sein, wenn *Euathlos* seinen ersten Prozess gewonnen hätte. Nach Abschluss der Ausbildung übernahm *Euathlos* hingegen keine Prozessmandate, so dass er auch keinen Prozess gewann und folglich das Honorar auch nicht bezahlte. *Protagoras* verklagte *Euathlos* daher auf Zahlung, und argumentierte: *Euathlos* muss in jedem Fall das Honorar bezahlen. Denn entweder *Euathlos* wird verurteilt, dann muss er das Honorar gemäß dem Urteil zahlen, oder meine Klage wird abgewiesen, dann hat *Euathlos* seinen ersten Prozess gewonnen und muss das Honorar nach unserer Verabredung zahlen. *Euathlos* verteidigte sich, indem er die Argumentation umkehrte (eine sogenannte Retorsion, er retorquierte): „Ich muss auf keinen Fall das Honorar zahlen: Entweder muss ich deshalb nicht bezahlen, weil die Klage abgewiesen wird. Oder der Klage wird stattgegeben, dann habe ich meinen ersten Prozess verloren und muss das Honorar deshalb nicht bezahlen." Die petitio principii kann man darin sehen, dass sowohl *Protagoras* als auch *Euathlos* in ihrer Argumentation einen bestimmten Inhalt der Honorarabrede voraussetzen. *Protagoras* kann aus dem Verlust des Honorarprozesses nämlich nur dann einen Anspruch auf das Honorar ableiten, wenn es sich bei dem Honorarprozess überhaupt um einen „Prozess" im Sinne der Honorarabrede handelt. Für *Euathlos* Verteidigung gilt dasselbe: Der Prozessverlust befreit *Euathlos* nur dann von der Zahlungspflicht, wenn es sich bei dem Honorarprozess überhaupt um einen „Prozess" im

---

[222] *Pieper/Stenmans*, Darstellung von Streitständen und Standardmuster juristischer Argumentation, Ad Legendum 2011, 276, 279.

[223] Dazu strafrechtsdogmatisch *Kertai*, Strafbarkeitslücken als Argument, JuS 2011, 976 ff.

[224] Überliefert von Diogenes Laertius (3. Jhdt.), der wohl eine ältere Version mit den Namen Corax und Tisias aufgriff, vgl. *Schiappa*, Protagoras and Logos, 2. Aufl. 2003, S. 227; aber auch von Aulus Gellius, Noctes Atticae (ca. 170), V, 10; *Leibniz*, De casibus perplexis in jure (1666), Kap. 16, Akademie-Ausgabe Reihe VI, Band 1, S. 241; dazu *Boucher*, Leibniz, What Kind of Legal Rationalism?, in: Dascal (Hrsg.), Leibniz: What Kind of Rationalist?, 2008, S. 231, 242 ff.; *Liermann*, Barocke Jurisprudenz bei Leibniz, Zeitschrift für deutsche Geisteswissenschaft 1939, 348, 354.

Sinne der Honorarabrede handelt. Es gibt aber gute Gründe, anzunehmen, dass die Parteien die Zahlung des Honorars nicht davon abhängig machen wollten, ob *Euathlos* einen Prozess um das Honorar gewinnt (dann keine Zahlungspflicht) oder verliert (dann Zahlungspflicht): Abgesehen davon, dass diese Regelung nicht widerspruchsfrei angewendet werden könnte, kann man eine Besonderheit des Honorarprozesses in Rechnung stellen, die ihn von jedem anderen Prozess, den *Euathlos* gewinnt, unterscheidet: Bei jedem anderen gewonnenen Prozess konnte *Euathlos* nämlich seinerseits ein Honorar erhoffen, aus dem er *Protagoras* würde entlohnen können. Wie der Prozess um das Honorar zu entscheiden ist, wäre damit aber noch nicht gesagt. Hier dürfte jedoch die Überlegung weiterhelfen, dass sich *Euathlos* nicht auf das Ausbleiben eines Prozessgewinns berufen kann, wenn er gar keine Prozessmandate übernimmt (vgl. § 162 Abs. 1 BGB). Man kann eine petitio principii aber auch darin sehen, dass beide für die Entscheidung über die Honorarklage bereits die Entscheidung über die Honorarklage voraussetzen: *Protagoras* leitet den Anspruch auf das Honorar aus dem Prozessgewinn des *Euathlos* ab, weil die Honorarklage abgewiesen worden ist, so dass über die Honorarklage also im Sinne des *Protagoras* zu entscheiden sei. Umgekehrt begründet *Euathlos* seinen Antrag, die Honorarklage abzuweisen, damit, dass er, werde die Klage abgewiesen, nicht zahlen müsse. Um dem Rechnung zu tragen, könnte man zunächst die Honorarklage als „zur Zeit unbegründet" abweisen. Denn da *Euathlos* noch keinen Prozess gewonnen hat, ist das Honorar *noch* nicht fällig. Damit hätte *Euathlos* seinen ersten Prozess gewonnen (das freilich kann man auch bestreiten: schließlich ist es ein zweifelhafter Sieg, eine Klagabweisung als (nur) „zur Zeit unbegründet" zu erreichen). Das könnte *Protagoras* in einer neuen, anschließenden Honorarklage vortragen, da die Honorarklage zunächst nur als „zur Zeit unbegründet" abgewiesen worden ist, nicht endgültig: *Euathlos* habe seinen ersten Prozess gewonnen, so dass das Honorar jetzt fällig sei.

**80** Eine petitio principii kann sich auch hinter Argumentationen verbergen, die auf **unbestimmte Abstrakta** wie „Rechtsidee", „Gerechtigkeit", „rechtsethische Prinzipien", „Natur der Sache", das „Wesen" oder den „Begriff" eines Gegenstandes oder eines Instituts oder seine „Funktion" verweisen. Solche Begriffe haben für sich genommen keinen klar konturierten Inhalt. Sie sind daher mit dem Inhalt desjenigen gefüllt, der sie verwendet.

Man bezeichnet sie deshalb als **Kryptoargumente**: Hinter ihnen verbergen sich andere Argumente.[225]

Das bedeutet nicht, dass man derartige Begriffe nicht verwenden dürfte. Sie bringen Prämissen auf den Punkt und können damit Kristallisationskerne der Argumentation sein. Sie entlasten aber nicht von der Aufgabe, die Wahrheit der Prämisse argumentativ abzusichern. Wer die formulierte Wertung nicht teilt, wird sich von dem bloßen Begriff nicht überzeugen lassen, sondern behaupten, dass er unpassend verwendet wurde und anders zu verstehen sei.

### 6. Zusammenfassung

**81** Auslegungskriterien entscheiden nicht die Auslegung. Die Entscheidung muss durch eine **abwägende Argumentation** begründet werden, die sich

---

[225] *Röhl/Röhl*, Allgemeine Rechtslehre, 3. Aufl. 2008, S. 73 ff.; *Scheuerle*, Das Wesen des Wesens, AcP 163 (1964), 429 ff.

gegen konkurrierende Argumentationen behaupten kann (juristische Rhetorik). Eine Argumentation ist eine stimmige Abfolge von Argumenten, die sich gegenseitig stützen oder ergänzen. Die zwei zentralen Fragen an ein Argument lauten, ob seine Prämissen wahr sind und ob es schlüssig ist. Unter den **Standardargumenten** in juristischen Argumentationen sind Analogieargumente hervorzuheben, die auf der Strukturgleichheit von Sachverhalten beruhen. Ihnen sind Schlüsse auf die beste Erklärung verwandt, aber auch Erst-recht-Schlüsse (vom Kleineren auf das Größere oder vom Größeren auf das Kleinere) und deren Gegenstück, die Umkehrschlüsse. Zu erwähnen sind ferner Folgenargumente und ihr Spezialfall, die dialektischen Argumente. Jeweils muss man fragen, was mit einem derart strukturierten Argument vorausgesetzt ist. Auf Widersprüche, die in Argumentationen auftreten, kann man mit Präzisierung, Relativierung oder Reformulierung der jeweiligen Aussage reagieren. Unter den **Fehlschlüssen**, die sich in juristischen Argumentationen finden, sind der naturalistische Fehlschluss (aus einem Sein wird ein Sollen gefolgert), der Verstoß gegen den Satz vom Widerspruch, die quaternio terminorum (ein Begriff wird in der Schlussfolgerung mit wechselnden Bedeutungen verwendet), die ignoratio elenchi (Verfehlen des Streitpunktes) sowie die petitio principii (eine Prämisse wird zugrunde gelegt, die nicht argumentativ abgesichert ist) hervorzuheben.

## § 8. Rechtsfortbildung

**Literatur:** *Baldus*, Gesetzesbindung, Auslegung und Analogie: Römische Grundlagen und Bedeutung des 19. Jahrhunderts, in: Riesenhuber (Hrsg.), Europäische Methodenlehre, 3. Aufl. 2015, § 3; *Brodführer*, Bewusste Lücken im Gesetz und der Verweis auf „Wissenschaft und Praxis", 2010; *Bumke* (Hrsg.), Richterrecht zwischen Gesetzesrecht und Rechtsgestaltung, 2012; *Canaris*, Die Feststellung von Lücken im Gesetz, 2. Aufl. 1983; *Engisch*, Einführung in das juristische Denken, 12. Aufl. 2018, S. 193 ff.; *Fleischer/Wedemann*, Kodifikation und Derogation von Richterrecht, AcP 209 (2009), 597 ff.; *Horn*, Einführung in die Rechtswissenschaft und Rechtsphilosophie, 6. Aufl. 2016, Rn. 184 ff.; *Kohler-Gehrig*, Einführung in das Recht, 2. Aufl. 2017, S. 87 ff.; *Kramer*, Juristische Methodenlehre, 5. Aufl. 2016, S. 191 ff.; *Kudlich/Christensen*, Die Lücken-Lüge, JZ 2009, 943 ff.; *Larenz*, Methodenlehre der Rechtswissenschaft, 6. Aufl. 1991, S. 366 ff.; *Mann*, Einführung in die juristische Arbeitstechnik, 5. Aufl. 2015, Rn. 272 ff.; *Meier*, Der Denkweg der Juristen, 2000, S. 113 ff.; *Meier/Jocham*, Rechtsfortbildung, JuS 2016, 392 ff.; *Möllers*, Juristische Methodenlehre, 2017, § 6 III; *Pawlowski*, Methodenlehre für Juristen, 3. Aufl. 1999, Rn. 453 ff.; *Puppe*, Kleine Schule des juristischen Denkens, 3. Aufl. 2014, S. 169 ff.; *Reimer*, Juristische Methodenlehre, 2016, Rn. 548 ff.; *Röhl/Röhl*, Allgemeine Rechtslehre, 3. Aufl. 2008, S. 633 ff.; *Rüthers/Fischer/Birk*, Rechtstheorie, 10. Aufl. 2018, Rn. 822 ff.; *Tonikidis*, Grundzüge der richtlinienkonformen Auslegung und Rechtsfortbildung, JA 2013, 598 ff.; *Vogel*, Juristische Methodik, 1998, S. 133 ff.; *Wank*, Die Auslegung von Gesetzen, 6. Aufl. 2015; *Wank*, Grenzen richterlicher Rechtsfortbildung, 1978; *Würdinger/Bergmeister*, Analogie und Umkehrschluss, Jura 2007, 15 ff.; *Zippelius*, Juristische Methodenlehre, 11. Aufl. 2012, §§ 11 ff.

## I. Hintergrund

### 1. Ziel und Gegenstand der Rechtsfortbildung

1 Jede Anwendung des Rechts auf einen Sachverhalt hat Auswirkungen auf die künftige Anwendung des Rechts. Wie auch immer man einen Sachverhalt rechtlich bewertet – die rechtliche Bewertung des Sachverhalts ist niemals nur ein Urteil über den Sachverhalt, sondern beruht stets auf Aussagen darüber, wie die einschlägigen Rechtsnormen zu verstehen sind. Zugleich nimmt die Anwendung des Rechts auf einen Sachverhalt intersubjektive Verbindlichkeit in Anspruch: Sie nimmt in Anspruch, für jeden (auch für jeden künftigen) Sachverhalt richtig zu sein, wenn er dem entschiedenen Sachverhalt in den rechtlich relevanten Punkten entspricht. Jede rechtliche Bewertung eines Sachverhalts produziert deshalb zugleich eine Rechtsnorm des Inhalts „ein Sachverhalt, der diese und jene Merkmale aufweist, soll in dieser oder jenem Sinne beurteilt werden." Die frühere Anwendung des Rechts auf einen Sachverhalt steht in der Folgezeit als historische Tatsache im Raum (**Präjudiz**). Ob man an sie eine Tradition anschließen oder sich von ihr kritisch absetzen will – so oder so muss man sich ihr stellen, man muss sich zu ihr verhalten. In diesem Sinne ist jede Anwendung des Rechts auf einen Sachverhalt eine Fortbildung des Rechts.

2 Fortgebildet wird das Recht aber nicht nur durch die Anwendung auf einen Sachverhalt, sondern auch dadurch, dass sich Lebenswirklichkeit, Wertvorstellungen und politische Ziele ändern und der Gesetzgeber daher in ständiger Folge **neues Recht** setzt durch Reformgesetze und Gesetzesnovellen.

3 Den Begriff der **Rechtsfortbildung** versteht man jedoch im Allgemeinen deutlich enger. Von Rechtsfortbildung spricht man, wenn Gerichte bei der Anwendung des Rechts auf einen Sachverhalt lückenhafte gesetzliche Regelungen ergänzen (sog. gesetzesimmanente Rechtsfortbildung) oder die gesetzliche Regelung korrigieren (sog. gesetzesübersteigende Rechtsfortbildung). Ziel der Rechtsfortbildung ist also die Lückenfüllung oder die Korrektur. In einem Rechtsstaat wird die letzte Entscheidung über die Anwendung des Rechts auf einen Sachverhalt von Richtern getroffen. Deshalb ist Rechtsfortbildung im letzten Moment immer richterliche Rechtsfortbildung und wird daher auch oft als eine solche bezeichnet.

**Grafik: Arten der Rechtsfortbildung**

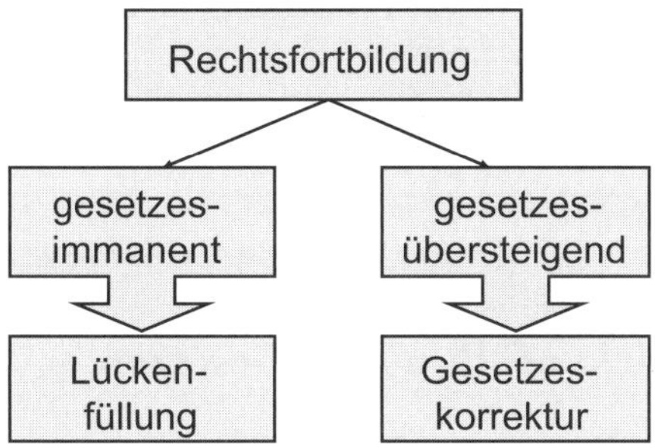


Fragen der Lückenfüllung oder der Korrektur stellen sich indessen nicht nur bei gesetzlichen Regelungen, sondern **bei allen Rechtsnormen**. Rechtsfortbildung ist unabhängig von der Rechtsnatur der Regelung. Insbesondere ist auch die Ergänzung lückenhafter Verträge (ergänzende Vertragsauslegung) letztlich ein Problem der Rechtsfortbildung, also entgegen ihrer Bezeichnung kein Auslegungsproblem. Für die Rechtsfortbildung gilt aber ebenso wie für die Auslegung, dass der Fokus der Juristischen Methodenlehre auf der Rechtsfortbildung bei Gesetzen liegt. Die ergänzende Vertragsauslegung hingegen wird thematisch weitgehend der Zivilrechtsdogmatik überlassen. 4

## 2. Rechtsfortbildung und Auslegung

Lückenfüllung und Korrektur sind Arten, mit Vorhandenem umzugehen. 5 Sie setzen daher voraus, dass man sich mit dem vertraut gemacht hat, was man vorfindet. **Auslegung ist daher Voraussetzung** der Rechtsfortbildung: Rechtsfortbildung von Gesetzen setzt die Auslegung von Gesetzen voraus, ergänzende Vertragsauslegung die Auslegung des Vertrages. In diesem Sinne setzt Rechtsfortbildung das fort, was mit der Auslegung begann. Dieser Eindruck wird verstärkt dadurch, dass das Ergebnis der Rechtsfortbildung ebenso wie das der Auslegung durch juristische Argumentation einsichtig gemacht werden muss: durch eine stimmige Abfolge von Argumenten, die zu einem ausgewogenen Ergebnis führten. Gleichwohl ist Rechtsfortbildung etwas ganz anderes als Auslegung. Bei der Auslegung hat die schöpferische Leistung das Ziel, den Sinn einer Regelung zu verstehen, die ein anderer erlassen hat und die der Interpret vorfindet. Auslegung bedeutet produktiven Nachvollzug. Bei der Rechtsfortbildung besteht die schöpferische Leistung darin, selbst eine neue Regelung zu setzen. Rechtsfortbildung bedeutet produktives Weiter- und Zuendedenken. Das ist etwas ganz anderes als Nachvollzug. Rechtsfortbildung ist also zwar die Fortsetzung der Auslegung, insofern sie vollendet, was mit der Auslegung begann, aber sie ist eine Fortsetzung mit ganz anderen Mitteln.

Demgegenüber wird dieser prinzipielle Unterschied in den Hintergrund gerückt, wenn man die Rechtsfortbildung deshalb als Fortsetzung der Auslegung begreift, weil schon die Auslegung ein schöpferischer Akt sei, nur nehme in der Rechtsfortbildung der kreative

Anteil zu.[226] In der französischen Rechtstradition und dem folgend durch den Europäischen Gerichtshof etwa wird zwischen Auslegung und Rechtsfortbildung begrifflich nicht unterschieden, sondern nur pauschal der Begriff „interprétation" verwendet.[227] Auch im Detail wird die Grenze zwischen Auslegung und Rechtsfortbildung verwischt, etwa wenn teleologische Reduktion und Extension als Fälle teleologischer Auslegung angesehen werden.[228]

## II. Lücken und Lückenfüllung bei Gesetzen

### 1. Ursachen und Erscheinungsformen von Lücken

#### *a) Ursachen*

6 Kernbereich der Rechtsfortbildung ist die Ergänzung lückenhafter Gesetze. Gesetze sind stets unvollständig, d.h. sie regeln nicht alle Rechtsfragen, die sich in der Lebenswirklichkeit stellen. Dafür gibt es mehrere Gründe: Niemand, auch der Gesetzgeber nicht, ist in der Lage, jede sich stellende Rechtsfrage gedanklich vorwegzunehmen und zu beantworten. Eine Gesellschaft, die sich mit großer Geschwindigkeit ändert, wirft zudem **ständig neue Rechtsfragen** auf, die der Gesetzgeber nicht vorhersehen konnte. Für einen Teil dieser Fragen gibt es trotzdem eine gesetzliche Regelung, d.h. der Gesetzgeber hat diese Fragen beiläufig mit entschieden, als er das Gesetz formulierte. Für einen anderen Teil gilt das aber nicht. Für sie finden sich in den vorhandenen Gesetzen keine Regelungen. Ferner: Manche Fragen will der Gesetzgeber gar nicht entscheiden, obwohl er sie als an sich regelungsbedürftig erkannt hat, sondern er **lässt die Rechtsfrage offen**. Entweder findet keine der möglichen Regelungsalternativen eine parlamentarische Mehrheit, oder der Gesetzgeber entscheidet sich bewusst, eine Entscheidung (zunächst) der Rechtspraxis (d.h.: der Rechtsprechung) und der Wissenschaft zu überlassen. Der Gesetzgeber wartet ab, welcher Regelungsbedarf sich in der Praxis zeigen wird und welche Regelungsmodelle sich in Rechtsprechung und Wissenschaft durchsetzen werden. Eventuell erlässt er dann später selbst eine Regelung.

7 Statt auf eine gesetzliche Regelung ganz zu verzichten, verwendet der Gesetzgeber in der letztgenannten Konstellation zuweilen auch **unbestimmte Rechtsbegriffe** oder **Generalklauseln**.[229] Auch dann ist die nähere Ausgestaltung Rechtsprechung und Wissenschaft überlassen. Die methodischen Konsequenzen richten sich danach, wie offen die Rechtslage gehalten ist in Bezug auf die jeweils zu beantwortende Rechtsfrage: Zuweilen kann man die Rechtsfrage beantworten, indem unbestimmte Rechtsbegriffe und General-

---

[226] *Larenz*, Methodenlehre der Rechtswissenschaft, 6. Aufl. 1991, S. 367. Mit vollem Recht kritisch *Rüthers/Fischer/Birk*, Rechtstheorie, 10. Aufl. 2018, Rn. 831.

[227] *Höpfner/Rüthers*, Grundlagen einer europäischen Methodenlehre, AcP 209 (2009), 1, 5.

[228] So etwa *Bitter/Rauhut*, Grundzüge zivilrechtlicher Methodik, JuS 2009, 289, 294 f.

[229] Vgl. *Rüthers/Fischer/Birk*, Rechtstheorie, 10. Aufl. 2018, Rn. 836 ff.

klauseln im Wege der Auslegung konkretisiert werden, zuweilen müssen Regelungslücken durch konkretisierende Regelungen im Wege der Rechtsfortbildung geschlossen werden.

Schließlich sind Gesetze deshalb unvollständig, weil der Gesetzgeber gerade dadurch, dass er keine Regelung formuliert, eine Regelung treffen will. Man nennt das **beredtes Schweigen**. 8

**Beispielsweise** ist ein gemeinschaftliches Testament in §§ 2265 ff. BGB nur für Ehepartner vorgesehen. Von gemeinschaftlichen Testamenten etwa für Eltern und Kinder oder für Geschwister ist im Bürgerlichen Gesetzbuch keine Rede. Das Gesetz enthält insoweit eine Lücke, aber diese Lücke hat der Gesetzgeber mit Bedacht gelassen, weil er gemeinschaftliche Testamente nur für Ehepartner und für niemanden sonst zulassen wollte. – Man könnte daran zweifeln, ob es in einem solchen Fall überhaupt angemessen ist, von einer Lücke zu sprechen. Schließlich ist das Gesetz nur scheinbar unvollständig, in Wahrheit hat der Gesetzgeber alles, was zu regeln ist, geregelt: teils ausdrücklich, teils durch Schweigen. Der übliche Sprachgebrauch ist aber ein anderer. Ob eine Regelungslücke vorliegt und ob sie die Folge beredten Schweigens ist, sind also zwei Fragen, die unabhängig von einander behandelt werden.

Das beredte Schweigen nimmt unter den Ursachen für Regelungslücken eine Sonderstellung ein. Alle anderen Ursachen ziehen planwidrige Regelungslücken nach sich, planwidrig gemessen am (weit zu verstehenden) Regelungsplan des Gesetzgebers. An sich wollte der Gesetzgeber eine Regelung. Planwidrig bedeutet also nicht, dass dem Gesetzgeber ein konkreter Regelungsplan vor Augen stand; planwidrig ist eine Regelungslücke auch dann, wenn der Gesetzgeber von dem regelungsbedürftigen Problem überhaupt nicht wusste. Planwidrig bedeutet auch nicht, dass der Gesetzgeber die Lücke versehentlich gelassen haben muss; als planwidrig muss man auch diejenigen Regelungslücken ansehen, die der Gesetzgeber mit Absicht gelassen hat, weil er sich – freilich zu Unrecht – an einer anderweitigen Regelung gehindert sah[230] oder weil er eine Lösung gerade im Wege der Rechtsfortbildung ermöglichen wollte. Denn auch in diesen Fällen sah sein Regelungsplan (an sich) vor, dass es eine Regelung geben soll. 9

Mitnichten handelt es sich also bei planwidrigen Regelungslücken um **Versäumnisse** des Gesetzgebers. Die Lückenhaftigkeit der Rechtsordnung ist vielmehr letztlich notwendige Bedingung ihrer Abstraktion, Widerspruchsfreiheit und Komplexität: Eine lückenlose Rechtsordnung könnte nicht widerspruchsfrei sei. Für sie gilt nichts anderes, als für formale Systeme nach dem *Gödelschen* Unvollständigkeitssatz (*Kurt Gödel*, 1906–1978): sie sind entweder widersprüchlich oder unvollständig.

### *b) Erscheinungsformen*

Ob ein Gesetz eine entscheidungserhebliche Regelungslücke enthält oder ob umgekehrt die Rechtsfrage gesetzlich geregelt ist, muss durch Auslegung geklärt werden. Die Auslegung geht der Rechtsfortbildung vor (oben Rn. 5). 10

---

[230] S. *Wolff*, LMK 2011, 318374.

Ergibt die Auslegung, dass eine Regelungslücke vorliegt, kann man je nach Bezugspunkt verschiedene Erscheinungsformen von Lückenhaftigkeit benennen: Teilweise sind schon die Normen selbst nicht vollständig, d.h. es fehlen Bestandteile, die für einen Prüfmaßstab oder Verhaltensorientierung notwendig sind. Man spricht von einer **Normlücke.**[231]

Als **Beispiel** kann § 904 S. 2 BGB genannt werden. Diese Norm regelt einen Schadensersatzanspruch beim zivilrechtlichen aggressiven Notstand nach § 904 S. 1 BGB: Der Eigentümer einer Sache muss es hinnehmen, dass ein anderer auf die Sache einwirkt, um auf diese Weise eine gegenwärtige Gefahr abzuwenden, wenn der andere die Gefahr nicht anders abwenden kann und wenn der bei Nichtabwendung drohende Schaden unverhältnismäßig groß wäre gegenüber dem Schaden, der jetzt dem Eigentümer durch die Einwirkung auf seine Sache entsteht. Diesen Schaden kann der Eigentümer jedoch nach § 904 S. 2 BGB ersetzt verlangen. Die Norm bestimmt aber nicht, *von wem* der Eigentümer den Schadensersatz verlangen kann: vom Einwirkenden? vom durch die Einwirkung Begünstigten? vom Gefahrverursacher?[232] Die Antwort auf diese Frage ist dem Gesetz nicht zu entnehmen.

11 Teilweise ist das Gesetz nicht vollständig, weil es eine Regelung nicht enthält, die nach dem Regelungsplan des Gesetzgebers erforderlich wäre (d.h. die Regelung fehlt nicht aufgrund beredten Schweigens). In diesem Fall spricht man von **offenen Gesetzeslücken**.

**Beispiele:**
Erhebt man gegen einen Verwaltungsakt Anfechtungsklage, so ist diese Klage nur dann zulässig, wenn man klagebefugt ist i.S.v. § 42 Abs. 2 VwGO: Man muss geltend machen können, durch den Verwaltungsakt in eigenen Rechten verletzt zu sein. Mit anderen Worten: Nur der Betroffene kann sich gegen einen Verwaltungsakt durch Anfechtungsklage wehren. Setzt man sich gegen einen Verwaltungsakt mit einem Widerspruch zur Wehr, so findet sich keine § 42 Abs. 2 VwGO entsprechende Regelung. Ob eine Widerspruchsbefugnis erforderlich ist und welche Voraussetzungen erfüllt sein müssen, um eine Widerspruchsbefugnis zu bejahen, ist im Gesetz nicht geregelt (näher dazu unten Rn. 23).

Gemäß § 122 BGB kann man Schadensersatz verlangen, wenn man auf die Wirksamkeit einer Willenserklärung vertraut hat, die der Erklärende zwar wirksam abgegeben, aber danach berechtigterweise angefochten hat und die deshalb unwirksam ist. Hat man auf die Wirksamkeit einer Willenserklärung vertraut, die vom Erklärenden gar nicht erst wirksam abgegeben worden ist (sondern z.B. vom Sekretariat versehentlich abgesandt wurde), bedarf es keiner Anfechtung, sondern die Willenserklärung ist nie wirksam geworden. Eine § 122 BGB entsprechende Regelung, die das Vertrauen des ahnungslosen Empfängers schützt, findet sich im Gesetz jedoch nicht (näher dazu unten Rn. 23).

Wer für einen anderen als Vertreter auftritt, kann grundsätzlich nicht mit sich selbst Geschäfte machen (§ 181 BGB). Das beruht auf der Überlegung, dass der Vertreter bei einem solchen Insichgeschäft zugleich seine eigenen Interessen und die des Vertretenen wahrnehmen müsste. Das könnte zum Nachteil des Vertretenen ausgehen und wird deshalb untersagt. Keine Regelung enthält das Gesetz für den Fall, dass der Vertreter einen

---

[231] Zum Begriff *Larenz*, Methodenlehre der Rechtswissenschaft, 6. Aufl. 1991, S. 372; *Rüthers/Fischer/Birk*, Rechtstheorie, 10. Aufl. 2018, Rn. 847 ff.

[232] Vgl. nur Hk-BGB/*Schulte-Nölke*, 10. Aufl. 2019, § 904 Rn. 4 ff.

Untervertreter bestellt und mit diesem das Geschäft abschließt. Hier tritt der Vertreter nicht zugleich auf beiden Seiten in Erscheinung (näher dazu unten Rn. 23).

Grundsätzlich macht sich strafbar, wer vor Gericht die Unwahrheit sagt (falsche uneidliche Aussage oder Meineid, §§ 153, 154 StGB). Etwas anderes kann aber im sogenannten Aussagenotstand nach § 157 StGB gelten, wenn man die Unwahrheit gesagt hat, um einen Angehörigen oder sich selbst vor Strafverfolgung zu schützen. Was unter „Angehöriger" zu verstehen ist, zählt das Gesetz in § 11 Abs. 1 Nr. 1 StGB auf. Keine Regelung enthält das Gesetz für den Fall, dass nicht ein Angehöriger, sondern eine sonstige nahestehende Person vor Strafverfolgung geschützt werden soll (näher dazu unten Rn. 23).

Teilweise ist das Gesetz auch deshalb nicht vollständig, weil es zwar eine Regelung enthält, nicht jedoch die Ausnahmen, die nach dem Regelungsplan des Gesetzgebers von dieser Regelung zu machen sind (d.h. die Ausnahmeregelungen fehlen nicht aufgrund beredten Schweigens). Dann handelt es sich um **verdeckte Gesetzeslücken**. 12

**Beispielsweise** enthält das Gesetz in § 181 BGB eine Ausnahme von dem Verbot, mit sich selbst im Namen des Vertretenen Geschäfte zu machen, nur für den Fall, dass durch das Geschäft eine Verbindlichkeit erfüllt wird: Besteht die Verbindlichkeit ohnehin schon, ist nicht zu befürchten, dass Interessen des Vertretenen verletzt werden. Ob sie durch ein Insichgeschäft oder auf andere Weise erfüllt wird, spielt für den Vertretenen keine Rolle. Für den Fall, dass das Geschäft für den Vertretenen allein rechtlich vorteilhaft ist (z.B. weil ihm etwas geschenkt wird), enthält das Gesetz aber keine solche Ausnahme.

In diese Kategorie dürften auch Regelungslücken fallen, die darin bestehen, dass das Gesetz in einer Situation, in der Rechtsprinzipien oder Rechtsnormen miteinander kollidieren, **keine Vorrangregel** enthält. *Karl Larenz* ordnet diesen Konstellationen die „Güterabwägung im Einzelfall" als „eine Methode der Rechtsfortbildung" zu[233]; eine Güterabwägung ist aber in jeder juristischen Argumentation von Nöten (oben § 7 Rn. 1, 45), auch in jeder Rechtsfortbildung. Sie ist keine besondere Methode.[234]

Schließlich ist zuweilen nicht bloß das einzelne Gesetz, sondern die Gesetze insgesamt sind unvollständig, wenn sie einen ganzen Bereich ungeregelt lassen oder wenn sie für ein Rechtsinstitut gar keine Regelungen enthalten. Während die Planwidrigkeit einer Gesetzeslücke vom Regelungsplan des Gesetzgebers abhängt, kann die Planwidrigkeit einer solchen **Rechtslücke** (Gebietslücke) nur durch Rückgriff auf die der Rechtsordnung insgesamt zugrunde liegenden Rechtsprinzipien bestimmt werden. 13

Als **Beispiele** für eine Rechtslücke kann man das Arbeitskampfrecht nennen, aber auch die Sicherungsübereignung, d.h. die Übertragung von Eigentum an einen Kreditgeber zu dem Zweck, ihn gegen Rückzahlungsschwierigkeiten abzusichern.

Weil sich Rechtslücken deshalb nicht mit der gleichen Sicherheit feststellen lassen wie Gesetzeslücken, will *Karl Larenz* etwa auf den Begriff der Rechtslücke verzichten, und die Rechtsfortbildung in diesen Konstellationen als gesetzesübersteigende Rechtsfortbildung

[233] *Larenz*, Methodenlehre der Rechtswissenschaft, 6. Aufl. 1991, S. 404 ff.

[234] *Rückert*, Abwägung – die juristische Karriere eines unjuristischen Begriffs, JZ 2011, 913 ff.

ansehen.[235] Anders als dort geht es hier aber um die Ergänzung, nicht um die Korrektur der Gesetze. Das spricht dafür, am Begriff der Rechtslücke festzuhalten.

## Grafik: Regelungslücken

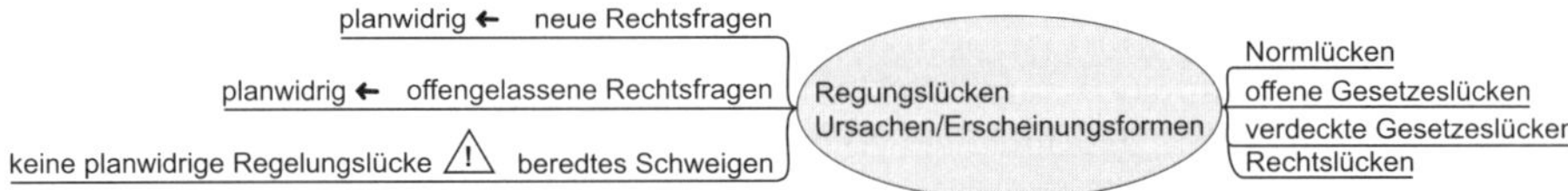


## 2. Legitimität von Lückenfüllung

14 Füllt man die Lücke im Gesetz mit einer neuen Regelung, betätigt man sich als **Ersatzgesetzgeber**: Man fügt zum Gesetz eine neue Regelung hinzu, und zwar eine generell-abstrakte Regelung mit intersubjektiver Verbindlichkeit, eine Rechtsnorm. Generell-abstrakt ist die Regelung, weil sie nicht nur beansprucht, für den konkreten Fall zwischen den individuell Betroffenen eine intersubjektiv verbindliche Regelung zu sein. Sie erhebt vielmehr zugleich den Anspruch, die Lücke mit intersubjektiver Verbindlichkeit in gleicher Weise auch für jeden anderen gleich gelagerten Fall zu füllen. Wer die Lücke im Gesetz füllt, setzt also an Stelle des Gesetzgebers ein neues Gesetz.

Das Bundesverfassungsgericht hat in diesem Zusammenhang einmal von **schöpferischer Rechtsfindung**[236] geschrieben, diesen Begriff aber selbst in Anführungszeichen gesetzt: Lückenfüllung ist eine schöpferische Tätigkeit. Sie ist Rechtsfindung nur insofern, als zugleich mit der Rechtsfortbildung das gefunden wird, was im Einzelfall auf der Grundlage des jetzt ergänzten Gesetzes als Recht zu sprechen ist.

### *a) Legitimität im Verhältnis zum Gesetzgeber*

15 Dass eine Ersatzgesetzgebung im Verhältnis zum Gesetzgeber (staats- und demokratietheoretisch sowie verfassungsrechtlich) an sich legitim ist, ergibt sich bereits daraus, dass es dem Gesetzgeber freigestanden hätte, die gesetzliche Lücke selbst zu füllen, und dass es ihm freisteht, sie für die Zukunft selbst auf andere Weise zu schließen. Bis dahin ist es **Teil rechtsprechender Gewalt** im Sinne von Art. 92 GG und gehört daher zu den Befugnissen der Rechtsprechung, die Lücke zu schließen, wenn es darauf für eine gerichtliche Entscheidung ankommt. Die Ermächtigung zur Ausübung rechtsprechender Gewalt umfasst die Ermächtigung zur Rechtsfortbildung.[237]

In diesem Zusammenhang wird teilweise die Frage gestellt, ob Art. 20 Abs. 3 GG ein Nebeneinander von „Gesetz" und „Recht" vorschreibe, das der Gesetzgeber zu respektieren habe, wenn er eine Regelungslücke für die Zukunft auf andere Weise als die in

---

[235] *Larenz*, Methodenlehre der Rechtswissenschaft, 6. Aufl. 1991, S. 375 ff.

[236] BVerfGE 34, 269, 287 = NJW 1973, 1221.

[237] Zu Recht weist *Ulrike Lembke*, Einheit aus Erkenntnis?, 2007, S. 261 f. darauf hin, dass es jedoch nicht genügen würde, Art. 92 GG als eine bloße Zuständigkeitsregel zu lesen.

richterlicher Rechtsfortbildung gefundene schließen will. Das wird man mit Blick auf die Bindung des Gesetzgebers an die Verfassung (und nicht: an die Verfassung und Recht im Sinne eines Richterrechts, dazu unten § 13 Rn. 17) verneinen dürfen. Eine andere Frage ist, ob der Gesetzgeber rechtspolitisch zweckmäßig handelt.[238]

*b) Legitimität im Verhältnis zu den Normadressaten*

Weniger leicht ist die Legitimationsfrage im Verhältnis zu den Normadressaten beantwortet. Im Verhältnis zu den Normadressaten trifft die Entscheidung über die Lückenfüllung letztlich die Rechtsprechung. Dass sie dazu an sich befugt ist, hat der Gesetzgeber aber in den **Verfahrensordnungen** selbst klargestellt. **16**

Vgl. etwa die Regelungen in §§ 543 Abs. 2 S. 1 Nr. 2, 574 Abs. 2 Nr. 2, 577 Abs. 6 S. 3 ZPO, § 45 Abs. 4 ArbGG, § 11 Abs. 4 VwGO, § 41 Abs. 4 SGG, §§ 11 Abs. 4, 115 Abs. 2 Nr. 2 FGO sowie § 132 Abs. 4 GVG. – Das hilft freilich in den Fällen nicht weiter, in denen aus verfassungsrechtlichen Gründen eine Regelung gerade durch den parlamentarischen Gesetzgeber erforderlich ist (Vorbehalt des Gesetzes[239]).

Verbreitet wird auch angenommen, die Legitimität der Rechtsfortbildung ergebe sich bereits aus dem der Rechtsprechung auferlegten **Rechtsverweigerungsverbot**: Die Rechtsprechung darf es nicht ablehnen, einen ihr zur Entscheidung vorgelegten Fall zu entscheiden. Findet sich für diesen Fall keine gesetzliche Regelung, bleibe der Rechtsprechung zuweilen gar nichts anderes übrig, als auf der Grundlage einer Rechtsfortbildung zu entscheiden.[240] Das beruht allerdings auf der Prämisse, im Fall einer Regelungslücke sei es die einzig mögliche Reaktion, die lückenhafte Regelung im Wege der Rechtsfortbildung zu ergänzen. Zwingend ist das jedoch nicht. Das sieht man daran, dass nur planwidrige Regelungslücken im Wege der Rechtsfortbildung geschlossen werden dürfen. Plangemäße Regelungslücken dürfen nicht geschlossen werden. Es gibt also Regelungslücken, die auch dann, wenn sie bestehen bleiben, einer Entscheidung des Falls nicht im Wege stehen. Das bedeutet im Umkehrschluss, dass das Rechtsverweigerungsverbot jedenfalls nicht jede Rechtsfortbildung legitimieren kann. – Auch auf eine Normlücke wie in § 904 S. 2 BGB (oben Rn. 10) muss man nicht mit Rechtsfortbildung reagieren.[241] Man könnte sich auch auf den Standpunkt stellen, eine Anspruchsnorm, die keinen Schuldner angibt, sei keine hinreichende Anspruchsgrundlage, um irgendeinen Beklagten als Schuldner zu verurteilen, d.h. § 904 S. 2 BGB wäre wegen Verstoßes gegen das Rechtsstaatsprinzip unwirksam oder führe jedenfalls praktisch niemals zur Verurteilung eines Beklagten. **17**

## 3. Verfassungsrechtliche Vorgaben für die Lückenfüllung

Sowohl im Verhältnis zum Gesetzgeber wie gegenüber den Normadressaten ist Rechtsfortbildung von Gesetzen aber – nicht anders als die Auslegung von **18**

---

[238] Vgl. hierzu *Fleischer/Wedemann*, Kodifikation und Derogation von Richterrecht, AcP 209 (2009), 597, 617 ff.; *K. Schmidt*, Gesetzgebung und Rechtsfortbildung im Recht der GmbH und der Personengesellschaften – Zur Aufgabenteilung zwischen Gesetzgebung, Justiz und Wissenschaft, JZ 2009, 10, 12.

[239] *Schulze-Fielitz*, in: Dreier (Hrsg.), GG, 3. Aufl. 2015, Art. 20 (Rechtsstaat) Rn. 104. Allgemein zum Vorbehalt des Gesetzes *Maurer*, Staatsrecht I, 6. Aufl. 2010, § 8 Rn. 19 ff.

[240] *Rüthers/Fischer/Birk*, Rechtstheorie, 10. Aufl. 2018, Rn. 823.

[241] So aber *Rüthers/Fischer/Birk*, Rechtstheorie, 10. Aufl. 2018, Rn. 866.

Gesetzen (oben § 7 Rn. 4) – eine verfassungsrechtliche Frage: Sie bestimmt über die Stellung des Gesetzgebers in der **Staatsorganisation**. Die Rechtsprechung, die letzten Endes über die Rechtsfortbildung ebenso wie über die Auslegung von Gesetzen zu entscheiden hat, ist dabei an Gesetz und Recht (und damit auch an die Verfassung) sowie an die Grundrechte gebunden (Art. 1 Abs. 3, 20 Abs. 3, 97 Abs. 1 GG). Das bedeutet zunächst, dass ein Gesetz nur dann im Wege der Rechtsfortbildung ergänzt werden darf, wenn überhaupt eine Lücke vorliegt und wenn diese Lücke auch planwidrig ist. Man darf nicht durch Rechtsfortbildung seine eigenen Vorstellungen von einem vollständigen Gesetz über diejenigen des Gesetzgebers stellen. Lücken, die der Gesetzgeber durch beredtes Schweigen gelassen hat, dürfen nicht im Wege der Rechtsfortbildung geschlossen werden, weil sich die Rechtsfortbildung dann über die vom Gesetzgeber selbst getroffenen Regelungsentscheidungen hinwegsetzen würde. Gebunden ist die Rechtsprechung an Wertentscheidungen des Gesetzgebers aber nur im Rahmen der Verfassung. Ist eine Regelungsentscheidung mit verfassungsrechtlichen Wertungen, insbesondere Grundrechten, unvereinbar, ist eine verfassungskonforme Rechtsfortbildung erforderlich.

Ihre **Grenzen** findet die verfassungskonforme Rechtsfortbildung ihrerseits in der Verfassung, d.h. vor allem im Verwerfungsmonopol des Bundesverfassungsgericht: Nachkonstitutionelle Gesetze, die ein Gericht für verfassungswidrig hält, darf es nicht einfach übergehen, sondern muss es dem Bundesverfassungsgericht zur Prüfung vorlegen (Art. 100 Abs. 1 GG, sogenannte konkrete Normenkontrolle). Nur das Bundesverfassungsgericht darf aussprechen, dass ein Gesetz verfassungswidrig ist.

Entsprechend der verfassungskonformen Rechtsfortbildung ist – wiederum in den Grenzen der Verfassung – eine unionsrechtskonforme Rechtsfortbildung erforderlich, wenn eine Regelungsentscheidung mit unmittelbar geltendem Unionsrecht unvereinbar ist. Umgekehrt sind die Befugnisse zur Rechtsfortbildung nicht weitreichender, wenn die Umsetzung unionsrechtlicher Richtlinien ansteht.[242]

19 Sodann muss am Maßstab der Verfassung geprüft werden, ob und mit welchem Inhalt eine Lückenfüllung überhaupt möglich ist. Ein **verfassungsrechtliches Verbot**, planwidrige Regelungslücken zu füllen, besteht vor allem dann, wenn eine solche Rechtsfortbildung dazu führen würde, dass ein Verhalten strafbar wäre, das ohne Rechtsfortbildung nicht mit Strafe bedroht sein würde. Das Grundgesetz schreibt dem Gesetzgeber in Art. 103 Abs. 2 GG vor (und der Gesetzgeber hat es in § 1 StGB selbst wiederholt), dass eine Tat nur bestraft werden kann, wenn die Strafbarkeit gesetzlich bestimmt war, bevor die Tat begangen wurde.

Das soll es dem Bürger ermöglichen, zumindest in groben Umrissen selbst zu erkennen, welches Verhalten strafbar ist und welches nicht (vgl. oben § 5 Rn. 10).

20 Kommt eine Lückenfüllung verfassungsrechtlich in Betracht (das „Ob“ der Lückenfüllung), müssen die **Wertentscheidungen der Verfassung**, insbeson-

---

242 BVerfG NJW 2012, 669 Rn. 46 ff.

dere die Grundrechte, weiter dann beachtet werden, wenn es darum geht, unter mehreren Möglichkeiten der Lückenfüllung die vorzugswürdige auszuwählen (das „Wie“ der Lückenfüllung). Auch hier unterliegt die Rechtsprechung der Bindung an die Verfassung. Wenn es um die Frage geht, durch welche Regelung die planwidrige Regelungslücke zu schließen ist, müssen ferner die vom Gesetzgeber selbst bereits gezogenen Grenzen eingehalten werden. Die Rechtsfortbildung darf sich zu **gesetzlichen Wertungen**, die im Gesetz an anderer Stelle zum Ausdruck kommen, nicht in Widerspruch setzen. Innerhalb dieser Grenzen muss unter mehreren Möglichkeiten der Lückenfüllung dann die Regelung gefunden werden, die sich am besten in das gesetzgeberische Regelungskonzept einfügt, wie es im Gesetz zum Ausdruck kommt. Die Regelung, die die geringsten Wertungswidersprüche und Systembrüche mit sich bringt, verdient den Vorzug. Das Gesetz, wie es der Rechtsfortbildung zugrunde liegt, muss weiter- und zu Ende gedacht werden.

### 4. Argumentationsmuster zur Lückenfüllung

Diese allgemeinen Anforderungen an eine methodisch korrekte Rechtsfort- 21
bildung zur Lückenfüllung lassen sich in verschiedenen Argumentationsmustern konkretisieren. Die drei wichtigsten von ihnen sind die **analoge Anwendung** einer Rechtsnorm, die **teleologische Extension** einer Rechtsnorm und die **teleologische Reduktion** einer Rechtsnorm.

Überwiegend werden zu den Argumentationsmustern der Lückenfüllung auch Erst-recht-Schluss und Umkehrschluss gezählt. Das ist ungenau: Diese Standardargumente (dazu oben § 7 Rn. 59 ff.) kommen erst *innerhalb* einer Analogie, einer teleologischen Extension oder einer teleologischen Reduktion zum Tragen, und zwar dann, wenn deren Prämissen durch juristische Argumentation einsichtig gemacht werden sollen.

Kommt keine Rechtsnorm für eine analoge Anwendung, eine teleologische Extension oder eine teleologische Reduktion in Betracht – was insbesondere bei Rechtslücken der Fall sein kann –, bedeutet das keineswegs, dass die Regelungslücke nicht trotzdem gefüllt werden könnte. Nur kann dann nicht mit einem dieser Argumentationsmuster begründet werden, mit welcher Regelung die Lücke zu füllen ist, sondern diese Begründung muss ohne ein solches Muster gefunden werden (zu einem Beispiel vgl. unten Rn. 49).

#### *a) Lückenfüllung durch analoge Anwendung*

Eine planwidrige Regelungslücke kann dadurch geschlossen werden, dass 22
eine andere Regelung analog angewendet wird. Analoge Anwendung bedeutet, dass die Rechtsnorm **über ihren eigentlichen Anwendungsbereich hinaus** zur Anwendung kommt. Der fragliche Sachverhalt liegt nicht im eigentlichen Anwendungsbereich der Rechtsnorm, weil die tatbestandlichen Voraussetzungen der Rechtsnorm nicht erfüllt sind. Die Rechtsnorm kann daher nicht unmittelbar angewendet werden. Die analoge Anwendung der Rechtsnorm führt aber dazu, dass die von der Rechtsnorm vorgesehenen Rechtsfolgen

gleichwohl eintreten. Das rechtfertigt sich aus dem hinter der Rechtsnorm stehenden Rechtsprinzip bzw. der wertenden Entscheidung zwischen mehreren konfligierenden Rechtsprinzipien (oben § 5 Rn. 38). Diese Bewertung, auf der die Rechtsnorm beruht, lässt sich auf den fraglichen Sachverhalt übertragen. Das hat zur Folge, dass sich auch die Rechtsfolge auf den fraglichen Sachverhalt übertragen lässt – obwohl die tatbestandlichen Voraussetzungen, von denen die Rechtsfolge an sich abhängt, gar nicht vorliegen. Aber die Interessenlage ist die gleiche. Der zu entscheidende Fall ist deshalb auch vergleichbar zu bewerten wie der bereits geregelte Fall.

23 **Beispiele:**

Im Verwaltungsprozessrecht etwa wird § 42 Abs. 2 VwGO (oben Rn. 11) im Widerspruchsverfahren analog angewendet. Das bedeutet, dass ein Widerspruch gegen einen Verwaltungsakt unzulässig ist, wenn der Widersprechende nicht geltend machen kann, durch den Verwaltungsakt in eigenen Rechten verletzt zu sein. Unmittelbar ergibt sich das nicht aus § 42 Abs. 2 VwGO, denn dort ist von der Unzulässigkeit einer Klage, nicht eines Widerspruchs die Rede. Aber auf einen Widerspruch lässt sich § 42 Abs. 2 VwGO analog anwenden, weil der ihm zugrunde liegende Rechtsgedanke im Widerspruchsverfahren nicht anders gilt als bei einer Anfechtungsklage: Nur der Betroffene kann sich gegen einen Verwaltungsakt wehren.

§ 122 BGB (oben Rn. 11) wird auf den Fall der versehentlich abgesendeten Willenserklärung analog angewendet. Obwohl also dessen Tatbestandsvoraussetzungen „Anfechtung einer Willenserklärung nach §§ 119, 120 BGB" nicht erfüllt sind, greift die Rechtsfolge ein: Der Erklärungsempfänger kann Schadensersatz verlangen, wenn er auf die Wirksamkeit der Willenserklärung vertraut hat. Der Rechtsgedanke des § 122 BGB ist auf die Konstellation der versehentlich abgesendeten Willenserklärung in gleicher Weise anwendbar.

§ 181 BGB (oben Rn. 11) wird auf den Fall der Untervertretung analog angewendet. An sich liegt kein verbotenes Insichgeschäft vor, denn der Vertreter tritt nicht zugleich auf beiden Seiten in Erscheinung. Die Gefahr einer Interessenkollision besteht aber in gleicher Weise wie bei einem Insichgeschäft. Das Verbot des § 181 BGB erfasst in analoger Anwendung daher auch das Geschäft zwischen Vertreter und Untervertreter.

§ 157 StGB (oben Rn. 11) wird von einem Teil des Schrifttums auf nahestehende Personen, die nicht zu den Angehörigen gehören, analog angewendet. Das Motiv, die einem selbst nahestehende Person vor Strafverfolgung zu schützen, verdient Beachtung unabhängig von der verwandtschaftlichen Beziehung. Auch in der ähnlichen Situation des entschuldigenden Notstandes werden Angehörige und andere nahestehende Personen gleich behandelt (§ 35 Abs. 1 S. 1 StGB). Die Rechtsprechung lehnt diese Analogie hingegen aus Gründen der Rechtssicherheit ab und verweist dazu auf einen Umkehrschluss aus § 35 Abs. 1 S. 1 StGB (eine petitio principii, vgl. oben § 7 Rn. 79 f.).[243]

24 In Kurzform kann man die Voraussetzungen für eine analoge Anwendung einer Rechtsnorm so zusammenfassen: Eine Rechtsnorm kann analog angewendet werden, wenn (1) eine **planwidrige Regelungslücke** vorliegt, (2) **kein Analogieverbot** besteht, wie z.B. Art. 103 Abs. 2 GG, und (3) die **Interessenlage vergleichbar** ist. Liegen diese Voraussetzungen vor, ist die

---

[243] Zum Streitstand *Geppert*, Grundfragen der Aussagedelikte (§§ 153 ff. StGB), Jura 2002, 173, 180 m.w.N.

Rechtsfortbildung durch analoge Anwendung einer Rechtsnorm methodisch zureichend legitimiert.

Die Schritte (1) und (2) begründen die Analogiefähigkeit der Norm, Schritt (3) die Analogiefähigkeit des Sachverhalts.[244]

**Grafik: Lückenfüllung durch analoge Anwendung**

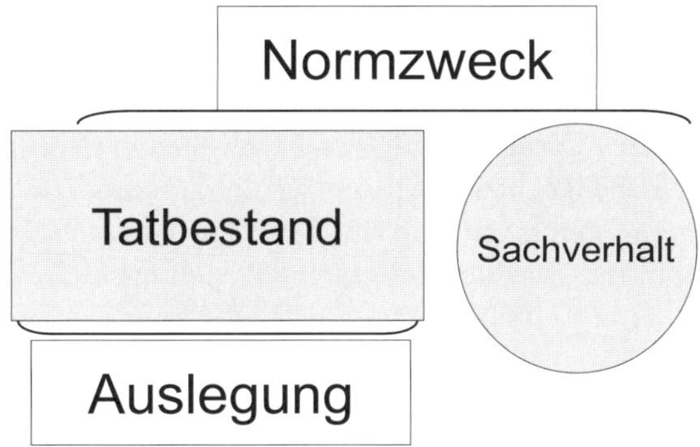


Dass diese Voraussetzungen vorliegen – mit anderen Worten: dass die Lückenfüllung auf wahren Prämissen beruht – muss durch **juristische Argumentation** einsichtig gemacht werden: durch eine stimmige Abfolge von Argumenten, die zu einem ausgewogenen Ergebnis führt. Der Verweis auf die analoge Anwendung und ihre Voraussetzungen, also auf das Argumentationsmuster und seine methodischen Implikationen, ersetzt nicht die Argumente, die dafür und dagegen sprechen, eine Rechtsfortbildung durch analoge Anwendung vorzunehmen. 25

Teilweise wird noch begrifflich unterschieden, ob es eine einzelne Rechtsnorm ist, die die im Zuge der Analogie anwendbare Rechtsfolge enthält (Gesetzesanalogie) oder ob mehrere Rechtsnormen dieselbe Rechtsfolge vorsehen, die in ihrer Gesamtheit zur Lückenfüllung herangezogen und analog angewendet werden (Rechtsanalogie oder Gesamtanalogie). Die methodischen Voraussetzungen unterscheiden sich aber nicht. 26

Dabei ist zu beachten, dass aus der Vergleichbarkeit der Interessenlage, wie sie im nicht gesetzlich geregelten Sachverhalt besteht, gegenüber der Interessenlage, die einer tatbestandlich nicht anwendbaren gesetzlichen Regelung zugrunde liegt, nicht auf die Planwidrigkeit einer Regelungslücke rückgeschlossen werden darf[245] – die Ungleichbehandlung von Sachverhalten, in denen vergleichbare Interessenlagen bestehen, kann durchaus dem Regelungsplan des Gesetzgebers entsprechen; sollte der Gesetzgeber damit seinen verfassungsrechtlichen Spielraum überschreiten, ist die Konsequenz die Verfassungswidrigkeit des Gesetzes, nicht die Befugnis der Fachgerichte zur planwidrigen Rechtsfortbildung – aber auch nicht geschlossen werden muss, weil es für die Feststellung der planwidrigen Regelungslücke genügt, sich zu vergewissern, dass dem Gesetz für den zu entscheidenden Fall

[244] *Luther*, Die juristische Analogie, Jura 2013, 449 ff.

[245] Gegenteilige Tendenz bei *Kuhn*, Argumentation bei Analogie und teleologischer Reduktion in der zivilrechtlichen Klausurpraxis, JuS 2016, 104 ff.

keine Regelung zu entnehmen ist: weder positiv (sondern der Fall trifft auf eine Regelungslücke) noch negativ (durch beredtes Schweigen, sondern die Regelungslücke ist planwidrig).

*b) Lückenfüllung durch teleologische Extension*

27 Nicht auf einem Vergleich von Interessenlagen, sondern auf dem Sinn und Zweck der Rechtsnorm selbst beruht die teleologische Extension einer Rechtsnorm: Hier wird nicht die Rechtsfolge bejaht, obwohl die tatbestandlichen Voraussetzungen gar nicht vorliegen, sondern **an die gegebenen tatbestandlichen Voraussetzungen wird eine andere Rechtsfolge** geknüpft, als es das Gesetz selbst vorsieht. Diese Verknüpfung rechtfertigt sich dadurch, dass die im Gesetz vorgesehene Rechtsfolge gemessen am Sinn und Zweck des Gesetzes (griech. telos) zu eng gefasst ist und im Wege einer teleologischen Extension erweitert werden muss, um eine planwidrige Regelungslücke zu schließen und den Normzweck zu verwirklichen.

28 **Beispielsweise** bestimmt das Gesetz in § 844 Abs. 2 BGB den Umfang der Schadensersatzpflicht wegen Tötung eines Menschen: Wem durch die Tötung ein Unterhaltspflichtiger genommen wird, dem ist der entgangene Unterhalt zu ersetzen, und zwar für die mutmaßliche Lebensdauer des Getöteten. Damit kann aber ein wesentlicher Schadensposten unausgeglichen bleiben. Möglicherweise hätte der Getötete nämlich, wäre er nicht getötet worden, während seines Lebens einen Rentenanspruch erarbeitet, der nach seinem späteren Tod auch dem Hinterbliebenen (z.B. der Witwe) zugute gekommen wäre. Eine solche entgangene Rente ist von § 844 Abs. 2 BGB nicht erfasst. Der Sinn und Zweck des Gesetzes besteht aber nicht darin, einen solchen Schadensposten auszunehmen. Es handelt sich um eine planwidrige Regelungslücke. Deshalb ist eine teleologische Extension dahingehend geboten, dass der Täter auch diesen Schadensposten zu ersetzen hat.[246]

**Grafik: Lückenfüllung durch teleologische Extension**

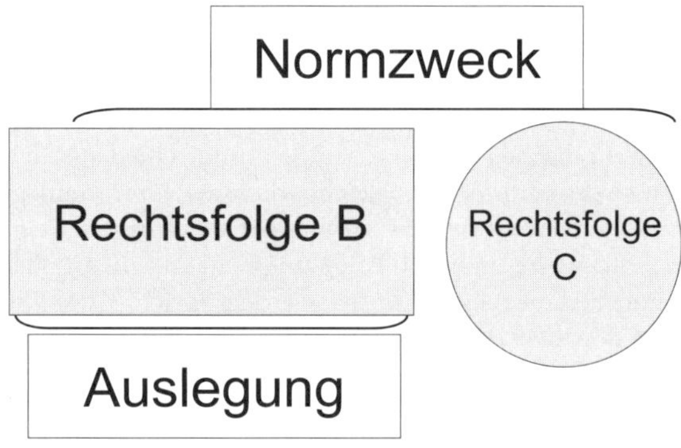


29 Methodisch ist die teleologische Extension der analogen Anwendung in mancher Hinsicht ähnlich, in anderer Hinsicht unterscheidet sie sich grundlegend von ihr. Der grundlegende **Unterschied zur analogen Anwendung** be-

[246] Vgl. BGHZ 32, 246 = NJW 1960, 1200.

steht in Folgendem: Die teleologische Extension lässt nicht die Rechtsfolge der betreffenden Norm in einer Konstellation eintreten, die nicht unter den Tatbestand der betreffenden Norm subsumiert werden kann, sondern sie verknüpft den Tatbestand der betreffenden Norm mit einer ganz anderen Rechtsfolge.

Wegen dieses Unterschiedes sollte man eine teleologische Extension nicht damit begründen, der Normtatbestand sei zu eng gefasst, und sie dann als Untergruppe der Analogie einordnen.[247] Man sollte auch nicht davon sprechen, es werde eine Regelung auf einen Sachverhalt erstreckt, den sie ihrem möglichen Wortsinn nach nicht mit umfasse.[248] Vielmehr ist festzuhalten, dass die teleologische Extension ausschließlich den Tatbestand der Norm mit einer weiter ausgreifenden Rechtsfolge verknüpft, also ausschließlich die Rechtsfolgenseite der Norm betrifft.[249]

Die **Verwandtschaft zur analogen Anwendung** besteht darin, dass so- 30
wohl die analoge Anwendung wie auch die teleologische Extension dazu führen, dass Rechtsnormen nicht unmittelbar (direkt), sondern entsprechend (sinngemäß) angewendet werden. Daher ist eine teleologische Extension auch nur in den gleichen Grenzen zulässig, die einer Analogie gezogen sind: Wo ein Analogieverbot besteht, ist auch für eine teleologische Extension kein Raum.

Weil nach Art. 103 Abs. 2 GG, § 1 StGB eine Tat nur bestraft werden kann, wenn die Strafbarkeit gesetzlich bestimmt war, bevor die Tat begangen wurde, kommt zur Begründung der Strafbarkeit eine teleologische Extension nicht in Betracht.

Rein logisch lässt sich das gleiche Regelungsergebnis auf verschiedenen methodischen Wegen erzielen: Anstatt die den Anspruch auf Ersatz der entgangenen Rente § 844 Abs. 2 BGB in teleologischer Extension zu entnehmen, ließe sich auch eine Norm, die einen solchen Ersatzanspruch für andere Fälle vorsieht, auf den Fall der Tötung analog anwenden. Weil es eine solche Norm im BGB aber nicht gibt, scheidet eine Analogie aus, und es bleibt nur der Weg über die teleologische Extension.

Ebenso wie die analoge Anwendung auf der Prämisse beruht, der einer 31
Rechtsnorm zugrunde liegende Rechtsgedanke trage die analoge Anwendung, so beruht die teleologische Extension auf der Prämisse, der Sinn und Zweck der Rechtsnorm trage die teleologische Extension. Dass diese Voraussetzung vorliegt – mit anderen Worten: dass die Lückenfüllung auf wahren Prämissen beruht – muss durch juristische Argumentation einsichtig gemacht werden (vgl. oben § 7 Rn. 45 ff.).

### c) Lückenfüllung durch teleologische Reduktion

Eine planwidrige Regelungslücke kann außer durch analoge Anwendung 32
oder teleologische Extension einer Rechtsnorm auch dadurch geschlossen werden, dass eine Rechtsnorm teleologisch reduziert wird. Eine Rechtsnorm muss teleologisch reduziert werden, wenn ihre tatbestandlichen Voraussetzungen zwar gegeben sind, so dass die Rechtsfolge an sich eintreten würde, wenn

247 So etwa *Rüthers/Fischer/Birk*, Rechtstheorie, 10. Aufl. 2018, Rn. 904.
248 So *Larenz*, Methodenlehre der Rechtswissenschaft, 6. Aufl. 1991, S. 398 f.
249 Wie hier auch *Meier/Jocham*, Rechtsfortbildung, JuS 2016, 392, 394.

der Eintritt der **Rechtsfolge aber dem Sinn und Zweck der Rechtsnorm widerspräche**. Mit anderen Worten: die tatbestandlichen Voraussetzungen der Rechtsnorm sind zu weit gefasst. Es lassen sich mehr Sachverhalte unter den Tatbestand subsumieren, als dies nach Sinn und Zweck der Rechtsnorm der Fall sein dürfte. Im Wege der teleologischen Reduktion wird der Anwendungsbereich der Rechtsnorm so verkleinert, bis sich Anwendungsbereich und Normzweck decken.

33 **Beispiel:** So ist etwa der Tatbestand von § 181 BGB (vgl. oben Rn. 11, 23) in dem Sinne zu weit formuliert, dass das Verbot des Insichgeschäfts auch dann gilt, wenn das Geschäft für den Vertretenen allein rechtlich vorteilhaft ist. Ein solches Verbot ist mit dem Sinn und Zweck des § 181 BGB, die Interessen des Vertretenen zu schützen, nicht vereinbar. Daher ist § 181 BGB teleologisch insoweit zu reduzieren, dass das Verbot des Insichgeschäfts dann nicht gilt, wenn das Geschäft für den Vertretenen allein rechtlich vorteilhaft ist.

### Grafik: Lückenfüllung durch teleologische Reduktion

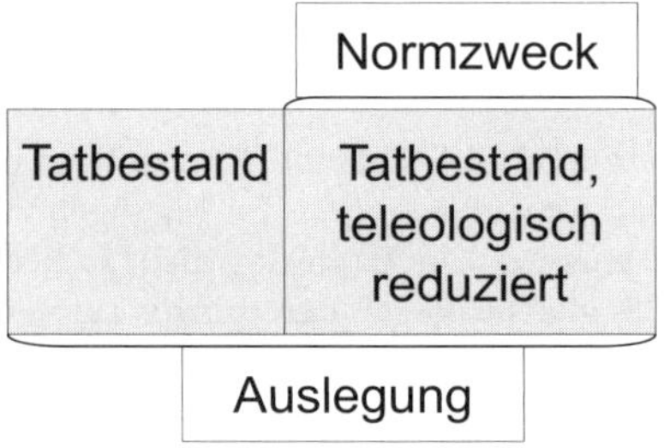


34 Es handelt sich also um ein **Spiegelbild** der Analogie: Dort tritt eine Rechtsfolge ein, obwohl die tatbestandlichen Voraussetzungen der Rechtsnorm an sich nicht vorliegen – die Rechtsnorm wird aber analog angewandt. Gleiches muss gleich behandelt werden. Hier tritt eine Rechtsfolge *nicht* ein, obwohl die tatbestandlichen Voraussetzungen der Rechtsnorm an sich vorliegen – die Rechtsnorm wird aber teleologisch reduziert. Ungleiches muss ungleich behandelt werden. Man spricht auch von Gegenanalogie. Gleichzeitig handelt es sich auch um ein Spiegelbild der teleologischen Extension: Dort tritt unter den vorgesehenen tatbestandlichen Voraussetzungen aus Gründen des Normzwecks eine andere Rechtsfolge ein, als es die Norm an sich vorsieht. Hier sind aus Gründen des Normzwecks engere tatbestandliche Voraussetzungen zu erfüllen, als sie die Norm an sich vorsieht, damit die vorgesehene Rechtsfolge eintritt.

Das **Beispiel** des § 181 BGB zeigt, dass eine Norm zugleich in der einen Hinsicht analog anzuwenden und in der anderen Hinsicht teleologisch zu reduzieren sein kann: Hinsichtlich der Untervertretung ist § 181 BGB zu eng formuliert, so dass eine analoge Anwendung notwendig ist, hinsichtlich für den Vertretenen allein rechtlich vorteilhafter Geschäfte ist § 181 BGB zu weit formuliert, so dass es einer teleologischen Reduktion bedarf.

Da es sich bei analoger Anwendung, teleologischer Extension und teleologischer Reduktion um funktional äquivalente Argumentationsmuster handelt, kann jedes von ihnen das gleiche Resultat begründen. Es kommt nur auf die jeweilige Ausgangslage an. 35

Dass mit analoger Anwendung und teleologischer Extension das gleiche Ergebnis erzielt werden kann, wurde bereits gezeigt (oben Rn. 30). Für eine teleologische Reduktion gilt nichts anderes. **Beispiel:** Statt § 181 BGB in den Konstellationen des für den Vertretenen allein rechtlich vorteilhaften Geschäftes teleologisch zu reduzieren, könnte man auch eine Rechtsnorm analog anwenden, die eine Ausnahme von § 181 BGB für eine andere Konstellation vorsieht. Ebenso könnte man bei einer anderen Norm, die an rechtlich vorteilhafte Geschäfte bestimmte Rechtsfolgen knüpft, eine teleologische Extension vornehmen. Weil es solche Normen aber nicht gibt, bleibt im Ergebnis nur der Weg der teleologischen Reduktion. – Weiteres Beispiel: Ebenso wie eine strafbegründende Analogie ist eine teleologische Reduktion von Rechtfertigungsgründen verboten.[250]

Ebenso wie die teleologische Extension beruht auch die teleologische Reduktion auf der Prämisse, der Sinn und Zweck der Rechtsnorm trage die teleologische Reduktion. Dass diese Voraussetzung vorliegt – mit anderen Worten: dass die Lückenfüllung auf wahren Prämissen beruht – muss durch juristische Argumentation einsichtig gemacht werden (vgl. oben § 7 Rn. 45 ff.). 36

Diskutiert wird, ob eine teleologische Reduktion nicht nur auf den Normzweck der anzuwendenden Rechtsnorm, sondern auch darauf gestützt werden kann, dass andernfalls der Normzweck einer *anderen* Rechtsnorm nicht erreicht werden könnte. Als Beispiel wird § 139 BGB genannt. Diese Vorschrift kann zur Nichtigkeit eines gesamten Rechtsgeschäfts führen, wenn einzelne Teile des Rechtsgeschäfts nichtig sind (wenn also z.B. eine einzelne Vertragsklausel unwirksam ist). Zuweilen beruht das auf besonderen Schutzvorschriften (beispielsweise können für Wohnraummiete Gewährleistungsrechte des Mieters nicht ausgeschlossen werden, § 536 Abs. 4 BGB). Kommt es wegen solcher Schutzvorschriften zur Teilnichtigkeit, ist die Anwendung von § 139 BGB oft nicht im Interesse des Geschützten: Ist das Geschäft insgesamt nichtig, verliert er auch alle Vorteile aus dem Geschäft. Aus Sicht der Schutzvorschrift gibt es für eine Gesamtnichtigkeit kein Bedürfnis, weil die unzumutbaren Nachteile bereits durch die Teilnichtigkeit beseitigt sind. Aus diesem Normzweck der Schutzvorschrift wird gefolgert, § 139 BGB sei teleologisch zu reduzieren.[251] Für diese teleologische Reduktion muss man aber nicht auf den Normzweck der Schutzvorschrift zurückgreifen, man kann sie vielmehr auch auf § 139 BGB selbst stützen. Immerhin beruht diese Norm auf dem Gedanken, dass im Zweifel die Gesamtnichtigkeit die Lösung ist, die den Interessen *beider* Parteien am ehesten entspricht. Wo das nicht der Fall ist – wo den Interessen einer Partei nicht gedient ist und die andere Partei keinen Schutz verdient –, gibt es keinen Grund, die Rechtsfolge des § 139 BGB eintreten zu lassen. Eines Rückgriffs auf Schutzzwecke anderer Normen bedarf es dabei nicht. 37

[250] Dazu *Satzger*, Gesetzlichkeitsprinzip und Rechtfertigungsgründe, Jura 2016, 154 ff.

[251] *Larenz*, Methodenlehre der Rechtswissenschaft, 6. Aufl. 1991, S. 394 f.; dazu grundsätzlich kritisch *Rüthers/Fischer/Birk*, Rechtstheorie, 10. Aufl. 2018, Rn. 903a.

### 5. Zusammenfassung

38 Gesetzesimmanente Rechtsfortbildung besteht darin, lückenhafte gesetzliche Regelungen zu ergänzen. Man **unterscheidet** Normlücken (die Norm selbst ist unvollständig), offene Gesetzeslücken (eine nach dem Regelungsplan erforderliche Regelung fehlt), verdeckte Gesetzeslücken (eine nach dem Regelungsplan erforderliche Ausnahmeregelung fehlt) und Rechtslücken (ein ganzer Bereich ist ungeregelt). Voraussetzung dafür, eine Regelungslücke zu schließen, ist die **Planwidrigkeit** der Regelungslücke. An der Planwidrigkeit fehlt es, wenn die Regelungslücke auf beredtem Schweigen beruht. Planwidrige Regelungslücken zu schließen, ist Teil der rechtsprechenden Gewalt und gehört daher zu den Befugnissen der Rechtsprechung. Bei der Lückenfüllung müssen die vom Gesetzgeber und von der Verfassung gezogenen Grenzen eingehalten werden. Man kann auf verschiedene **Argumentationsmuster** zurückgreifen, nämlich auf analoge Anwendung, teleologische Extension oder teleologische Reduktion einer Rechtsnorm. Analoge Anwendung bedeutet, eine Rechtsnorm anzuwenden, die in einer vergleichbaren Interessenlage gilt. Teleologische Extension bedeutet, einer Rechtsnorm eine weitergehende Rechtsfolge zuzuordnen, weil die vorgesehene Rechtsfolge nach Sinn und Zweck der Rechtsnorm zu eng formuliert ist. Teleologische Reduktion bedeutet, die nach einer Rechtsnorm vorgesehene Rechtsfolge nicht eintreten zu lassen, weil der Tatbestand nach Sinn und Zweck der Rechtsnorm zu weit formuliert ist.

## III. Lücken und Lückenfüllung bei Verträgen: Ergänzende Vertragsauslegung

**Literatur:** *Bork*, Allgemeiner Teil des Bürgerlichen Gesetzbuchs, 4. Aufl. 2016, Rn. 532 ff.; *Cziupka*, Die ergänzende Vertragsauslegung, JuS 2009, 103 ff.; *Ehricke*, Zur Bedeutung der Privatautonomie bei der ergänzenden Vertragsauslegung, RabelZ 60 (1996), 661 ff.; *Henckel*, Die ergänzende Vertragsauslegung, AcP 159 (1960/61), 106 ff.; *Kötz*, Dispositives Recht und ergänzende Vertragsauslegung, JuS 2013, 289 ff.; *Larenz*, Ergänzende Vertragsauslegung und dispositives Recht, NJW 1963, 737 ff.; *Schimmel*, Zur ergänzenden Auslegung von Verträgen, JA 2001, 339 ff.

39 Die Ergänzung lückenhafter Verträge (ergänzende Vertragsauslegung) ist vor allem bei Verträgen nach Bürgerlichem Recht von Bedeutung.

### 1. Bedarf und Legitimität ergänzender Vertragsauslegung

40 Aus den gleichen Gründen, aus denen Gesetze lückenhaft sein können, können auch **Verträge Regelungslücken enthalten**: Weil die Vertragsparteien übersehen haben oder weil sich erst nach Vertragsschluss ergeben hat, dass eine Frage regelungsbedürftig ist, weil die Vertragsparteien die Frage zwar als regelungsbedürftig erkannt haben, aber trotzdem nicht regeln wollten, oder

weil die Vertragsparteien gerade dadurch, dass sie keine Regelung formuliert haben, eine Regelung treffen wollten. Im letztgenannten Fall besteht zwar eine Regelungslücke, sie ist aber nicht planwidrig und darf deshalb nicht im Wege der ergänzenden Vertragsauslegung geschlossen werden. In allen anderen Fällen handelt es sich um eine planwidrige Regelungslücke, die prinzipiell durch ergänzende Vertragsauslegung geschlossen werden kann.

Während gesetzliche Regelungen im Rechtsstaat grundsätzlich dem an die Verfassung gebundenen Gesetzgeber vorbehalten sind, so sind vertragliche Regelungen an sich den jeweiligen **Vertragsparteien vorbehalten**. Dass eine Lückenfüllung von Verträgen durch ergänzende Vertragsauslegung jedoch grundsätzlich legitim ist, ergibt sich aus dem Grundsatz von Treu und Glauben (§ 242 BGB). Jede Vertragspartei muss eine solche ergänzende Vertragsauslegung zugunsten der anderen Vertragspartei gelten lassen, die dem Grundsatz von Treu und Glauben entspricht. Die Rechtsprechung, die letzten Endes über eine ergänzende Vertragsauslegung entscheidet, ist dabei aber an den Regelungswillen der Parteien gebunden. Ebenso wenig, wie die Rechtsprechung ihre eigenen Vorstellungen von einem vollständigen Gesetz an die Stelle derjenigen des Gesetzgebers setzen darf, so darf sie ihre Vorstellungen von einem vollständigen Vertrag über diejenigen der Vertragsparteien stellen. Lücken, die die Vertragsparteien durch beredtes Schweigen gelassen haben, dürfen daher nicht im Wege der ergänzenden Vertragsauslegung geschlossen werden. 41

Vertragliche Regelungen sind den Vertragsparteien vorbehalten, sie sind dabei aber **an die Gesetze gebunden**. Eine planwidrige Regelungslücke ist deshalb dann unbeachtlich, wenn die Vertragsparteien den fraglichen Punkt ohnehin nicht vertraglich hätten regeln können, weil das Gesetz dafür eine zwingende Regelung vorsieht. In einem solchen Fall kommt es gar nicht darauf an, dass der Vertrag keine Regelung enthält, weil diese Regelung so oder so nicht zur Anwendung kommen könnte. Dann scheidet auch eine ergänzende Vertragsauslegung aus. 42

## 2. Vorgehensweise zur Lückenfüllung

Liegt eine planwidrige Regelungslücke vor, deren Ergänzung grundsätzlich in Betracht kommt, so ist die Rechtsprechung dabei – nicht anders als wenn es um Auslegung oder Lückenfüllung bei Gesetzen geht – an Gesetz und Recht (und damit auch an die Verfassung) sowie an die Grundrechte gebunden (Art. 1 Abs. 3, 20 Abs. 3, 97 Abs. 1 GG). Das bedeutet zunächst, dass eine ergänzende Vertragsauslegung trotz planwidriger Regelungslücke ausscheidet, wenn die Regelungslücke durch **Anwendung des Gesetzes** geschlossen werden kann. Das setzt jedoch erstens voraus, dass das Gesetz eine ersatzweise Regelung für den im Vertrag nicht geregelten Punkt bereithält (dispositives Gesetzesrecht; ius dispositivum, näher unten § 13 Rn. 95 ff.). Ob das Gesetz eine Regelung enthält, die die vertragliche Regelungslücke schließt, ist durch Auslegung des Gesetzes zu klären. Dabei kann sich freilich auch ergeben, dass die gesetzliche 43

Regelung nach ihrem Sinn und Zweck auf die zu entscheidende Rechtsfrage nicht angewendet werden kann, sondern teleologisch reduziert werden muss (oben Rn. 32 ff.). Dann kann die vertragliche Regelungslücke nicht durch Anwendung des Gesetzes geschlossen werden. Zweitens darf die Anwendung des dispositiven Gesetzesrechts von den Vertragsparteien nicht ausgeschlossen (abbedungen) worden sein. Ein solcher Ausschluss ist aber nicht nur dadurch möglich, dass die Vertragsparteien eine abweichende individuelle Regelung vereinbaren, sondern kann auch in der Weise erfolgen, dass die Vertragsparteien die Nichtanwendung einer dispositiven Vorschrift vereinbaren, ohne eine eigene vertragliche Regelung an ihre Stelle zu setzen. Ein solcher rein negativer Ausschluss kann auch stillschweigend erfolgen. Er wird vor allem dann anzunehmen sein, wenn die Interessenlage der Vertragsparteien von der Interessenlage abweicht, die der Gesetzgeber bei Erlass der dispositiven Regelung unterstellt hat. Bei einer solchen Abweichung würde die dispositive Regelung keinen angemessenen Interessenausgleich herbeiführen können. Hält das Gesetz für den regelungsbedürftigen Aspekt eine Regelung bereit, deren Anwendung die Vertragsparteien auch nicht stillschweigend ausgeschlossen haben, so geht diese Regelung durch das Gesetz der ergänzenden Vertragsauslegung vor. Die Vertragsparteien hätten zwar eine andere Regelung vorsehen oder die gesetzliche Regelung ausschließen können (das Gesetz hätte ihnen eigenen Regelungsspielraum eingeräumt). Wenn sie davon aber keinen Gebrauch machen, bleibt es bei der gesetzlichen Regelung.

**44** Wenn das Gesetz keine Regelung enthält, mit der die vertragliche Regelungslücke geschlossen werden könnte, ist zu prüfen, ob die Regelungslücke im Wege ergänzender Vertragsauslegung geschlossen werden kann. Es muss versucht werden, durch **Zuendedenken der vertraglichen Regelungen**, die vorhanden sind, eine Antwort auf die nicht geregelte Rechtsfrage zu finden. Die ergänzende Vertragsauslegung muss nach dem hypothetischen Parteiwillen fragen: Wie hätten die Vertragsparteien die Regelungslücke geschlossen? Zu fragen ist, auf welche Regelung sich beide Parteien eingelassen hätten. Dafür ist auf die Wertungen und die Risikoverteilungen abzustellen, die die Vertragsparteien in ihrem Vertrag zum Ausdruck gebracht haben. Das ist eine Auslegungsaufgabe, die der ergänzenden Vertragsauslegung ihren Namen gegeben hat: Der Rest des Vertrages ist darauf hin auszulegen, welche Regelung die Vertragsparteien gewollt hätten bzw. auf welche Regelung sie sich billigerweise eingelassen hätten, wenn sie für den regelungsbedürftigen Punkt eine Regelung gesucht hätten. Das Ziel der ergänzenden Vertragsauslegung darf es nicht sein, die Wertungen oder Risikoverteilungen umzustürzen oder einer Vertragspartei einen Vorteil zu verschaffen, den sie im Einvernehmen mit der anderen Seite niemals bekommen hätte. So wie Lücken in Gesetzen nur im Rahmen der gesetzgeberischen Vorentscheidungen geschlossen werden dürfen, weil gesetzliche Regelungen im Rechtsstaat grundsätzlich dem Gesetzgeber vorbehalten sind (oben Rn. 14 ff.), so ist ergänzende Vertragsauslegung an die

Regelungen und Regelungsabsichten der Vertragsparteien gebunden, weil vertragliche Regelungen grundsätzlich ihnen vorbehalten sind. In diesen Grenzen kommt es bei der Ermittlung des hypothetischen Parteiwillens wiederum auf Gesetz und Verfassung an. Ebenso wenig, wie die ergänzende Vertragsauslegung den Vertragsparteien eine vertragliche Regelung aufdrängen darf, die sie nicht gewollt haben, darf sie maßgeblichen gesetzlichen und verfassungsrechtlichen Wertungen widersprechen. Die Bindung der Rechtsprechung an Gesetz und Recht endet nicht, wenn es zur Ermittlung des hypothetischen Parteiwillens kommt, sondern verlangt, dass gesetzliche und verfassungsrechtliche Wertungen beachtet werden, bevor neue Wertungen vorgenommen werden.

### 3. Zusammenfassung

Insgesamt lässt sich die Vorgehensweise ergänzender Vertragsauslegung **45**
damit wie folgt zusammenfassen: (1) Enthält der Vertrag eine **planwidrige Regelungslücke**? (2) Ist der regelungsbedürftige Punkt überhaupt **vertraglicher Regelung zugänglich**? (3) Kann die Regelungslücke durch **dispositives Gesetzesrecht** geschlossen werden? (4) Welche Lückenfüllung entspricht dem **hypothetischen Parteiwillen**?

Veranschaulichen lässt sich die ergänzende Vertragsauslegung an folgendem **Beispiel:**[252] **46**
A und B sind als praktische Ärzte in verschiedenen Städten tätig und vereinbaren, ihre Arztpraxen zu tauschen. A fühlt sich in seiner neuen Heimat jedoch nicht wohl, verkauft die Praxis, kehrt in seine alte Heimatstadt zurück und eröffnet in der Nähe seiner ursprünglichen, jetzt dem B gehörenden Praxis eine neue. B klagt auf Unterlassung, weil er meint, dem A sei es vertraglich verboten, ihm in unmittelbarer Nähe Konkurrenz zu machen. Der Vertrag enthält dazu aber keine Regelung. Gleichwohl wäre eine solche Regelung möglich. Dispositives Gesetzesrecht steht dafür freilich nicht zur Verfügung. Aus Sinn und Zweck des Tauschvertrages ergibt sich, dass dieser um ein vertragliches Wettbewerbsverbot zu ergänzen ist: A und B dürfen jedenfalls für eine gewisse Dauer nicht in unmittelbarer Nähe des anderen praktizieren. Sonst könnte einer dem anderen leicht die Patienten abwerben, die ihrem früheren Arzt noch verbunden sind. Der wirtschaftliche Erfolg des Nachfolgers wäre dann gefährdet und damit der Praxistausch selbst in Frage gestellt. Allerdings kann ein solches Wettbewerbsverbot nicht für immer und alle Zeit gelten, aber zumindest drei Jahre lang ist es jedem von ihnen zuzumuten, nicht in der Nähe des anderen tätig zu werden.

## IV. Die Korrektur von Gesetzen: Rechtsfortbildung – contra legem?

**Literatur:** *Kramer*, Juristische Methodenlehre, 5. Aufl. 2016, S. 249 ff.; *Larenz*, Methodenlehre der Rechtswissenschaft, 6. Aufl. 1991, S. 413 ff.; *Rüthers/Fischer/Birk*, Rechtstheorie, 10. Aufl. 2018, Rn. 936 ff.; *Vogel*, Juristische Methodik, 1998, S. 138 ff.

---

[252] BGHZ 16, 71.

47 Rechtsfortbildung zur Ausfüllung einer Regelungslücke steht **gesetzesübersteigende Rechtsfortbildung** gegenüber, die zur Korrektur gesetzlicher Regelungen führen soll.

Die **Terminologie** ist allerdings nicht einheitlich. Teilweise wird von gesetzesübersteigender Rechtsfortbildung schon dann gesprochen, wenn eine Rechtsfortbildung nicht in der Korrektur des Gesetzes besteht, sondern in einer Lückenfüllung, die im Gesetz nicht bereits konkret vorgezeichnet ist.[253]

### 1. Diskutierte Konstellationen

48 Als korrekturbedürftig angesehen werden Gesetze vor allem infolge **veränderter rechtspolitischer Bedürfnisse** der Gesellschaft. Ein Gesetz verfällt nicht automatisch, sondern es gilt weiter, bis es außer Kraft tritt oder eine Rechtsnorm mit Geltungsvorrang in Kraft tritt. Wenn der Gesetzgeber weder das Gesetz *außer* Kraft treten lässt, noch eine Rechtsnorm mit Geltungsvorrang *in* Kraft treten lässt, gilt das Gesetz unverändert weiter. Die gesellschaftliche Wirklichkeit, auf die sich das Gesetz bei seinem Erlass einmal bezog, kann sich aber trotzdem gravierend verändert haben. Hat dieser Wandel ein gewisses Maß erreicht, wird das Gesetz als nicht mehr passend angesehen. Die methodische Reaktion darauf ist aber im Grunde nicht eine Korrektur des Gesetzes, sondern eine gesetzesimmanente Rechtsfortbildung (dazu oben Rn. 6 ff.). Denn nach einem gravierenden Wandel gesellschaft-licher Verhältnisse kann man dem Gesetzgeber nicht mehr unterstellen, an derjenigen Regelungsabsicht festhalten zu wollen, die dem Gesetz ursprünglich einmal zugrunde lag. Wer diesen Wandel nicht berücksichtigt, wenn es um die Auslegung oder Ergänzung des Gesetzes geht, verfehlt die Bindung an das Gesetz, nicht etwa übersteigt er sie. Wenn sich die gesellschaftlichen Bedingungen ändern, spiegelt sich dieser Wandel auch im Verständnis dessen, was als Sinn und Zweck der Norm bei einer Auslegung oder einer Lückenfüllung zugrunde gelegt werden kann.

49 **Beispiel** hierfür ist § 50 Abs. 2 ZPO: Als diese Norm 1898 in die ZPO eingefügt wurde, begründete sie für nichtrechtsfähige Vereine (z.B. Gewerkschaften) die passive Parteifähigkeit, nicht die aktive. Das bedeutet, man konnte Rechte gegen den Verein einklagen und der Verein konnte verurteilt werden, der Verein konnte aber seine eigenen Rechte nicht durch Klage geltend machen. Diese Differenzierung war gesetzgeberische Absicht: nichtrechtsfähige Vereine sollten eine möglichst unattraktive Handlungsform sein. Der Gesetzgeber wollte nichtrechtsfähigen Vereinen eine aktive Parteifähigkeit versagen. Unter Geltung des Grundgesetzes muss der Zweck des § 50 Abs. 2 ZPO aber mit Rücksicht auf verfassungsrechtliche Wertentscheidungen bestimmt werden (oben Rn. 18). Hier ist an die Vereinigungsfreiheit nach Art. 9 Abs. 1 GG und, im Fall der Gewerkschaften, an die Koalitionsfreiheit nach Art. 9 Abs. 3 GG zu denken. Mit diesen Wertentscheidungen wäre es nicht vereinbar, nichtrechtsfähigen Vereinen die aktive Parteifähigkeit abzusprechen. Bei diesem Maßstab war es eine planwidrige Regelungslücke, dass in der Zivilprozessordnung eine Regelung fehlte, die nichtrechtsfähigen Vereinen die aktive Parteifähigkeit

[253] Vgl. *Kramer*, Juristische Methodenlehre, 5. Aufl. 2016, S. 192 ff.

zuschreibt. Diese Regelungslücke wurde geschlossen, indem man § 50 Abs. 2 ZPO im Wege teleologischer Extension auch die aktive Parteifähigkeit des nichtrechtsfähigen Vereins entnahm. Die Gesetzeskorrektur erfolgte also bereits durch eine gesetzesimmanente Rechtsfortbildung. 2009 hat der Gesetzgeber diese Rechtsfortbildung in § 50 Abs. 2 ZPO übernommen.

Ein weiteres **Beispiel:** Die Wirtschafts- und Währungskrisen nach dem Ersten Weltkrieg haben die Frage aufgeworfen, ob zivilrechtliche Verträge an geänderte Umstände, wie etwa eine massive Geldentwertung, anzupassen sind oder ob sie vielmehr mit dem Inhalt verbindlich bleiben, mit dem sie geschlossen worden sind (pacta sunt servanda, d.h. Verträge muss man so einhalten, wie man es versprochen hat). Das damalige BGB enthielt noch keine Vorschriften, wie man sie heute in §§ 313, 314 BGB findet, so dass sich die Frage nach einer Rechtsfortbildung stellte. Die planwidrige Rechtslücke – der Gesetzgeber hatte an derart gravierende Umstandsänderungen nicht gedacht, als er sich für den Grundsatz „pacta sunt servanda" entschied – wurde mit der neu entwickelten Lehre von der Störung der Geschäftsgrundlage geschlossen. Danach muss ein Vertrag an geänderte Umstände so angepasst werden, wie es dem Rechtsgedanken des § 242 BGB (dem Grundsatz von Treu und Glauben) entspricht. 2002 fanden diese Grundsätze dann Eingang in §§ 313, 314 BGB.

Dass eine richterliche **Rechtsfortbildung später in Gesetzesform** übernommen wird (Kodifikation von Richterrecht) bewirkt einen Zugewinn an Transparenz und Rechtssicherheit. Dabei ist aber Vorsicht vor verfrühter Kodifikation angebracht. Einer Lückenfüllung im Wege richterlicher Rechtsfortbildung geht ein Diskussionsprozess voraus. Durch eine verfrühte Kodifikation würde dieser Prozess zum Abschluss kommen, bevor eine kodifikationsreife Lösung für die Rechtsfrage gefunden ist.[254]

In diesen Fällen, in denen eine Regelungslücke im Gesetz so geschlossen wird, wie die dem Gesetz zugrunde liegenden Rechtsgedanken sowie Sinn und Zweck der jeweiligen Rechtsnorm es verlangen, kann man also nicht von einer Gesetzeskorrektur sprechen, sondern es handelt sich um eine gesetzesimmanente Rechtsfortbildung. 50

Zu einem anderen Ergebnis kommt man freilich dann, wenn man die Auslegung stärker am historischen Gesetzgeber ausrichtet, also streng einer subjektiven Theorie folgt: Dem historischen Gesetzgeber war gerade daran gelegen, nichtrechtsfähige Vereine zu behindern. Dann läge eine durch höherrangiges Recht legitimierte Rechtsfortbildung contra legem vor.[255]

Korrektur bedeutet ebenfalls nicht, dass **bloße Redaktionsfehler** beseitigt werden; dort geht es nur darum, welcher Text der Auslegung als authentisch zugrunde gelegt wird (dazu bereits oben § 7 Rn. 21). 51

## 2. Voraussetzungen einer Gesetzeskorrektur: Radbruchsche Formel

Von einer Gesetzeskorrektur kann man erst dann sprechen, wenn die der gesetzesimmanenten Rechtsfortbildung gezogenen Grenzen überstiegen werden, mit anderen Worten: wenn die **Bindung an das Gesetz gelockert** wird. Eine solche Lockerung kann nur damit gerechtfertigt werden, dass vollziehen- 52

254 Vgl. *Fleischer/Wedemann*, Kodifikation und Derogation von Richterrecht, AcP 209 (2009), 597, 611 ff.

255 So für dieses Beispiel *Meier/Jocham*, Rechtsfortbildung, JuS 2016, 392, 394.

de Gewalt und Rechtsprechung nicht nur an das Gesetz, sondern zugleich an das Recht gebunden sind (Art. 20 Abs. 3 GG). Im Allgemeinen liegen Gesetz und Recht auf einer Linie. Nur wenn sich zeigen lässt, dass jede denkbare gesetzeskonforme Entscheidung mit dem Recht, was auch immer man darunter im Einzelnen versteht, nicht vereinbar wäre, nur dann kann eine Befugnis bestehen, das Gesetz zu missachten, um sich auf die Seite des Rechts zu stellen. Für gesetzesübersteigende Rechtsfortbildung muss es also schwerwiegende Gründe geben. Insbesondere genügt es nicht, dass das Gericht eine andere Auffassung hat als der Gesetzgeber von dem, was eine gerechte, praktikable oder angemessene Lösung einer Rechtsfrage wäre. Das Gericht darf nicht seine eigenen rechtspolitischen Vorstellungen verfolgen und sich dabei an die Stelle des Gesetzgebers setzen. Hält ein Gericht eine Regelung für so ungerecht, dass sie gegen die Verfassung verstößt, darf es das Gesetz nicht anwenden. Handelt es sich um ein Gesetz ab 1949 (nachkonstitutionelles Gesetz), muss das Bundesverfassungsgericht über die Gültigkeit des Gesetzes entscheiden (konkrete Normenkontrolle, Art. 100 Abs. 1 GG). In einer rechtsstaatlichen Demokratie genügen diese Mechanismen, um „unrechte Gesetze" zu beseitigen. Die eventuell entstehenden Regelungslücken sind im Wege gesetzesimmanenter Rechtsfortbildung zu füllen. Für eine gesetzesübersteigende Rechtsfortbildung besteht daneben kein Bedarf.

**53** In einem Unrechtssystem ist das anders. Dort ergibt sich die Unverbindlichkeit krass ungerechter Rechtsnormen aus der **Radbruchschen Formel**[256]: „Der Konflikt zwischen der Gerechtigkeit und der Rechtssicherheit dürfte dahin zu lösen sein, dass das positive, durch Satzung und Macht gesicherte Recht auch dann den Vorrang hat, wenn es inhaltlich ungerecht und unzweckmäßig ist, es sei denn, dass der Widerspruch des positiven Gesetzes zur Gerechtigkeit ein so unerträgliches Maß erreicht, dass das Gesetz als ‚unrichtiges Recht' der Gerechtigkeit zu weichen hat. Es ist unmöglich, eine schärfere Linie zu ziehen zwischen den Fällen des gesetzlichen Unrechts und den trotz unrichtigen Inhalts dennoch geltenden Gesetzen; eine andere Grenzziehung aber kann mit aller Schärfe vorgenommen werden: wo Gerechtigkeit nicht einmal erstrebt wird, wo die Gleichheit, die den Kern der Gerechtigkeit ausmacht, bei der Setzung positiven Rechts bewusst verleugnet wurde, da ist das Gesetz nicht etwa nur ‚unrichtiges' Recht, vielmehr entbehrt es überhaupt der Rechts-

---

[256] Benannt nach *Gustav Radbruch* (1878–1949). *Radbruch* war Professor für Strafrecht und Rechtsphilosophie in Heidelberg, Königsberg und Kiel sowie Anfang der zwanziger Jahre Reichstagsabgeordneter der SPD und Reichsjustizminister. Ab 1926 war er bis zu seiner Entlassung 1933 Professor in Heidelberg, ab 1945 leitete er dort als Dekan den Wiederaufbau der Juristischen Fakultät. *Radbruchs* Hauptwerk ist die „Rechtsphilosophie" (1932; dazu *Dreier/Paulson*, Einführung in die Rechtsphilosophie Radbruchs, in Radbruch, Rechtsphilosophie, Studienausgabe, 2. Aufl. 2003, S. 237 ff.). Näher *Kleinheyer/Schröder* (Hrsg.), Deutsche und Europäische Juristen aus neun Jahrhunderten, 6. Aufl. 2017, S. 368 ff.; *Pietsch*, Wer war eigentlich … Gustav Radbruch?, Ad Legendum 2016, 142; *von der Pfordten*, Gustav Radbruch – Über den Charakter und das Bewahrenswerte seiner Rechtsphilosophie, JZ 2010, 1021 ff.

natur. Denn man kann Recht, auch positives Recht, gar nicht anders definieren als eine Ordnung und Satzung, die ihrem Sinne nach bestimmt ist, der Gerechtigkeit zu dienen."[257]

## V. Rechtsfortbildung in der europäischen Methodenlehre

**Literatur:** oben § 7 vor Rn. 35

Die Frage der Rechtsfortbildung stellt sich ebenso wie im nationalen Recht auch im Recht der Europäischen Union. Die **Befugnis des Europäischen Gerichtshofs**, das Unionsrecht nicht nur auszulegen, sondern auch fortzubilden, ist allgemein anerkannt. Nach Art. 19 Abs. 1 EUV „sichert" er „die Wahrung des Rechts" nicht nur bei der Auslegung, sondern auch bei der Anwendung der Verträge. Überdies entspricht die richterliche Befugnis zur Rechtsfortbildung den europäischen Rechtsgrundsätzen.[258] Da jeder Rechtsfortbildung die Auslegung vorangeht und die nationalen Gerichte der jeweils letzten Instanz verpflichtet sind, Zweifelsfragen über die Auslegung des Unionsrechts dem Europäischen Gerichtshof vorzulegen (Art. 267 AEUV), ist die Rechtsfortbildung für das Unionsrecht beim Europäischen Gerichtshof monopolisiert. Rechtsfortbildung des Unionsrechts durch die nationalen Gerichte scheidet damit aus. Zugleich ist durch die Vorlagepflicht sichergestellt, dass der Europäische Gerichtshof Gelegenheit zur Rechtsfortbildung bekommt. Da weiter die Entscheidung des Europäischen Gerichtshofs für die nationalen Gerichte verbindlich ist, kann der Europäische Gerichtshof im Wege der Rechtsfortbildung großen Einfluss auf die Entwicklung des Unionsrechts nehmen. 54

Dieser Einfluss entspricht demjenigen des Bundesverfassungsgerichts, der ihm für die Auslegung und Anwendung der Verfassung zukommt: Die Gerichte sind gemäß Art. 100 GG grundsätzlich zur Vorlage an das Bundesverfassungsgericht verpflichtet, wenn es auf die Verfassungswidrigkeit eines Gesetzes ankommt, und die Gerichte sind an die Entscheidung des Bundesverfassungsgerichts gebunden.

Die **Grenzen** der Rechtsfortbildung sind wiederum den aus dem nationalen Recht bekannten ähnlich: Der Europäische Gerichtshof ist an das Unionsrecht gebunden. Das hat zur Folge, dass er erstens im Wege der Rechtsfortbildung nicht die dem Unionsrecht zugrunde liegenden Wertentscheidungen unterlaufen darf. Zweitens ist er bei der Rechtsfortbildung ebenso wie bei der Auslegung an den Grundsatz der begrenzten Einzelermächtigung, das Subsidiaritätsprinzip und den Grundsatz der Verhältnismäßigkeit (Art. 5 EUV, oben § 7 Rn. 36) gebunden. Die Rechtsfortbildung muss sich daher in den Grenzen halten, in denen die Mitgliedstaaten die Zuständigkeit der Union begründet haben; die Souveränität der Mitgliedstaaten darf nicht angetastet 55

---

257 *Radbruch*, Gesetzliches Unrecht und übergesetzliches Recht, SJZ 1946, 105, 107.
258 Vgl. BVerfGE 75, 223, 243 ff. = NJW 1988, 1459.

werden. Das Unionsrecht darf nur fortgebildet werden, sofern und soweit Ziele auf Unionsebene besser zu verwirklichen sind und soweit Rechtsfortbildung erforderlich ist.

56 Gängige **Argumentationsfiguren** zur Rechtfertigung der Rechtsfortbildung sind die mitgliedstaatliche Loyalitätspflicht, die Harmonisierung und Wahrung der Einheitlichkeit des Unionsrechts, die Erhöhung der Effektivität, der Geist der Verträge, der Rechtsschutz der Unionsbürger, die Rechtsanwendungsgleichheit zwischen den Unionsbürgern und die Unionstreue.[259]

## § 9. Rechtsetzung und Rechtsgestaltung

**Literatur:** *Aderhold/Koch/Lenkaitis*, Vertragsgestaltung, 2. Aufl. 2015; *Baer*, Rechtssoziologie, 2. Aufl. 2015, § 6; *Braun*, Einführung in die Rechtswissenschaft, 4. Aufl. 2011, S. 393 ff.; *Bundesministerium der Justiz* (Hrsg.), Handbuch der Rechtsförmlichkeit, 3. Aufl. 2008; *Döser*, Vertragsgestaltung im internationalen Wirtschaftsrecht, 2001; *Eckert/Everts/Wicke*, Fälle zur Vertragsgestaltung, 3. Aufl. 2016; *Emmenegger*, Gesetzgebungskunst: gute Gesetzgebung als Gegenstand einer legislativen Methodenbewegung in der Rechtswissenschaft um 1900, 2006; *Grziwotz*, Vertragsgestaltung im Öffentlichen Recht, 2002; *Hebeler/Schröder*, Das Artikelgesetz, JA 2018, 641 ff.; *Hill*, Einführung in die Gesetzgebungslehre, 1982; *Junker/Kamanabrou*, Vertragsgestaltung, 4. Aufl. 2014; *Karpen*, Gesetzgebungslehre – neu evaluiert = Legistics – freshly evaluated, 2. Aufl. 2008; *ders.*, Rechtssetzungslehre, JuS 2016, 577 ff.; *Kunkel*, Vertragsgestaltung, 2016; *Langenfeld*, Grundlagen der Vertragsgestaltung, 2. Aufl. 2010; *Lepsius*, Gesetzesstruktur im Wandel, JuS 2019, 14 ff., 123 ff.; *Rehbinder*, Vertragsgestaltung, 2. Aufl. 1993; *Rittershaus/Teichmann*, Anwaltliche Vertragsgestaltung, 2. Aufl. 2003; *Schmittat*, Einführung in die Vertragsgestaltung, 4. Aufl. 2015; *Schneider*, Gesetzgebung, 3. Aufl. 2002; *Steinbach*, Rationale Gesetzgebung, 2017; *Teichmann*, Vertragsgestaltung durch den Rechtsanwalt – Grundzüge einer Methodik der zivilrechtlichen Fallbearbeitung, JuS 2001, 870 ff., 973 ff., 1078 ff., 1181 ff.; *Ulrici*, Fallsammlung zur Rechtsgestaltung, 2010; *Vogel*, Juristische Methodik, 1998, S. 184 ff., 197 ff.

### I. Rechtsetzung und Rechtsgestaltung als Formen juristischen Denkens

#### 1. Rechtsetzung und Rechtsgestaltung als Perspektive

1 Rechtsnormen auf den Sachverhalt anzuwenden, heißt aus der Sicht eines Richters, einen Sachverhalt rechtlich zu bewerten, um eine vom Sachverhalt aufgeworfene Rechtsfrage zu beantworten. Die Sicht eines Richters ist jedoch nur eine der möglichen Perspektiven. Eine andere Perspektive ist die der Rechtsetzung und Rechtsgestaltung. Ihr geht es nicht darum, Rechtsfragen zu beantworten, sondern sie will **neues Recht vorschlagen**. Das ist – wie sich

---

[259] Vgl. *Kohler-Gehrig*, Einführung in das Recht, 2. Aufl. 2017, S. 123.

noch zeigen wird – zwar nicht möglich, ohne auch ständig Rechtsfragen zu stellen und zu beantworten. Aber Ausgangspunkt und Zielsetzung sind völlig andere: Ausgangspunkt der richterlichen Perspektive ist die vom Sachverhalt aufgeworfene Rechtsfrage, die es von einem rechtlichen Standpunkt aus zu beantworten gilt. Ausgangspunkt einer rechtsetzenden/-gestaltenden Perspektive ist eine Regelungsaufgabe, für die eine rechtliche Lösung vorzuschlagen ist. Die richterliche Perspektive ist konditional (d.h. wenn bestimmte Voraussetzungen gegeben sind, folgt daraus eine bestimmte rechtliche Bewertung des Sachverhalts), die rechtsetzende/-gestaltende Perspektive ist zielorientiert. In richterlicher Perspektive wird eine Entscheidung getroffen, in rechtsetzender/-gestaltender Perspektive wird eine Regelung vorgeschlagen. Mit dem letztgenannten Aspekt ist das zentrale Charakteristikum der Rechtsetzung und Rechtsgestaltung angesprochen: Rechtsetzende/-gestaltende Tätigkeit schlägt eine neue Regelung *nur* vor. Sie äußert sich de lege ferrenda (d.h. über zu schaffendes Recht). Die Entscheidung, ob dieser Regelungsvorschlag auch Recht wird, ist keine rechtliche Entscheidung.

**Beispiele:** Ob ein Gesetz erlassen wird, entscheidet der Gesetzgeber nicht nach rechtlichen, sondern nach politischen Kriterien. Ob ein Vertrag zustande kommt, entscheiden die Vertragsparteien nicht nach rechtlichen, sondern nach persönlichen oder unternehmerischen Kriterien.

Darin besteht ein grundlegender Unterschied gegenüber der Rechtsfortbildung. Auch die Rechtsfortbildung hat eine Regelungsaufgabe zu erfüllen, wenn es darum geht, eine planwidrige Regelungslücke zu schließen. Diese Regelungsaufgabe ist aber keine politische oder unternehmerische Aufgabe, sondern eine rechtliche Aufgabe, d.h. sie ist vom Recht selbst gestellt. Welche von mehreren Regelungsmöglichkeiten den Vorzug verdient, muss bei Rechtsfortbildung mit juristischen Argumenten (de lege lata, d.h. mit dem geltenden Recht) begründet werden, nicht mit politischen, persönlichen oder unternehmerischen Interessen. 2

Das bedeutet nicht, dass politische, persönliche oder unternehmerische Interessen für juristische Argumente bedeutungslos sind. Recht ist nahezu nie frei von ihnen. Aber im Fall der Rechtsfortbildung haben sie ihre Bedeutung nur *in* einem juristischen Argument, d.h. es muss juristisch begründet werden, auf welche politischen, persönlichen oder unternehmerischen Interessen es nach geltendem Recht ankommt.

## 2. Regelungsaufgabe und Ziele

Die an Rechtsetzung/-gestaltung herangetragene Regelungsaufgabe ergibt sich aus bestimmten politischen, persönlichen oder unternehmerischen Interessen (**Sachzielen**). Weil man bestimmte Sachziele verfolgt, will man, dass bestimmte Sachverhalte künftig in bestimmter Weise rechtlich beurteilt werden (**Rechtsziele**). Rechtsetzung und Rechtsgestaltung sind insofern zu- 3 kunftsorientiert. Die Regelungsaufgabe besteht darin, für solche künftigen rechtlichen Beurteilungen zu sorgen, die den Rechtszielen entsprechen.

**Beispiele:** Der Gesetzgeber erlässt ein Gesetz, weil er bestimmte Sachverhalte künftig auf andere Weise rechtlich beurteilt wissen will als bisher (Rechtsziele). Dazu hat er sich entschieden, weil er bestimmte politische Ziele verfolgt (Sachziele). Private schließen einen Vertrag, weil sie einander bestimmte Rechte und Pflichten einräumen wollen (Rechtsziele). Das wollen sie, weil sie bestimmte persönliche oder unternehmerische Interessen verfolgen (Sachziele). Ein Unternehmer etwa will Gewährleistungsansprüche und Produkthaftung so weit wie möglich ausschließen (Rechtsziel), weil er bei Produktschäden keine Geldzahlungen leisten will (Sachziel).

4 Zwischen mehreren Zielen (oder den Zielen mehrerer Akteure) kann es Konflikte geben: Ein Ziel lässt sich oft nur auf Kosten eines anderen Ziels verwirklichen. Dann muss entschieden werden, welche Ziele wichtiger und welche inwiefern nachrangig sind. Auf diese Weise wird die Zieldefinition präzisiert, weil jedes Ziel außer einem Soll-Zustand auch noch durch die Priorität spezifiziert ist, mit der dieser Soll-Zustand erreicht werden soll.

Priorisierung löst den Zielkonflikt auch dann, wenn es ein Zielkonflikt zwischen mehreren Akteuren ist, wie man am Beispiel des Kaufvertrages leicht einsehen kann: Zwischen Käufer und Verkäufer besteht ein Zielkonflikt im Hinblick auf den Kaufpreis. Der Verkäufer verfolgt das Ziel eines hohen Kaufpreises, der Käufer das Ziel eines niedrigen Kaufpreises. Wenn sich Verkäufer und Käufer trotzdem auf einen Kaufpreis einigen, beruht das darauf, dass dem Verkäufer ein höherer Kaufpreis nicht so wichtig ist, dass das Geschäft für ihn damit steht und fällt, und umgekehrt dem Käufer nicht ein niedrigerer Kaufpreis so wichtig ist, dass er nicht auch zu dem höheren Kaufpreis zu kaufen bereit wäre. Die Ziele höherer bzw. niedrigerer Kaufpreis sind für beide also durch Priorisierung spezifiziert, und indem sie sich über ihre Prioritäten verständigen, wird es möglich, den Zielkonflikt in einer Einigung aufzulösen.

5 Welche Rechtsziele man verfolgen sollte, um das Sachziel mit möglichst hoher Wahrscheinlichkeit (d.h. auf sicherem Weg) und mit möglichst geringem Aufwand (d.h. auf möglichst effizientem Weg) zu erreichen, ist nicht nur eine rechtliche, sondern auch eine außerrechtliche Frage. Um sie zu beantworten, müssen daher auch empirische, insbesondere ökonomische Methoden angewendet werden.

6 Man bewältigt die Regelungsaufgabe, indem man vorhandene **rechtliche Instrumente einsetzt** oder neue Instrumente konzipiert.[260] Erfolgreich bewältigt ist die Regelungsaufgabe dann, wenn dadurch die künftige rechtliche Beurteilung so ausfällt, dass den politischen, persönlichen oder unternehmerischen Interessen (den Sachzielen) Rechnung getragen ist. Rechtsetzende/-gestaltende Tätigkeit beruht also auf einem Soll-Ist-Vergleich: Die Rechtsziele definieren einen Soll-Zustand der Rechtslage, der von dem Ist-Zustand im

---

[260] Insoweit kann man Recht auch in diesem Zusammenhang als Rhetorikprodukt und umgekehrt die Rhetorik als Produktionswerkzeug begreifen; vgl. *Thümmel*, Rechtsrhetorik als Methodenlehre und Instrument der Vertragsgestaltung, Diss. Tübingen 1998.

Allgemeinen abweicht. Die Regelungsaufgabe ist gelöst, wenn rechtliche Instrumente den Ist- dem Soll-Zustand annähern. Umgekehrt besteht für eine Rechtsetzung oder Rechtsgestaltung kein Anlass, wenn die Regelungsaufgabe bereits im bestehenden Recht – d.h. de lege lata – erfüllt wird.

Das gilt aber nur aus rechtlicher Sicht. In der **Rechtspraxis** kann eine gesetzliche oder vertragliche Regelung, die den Beteiligten ihre Rechte und Pflichten vor Augen führt, aus psychologischen Gründen auch dann sinnvoll sein, wenn sich diese Rechte und Pflichten bereits aus dem Gesetz ergeben.

### 3. Regelungsspielräume

#### *a) Geltendes Recht*

Der zur Erfüllung der Regelungsaufgabe bestehende Spielraum ist einer- 7
seits – ebenso wie im Fall der Rechtsfortbildung – durch das **geltende Recht** begrenzt. Nicht jede an sich denkbare Rechtsetzung oder Rechtsgestaltung ist mit dem geltenden Recht vereinbar.

**Beispiele:** Bei Gesetzen ergeben sich rechtliche Grenzen aus der Verfassung. Bei Verträgen zwischen Privatpersonen finden sich im Bürgerlichen Recht zahlreiche Vorschriften, von denen nicht abgewichen werden darf. Werden diese Grenzen missachtet, führt das grundsätzlich zur Unwirksamkeit. Beispielsweise sind Gewährleistungs- und Produkthaftungsausschlüsse im Interesse des Verbraucherschutzes nur begrenzt möglich.

Bei der Rechtsetzung/-gestaltung muss daher ständig geprüft werden, ob die Grenzen des geltenden Rechts durch die vorgeschlagene Regelung eingehalten werden. Nur dann ist diese Regelung rechtlich überhaupt möglich.

Das geltende Recht ist aber nicht nur als Grenze möglicher Regelungen von 8
Bedeutung. Es ist bei der Rechtsetzung/-gestaltung vielmehr auch deshalb relevant, weil es die **rechtlichen Aus-wirkungen** in Betracht kommender Regelungen beeinflusst. Eine einzelne Regelung kann keine bestimmte künftige rechtliche Beurteilung *allein* herbeiführen. Vielmehr ist jede Regelung auf das Zusammenspiel der gesamten geltenden Rechtsordnung angewiesen. Die geltende Rechtsordnung ist das Umfeld, in dem jede Regelung ihre Wirkung entfalten muss, wenn es darum geht, künftige Sachverhalte rechtlich zu beurteilen. Nur wenn die Regelung und ihr rechtliches Umfeld gemeinsam zu einer zielgerechten Sachverhaltsbeurteilung führen, ist die Regelungsaufgabe erfüllt, die Regelung rechtlich geeignet.

Rechtlich gebunden ist Rechtsetzung/-gestaltung schließlich dadurch, dass 9
die rechtliche Beratung, ob durch angestellte Juristen, freiberufliche Anwälte, Notare oder Richter, stets in einem rechtlichen **Rahmen** stattfindet. Der angestellte Jurist unterliegt den arbeitsvertraglichen Pflichten, der Anwalt den Pflichten aus dem Anwaltsvertrag sowie dem anwaltlichen Berufsrecht, Notar und Richter treffen Amtspflichten und Pflichten aus dem anwendbaren Verfahrensrecht (also etwa dem Beurkundungsgesetz). Nicht zuletzt die Haftung, die dem Berater droht, beeinflusst das, was er als Entwurf vorschlägt:

Ein Rechtsanwalt oder ein Notar macht sich eventuell schadensersatzpflichtig, wenn er die Vertragsparteien nicht auf ein Risiko aufmerksam macht und ihnen nicht den sichersten Weg der Risikovorsorge empfiehlt.

10 Rechtsetzung/-gestaltung sind also in dreifacher Hinsicht vom geltenden Recht beeinflusst: das geltende Recht begrenzt die Möglichkeiten der Rechtsetzung/-gestaltung, von ihm hängt ab, ob eine Regelung geeignet ist, die Regelungsaufgabe zu erfüllen, und es beeinflusst den Berater, der die Rechtsetzung/-gestaltung begleitet. Rechtsetzung/-gestaltung ist daher immer eine **Methode der Rechtsanwendung.**[261]

### *b) Außerrechtliche Aspekte*

11 Ob ein Regelungsentwurf die Regelungsaufgabe erfüllt, muss darüber hinaus auch nach außerrechtlichen Aspekten beurteilt werden. Oft misst sich erst an ihnen die **Qualität** eines Regelungsentwurfs. Auf manche diese Umstände hat man keinen Einfluss. Der für die Rechtsetzung/-gestaltung bestehende Spielraum wird deshalb nicht nur durch das geltende Recht, sondern auch durch solche außerrechtlichen Aspekte beeinflusst.

12 **Beispielsweise** dürfen von einer Regelung keine Anreize zu unerwünschtem Verhalten ausgehen (z.B. kann eine Gebührenpflicht in öffentlichen Bücherhallen dazu führen, dass weniger gelesen wird). Eine Regelung darf auch keine unerwünschten Nebenfolgen nach sich ziehen (z.B. kann die Vollstreckung einer Freiheitsstrafe einen Straftäter von künftigen Straftaten abhalten, sie kann aber auch zum Verlust von Arbeitsplatz, familiären und sozialen Bindungen führen, seiner Sozialisation dadurch weiteren Schaden zufügen und die Wahrscheinlichkeit vergrößern, dass er weitere Straftaten begehen wird; hohe Kosten eines Insolvenzverfahrens können dazu führen, dass bestimmte Insolvenzverfahren nicht mehr durchgeführt werden können, weil der insolvente Schuldner nicht mehr über die Restmittel verfügt, um diese Kosten zu bestreiten – kann ein Insolvenzverfahren nicht durchgeführt werden, gibt es keine Möglichkeit einer geordneten Schuldenbereinigung). Bei der Gestaltung eines Vertrages muss immer auch die faktische Beweislage der Vertragsparteien im Blick behalten werden. Außerdem ist einer Vertragspartei mit einem vertraglichen Anspruch nicht geholfen, wenn die Gegenseite nicht in der wirtschaftlichen Lage ist, diesen Anspruch auch zu erfüllen.

### *c) Sachverhaltsgestaltung*

13 Rechtliche Instrumente sind nur *ein* Weg, auf die rechtliche Beurteilung künftiger Sachverhalte Einfluss zu nehmen. Die rechtliche Beurteilung künftiger Sachverhalte kann man auch dadurch beeinflussen, dass man auf die Sachverhaltsentwicklung Einfluss nimmt. Oft kann man auch nur durch eine **kombinierte Rechts- und Sachverhaltsgestaltung** das erwünschte Resultat erzielen.

[261] Vgl. auch *Feser*, Das Recht im juristischen Denken, 1996, S. 72 ff., 77 ff.; *Rehbinder*, Vertragsgestaltung, 2. Aufl. 1993, S. 1 f.

Instruktiv ist das folgende **Beispiel:**[262] Ein Chemieunternehmen lässt seine Erzeugnisse von einem Spediteur zu den Kunden ausliefern. Der Spediteur reinigt seinen Tanklastzug allerdings nicht ausreichend, so dass die Produkte beim Kunden oft verunreinigt eintreffen. Eine Lösung allein durch Vertragsgestaltung könnte so aussehen, dass das Chemieunternehmen mit dem Spediteur Reinigungsstandards, Schadensersatzpflichten und Vertragsstrafen vereinbart. Erfolgversprechender dürfte es aber sein, wenn der Spediteur verpflichtet wird, den Tanklastzug künftig durch das Chemieunternehmen reinigen zu lassen (Vertragsgestaltung) und das Chemieunternehmen die dafür nötige Infrastruktur selbst anschafft (Sachverhaltsgestaltung). Die Einhaltung dieser Pflicht lässt sich leichter kontrollieren, und es besteht nicht mehr die Gefahr, dass verunreinigte Chemikalien ausgeliefert werden. 14

Hier zeigt sich ein weiterer Unterschied zur Rechtsfortbildung: Eine planwidrige Regelungslücke kann im Wege der Rechtsfortbildung nicht durch Sachverhaltsgestaltung, sondern nur mit den Instrumenten des Rechts geschlossen werden.

*d) Zusammenfassung*

Im Ergebnis werden die Regelungsmöglichkeiten daher von (1) den sich 15
aus dem geltenden Recht ergebenden **Grenzen**, (2) den **Wechselwirkungen** zum geltenden Recht, (3) den rechtlichen Bedingungen der **Beratung**, (4) den außerrechtlichen **Regelungsfolgen** und (5) den Möglichkeiten der **Sachverhaltsgestaltung** bestimmt.

## 4. Zusammenfassung: Rechtsetzung und Rechtsgestaltung als Methode

In methodischer Hinsicht ergibt sich für Rechtsetzung und Rechtsgestal- 16
tung daraus zusammenfassend folgende Vorgehensweise: (1) Welche **Sachziele** sind anzustreben? (2) Welche **Regelungsaufgaben** stellen sich damit? (3) Welcher **Regelungsbedarf** ergibt sich insoweit bei einem Vergleich mit der bestehenden Rechtslage? (4) Welche Regelungen wären rechtlich **zulässig** und rechtlich **geeignet**? (5) Welche Regelungsmöglichkeit verdient den **Vorzug** und sollte daher empfohlen werden?

---

[262] Gebildet von *Teichmann*, Vertragsgestaltung durch den Rechtsanwalt, JuS 2001, 870, 871 f.

**Grafik: Rechtsetzung und Rechtsgestaltung**

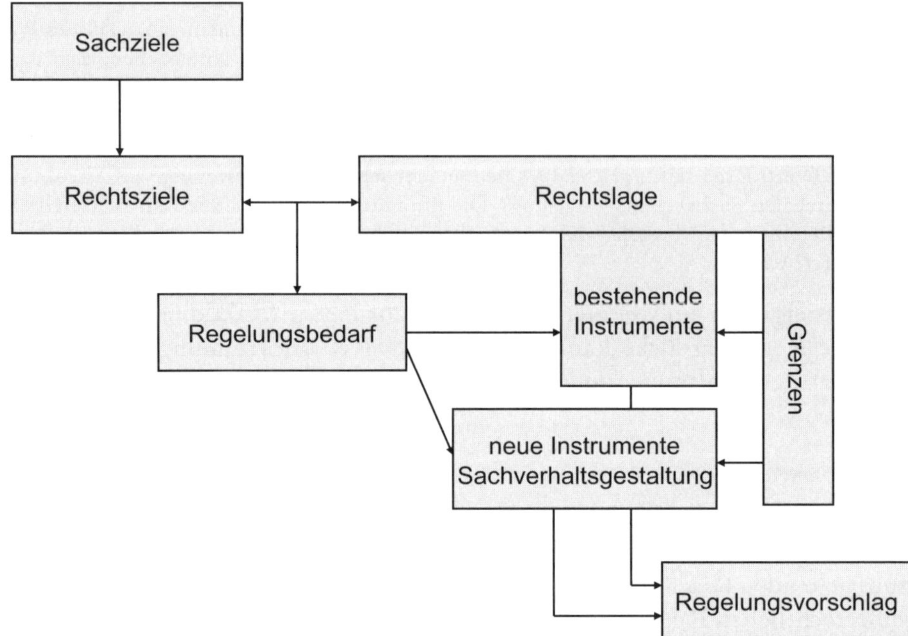


17 Rechtsetzung und Rechtsgestaltung unterscheiden sich daher von einander nicht durch die Vorgehensweise, sondern nur durch die Rechtsnatur der vorgeschlagenen Regelung: Von **Rechtsetzung** spricht man insbesondere, wenn es sich um eine generell-abstrakte Rechtsnorm, insbesondere um einen Gesetzesvorschlag, handelt. Daher soll die Gesetzgebungslehre im Folgenden näher betrachtet werden (Rn. 18 ff.). Als **Rechtsgestaltung** (Kautelarjurisprudenz) bezeichnet man den Entwurf von einseitigen Willenserklärungen wie Testamenten, Kündigungsschreiben und dergleichen, vor allem aber den Entwurf von Verträgen (Vertragsgestaltung). Aus dem breiten Spektrum der Rechtsgestaltung soll die Vertragsgestaltung (Rn. 28 ff.) daher exemplarisch herausgegriffen werden.

## II. Gesetzgebungslehre

### 1. Ausgangspunkt und Vorgehensweise

18 **Ausgangspunkt** eines Gesetzentwurfs ist ein Problemimpuls. Aus der näheren Beschäftigung mit der tatsächlichen Ausgangslage ergibt sich eine Problemdefinition. Die Lösung des so definierten Problems – genauer: die Beseitigung seiner Ursachen – ist das mit der Gesetzgebung verfolgte Sachziel.

Als **Ursachen** kommen menschliche Verhaltensweisen, gesellschaftliche, ökonomische, globale Entwicklungen, technische Innovationen, Auswirkungen bestehender Gesetze oder Änderungen rechtspolitischer Bedürfnisse in Frage. Das Sachziel von Gesetzgebung ist meistens eine Änderung menschlicher Verhaltensweisen, gesellschaftlicher oder ökonomischer Verhältnisse.

Aus diesem Sachziel leitet sich die Regelungsaufgabe ab. Zu prüfen ist dann, 19
ob die Regelungsaufgabe bereits im geltenden Recht ausreichend erfüllt wird. Ist das nicht (oder nur teilweise) der Fall, besteht ein Regelungsbedarf. Entsprechend dieses Regelungsbedarfs müssen im nächsten Schritt die verschiedenen Regelungsmöglichkeiten (und die entsprechenden Möglichkeiten der Sachverhaltsgestaltung) erarbeitet werden.

Dabei kann man **an Regelungsmodelle anschließen**, die man aus der Rechtsgeschichte, der Rechtsvergleichung, der Rechtssoziologie und der Rechtspolitik kennt. Zu bedenken ist allerdings, dass rechtsgeschichtlich oder rechtsvergleichend erarbeitete Regelungsmodelle aus sehr besonderen geschichtlichen und kulturellen Zusammenhängen stammen können, so dass man sie eventuell nicht in die Gegenwart oder in eine andere Rechtskultur einfügen kann, ohne Wertungswidersprüche zu erzeugen.

Schließlich ist zu erwägen, welche Regelungsmöglichkeit den Vorzug verdient und daher empfohlen werden sollte. Dabei ist das Leitziel der Gesetzgebung eine funktionsgerechte Regelung. Das bedeutet: diejenige Regelungsmöglichkeit verdient den Vorzug, bei der das Sachziel mit der größten Wahrscheinlichkeit erreicht wird.

## 2. Anforderungen an eine gesetzliche Regelung

### *a) Stammgesetz oder Änderungsgesetz*

Eine Regelung kann auf zweierlei Weise erfolgen: Die eine Möglichkeit 20
besteht darin, für das jeweilige Thema ein eigenes Gesetz neu zu formulieren. Ein solches Gesetz nennt man ein **Stammgesetz**.

**Beispiel:** Angenommen, der Gesetzgeber beabsichtigt, die private Nutzung von Internet am Arbeitsplatz zu verbieten, so könnte ein solches Verbot in einem eigenen, thematisch abgegrenzten Stammgesetz erlassen werden.

Eine Regelung durch ein Stammgesetz bietet sich an, wenn sich der zu re- 21
gelnde Sachverhalt von bereits geregelten Materien sinnvoll abgrenzen lässt. Andernfalls kommt eine Regelung durch ein **Änderungsgesetz** in Betracht, das eine Änderung in dem Stammgesetz vorsieht, das die Materie bislang regelt. Die Änderung muss sich bruchlos in das Stammgesetz einfügen. Sie kann in einem Ablösungsgesetz, einer Einzelnovelle oder einem Mantelgesetz vorgenommen werden: Das Ablösungsgesetz sieht eine vollständige Neufassung des Stammgesetzes vor, die neu beschlossen und mit der das alte Stammgesetz aufgehoben wird. Die Einzelnovelle ändert nur einzelne Teile des Stammgesetzes. Das Mantelgesetz bedeutet, dass in einem Akt mehrere Gesetze geändert, neugeschaffen oder aufgehoben werden.

**Grafik: Arten des Änderungsgesetzes**

22 Jeweils bestehen gesetzgebungsmethodische Anforderungen in inhaltlicher, in sprachlicher und in systematischer Hinsicht.

*b) Inhaltlich-gesetzgebungsmethodische Anforderungen*

23 Inhaltlich müssen die Rechtsnormen geeignet sein, die Regelungsaufgabe überhaupt zu erfüllen. Sie müssen eine der Regelungsaufgabe **angemessene Regelungstiefe** aufweisen, d.h. sie dürfen einerseits nicht bloß allgemeine Grundsätze oder unbestimmte Regelungen enthalten, andererseits dürfen sie auch nicht so detailliert sein, dass man die Regelungen nicht mehr überblicken kann. Je nach Regelungsmaterie können sich unterschiedliche Herangehensweisen anbieten.

**Beispielsweise** hat der Gesetzgeber in § 185 StGB nur allgemein „die Beleidigung" unter Strafe gestellt. Er hat also einen hoch abstrakten Begriff verwendet, ohne näher zu umschreiben, was das sein soll (sogenannte abstrakte Methode). Umgekehrt hat er im Anhang zur Vierten Verordnung zur Durchführung des Bundesimmissionsschutzgesetzes genau aufgezählt, welche Anlagen genehmigungsbedürftig sind (sogenannte kasuistische Methode), anstatt allgemeine Kriterien zu benennen, von denen die Genehmigungsbedürftigkeit abhängt.[263]

24 Einen Mittelweg stellt es dar, einen Grundsatz zu normieren und anschließend wichtige Fallgruppen aufzuzählen, diese Aufzählung aber durch das Wort „insbesondere" als nicht abschließend zu kennzeichnen. Typisierungen müssen am typischen Fall ansetzen, sie dürfen nicht den atypischen Fall zur

---

[263] Vgl. *Kohler-Gehrig*, Einführung in das Recht, 2. Aufl. 2017, S. 39 f.; man sollte die abstrakte Methode nicht abstrakt-generell nennen, denn auch die kasuistische Methode erzeugt abstrakt-generelle Sätze (schließlich sind nicht einzelne konkrete, individuelle Anlagen aufgezählt worden).

Grundlage nehmen. Die Gesamtregelung darf weder insgesamt noch in sich widersprüchlich sein.

**Beispiele:** Ein Verhalten darf nicht zugleich geboten und verboten sein. Es darf nicht der minder schwere Fall einer Straftat mit einer härteren Strafe bedroht werden, als sie der Grundtatbestand vorsieht. Es darf nicht zugleich ein Ziel vorgegeben werden, aber das einzige geeignete Mittel ausgeschlossen werden, dieses Ziel zu erreichen.

Letztlich sind das aber schon nicht mehr bloße Fragen des gesetzgebungsmethodischen Inhalts, sondern es sind zugleich auch inhaltliche Anforderungen, die die Verfassung an eine gesetzliche Regelung stellt. Diese Anforderungen zu missachten, führt also nicht erst zu einem unzweckmäßigen, handwerklich minderwertigen Gesetz, sondern überschreitet den von der Verfassung dem Gesetzgeber eingeräumten Regelungsspielraum (oben Rn. 7).

*c) Sprachliche und systematische Anforderungen*

Sprachlich müssen Rechtsnormen in **einfachen, griffigen Worten** formuliert werden. Fachterminologie muss korrekt eingesetzt werden. Die Wortwahl muss einheitlich sein. Sätze sind so klar und einfach wie möglich zu formulieren. Rechtsnormen müssen kurz sein, wenn sie verständlich sein sollen. 25

In systematischer Hinsicht ist ein **übersichtlich gegliederter und geordneter Aufbau** des Gesetzes zu fordern: Sachlich zusammenhängende Materien müssen zusammenhängend geregelt bzw. unterschiedliche Materien in verschiedenen Abschnitten geregelt werden. Allgemeine Vorschriften lassen sich „vor die Klammer ziehen" in einen Allgemeinen Teil, dem dann ein oder mehrere Besondere Teile folgen.

Ein Gesetz wird dadurch kürzer und übersichtlicher, die Regelungen im Allgemeinen Teil sind aber notwendigerweise unspezifisch gefasst, wenn sie in verschiedenen besonderen Kontexten anwendbar sein sollen. Verstehen kann man sie oft nur, wenn man die Regelungen des Besonderen Teils hinzudenkt. Auch innerhalb eines Besonderen Teils kann es noch eine Untergliederung in Allgemeinen und Besondere Teile geben. Nicht immer ist ein Allgemeiner Teil als solcher bezeichnet: **Beispielsweise** behandeln im 2. Buch des Bürgerlichen Gesetzbuchs (Schuldrecht) die Abschnitte 1 bis 7 allgemeine Vorschriften, während der Abschnitt 8 den Besonderen Teil enthält (Einzelne Schuldverhältnisse).

Ausnahmen sollten erst normiert werden, nachdem die Grundsätze normiert sind, Sanktionen erst nach den Pflichten (dazu unten § 13 Rn. 77 ff.), Verfahren und Zuständigkeiten nach dem materiellen Recht (dazu unten § 13 Rn. 53 ff.). Anwendungsbereich, Prinzipien und Definitionen stehen üblicherweise am Anfang, Übergangsvorschriften, Vorschriften zum Außerkrafttreten anderer Rechtsnormen, Folgeänderungen in anderen Gesetzen und Vorschriften zum Inkrafttreten am Schluss. Gegliedert werden Gesetze durch Bücher, Abschnitte, Unterabschnitte, Titel, Untertitel, Paragraphen (oder Artikel), Absätze (Unterabsätze), Sätze und Halbsätze. 26

Im Grundgesetz, in Einzelnovellen, Mantelgesetzen, Vertragsgesetzen und Einführungsgesetzen sowie in Bayerischen Landesgesetzen wird die Bezeichnung „Artikel“ verwendet. In manchen Einführungsgesetzen sind einzelne Artikel (z.B. Art. 229 EGBGB) durch Paragraphen untergliedert. Ein Mantelgesetz wird teilweise als „Artikelgesetz“ bezeichnet.

Die Überschriften zu Paragraphen oder Artikeln sind teilweise amtliche Überschriften, also Teil des Gesetzes, teilweise sind es inoffizielle Überschriften, die der Herausgeber einer Textsammlung formuliert hat. Manche Gesetze beginnen mit einer Präambel (Vorspruch), die Aussagen zu Anlass, Zielsetzung oder allgemeinen Grundsätzen enthalten kann. Zuweilen finden sich solche Aussagen statt in einer Präambel auch in der ersten Vorschrift des Gesetzes.

### 3. Gesetzesfolgenabschätzung

27 Gesetzgebung erfolgt in der Praxis unter nicht-idealen Bedingungen: Die Qualität der Gesetze steht und fällt mit Zeitdruck, knappen Ressourcen und dem Zwang zu politischen Kompromissen. Umso bedeutsamer ist es, bereits bei der Gesetzgebung, aber auch nach dem Inkrafttreten des Gesetzes, die **Gesetzesfolgen** im Blick zu haben. Gesetzesfolgenabschätzung kann prospektiv erfolgen, d.h. bevor ein Gesetz entworfen wird. Man prüft dann, ob überhaupt eine gesetzliche Regelung notwendig ist und welche Regelungsalternative welche Auswirkungen erwarten lässt. Daraus ergibt sich, welche Regelungsalternative die bestmögliche Zielerreichung verspricht. Eine begleitende Gesetzesfolgenabschätzung bezieht sich auf einen konkreten Gesetzentwurf und fragt, ob die vorgesehenen Regelungen „funktionieren“ werden, ob sie befolgbar, durchsetzbar und effizient sind, welche Nebenfolgen zu erwarten sind, welche Lücken und Widersprüche das Gesetz aufweist, wo es Vereinfachungsmöglichkeiten gibt. Demgegenüber fragt eine retrospektive Gesetzesfolgenabschätzung, ob mit der Regelung die Ziele erreicht wurden, die man mit ihr erreichen wollte, welche Nebenfolgen eingetreten sind und welche Verbesserungsmöglichkeiten es gibt. Während die Anforderungen an die Gesetzgebung selbst inhaltlicher, sprachlicher und systematischer Art sind (oben Rn. 23 ff.), also qualitativ, stehen für die Gesetzesfolgenabschätzung quantitative Methoden zur Verfügung. Beispielsweise lassen sich Risiken, die mit einer Regelung verbunden sein können, mit statistischen Methoden erfassen. Um Anreizwirkungen einer Regelung zu beschreiben oder Entscheidungsverhalten von Menschen vorherzusagen, kann man ebenfalls auf quantitative Modelle zurückgreifen.[264]

---

[264] *Towfigh/Petersen*, Ökonomische Methoden im Recht, 2. Aufl. 2017, S. 16.

## III. Vertragsgestaltung

### 1. Begriff und Akteure

Vertragsgestaltung ist ein **Prozess**: Er beginnt mit Informationssammlung und umfasst Beratung und Belehrung über Rechtsfolgen und Risiken, Verhandlungsführung oder Verhandlungsmoderation sowie das Formulieren von Vertragsentwürfen und zuweilen auch die Vertragsabwicklung. Er spielt sich nicht nur im Zivilrecht (dort vor allem im Schuldrecht, Arbeitsrecht, Familien- und Erbrecht, Handels- und Gesellschaftsrecht) ab, sondern ebenso im Öffentlichen Recht (öffentlich-rechtliche Verträge, §§ 54 ff. VwVfG, etwa im Bauplanungs- und Umweltrecht). 28

Vertragsgestaltung liegt einerseits in den Händen von anwaltlichen **Beratern** und von Beratern, die im Interesse einer der Vertragsparteien tätig sind (z.B. in der Rechtsabteilung eines Unternehmens oder einer Behörde). Auf der anderen Seite stehen **Amtspersonen**, die beim Vertragsschluss mitwirken können: Notare, die Verträge beurkunden, aber auch Richter, die auf eine Prozesserledigung durch gütliche Einigung hinwirken (d.h. durch einen Vertrag, den man als „Vergleich" bezeichnet, vgl. § 782 BGB, § 794 Abs. 1 Nr. 1 ZPO). Ihre Aufgabe ist es nicht, die Interessen einer Vertragspartei zu formulieren und daran orientierte Regelungsvorschläge zu machen, sondern die Vertragsparteien neutral zu beraten. „Der Notar soll den Willen der Beteiligten erforschen, den Sachverhalt klären und die Beteiligten über die rechtliche Tragweite des Geschäfts belehren. Dabei soll er insbesondere darauf achten, dass unerfahrene und ungewandte Beteiligte nicht benachteiligt werden." (§ 17 BeurkG) An eine Vertragspartei gebundene Berater einerseits, unabhängige Amtsträger andererseits haben im Prozess der Vertragsgestaltung unterschiedliche Rollen. Methodisch geht es aber in beiden Perspektiven gleichermaßen darum, Sachziele, Regelungsaufgaben, Regelungsbedarf und Regelungsmöglichkeiten zu identifizieren. 29

### 2. Sachziele, Rechtsziele und Instrumente

*a) Sachziele*

Vertragsgestaltung wird im Allgemeinen von Nichtjuristen veranlasst und geht von mehr oder weniger präzise formulierten Sachzielen aus, die oft **wirtschaftlich**, nicht juristisch beschrieben sind. Verwenden Nichtjuristen dabei trotzdem juristische Fachtermini, muss jeweils sorgfältig geprüft werden, ob sie damit wirklich eine bestimmte rechtliche Gestaltung oder nur eine umgangssprachliche Bedeutung meinen. 30

**Beispiel:** Wer seine „Firma" verkaufen will, will vielleicht nicht nur den Namen des Unternehmens übertragen. Das aber versteht das Gesetz unter einer Firma (§ 17 Abs. 1 HGB). Sondern er denkt bei „Firma" meist an das ganze Unternehmen, will also entweder seine Unternehmensanteile oder die zum Unternehmen gehörenden Vermögensgegenstände insgesamt übertragen.

31 Oft ist die Angabe dessen, was die Beteiligten erreichen wollen, auch deshalb lückenhaft, weil die Beteiligten gar nicht wissen, welche Folgefragen eine bestimmte Regelung aufwirft. Es ist ein Teil der Gestaltungsaufgabe, die rechtlichen Fernwirkungen einer Regelung zu ermitteln. Sie können auf ganz anderen Gebieten liegen (z.B. im Steuer-, Arbeits- oder Versicherungsrecht). Die Interessen der Auftraggeber müssen dann auch in diesen Bereichen erfragt werden. Oft formulieren Vertragsparteien ihre Sachziele auch insoweit ungenau, dass sich vermeidbare Zielkonflikte ergeben. Werden die Sachziele spezifischer formuliert, ergibt sich nämlich oft, dass beide Vertragsparteien zwar unterschiedliche Interessen verfolgen, sich ihre Sachziele aber durchaus miteinander vereinbaren lassen.

**Beispiel:** Wird etwa über einen Kaufpreis verhandelt, so ist das Sachziel des Verkäufers ein möglichst hoher Preis, das Sachziel des Käufers ein möglichst niedriger Preis. Eventuell ist der Käufer aber vor allem darauf bedacht, nicht sofort einen sehr hohen Preis bezahlen zu müssen. Wird ihm eine Ratenzahlung angeboten, ist er möglicherweise bereit, einen deutlich höheren Kaufpreis zu akzeptieren.

*b) Rechtsziele*

32 Die Rechtsziele liegen dann meist auf **zwei Ebenen**: Auf der ersten Ebene geht es um das eigentliche Ziel, das erreicht werden soll (Zweckverwirklichung, Erfüllungsplanung), auf der zweiten darum, die möglichen Störungen vorauszusehen, die sich ergeben können (Risiko-, Störfallplanung, Störfallvorsorge). Für solche Störungen muss Vorsorge getroffen werden. Dabei ist einerseits an Störungen zu denken, die sich aus nicht vertragsgemäßem Verhalten der Beteiligten ergeben können.

**Beispiel:** Bei einem Grundstücksgeschäft muss aus Sicht des Verkäufers unter anderem für den Fall Vorsorge getroffen werden, dass der Käufer den Kaufpreis nicht begleicht. Aus Sicht des Käufers muss verhindert werden, dass der Verkäufer das Grundstück vertragswidrig noch vor dem Eigentumsübergang z.B. mit einer Grundschuld belastet – eine Belastung, die dann den Käufer treffen würde, die er aber nicht einkalkulieren konnte.

33 Ebenso ist aber auch in Rechnung zu stellen, dass sich die Verhältnisse ohne Zutun der Beteiligten in störender Weise entwickeln können.

**Beispielsweise** kann eine rasante Inflation dazu führen, dass die Kaufkraft dessen, was eine Vertragspartei als Gegenleistung erhält, immer geringer wird. Davor kann man sich eventuell durch eine Wertsicherungsklausel schützen, d.h. die geschuldete Leistung erhöht sich entsprechend. Zu beachten sind aber die rechtlichen Grenzen, die solchen Preisklauseln durch das Preisklauselgesetz gezogen sind.

Schließlich kann sich auch eine Änderung der Rechtslage oder der Rechtsprechung als Störfall erweisen. Davor können sich die Vertragsparteien nur bedingt schützen. Zu denken ist an Klauseln, die die maßgebende Rechtslage festschreiben sollen, oder an salvatorische Klauseln. Eine salvatorische („rettende") Klausel besagt, dass der Vertrag im Ganzen gültig bleiben soll, auch wenn eine der Vorschriften unwirksam sein oder werden sollte, oder dass die Vertragsparteien sich verpflichten, eine unwirksame Klausel einvernehmlich zu ersetzen.

*c) Besondere Instrumente*

Die gegenseitigen Interessen der Vertragsparteien können (von der eben erwähnten Konstruktion abgesehen) durch besondere Instrumente **abgesichert** werden, etwa Bedingungen, Befristungen, Rücktrittsvorbehalte, Kündigungs- oder Anpassungsrechte, Änderungen gesetzlicher Gewährleistungsrechte (Ausschluss oder Erweiterung, z.B. durch Garantien, Fälligkeits- oder Verzugszinsen), Vertragsstrafen oder Schiedsvereinbarungen. Im Vertrag können aber auch Anreize gesetzt werden, z.B. ist es ein Anreiz für ordnungsgemäße Leistung, wenn die Gegenleistung erst danach fällig wird. Der Vertrag kann schließlich Interessen Dritter berühren, die in die vertragliche Regelung einbezogen werden können, z.B. durch eine Vertrags-, Schuld- oder Erfüllungsübernahme, durch einen Vertrag zugunsten Dritter oder dadurch, dass Dritten bestimmte Rechte eingeräumt werden. **34**

In der **Praxis** bietet es sich an, auf Formulare, Vertragsmuster und Checklisten zurückzugreifen. Ihnen kann man entnehmen, welche Aspekte im typischen Fall tatsächlich als regelungsbedürftig angesehen werden und welche Gestaltungen in der Rechtswirklichkeit Verwendung finden. **35**

Insoweit findet man eine Vertragslehre nicht im Gesetz, sondern in den von der Rechtspraxis erarbeiteten Vertragstypen.[265]

Gegenüber Formularen und Vertragsmustern ist aber insoweit Vorsicht geboten, als dass vorformulierte Standardklauseln auf keinen Fall blindlings übernommen werden dürfen. Man muss immer genau prüfen, ob die Musterklausel den individuellen Regelungszweck erfüllt und ob sie sich bruchlos in den eigenen Entwurf einfügt. Da man nicht alle möglichen Sachverhaltsgestaltungen voraussehen und mit gesonderten rechtlichen Regelungen abdecken kann, empfiehlt es sich auch, die Grundgedanken und Grundprinzipien im Vertrag niederzulegen, die die Parteien übereinstimmend wollen. Das ist auch dann ein gangbarer Weg, wenn bestimmte mögliche Störungen aus verhandlungspsychologischen Gründen nicht offen angesprochen werden können, weil man keine „schlafenden Hunde wecken" will. Im Konfliktfall kann man sich dann zumindest auf diese Grundgedanken berufen.

*d) Dispositives Gesetzesrecht*

Im Unterschied zur Rechtsetzung stehen der Rechtsgestaltung in weitem Umfang **subsidiäre Regelungen** zur Seite, und zwar durch das dispositive **36**

---

[265] *Langenfeld*, Grundlagen der Vertragsgestaltung, 2. Aufl. 2010, 2. Kap., Rn. 4 ff.

Gesetzesrecht (oben § 13 Rn. 95 ff.). Es ist anwendbar, wenn keine abweichende Regelung vorgesehen wird. Für die Vertragsgestaltung bedeutet dies, dass im Anwendungsbereich des dispositiven Gesetzesrechts eine vertragliche Regelung nur dann notwendig ist, wenn das dispositive Recht dem Regelungsziel nicht entspricht.

*e) Spielräume*

37 Ergibt sich auch unter Berücksichtigung dispositiven Gesetzesrechts ein Regelungsbedarf, werden die Regelungsmöglichkeiten auch für Vertragsgestaltung von (1) den sich aus dem geltenden Recht ergebenden **Grenzen**, (2) den **Wechselwirkungen** zum geltenden Recht, (3) den rechtlichen Bedingungen der **Beratung**, (4) den **außerrechtlichen Regelungsfolgen** und (5) den **Möglichkeiten der Sachverhaltsgestaltung** bestimmt (vgl. oben Rn. 7 ff.).

38 Dabei sind besondere rechtliche Grenzen der Vertragsgestaltung zu beachten, wenn es sich um **Allgemeine Geschäftsbedingungen** handelt (§§ 305 ff. BGB, unten § 13 Rn. 43). Allgemeine Geschäftsbedingungen („das Kleingedruckte") sind dadurch gekennzeichnet, dass für mehrfache Verwendung Klauseln vorformuliert werden, die eine Vertragspartei („Verwender") bei Vertragsschluss der anderen Vertragspartei „stellt" (§ 305 Abs. 1 S. 1 BGB). Werden die Klauseln in den Vertrag einbezogen, gelten sie grundsätzlich wie der individuell ausgehandelte Rest des Vertrages auch. Das Gesetz erklärt aber bestimmte Klauseln für unwirksam (sogenannte Inhaltskontrolle). Das beruht darauf, dass solche oft umfangreichen Klauselwerke für den Nichtjuristen oft schwer zu überschauen sind, so dass eine besondere Gefahr der Übervorteilung und Benachteiligung besteht. Allgemeine Geschäftsbedingungen können deshalb nur in besonderen gesetzlichen Grenzen wirksam Vertragsbestandteil werden.

### 3. Anforderungen an eine Vertragsgestaltung

*a) Äußere Gestaltung*

39 Die äußere Gestaltung eines Vertragsentwurfs hängt zunächst davon ab, ob der Vertrag aus rechtlichen Gründen eine **bestimmte Form** wahren muss. Grundsätzlich kann ein bürgerlich-rechtlicher Vertrag in jeder Form, auch durch „beredtes Schweigen", geschlossen werden. Das Gesetz schreibt aber für bestimmte Verträge eine besondere Form vor, z.B. für die Grundstücksgeschäfte (§ 311b Abs. 1 BGB), das Schenkungsversprechen (§ 518 BGB) oder die Bürgschaft (§ 766 BGB). Eine besondere Form ist auch für öffentlich-rechtliche Verträge vorgeschrieben (§ 57 VwVfG). Ansonsten ist es den Beteiligten überlassen, welche äußere Form sie dem Vertrag geben wollen.

*b) Inhaltliche Anforderungen*

Ergeben sich mehrere Möglichkeiten, ein Regelungsziel zu erreichen, muss den Vertragsparteien grundsätzlich **der sicherste Weg** zum Ziel empfohlen werden. Will man einen weniger sicheren Weg wählen, muss man zumindest den Auftraggeber zuvor über die insoweit bestehenden Gefahren belehren und sein weiteres Verhalten von dessen Entscheidung abhängig machen. Das gilt auch, wenn Zweifel gegen die rechtliche Zulässigkeit einer Gestaltung geltend gemacht werden: Dann ist im Allgemeinen eine andere Gestaltung zu wählen, wenn diese zweifelsfrei zulässig ist und den Interessen der Beteiligten ebenso entspricht. Das Gebot des sichersten Weges umfasst die Verpflichtung, sich bei Entwurf und Beratung von der höchstrichterlichen Rechtsprechung leiten zu lassen (und dabei auch die Entwicklung der Rechtsprechung im Blick zu haben[266]). Ergeben sich mehrere gleichwertige Möglichkeiten, muss ferner diejenige den Vorzug erhalten, die für die Vertragsparteien am kostengünstigsten ist. Ferner müssen die Regelungen so einfach und sicher wie möglich anzuwenden sein: Die tatbestandlichen Voraussetzungen der Vertragsklauseln müssen möglichst einfach strukturiert sein. Es muss leicht feststellbar sein, ob eine tatbestandliche Voraussetzung vorliegt oder nicht. Die Beweislast für das Vorliegen oder Nichtvorliegen der tatbestandlichen Voraussetzungen muss angemessen verteilt werden. Vorzuziehen ist die Regelung, die am ehesten der Konfliktvermeidung dient. Aus Sicht der einzelnen Vertragspartei ist schließlich diejenige Gestaltung vorzugswürdig, die ihr das größere Maß an Flexibilität erhält, mit dem sie auf eine eventuell sich in der Zukunft ändernde Interessenlage reagieren kann. 40

Den Beteiligten obliegt auch die **Wahl der Regelungstiefe**, also ob sie den Vertrag inhaltlich eher knapp oder – nach angelsächsischem Vorbild – eher detailliert formulieren wollen. Für beides gibt es Gründe. Für eine detaillierte Regelung, die so viele Eventualitäten wie möglich abdeckt, spricht, dass alle Regelungsspielräume so genutzt werden können, wie die Beteiligten es wirklich wünschen. Der Nachteil ist, dass der Vertrag ausgesprochen umfangreich werden kann. Verträge von mehreren tausend Seiten sind dann keine Seltenheit. Ein solches Regelungswerk ist kaum noch durchschaubar. Die Widerspruchsfreiheit der Einzelregelungen ist kaum zu gewährleisten. Ergibt sich doch eine Regelungslücke, ist es schwer, sie durch eine Regelung zu ergänzen, die sich widerspruchsfrei in den Rest des Vertrages einfügt. Für eine möglichst knappe Regelung spricht, dass sie weniger aufwendig zu erarbeiten und übersichtlich zu gestalten ist. Sie ist deshalb kostengünstiger. Sie enthält allerdings notwendigerweise oft Generalklauseln und sehr abstrakte Regelungen. Die tatsächlichen Rechte und Pflichten der Vertragsparteien lassen sich dem Vertrag dann nur im Zusammenhang mit dem Gesetz entnehmen; der Vertrag allein gibt über sie keine Auskunft. Es ist auch nicht gewährleistet, dass das dispositive 41

[266] Vgl. den BGH NJW 1993, 3323 zugrunde liegenden Fall.

Gesetzesrecht oder eine ergänzende Vertragsauslegung zu gerade derjenigen Regelung führen, die die Beteiligten tatsächlich vereinbart hätten, wenn sie eine ausdrückliche Regelung gewollt hätten.

*c) Sprachliche und systematische Anforderungen*

42 Die sprachlichen und systematischen Anforderungen an Verträge entsprechen denjenigen, die an Gesetze zu stellen sind: einfache, **klare Sprache** und übersichtlicher, **geordneter Aufbau**. Zweckmäßigerweise werden in der Vertragsurkunde zunächst die Vertragsparteien (ggf. mit ihren Vertretern) genannt. Nach einer erläuternden Präambel folgen die einzelnen Regelungen, und zwar üblicherweise essentialia negotii vor Nebenabreden (z.B. zu Fragen der Gewährleistung), schuldrechtliche Verpflichtungsgeschäfte vor sachenrechtlichen Verfügungsgeschäften.

43 Die letztgenannte **Praxis** erklärt sich daraus, dass das sachenrechtliche Verfügungsgeschäft eine Vermögensverschiebung vollzieht, zu der sich die Parteien im schuldrechtlichen Verpflichtungsgeschäft erst nur verpflichtet haben. Verpflichtung und Erfüllung sind also zweierlei (sogenanntes Trennungsprinzip) und auch unabhängig voneinander wirksam (sogenanntes Abstraktionsprinzip). Das Verpflichtungsgeschäft ist das Kausalgeschäft (die causa, d.h. die Grundlage), das Verfügungsgeschäft das Erfüllungsgeschäft. Das Verpflichtungsgeschäft ist eine Ankündigung, die durch das Verfügungsgeschäft in die Tat umgesetzt wird.

# 2. Kapitel. Theorien von Recht, Staat und Gerechtigkeit

Nachdem bislang die Anwendung des Rechts (die Rechtsetzung und Rechtsgestaltung umfasst) als thematisches Zentrum juristischen Denkens behandelt worden ist, geht es nun um das **gedankliche Umfeld**. Die Anwendung des Rechts ist ein Akt wertender Erkenntnis. Diese Erkenntnis vollzieht sich auf der Grundlage eines bestimmten Verständnisses der „letzten Dinge" des Rechts: seines Begriffs, des Wesens des Staates und einer Theorie der Gerechtigkeit. Deshalb besteht das gedankliche Umfeld der Rechtsanwendung zunächst aus Theorien von Recht, Staat und Gerechtigkeit, in denen sich der Begriff des Rechts entfaltet. Nach einem einführenden Überblick (§ 10) werden ausgewählte rechtsphilosophische, rechtstheoretische und rechtssoziologische Ansätze exemplarisch dargestellt (§§ 11,12).

## § 10. Rechtsbegriffe

### I. Was ist Recht? – Präzisierung der Fragestellung

**Literatur:** *Adomeit/Hähnchen*, Rechtstheorie mit Juristischer Methodenlehre, 7. Aufl. 2018, Rn. 5 ff.; *Honsell/Mayer-Maly*, Rechtswissenschaft, 7. Aufl. 2017, S. 221 ff.; *Horn*, Einführung in die Rechtswissenschaft und Rechtsphilosophie, 6. Aufl. 2016, Rn. 4 f.; *Kirste*, Einführung in die Rechtsphilosophie, 2010, S. 62 ff.; *Köhler*, Recht und Gerechtigkeit, 2017; *Kunz/Mona*, Rechtsphilosophie. Rechtstheorie. Rechtssoziologie, 2. Aufl. 2015, Kap. 2; *Mahlmann*, Konkrete Gerechtigkeit, 4. Aufl. 2019, § 4; *Naucke/Harzer*, Rechtsphilosophische Grundbegriffe, 5. Aufl. 2005, Rn. 1 ff.; *Röhl/Röhl*, Allgemeine Rechtslehre, 3. Aufl. 2008, S. 76 ff.; *Rüthers/Fischer/Birk*, Rechtstheorie, 10. Aufl. 2018, Rn. 53 ff.; *Seelmann/Demko*, Rechtsphilosophie, 6. Aufl. 2014, § 2; *Witte* (Hrsg.), Gerechtigkeit, 2012 [zum theologischen Verständnis]; *Zippelius*, Rechtsphilosophie, 6. Aufl. 2011

Auf die Frage „Was ist Recht?" wurde bis hierher als vorläufige Antwort 1
gegeben, Recht sei eine intersubjektiv verbindliche Normenordnung (oben § 2 Rn. 2 ff.). Diese Antwort ist ausreichend, wenn man für die Anwendung des Rechts wissen will, was mit „Recht" gemeint ist. Es genügt dann, die besonderen Merkmale von Recht in den Blick zu nehmen, auf die es bei der Anwendung von Recht unmittelbar ankommt. Die Antwort klärt also die Bedeutung des Wortes „Recht" auf eine bestimmte Weise. Fragt man aber nach dem Begriff des Rechts, erwartet man mehr als eine Worterklärung. Man fragt dann danach, was Recht schlechthin ausmacht. Man will etwas über **Ur-**

**sprung, Sinn und Aufgabe des Rechts** und sein dadurch bestimmtes Wesen wissen. Man will wissen, was es bedeutet, von Recht überhaupt zu sprechen.

Eine Antwort, die eine Worterklärung gibt, nennt man nominalistisch. Demgegenüber bezeichnet man eine Antwort, die einen Begriff des Rechts angibt, als existenzialistisch.

2 Damit fragt man zugleich nach einer **Erklärung** – und damit auch: einer Rechtfertigung – für die besonderen Merkmale, die den Gegenstand „Recht" gegenüber anderen Gegenständen auszeichnen. Der Rechtsbegriff soll angeben, wie Recht als intersubjektiv verbindliche Normenordnung überhaupt möglich ist. Recht ist eine geistige Wirklichkeit, Auffassungen über den Rechtsbegriff hängen dadurch vom jeweiligen Welt- und Menschenbild ab. Entsprechend individuell fallen die Antworten auf die Frage nach dem Rechtsbegriff aus.

## II. Positivistische und vorpositive Rechtsbegriffe

**Literatur:** *Alexy*, Begriff und Geltung des Rechts, 5. Aufl. 2011; *Braun*, Einführung in die Rechtsphilosophie, 2. Aufl. 2011, S. 13 ff.; *Dreier*, Der Begriff des Rechts, NJW 1986, 890 ff.; *Hassemer/Neumann/Saliger* (Hrsg.), Einführung in die Rechtsphilosophie und Rechtstheorie der Gegenwart, 9. Aufl. 2016; *Hofmann*, Einführung in die Rechts- und Staatsphilosophie, 5. Aufl. 2011; *Horn*, Einführung in die Rechtswissenschaft und Rechtsphilosophie, 6. Aufl. 2016, Rn. 401 ff.; *Kunz/Mona*, Rechtsphilosophie. Rechtstheorie. Rechtssoziologie, 2. Aufl. 2015, Kap. 3, Kap. 4; *Lindner*, Zum Verhältnis von Recht und Moral, Jura 2016, 8 ff.; *Naucke/Harzer*, Rechtsphilosophische Grundbegriffe, 5. Aufl. 2005, Rn. 1 ff., 254 ff.; *Röhl/Röhl*, Allgemeine Rechtslehre, 3. Aufl. 2008, S. 291 ff.; *Rüthers/Fischer/Birk*, Rechtstheorie, 10. Aufl. 2018, Rn. 332 ff., 343 ff., 401 ff.; *Seelmann/Demko*, Rechtsphilosophie, 6. Aufl. 2014, § 2 Rn. 13 ff.; *Senn*, Rechts- und Gesellschaftsphilosophie, 2. Aufl. 2017; *Volkmann*, Rechtsphilosophie, 2018; *Zenthöfer*, Was ist Moral, Recht, Gerechtigkeit? – Grundprobleme der Rechtsphilosophie, Jura 2004, 822 ff.

3 In der Geschichte der Rechtswissenschaft sind auf die Frage nach dem Rechtsbegriff die unterschiedlichsten Antworten gegeben worden. Sie lassen sich grob zunächst danach unterscheiden, ob man Recht als gesetzte oder als gerechte Ordnung auffasst. Die Vertreter der erstgenannten Ansicht bezeichnet man als Positivisten (von lat. positum, d.h. das Gesetzte), während die Vertreter der letztgenannten Ansicht den Rechtsbegriff vorpositiv (nichtpositiv, überpositiv) verstehen.

### 1. Positivistische Rechtsbegriffe

4 Ein positivistischer Rechtsbegriff ist deskriptiv: Er sieht Recht als einen empirisch wahrnehmbaren Gegenstand, als Faktum. Die Frage „Was ist Recht?" beantwortet er mit dem Hinweis auf das **positive Recht** (oben § 2 Rn. 16), das in einer bestimmten Gesellschaft zu einer bestimmten Zeit gilt. Dabei kann die Geltung juristisch oder faktisch (sozial) bestimmt werden (vgl. oben § 5 Rn. 52), wobei auch kombinierende Ansätze vertreten werden. Juristisch

gilt eine Rechtsnorm, wenn sie wirksamer Teil des positiven Rechts ist, d.h. sie ist tatsächlich als Prüfmaßstab und zur Verhaltensorientierung intersubjektiv verbindlich. Ansätze, die auf die juristische Geltung abstellen, nennt man setzungsorientiert. Faktische Geltung hat einen äußeren und einen inneren Aspekt. Der äußere Aspekt faktischer Geltung besagt, ob in der Mehrzahl aller Anwendungsfälle entweder die Rechtsnorm beachtet wird oder man den Verstoß gegen die Rechtsnorm auf die von der Rechtsordnung vorgesehene Weise ahndet. Der innere Aspekt faktischer Geltung besteht in der Motivation für die Befolgung und/oder Anwendung der Rechtsnorm. Ansätze, die auf die äußere oder innere faktische Geltung abstellen, nennt man wirkungsorientiert.

## 2. Vorpositive Rechtsbegriffe

Ein nichtpositivistischer (vorpositiver) Rechtsbegriff hingegen versteht 5
Recht normativ. Er beantwortet die Frage „Was ist Recht?" mit Aussagen, die völlig unabhängig vom (juristisch oder sozial) geltenden Recht sind. Diese Aussagen beschreiben nicht, was als positives Recht gilt, sondern was **als positives Recht *gelten soll***. Sie beschreiben damit eine vom positiven Recht unabhängige, ihm vorausliegende Ordnung „richtigen" Rechts. An dieser Ordnung kann das positive Recht gemessen werden.

Wo das positive Recht hinter dieser Ordnung zurückbleibt, sprechen manche dem positiven Recht jeden Geltungsanspruch ab. Andere gehen so weit nur in Fällen extremen Unrechts. In allen anderen Fällen sei die positive Rechtsnorm nicht ungültig, sondern nur rechtswidrig.

Die von Vertretern eines vorpositiven Rechtsbegriffs postulierte vorpositive Ordnung kann man unterschiedlich auffassen: als Werte-, Schöpfungs-, Tugendordnung, als Natur-, Vernunftrecht oder als Gerechtigkeit.[267] Als Oberbegriff dafür wird (missverständlicherweise) **Moral** verwendet, so dass der Streit um den positivistischen oder vorpositiven Rechtsbegriff also ein Streit um einen begrifflichen Zusammenhang von Recht und Moral ist.[268]

Teil dieser vorpositiven Ordnung ist eine Norm nicht aufgrund eines juristischen Setzungsaktes oder aufgrund äußerer Wirksamkeit, sondern allein aufgrund ihrer **Richtigkeit**. Diese Richtigkeit wird wiederum von manchen aus einer moralischen Rechtfertigung abgeleitet. Das hat einen ethischen Geltungsbegriff zur Folge.[269]

Eine Verbindung des positiven Rechts mit nicht nur juristischer und faktischer Geltung, sondern auch mit einem Anspruch auf inhaltliche Richtigkeit erscheint unabweisbar. Jedes Rechtssystem erhebt einen solchen Anspruch, mag er auch noch so wenig gerechtfertigt sein.[270] Deshalb kann man nicht begrifflich zwischen „Recht, wie es ist" und „Recht,

---

[267] *Holzleithner*, Gerechtigkeit, 2009, S. 90 f.

[268] *Alexy*, Begriff und Geltung des Rechts, 5. Aufl. 2011, S. 15 ff., 39 ff.; *Dreier*, Der Begriff des Rechts, NJW 1986, 890 ff.

[269] Vgl. *Alexy*, Begriff und Geltung des Rechts, 5. Aufl. 2011, S. 141 f.

[270] *Alexy*, Begriff und Geltung des Rechts, 5. Aufl. 2011, S. 39 ff., insbesondere S. 62 f. und 67 ff.; *Dreier*, Der Begriff des Rechts, NJW 1986, 890 ff., 896.

wie es sein sollte" unterscheiden. Schon im „Recht, wie es ist" liegt der Anspruch, dass es zumindest im Großen und Ganzen auch so sein soll. Vorzugswürdig ist es daher, zwischen positivem und vorpositivem Recht zu unterscheiden. Mit dieser begrifflichen Festlegung ist aber nicht die Rechtsfrage entschieden, welche Konsequenzen sich ergeben, wenn zwischen beidem ein unüberbrückbarer Gegensatz besteht (dazu oben § 8 Rn. 53). Mit inhaltlicher Richtigkeit ist Recht auch etymologisch verbunden, und zwar nicht nur im Deutschen (von indogermanisch *reg-, aufrichten, gerade richten), sondern etwa auch im Lateinischen, wo ius von iustitia abgeleitet wird.[271] Der Einwand gegen vorpositive Rechtsbegriffe, Gerechtigkeit sei rein relativ oder ideologisch, ist angesichts der Unrechtserfahrungen des 20. Jahrhunderts unhistorisch und selbst Ausdruck einer relativistischen Ideologie.[272] Zutreffend ist allerdings, dass es in einer breiten Zone auch vorpositiv nicht leicht ist, zwischen Recht und Unrecht zu unterscheiden.

6 Dass vorpositive Rechtsbegriffe das positive Recht auf eine vorpositiv geltende Ordnung zurückbeziehen, bedeutet keineswegs, dass sie **juristische und faktische Geltung** für das positive Recht als irrelevant ansehen würden. Für nahezu alle vorpositiven Rechtsbegriffe ist Recht durch inhaltliche Richtigkeit, ordnungsgemäße Gesetztheit und soziale Wirksamkeit bestimmt.[273] Vorpositive Rechtsbegriffe schließen positivistische Rechtsbegriffe also ein. Umgekehrt gilt das nicht: Positivistische Rechtsbegriffe akzeptieren keinen dem positiven Recht vorausliegenden normativen Maßstab. Das kommt auf klassische Weise in der zugespitzten Formulierung *Hans Kelsens* zum Ausdruck: „Daher kann jeder beliebige Inhalt Recht sein."[274]

Diese Frage ist keineswegs von bloßem akademischem Interesse. Die **Gerichte**, allen voran das Bundesverfassungsgericht, sind immer wieder mit Fragestellungen konfrontiert, die sie zu einer Bestimmung des Rechtsbegriffs zwingen. Sie ergeben sich teilweise aus politischen Umwälzungen[275] (wie etwa Entscheidungen zu nationalsozialistischem Unrecht[276] oder die sogenannten Mauerschützen-Urteile[277]), teilweise aber auch aus gesellschaftlichem Wertewandel.[278]

## III. Recht als Vorgegebenes oder Geschaffenes

**Literatur:** *Böckenförde*, Der Rechtsbegriff in seiner geschichtlichen Entwicklung. Aufriss eines Problems, Archiv für Begriffsgeschichte 12 (1968), 145 ff.; *Braun*, Einführung

---

[271] Digesten 1,1,1 pr.; das ist nicht die einzige mögliche Etymologie, vgl. *Rainer/Filip-Fröschl*, Texte zum Römischen Recht, 1998, S. 11, aber die Alternativen sind ebenfalls inhaltlich konnotiert, *Honsell/Mayer-Maly/Selb*, Römisches Recht, 4. Aufl. 1987, S. 49 f.

[272] Vgl. *Holzleithner*, Gerechtigkeit, 2009, S. 91.

[273] Vgl. *Alexy*, Begriff und Geltung des Rechts, 5. Aufl. 2011, S. 17.

[274] *Kelsen*, Reine Rechtslehre, 2. Aufl. 1960, S. 201. Zur Person vgl. unten Fn. 298.

[275] BVerfGE 3, 225, 232 f.

[276] Vgl. BVerfGE 6, 132, 198 ff. = NJW 1957, 579; 23, 98, 106 = JZ 1968, 422; BGHZ 9, 34, 44 ff.; BGHSt 2, 173, 174 ff.

[277] BGHSt 41, 101, 111 f. = NJW 1995, 2728; BVerfGE 95, 96, 133 ff. = NJW 1997, 929.

[278] Vgl. etwa BVerfGE 34, 269, 286 f. = NJW 1973, 1221.

in die Rechtsphilosophie, 2. Aufl. 2011, S. 58 ff., 71 ff.; *ders.*, Rechtsrelativismus und Rechtsabsolutismus, JZ 2013, 265 ff.; *Hassemer/Neumann/Saliger* (Hrsg.), Einführung in die Rechtsphilosophie und Rechtstheorie der Gegenwart, 9. Aufl. 2016; *Hofmann*, Einführung in die Rechts- und Staatsphilosophie, 5. Aufl. 2011; *Kirste*, Einführung in die Rechtsphilosophie, 2010, S. 62 ff.; *Kunz/Mona*, Rechtsphilosophie. Rechtstheorie. Rechtssoziologie, 2. Aufl. 2015, Kap. 4 Rn. 5 ff.; *Röhl/Röhl*, Allgemeine Rechtslehre, 3. Aufl. 2008, S. 62 ff.; *Rüthers/Fischer/Birk*, Rechtstheorie, 10. Aufl. 2018, Rn. 458 ff., 518 ff.; *Senn*, Rechts- und Gesellschaftsphilosophie, 2. Aufl. 2017; *Volkmann*, Rechtsphilosophie, 2018

Eng mit der Kontroverse um einen positivistischen oder vorpositiven 7
Rechtsbegriff verbunden ist ein zweiter Diskurs. Bei ihm geht es um die Frage, ob man sich das Recht als etwas dem Menschen Vorgegebenes oder als etwas von Menschen Geschaffenes vorstellen muss.

## 1. Recht als Vorgegebenes

Versteht man das Recht als etwas dem Menschen Vorgegebenes, so handelt es 8
sich dabei um eine **metaphysische Größe** göttlichen Ursprungs. Richter und Herrschende müssen das Recht wahren, d.h. erhalten und im Einzelfall durchsetzen. Man findet diese Vorstellung etwa in der griechischen Mythologie: Das Recht ist personifiziert in der Göttin Themis. Sie ist die Tochter der Erdmutter Gaia und des Himmelsgottes Uranos, eine Gattin des obersten Gottes Zeus. Zeus ist nicht Gesetzgeber, sondern unterrichtet die Könige und Richter durch Rechtsbelehrungen (sog. Themistes), wobei er von Themis beraten wird. Von den gemeinsamen Töchtern von Themis und Zeus sind drei der sogenannten Horen interessant: Dike steht für Recht und Gerechtigkeit, sie bringt das Recht vom Wohnsitz der Götter, dem Olymp, auf die Erde, verkündet und bewahrt es dort. Eunomia steht für gute Ordnung und Gesetzgebung. Die dritte, Eirene, ist die Friedensgöttin. Auch das Rechtsdenken des Mittelalters gründet das Recht in Gott. Es ist eine heilige Ordnung, Teil einer religiös begründeten Weltordnung. Rechtsprechung ist immer auch eine religiöse Handlung. An was man als sein Recht glaubt, das kann man auch als Recht erstreiten. Ein Prozess endet zuweilen durch einen Zweikampf als Gottesurteil: Gott selbst wird dem, der wirklich im Recht ist, zum Sieg im Kampf verhelfen. Eine Verletzung des Rechts ist eine Verletzung der göttlichen Ordnung. Umgekehrt ist aber auch die Beziehung zu Gott eine rechtliche Treuebeziehung, eine zwischen Diener und Herr, zwischen Lehnsmann und Lehnsherr.

Darauf beruht es, dass der Abfall vom Glauben keine persönliche Angelegenheit ist, sondern ein Bruch eines rechtlichen Treueversprechens: ein Verrat, der von Rechts wegen entsprechend bestraft werden muss.

Der Vorstellung, Recht sei etwas Vorgegebenes, nichts Geschaffenes, hat sich in der Neuzeit schließlich die **historische Rechtsschule** angeschlossen (vgl. oben § 2 Rn. 29). Sie begreift Recht nicht als göttliche Ordnung, aber als verwurzelt in Geschichte und Volksgeist. Es ist organische Lebensäußerung, auf einer Stufe mit Sprache, Brauch, Kultur. Es hat nicht den Zweck, bestimmte aktuelle politische Regelungsziele zu verwirklichen, sondern umgekehrt bestimmt sich aus dem Recht die politische und soziale Ordnung.

### 2. Recht als Geschaffenes

9 Mit der Neuzeit gewinnt dann die Gegenposition die Oberhand. Sie versteht das Recht nicht als Vorgegebenes, sondern als Geschaffenes. Schon bei *Aristoteles* tritt neben das vorgegebene Recht das Recht durch **Vereinbarung**, es ist aber nur eine Nebenform, die nicht bestimmend für das Rechtsdenken insgesamt wird. Auch das mittelalterliche Recht ist eine Einheit aus vorgefundenem Recht und durch eigene Setzung oder Vereinbarung geschaffenem Recht. So bedeutete etwa das germanische Wort „ewa" zunächst das ungeschriebene, gewohnheitsmäßige Stammesrecht, im Unterschied zum mit dem König vereinbarten Recht (lat. pactus, ahd. gizumft), bevor sich andere Bedeutungen (wie „Ehe", „echt") daraus entwickelten. Mit dem Auftreten des modernen Staates wird Rechtsetzung staatliche Satzung, Recht wird staatliches Gesetz, Ausdruck staatlicher Souveränität. Das gelingt zunächst, weil dem Monarchen nach der göttlichen Weltordnung die Majestät zukommt, neues Recht zu setzen. Mit der französischen Revolution verbürgt nicht mehr der Monarch, sondern die volonté générale, der Wille aller, die Selbstherrschaft des Volkes die Autorität der Rechtsetzung. Recht beruht danach auf politischem Willen. Recht wird brauchbar, um das Zusammenleben auf die Zukunft hin zu ordnen. Dieser Wandel im Begriffsverständnis ist letztlich die Voraussetzung für naturrechtliches, also vorpositives Denken. Solange Recht als Vorgegebenes begriffen wird, ist die Frage nach positivistischem oder vorpositivem Recht sinnlos. Erst wenn man Recht als Geschaffenes versteht, ist es möglich, nach seiner normativen Grundlage in vorpositiven Wertungen zu suchen. Begriffsgeschichtlich ist es allerdings gerade umgekehrt verlaufen: Das Aufkommen naturrechtlichen Denkens in der Scholastik des europäischen Mittelalters hat die Abkehr vom Begriff des Rechts als Teil einer göttlichen Weltordnung erst ermöglicht. Denn in diesem Naturrechtsdenken ist die Natur selbst als Schöpfung Gottes verstanden worden. Naturrecht ist daher (auch) göttliches Recht. Auch die Vernunft, die das Recht erkennt, ist für die Scholastik eine die göttliche Ordnung vernehmende Vernunft. Auf der anderen Seite hat mit dem Investiturstreit (der großen Auseinandersetzung zwischen Kaiser und Papst um die Amtseinsetzung von Geistlichen im 11. Jahrhundert) die sakrale Aura weltlicher Herrschaft abgenommen. Deshalb wurde der Standpunkt, aus dem der menschlichen Natur Gemäßen müsse das Recht erkannt und begründet werden, zunächst nicht als Bruch empfunden. Erst Jahrhunderte später wurde Vernunft als autonom angesehen, zwecksetzend und zweckgerichtet, und damit auch das Recht für Zwecke verfügbar.

### 3. Begriffs- und Interessenjurisprudenz

Diese grob skizzierte ideengeschichtliche Entwicklung verdichtet sich in der Kontroverse zwischen Begriffs- und Interessenjurisprudenz. Vertreter der Begriffsjurisprudenz – ihnen voran *Georg Friedrich Puchta*[279] – fassten das Recht auf als ein sich mit logischer Notwendigkeit entwickelndes **vernünftiges Ganzes**, das sich im römischen Recht in seinem immergültigen Kernbestand zeige. Dieser Kernbestand müsse mit begriffsanalytischen Mitteln formalistisch erschlossen werden, unpolitisch, objektiv. **10**

Für eine moderne Gesellschaft war eine solche Rechtstheorie nicht geeignet. Es war *Rudolf von Jhering*, der schließlich mit aller Schärfe die gegenteilige These vertrat, wonach „der Zweck der Schöpfer des ganzen Rechts" sei.[280] *Philipp Heck*[281] griff diesen Ansatz auf. Er sah in den einander **widerstreitenden materiellen und geistigen Wertvorstellungen** der gesellschaftlichen Gruppen die eigentliche Grundlage der Rechtsordnung und verstand Rechtsnormen als verbindlich gewordene Interessenbewertungen. **11**

---

[279] 1798 bis 1846. *Puchta* studierte in Erlangen, wo er 1829 promoviert und habilitiert wurde. 1823 wurde er außerordentlicher Professor in Erlangen, 1828 Professor für Römisches Recht in München, 1835 in Marburg, 1837 in Leipzig. 1842 wurde er Nachfolger Savignys in Berlin. Er gilt als Begründer der „Begriffsjurisprudenz". Näheres bei *Kleinheyer/Schröder* (Hrsg.), Deutsche und Europäische Juristen aus neun Jahrhunderten, 6. Aufl. 2017, S. 354 ff.; *Haferkamp*, Methode und Rechtslehre bei Georg Friedrich Puchta, in: Rückert/Seinecke (Hrsg.), Methodik des Zivilrechts, 3. Aufl. 2017, S. 96 ff.

[280] *Jhering*, Der Zweck im Recht, Band I, 4. Aufl. 1904/1905. *Jhering* lebte von 1818 bis 1892. Er studierte in Heidelberg, Göttingen, München und Berlin, wo er 1842 promoviert wurde und ab 1843 Privatdozent war. 1845 war der Professor für Römisches Recht in Basel, 1846 in Rostock, 1849 in Kiel, 1852 in Gießen. 1868 wurde er Professor in Wien. Dort hielt er 1872 vor der Wiener Juristischen Gesellschaft den berühmten Vortrag „Der Kampf ums Recht", der vielfach übersetzt und aufgelegt wurde. Ab 1872 war er Professor in Göttingen. Hauptwerke sind (beide unvollendet) „Der Geist des römischen Rechts", in dem *Jhering* die begriffsjuristische Methode beschreibt, und „Der Zweck im Recht", in dem *Jhering* sich von der Begriffsjurisprudenz abwendete und die Interessenjurisprudenz vorbereitete. Näheres bei *Kleinheyer/Schröder* (Hrsg.), Deutsche und Europäische Juristen aus neun Jahrhunderten 6. Aufl. 2017, S. 233 ff.; vgl. auch *Süß*, Wer war eigentlich … Rudolf von Jhering?, Ad Legendum 2010, 151 ff.; *Janzarik*, Der Rechtsdenker Rudolf von Jhering, JA 2005, 316 ff.; *Seinecke*, Methode und Zivilrecht beim „Begriffsjuristen" Jhering, in: Rückert/Seinecke (Hrsg.), Methodik des Zivilrechts, 3. Aufl. 2017, S. 148 ff.

[281] 1858 bis 1943. 1879 Studium der Mathematik in Leipzig, nach Lektüre in *Jherings* „Der Geist des römischen Rechts" Wechsel zur Rechtswissenschaft. 1886 Assessor, 1889 Promotion und Habilitation in Berlin. 1891 Professor in Greifswald, 1892 in Halle, 1901 in Tübingen. Hauptwerke: „Das Problem der Rechtsgewinnung" (1912) und „Begriffsbildung und Interessenjurisprudenz" (1932). Näheres bei *Kleinheyer/Schröder* (Hrsg.), Deutsche und Europäische Juristen aus neun Jahrhunderten, 6. Aufl. 2017, S. 194 ff.; *Manegold*, Methode und Zivilrecht bei Philipp Heck, in: Rückert/Seinecke (Hrsg.), Methodik des Zivilrechts, 3. Aufl. 2017, S. 177 ff.

## IV. Materiale oder formale Rechtsbegriffe

**Literatur:** *Adomeit/Hähnchen*, Rechtstheorie mit Juristischer Methodenlehre, 7. Aufl. 2018, Rn. 97 ff.; *Braun*, Einführung in die Rechtsphilosophie, 2. Aufl. 2011, S. 13 ff.; *ders.*, Einführung in die Rechtswissenschaft, 4. Aufl. 2011, S. 53 ff.; *ders.*, Gerechtigkeit – was ist das?, Jura 2014, 865 ff.; *Canaris*, Konsens und Verfahren als Grundelemente der Rechtsordnung – Gedanken vor dem Hintergrund der „Eumeniden" des Aischylos, JuS 1996, 573 ff.; *Dreier*, Was ist Gerechtigkeit?, JuS 1996, 580 ff.; *Engländer*, Rechtsbegründung durch aufgeklärtes Eigeninteresse, JuS 2002, 535 ff.; *Hassemer/Neumann/Saliger* (Hrsg.), Einführung in die Rechtsphilosophie und Rechtstheorie der Gegenwart, 9. Aufl. 2016; *Honsell/Mayer-Maly*, Rechtswissenschaft, 7. Aufl. 2017, S. 181 ff.; *Horn*, Einführung in die Rechtswissenschaft und Rechtsphilosophie, 6. Aufl. 2016, Rn. 138 ff.; *Kirste*, Einführung in die Rechtsphilosophie, 2010, S. 66 ff.; *Kunz/Mona*, Rechtsphilosophie. Rechtstheorie. Rechtssoziologie, 2. Aufl. 2015; *Naucke/Harzer*, Rechtsphilosophische Grundbegriffe, 5. Aufl. 2005; *Röhl/Röhl*, Allgemeine Rechtslehre, 3. Aufl. 2008, S. 291 ff.; *Rüthers/Fischer/Birk*, Rechtstheorie, 10. Aufl. 2018, Rn. 372 ff.; *Seelmann/Demko*, Rechtsphilosophie, 6. Aufl. 2014, § 2; *Senn*, Rechts- und Gesellschaftsphilosophie, 2. Aufl. 2017; *Volkmann*, Rechtsphilosophie, 2018

12 Die Kontroverse um einen positivistischen oder vorpositiven Rechtsbegriff steht schließlich in dem größeren Kontext eines dritten Diskurses, und zwar um einen materialen oder formalen Rechtsbegriff. In diesem Streit geht es nicht nur um die Frage, ob zum Rechtsbegriff ein Mindestmaß inhaltlicher Richtigkeit gehört. Hier wird vielmehr gefragt, was es überhaupt rechtfertigt, eine Norm als Rechtsnorm anzusehen. Es geht also um Rechtsbegriffe als **Rechtsbegründungen**. Die Begründung einer Norm als Rechtsnorm kann sich aus ihrem Inhalt ergeben. Rechtsbegriffe, die diesen Ansatz verfolgen, nennt man materiale Rechtsbegriffe (material bedeutet: auf den Inhalt bezogen). Die Begründung einer Norm kann sich aber auch aus ihrer Entstehung, ihren Existenzbedingungen oder ihrer Existenz ergeben. Rechtsbegriffe, die diesen Ansatz verfolgen, nennt man formale Rechtsbegriffe.

### 1. Materiale Rechtsbegriffe

13 Ein materialer Rechtsbegriff wurde etwa vertreten, solange man Recht als Ausdruck der **Gerechtigkeit** ansah, also annahm, Gerechtigkeit als Tugend forme das Recht und gebe ihm den Inhalt. Was nicht der Gerechtigkeit entspricht, wurde nicht als Recht angesehen (und nicht etwa nur als ungerechtes Recht). Mit der Neuzeit ist die Gewissheit, Gerechtigkeit und Recht würden sich von Natur aus verhalten wie Inhalt und Form, verloren gegangen. Der Mensch tritt als Akteur in das Blickfeld. Recht wird als Menschenwerk wahrgenommen. Gerechtigkeit wird damit zum Auftrag, zum Wert, der durch das Recht erst verwirklicht werden muss. Damit werden materiale Rechtsbegriffe möglich, die Recht wertbezogen begründen. Unter ihnen ist die Vorstellung vom Recht als Bestandteil einer objektiven Wertordnung hervorzuheben. Auf sie bezog sich das Bundesverfassungsgericht von Anfang an. Es versteht die

Grundrechte (Art. 1 ff. GG) als Teil einer objektiven Wertordnung.[282] Einen wertbezogenen Rechtsbegriff legen auch die teleologischen Gerechtigkeitstheorien zugrunde. Sie verstehen Recht funktional, also um einen bestimmten außerrechtlichen Zweck zu erreichen. Dieser Zweck kann insbesondere in Nützlichkeit und Effizienz liegen (Utilitarismus). Ungerechtigkeit ist dann nichts anderes als eine Differenz zwischen dem erreichten und dem erreichbaren Gesamtnutzen.

Wertbezogene Rechtsbegriffe werden zuweilen als unzureichend empfunden, weil sie nicht begründen können, weshalb ein Wert objektive Gültigkeit hat. Insbesondere können utilitaristische Ansätze nicht erklären, weshalb sich das Individuum einem Gesamtnutzen unterordnen soll. **Freiheitliche Rechtsbegriffe** wollen diesen Mangel beheben, indem sie das Recht in der Autonomie (Selbstgesetzgebung) des vernünftigen Individuums begründen. Dieser Zusammenhang kann einmal so gesehen werden, dass Recht Abgrenzung in vernünftiger Selbstbestimmung geformter Freiheitssphären bedeutet (*Immanuel Kant*, unten § 11 Rn. 13 ff.), einmal so, dass Recht in einem dialektischen Zusammenhang aus der Freiheit des Menschen hervorgeht und auf die Befreiung des Menschen gerichtet ist (*Georg Wilhelm Friedrich Hegel,* 1770–1831). In neuerer Zeit ist der freiheitliche Rechtsbegriff vor allem in der Gerechtigkeitstheorie von *John Rawls* (unten § 11 Rn. 23 ff.) aufgegriffen worden. 14

## 2. Formale Rechtsbegriffe

### *a) Deskriptive Ansätze*

Materialen Rechtsbegründungen stehen formale Rechtsbegriffe gegenüber. Sie setzen entweder deskriptiv oder normativ an. Deskriptive Rechtsbegriffe begründen das Recht empirisch, aufgrund seiner Wirksamkeit, d.h. seiner **faktischen Geltung**. Dabei legen sie einen soziologischen Geltungsbegriff zugrunde. Faktische Geltung hat eine äußere und eine innere Seite (oben Rn. 4). Stellt man auf die innere Seite ab, handelt es sich um eine Anerkennungstheorie. Ihr zur Folge ist entscheidend, ob eine Norm tatsächlich als Rechtsnorm anerkannt wird. Anerkennung ist ein sozialpsychologisches Phänomen. Die Anerkennung muss nicht bewusst erfolgen, sich auch nicht auf die einzelne Rechtsnorm beziehen. Die Anerkennung der Rechtsordnung als Gesamtheit genügt. Die äußere Seite faktischer Geltung führt einmal zu Zwangstheorien des Rechts. Zwangstheorien begründen das Recht mit seiner Erzwingung durch Zwangsanwendung und drohende Zwangsanwendung. Eine Norm ist eine Rechtsnorm, weil Rechtsnormen vorsehen, dass die Einhaltung der Norm durchgesetzt wird. Die äußere Seite faktischer Geltung führt aber auch zum Rechtsrealismus. Er begründet das Recht durch das tatsächliche Verhalten des Rechtsstabs. „The prophecies of what the courts will do in fact, and nothing 15

[282] BVerfGE 2, 1, 12 ff.

more pretentious, are what I mean by the law" (*Oliver Wendell Holmes*)[283]. Die äußere Seite faktischer Geltung führt schließlich zu historischen oder zu evolutionär-anthropologischen Rechtsbegriffen, die Recht aus dem Verlauf der Geschichte oder aus den evolutionsbiologischen, anthropologisch-genetischen Voraussetzungen begründen: Rechtsnormen werden dadurch erklärt, dass sie den Zeitläuften oder menschlichen Grundbedürfnissen in besonderer Weise dienen.[284]

16 **Gegen** deskriptive Rechtsbegriffe wird geltend gemacht, sie würden das Recht nicht begründen, sondern voraussetzen. Eine Anerkennungstheorie begnügt sich nämlich mit der Feststellung einer fiktiven Anerkennung, begründe aber nicht, weshalb die Norm anerkannt werden solle. Eine Zwangs- oder Entscheidungstheorie begnüge sich mit der Beschreibung von Zwangsmechanismen oder getroffenen Entscheidungen, begründe aber nicht, dass der Zwang zu Recht ausgeübt, die Entscheidung zu Recht als verbindlich anzusehen sei.

*b) Normative Ansätze*

17 Ihnen werden daher formale Rechtsbegriffe entgegengesetzt, die statt eines deskriptiven einen normativen Ansatz verfolgen. Ihre Gemeinsamkeit besteht darin, statt der Wirksamkeit eine **bestimmte Art von Entstehung** in den Vordergrund zu stellen. Eine Norm, die eine Rechtsnorm sein soll, muss auf eine bestimmte Art in die Welt gekommen sein. Sie kann beispielsweise auf der Setzung durch eine höchste Autorität beruhen. In mittelalterlichem Rechtsdenken ist diese Autorität die göttliche, in der Neuzeit die politische Herrschaft. Eine andere Möglichkeit besteht darin, statt in der Tatsache der Setzung die Grundlage einer Rechtsnorm darin zu sehen, dass die Rechtsnorm den Wirksamkeitsanforderungen höherrangiger Rechtsnormen genügt. Eine Rechtsnorm gilt also nicht aufgrund ihrer Setzung, sondern aufgrund ihrer Ableitbarkeit aus höheren Rechtsnormen. Diesen Ansatz hat *Hans Kelsen* in der „Reinen Rechtslehre" entfaltet. Für die Rechtsnormen der höchsten Ebene stehen keine weiteren Rechtsnormen zur Verfügung, aus denen man sie ableiten könnte. Ihre Wirksamkeit soll sich aus einer Grundnorm ergeben, die besagt, die nachfolgende Rechtsordnung solle befolgt werden (näher unten § 12 Rn. 7).

18 Formal-normative Ansätze werden von der **Systemtheorie** aufgenommen, in ihrer Abstraktheit aber gesteigert. Die Systemtheorie beschreibt das Recht als diejenige Kommunikation, in der es um Recht oder Unrecht geht. Zum Rechtssystem im engeren Sinne gehört jede Kommunikation, die als Rechtsakt

---

[283] *Holmes* lebte von 1841 bis 1935. Er war zunächst als Rechtsanwalt in Boston tätig, 1882 wurde er Professor in Harvard und 1899 Richter am Obersten Gerichtshof von Massachusetts, 1902 Richter am Obersten Gerichtshof der Vereinigten Staaten. Sein Hauptwerk „The Common Law" gilt als das einzige bedeutende Werk der amerikanischen Rechtswissenschaft, dessen Verfasser als Rechtsanwalt praktizierte.

[284] Vgl. *Raiser*, Grundlagen der Rechtssoziologie, 6. Aufl. 2013, S. 362 ff.; *Vesting*, Rechtstheorie, 2. Aufl. 2015, Rn. 245 ff.

anerkannt ist. Kommunikation über Recht oder Unrecht bedeutet, dass an einer Verhaltenserwartung auch dann festgehalten wird, wenn das erwartete Verhalten ausbleibt.

**Beispiel:** § 242 StGB bringt die normative Erwartung zum Ausdruck, dass nicht gestohlen wird. An dieser Erwartung wird auch dann festgehalten, wenn es doch zu einem Diebstahl kommt, indem dieser Diebstahl als Unrecht kommuniziert wird.

Weil die Systemtheorie (jedenfalls in ihrer ursprünglichen Spielart) die Funktion von Recht in der Stabilisierung von Erwartungen sieht, wird ihr Rechtsbegriff auch als funktional bezeichnet und den materialen Rechtsbegriffen zugeordnet.[285] Das überzeugt aber nicht, denn maßgebend ist gerade nicht, ob eine Rechtsnorm der Erwartungsstabilisierung dient, sondern maßgebend ist die Zugehörigkeit zum Kommunikationssystem „Recht".

Schließlich kann man in der **Diskurstheorie** einen formal-normativen Rechtsbegriff erkennen. Aus Sicht der Diskurstheorie lässt sich Recht nur aus einem (fiktiven) rationalen Diskurs begründen. Diesen Diskurs kann man als Unterfall eines allgemeinen rationalen Diskurses verstehen oder als Diskurs eigener Art. Rational ist der Diskurs, wenn er bestimmten Regeln für den Gebrauch von Argumenten folgt (näher unten § 11 Rn. 19). 19

## V. Der Rechtsbegriff in Rechtstheorie, Rechtsphilosophie und Rechtssoziologie

Man kann **zusammenfassend** notieren, dass um den Begriff des Rechts einmal Positivisten mit Nicht-Positivisten streiten: Erstere verstehen Recht deskriptiv als das juristisch oder faktisch geltende positive Recht. Letztere verstehen Recht zunächst normativ als „richtige" Ordnung unabhängig vom positiven Recht, und erst in zweiter Linie als eine juristisch oder faktisch geltende Ordnung. Damit verbunden ist der Diskurs um den Charakter des Rechts, der sich vom Recht als Vorgegebenem zum Recht als Geschaffenem entwickelt hat. Der übergeordnete Zusammenhang ist eine Vielzahl von Rechtsbegriffen, die man grob in materiale und formale Rechtsbegriffe einteilen kann. Materiale Rechtsbegriffe verstehen Recht etwa als Ausdruck von Gerechtigkeit, als Bestandteil einer objektiven Wertordnung, begründen es utilitaristisch oder in der Autonomie der Person. Formale Rechtsbegriffe setzen deskriptiv an (insbesondere wenn sie Anerkennungs- oder Zwangstheorien zugrunde legen) oder normativ (wenn sie auf Setzung, Ableitung aus einer Grundnorm, Zugehörigkeit zum Kommunikationssystem oder rationalen Diskurs abstellen). 20

Es ist übrigens keineswegs so, dass jeder materiale Rechtsbegriff vorpositiv, jeder formale positivistisch wäre: Recht als Ausdruck von Gerechtigkeit etwa ist weder eine positivistische noch eine vorpositive Auffassung. Auch utilitaristischen Auffassungen geht es nicht um inhaltliche Richtigkeit, sondern um effiziente Ergebnisse. Anerkennungs-,

[285] Vgl. *Kirste*, Einführung in die Rechtsphilosophie, 2010, S. 73.

Zwangs- oder Setzungstheorien liegen positivistische Rechtsbegriffe zugrunde, ebenso der „Reinen Rechtslehre" und der Systemtheorie. Die Diskurstheorie hingegen wird man als vorpositiven Ansatz einordnen müssen.

21 In diesen Rechtsbegriffen reflektieren sich letztlich verschiedene Anschauungen darüber, welche von **verschiedenen möglichen Perspektiven** auf den Gegenstand „Recht" die primäre, für den Begriff maßgebende Perspektive sei: eine rechtsphilosophische, rechtstheoretische oder eine rechtssoziologische Perspektive. Einer rechtsphilosophischen Perspektive entspricht ein vorpositiver Rechtsbegriff. Ein positivistischer Rechtsbegriff ist, wenn er setzungsorientiert ist, Konsequenz einer rechtstheoretischen, wenn er wirkungsorientiert ist, einer rechtssoziologischen Perspektive.

**Grafik: Rechtsbegriffe**

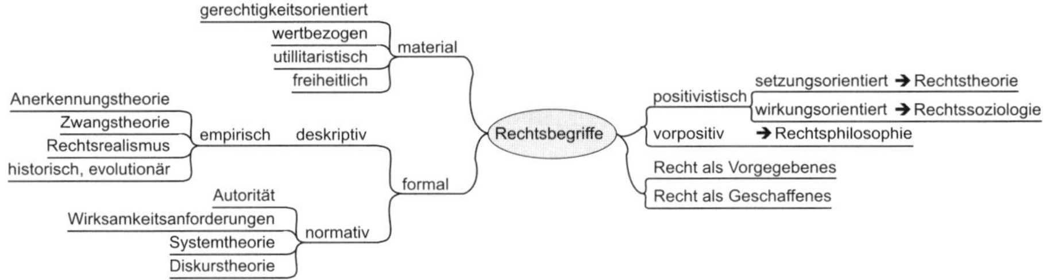


## § 11. Rechtsphilosophisches Denken in Schlaglichtern

**Literatur:** *Adomeit/Hähnchen*, Rechtstheorie mit Juristischer Methodenlehre, 7. Aufl. 2018, Rn. 97 ff.; *Adomeit/Mohr*, Rechts- und Wirtschaftsphilosophie, 4. Aufl. 2017; *Böckenförde*, Geschichte der Rechts- und Staatsphilosophie, 2. Aufl. 2006; *Braun*, Einführung in die Rechtsphilosophie, 2. Aufl. 2011; *Coleman/Shapiro* (Hrsg.), The Oxford Handbook of Jurisprudence and Philosophy of Law, 2002; *Gierhake*, in: Krüper (Hrsg.), Grundlagen des Rechts, 3. Aufl. 2017, § 1; *Hassemer/Neumann/Saliger* (Hrsg.), Einführung in die Rechtsphilosophie und Rechtstheorie der Gegenwart, 9. Aufl. 2016; *Honsell/Mayer-Maly*, Rechtswissenschaft, 7. Aufl. 2017, S. 221 ff.; *Horn*, Einführung in die Rechtswissenschaft und Rechtsphilosophie, 6. Aufl. 2016, Rn. 221 ff.; *Kirste*, Einführung in die Rechtsphilosophie, 2010; *Kunz/Mona*, Rechtsphilosophie. Rechtstheorie. Rechtssoziologie, 2. Aufl. 2015; *Mahlmann*, Rechtsphilosophie und Rechtstheorie, 5. Aufl. 2019; *Naucke/Harzer*, Rechtsphilosophische Grundbegriffe, 5. Aufl. 2005; *Rüthers/Fischer/Birk*, Rechtstheorie, 10. Aufl. 2018, Rn. 343 ff.; *Seelmann/Demko*, Rechtsphilosophie, 6. Aufl. 2014; *Senn*, Rechts- und Gesellschaftsphilosophie, 2. Aufl. 2017; *Volkmann*, Rechtsphilosophie, 2018

1 Eine rechtsphilosophische Perspektive auf „Recht" einzunehmen, bedeutet, nach den Wertungen und **Gerechtigkeitsvorstellungen** zu fragen, die dem Recht zugrunde liegen. Rechtsphilosophisch sind Aussagen, die sich mit dem Recht befassen, wie es sein sollte (oben § 10 Rn. 5). Es ist klar, dass man die ganze Vielfalt rechtsphilosophischen Denkens hier nicht umfassend darstellen

kann. Auf sechs besonders bedeutsame Rechtsphilosophien soll aber ein kurzer Blick geworfen werden.

## I. Platon: Ideenlehre und Rechtsidealismus

**Literatur:** *Böckenförde*, Geschichte der Rechts- und Staatsphilosophie, 2. Aufl. 2006, S. 71 ff.; *Horn*, Einführung in die Rechtswissenschaft und Rechtsphilosophie, 6. Aufl. 2016, Rn. 226 ff.; *Kaufmann/von der Pfordten*, Problemgeschichte der Rechtsphilosophie, in: Hassemer/Neumann/Saliger (Hrsg.), Einführung in die Rechtsphilosophie und Rechtstheorie der Gegenwart, 9. Aufl. 2016, S. 23 ff.; *Kirste*, Einführung in die Rechtsphilosophie, 2010, S. 113; *Kunz/Mona*, Rechtsphilosophie. Rechtstheorie. Rechtssoziologie, 2. Aufl. 2015, Kap. 4 Rn. 16 ff.; *Mahlmann*, Rechtsphilosophie und Rechtstheorie, 5. Aufl. 2019, § 1; *Naucke/Harzer*, Rechtsphilosophische Grundbegriffe, 5. Aufl. 2005, Rn. 31 ff.; *von Schlieffen/Nolting*, Rechtsphilosophie, 2018, S. 35 ff.

Nach einem populären Zitat des Mathematikers *Alfred North Whitehead* ist alle abendländische Philosophie als „Fußnote zu Platon" zu verstehen. Und in der Tat lässt sich die Philosophie *Platons* als ein **Fundament** der Rechts- und Staatsphilosophie kennzeichnen. 2

*Platon* lebte von 427 bis 347 v.Chr. in Athen als Abkömmling eines Adelsgeschlechts. Er war Schüler des *Sokrates* (469–399 v.Chr.) und gründete etwa 387 v.Chr. die Akademie[286]: eine private Institution, um einem festen Kreis von Schülern in mehrjährigem Unterricht philosophisch fundierte Bildung zu vermitteln.

Eine Zentralstellung in *Platons* Philosophie nimmt die **Ideenlehre** ein: Menschen erkennen in den Gegenständen, die sie wahrnehmen, eine Idee (idea), ein Urbild des Gegenstandes. Der wahrgenommene Einzelgegenstand hat an dieser Idee Teil (metexis) und wird deshalb überhaupt erst als zu einer Gruppe von Gegenständen gehörend verstanden. Die Welt ist die unvollkommene Verwirklichung der einzelnen Ideen und insgesamt ein Abbild einer Ideenwelt. Erkennbar sind die Ideen, weil sich die menschliche Seele aus einem früheren Leben an sie erinnert. Die Ideen sind einander in Bedeutung und Wert nicht gleich; höchsten Wert hat die Idee des Guten. Sie ist der letzte Grund allen Seins und damit noch jenseits des Seins. 3

*Platon* illustriert die Ideenlehre insbesondere im **Höhlengleichnis** im siebten Buch der Politeia (Der Staat). Die Menschen sitzen als Gefangene gefesselt in einer Höhle, rückwärts zum Eingang. Hinter ihnen brennt ein Feuer, das die Höhle erleuchtet, das sie aber selbst nicht sehen können. Zwischen dem Feuer und den Menschen werden Gegenstände durch die Höhle getragen, von denen die Menschen nur die Schattenrisse an der Rückwand der Höhle sehen können. Die Menschen sehen also – bis es ihnen gelungen ist, die erkenntnistheoretischen Fesseln zu lösen – weder die Dinge selbst (sondern nur ihre Schatten) noch das Feuer, das die Schatten erzeugt, und erst recht nicht die Sonne außerhalb der Höhle – die Idee des Guten.

---

[286] Ihren Namen verdankt sie der Ortsbezeichnung: Der „Hain des Akademos", in dem *Platon* die Schüler versammelte, war nach einem attischen Helden benannt.

*Platons* Ideenlehre muss vor allem vor dem Hintergrund einer seinerzeit einflussreichen Gegenströmung gesehen werden, nämlich dem Sophismus. Die Sophisten haben den Charakter von Recht als Setzung hervorgehoben und damit zugleich dem Rechtsrelativismus als auch naturrechtlichem Denken den Weg gebahnt.

4 Die Idee des Guten ist das letzte Ziel menschlichen Handelns. Indem man danach strebt, die Idee des Guten zu erkennen, erkennt man auch die gerechte Ordnung des menschlichen Gemeinwesens. Sie besteht in der arbeitsteiligen Wahrnehmung der verschiedenen Aufgaben des Gemeinwesens durch seine einzelnen Glieder, also in einem harmonisch-ausgewogenen Gesamtorganismus. Es geht dabei nicht um die Selbstverwirklichung oder -entfaltung des Individuums, sondern um den gesunden Aufbau der Gemeinschaft. Daraus ergibt sich das **Modell eines Ständestaates**. Er ist arbeitsteilig organisiert. Jeder hat die durch seine natürliche Veranlagung vorgezeichnete Aufgabe zu erfüllen: Die große Masse der Erwerbstätigen (Kaufleute, Handwerker, Bauern) gehört dem dritten Stand an. Die in diesem Stand notwendige Tugend ist die Selbstbeherrschung (sophrosyne). Den zweiten Stand bilden die Krieger und Wächter, bei denen es auf Tapferkeit ankommt (andreia). An der Spitze stehen die Regierenden: sie müssen politische Macht und Weisheit verbinden (sophia) und sind daher Philosophenkönige (philosophoi basileis). Diese Ordnung ist eine rechtliche Staatsordnung ebenso wie eine sittliche Ordnung; denn sie ist von der Idee des Guten vorgegeben. Sie muss mit rigorosen Mitteln durchgesetzt werden, vom Erziehungswesen an.

**Grafik: Platons Staatsmodell**

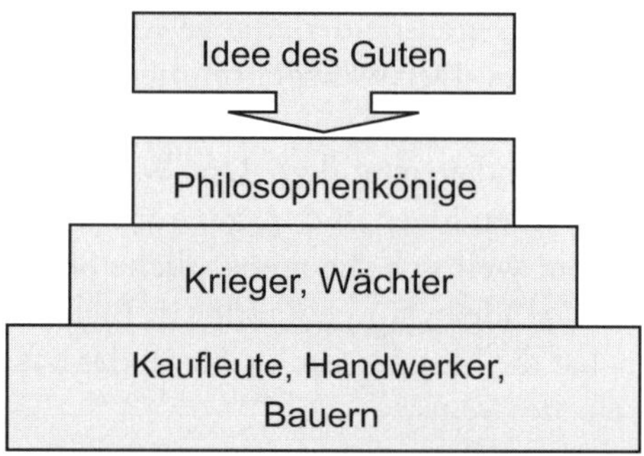


5 Das Modell einer perfekt organisierten Gesellschaft hat in der Geschichte der politischen Ideen immer wieder eine große Anziehungskraft ausgeübt, führt aber, sobald es praktiziert wird, notwendigerweise zum Totalitarismus. Denn das Modell setzt einen totalen sittlichen Anspruch der Gemeinschaft voraus, dem sich der Einzelne unterzuordnen hat. *Platon* selbst hat die Tyrannis – die Herrschaft eines Einzelnen, der seine Macht mit den Mitteln der Diktatur sichert – verurteilt, aber zunächst gemeint, in seinem Staatsmodell bestehe diese Gefahr nicht. Später in den Nomoi (Gesetze) hat er eingeräumt, dass die Natur

des Menschen den modellhaften Anforderungen nicht wird genügen können. Im Mittelpunkt dieses Denkens steht nicht der Einzelne, das Subjekt, sondern die verabsolutierte Idee, das Überindividuelle. Von ihm her erschließt sich der Aufbau des Systems.

## II. Aristoteles: Theorie der Gerechtigkeit

**Literatur:** *Böckenförde*, Geschichte der Rechts- und Staatsphilosophie, 2. Aufl. 2006, S. 100 ff.; *Horn*, Einführung in die Rechtswissenschaft und Rechtsphilosophie, 6. Aufl. 2016, Rn. 244 ff.; *Kaufmann/von der Pfordten*, Problemgeschichte der Rechtsphilosophie, in: Hassemer/Neumann/Saliger (Hrsg.), Einführung in die Rechtsphilosophie und Rechtstheorie der Gegenwart, 9. Aufl. 2016, S. 23 ff.; *Kirste*, Einführung in die Rechtsphilosophie, 2010, S. 113 f.; *Kunz/Mona*, Rechtsphilosophie. Rechtstheorie. Rechtssoziologie, 2. Aufl. 2015, Kap. 4 Rn. 16 ff.; *Mahlmann*, Rechtsphilosophie und Rechtstheorie, 5. Aufl. 2019, § 1; *Naucke/Harzer*, Rechtsphilosophische Grundbegriffe, 5. Aufl. 2005, Rn. 68 ff.; *von Schlieffen/Nolting*, Rechtsphilosophie, 2018, S. 65 ff.

Von *Aristoteles* – *Platons* Schüler – wird gesagt, er habe „die Ideen *Platons* vom Himmel geholt", denn wie *Platon* glaubt auch *Aristoteles*, das Wesen der Dinge zeige sich im Allgemeinen, in der Form. Aber im Unterschied zu *Platon* ist nach *Aristoteles* das Allgemeine nicht jenseits der Dinge, in einer über sie hinausgehenden Idee zu finden, sondern **in den Dingen selbst** (universalia in res): Das Allgemeine besteht als Wirklichkeit nur in den Dingen, die ihr Substanz verleihen. Das Wesen der Dinge erkennt die Vernunft deshalb vermittels der individuellen Wahrnehmung, a posteriori: Nichts ist in der Vernunft, was nicht vorher in den Sinnen gewesen wäre. Im Mittelpunkt dieser Erkenntnistheorie steht also nicht die verabsolutierte Idee, sondern das den Einzelgegenstand erkennende Subjekt. 6

Mit den Namen *Platon* und *Aristoteles* wurde daher die Gesamtheit philosophischer Konzeptionen verbunden, was etwa im Eingangsvers zum Ausdruck kommt, den *Isaac Newton* 1661 einem Notizbuch voranstellte: „Amicus Plato, amicus Aristoteles, magis amica veritas" (Mein Freund ist *Platon*, mein Freund ist *Aristoteles*, aber vor allem ist mein Freund die Wahrheit).

*Aristoteles* lebte von 384 bis 322 v.Chr. Er war zunächst Schüler, dann auch selbst Lehrer an *Platons* Akademie in Athen, bevor er an den makedonischen Hof als Erzieher und Hauslehrer *Alexanders des Großen* wechselte. 335 v.Chr. kehrte er nach Athen zurück, wo er am Lykeion, einer allgemein zugänglichen Lehr- und Forschungseinrichtung, unterrichtete.

Vom Menschen als Teil der Gemeinschaft ausgehend begründet *Aristoteles* seine auf der Vernunft beruhende **Tugendlehre**: Tugend ist naturgerechtes Handeln zur Vervollkommnung des Menschen als Gemeinschaftswesens (und damit nicht zur Verwirklichung einer verabsolutierten Idee, wie es *Platon* gelehrt hatte, aber auch nicht zur Verwirklichung eines Individuums, wie es moderne Ansätze vertreten würden). Nicht um der Theorie willen wird nach der 7

Tugend gefragt, sondern damit wir tugendhaft handeln können. Und indem man tugendhaft handelt, erlangt man Tugend (nicht umgekehrt: man handelt also nicht tugendhaft, weil man Tugend besitzt). Zu einem tugendhaften Handeln gehört das Einhalten des rechten Maßes, der goldenen Mitte (mesotes).

Die rechte Mitte ist also nicht mit Mittelmäßigkeit zu verwechseln: Tapferkeit liegt zwischen Waghalsigkeit und Furcht, aber etwas mehr bei der Waghalsigkeit: der Tapfere ist dem Waghalsigen ähnlicher als dem Furchtsamen. Sparsamkeit liegt zwischen Verschwendung und Geiz, aber etwas mehr beim Geiz: der Sparsame ist dem Geizigen ähnlicher als dem Verschwender. Sanftmut liegt zwischen Schwäche und Jähzorn, aber etwas näher bei der Schwäche.

8 Vom Menschen und rechten Maß wird auch der Staat (polis) bestimmt: Er wird durch die **Gemeinschaft der Bürger** konstituiert und beruht auf der geselligen Natur des Menschen (zoon politikon). Er dient der natürlichen Daseinsvorsorge und dem sittlichen (und damit glücklichen) Leben der Menschen. Er wird geformt durch das positive Recht, das jede Polis sich selbst setzt und das deshalb von Polis zu Polis verschieden ist (nomos idios), und das ungeschriebene Recht, das göttlichen Ursprungs ist und das Gewissen verpflichtet (nomos agraphos, nomos koinos). Sowohl das geschriebene wie das ungeschriebene Recht beruhen auf der Natur, denn auch die konkrete Polis der Freien und Gleichen ist naturhaft. Innerhalb der Polis ordnet das Recht die Beziehungen zwischen den Bürgern und der Bürger zum Gemeinwesen. Sein Maßstab ist die Gerechtigkeit als die Tugend der zwischenmenschlichen Beziehungen. Wer gerecht handelt, will selbst nicht mehr haben, als ihm selbst zukommt. Der Gerechte handelt nach der Vorstellung der Gleichheit, indem er jedem das ihm Zukommende gewährt. Dabei lassen sich zwei Formen der Gerechtigkeit unterscheiden: Zwischen den einzelnen Bürgern steht der gerechte Austausch im Mittelpunkt (austauschende Gerechtigkeit, dikaion diorthotikon, iustita commutativa). Die austauschende Gerechtigkeit geht gleichsam arithmetisch vor: Leistung muss Gegenleistung entsprechen, Schadensersatz dem Schaden. Ihr gegenüber steht die austeilende Gerechtigkeit (dikaion dianemetikon; iustitia distributiva). Sie nimmt das Ganze des Gemeinwesens in den Blick und verlangt die gleichmäßige Teilhabe aller, aber geometrisch. Sie weist jedem Einzelnen das ihm nach den Notwendigkeiten Zukommende zu.

9 Nachdem *Thomas von Aquin*[287] die Lehre des *Aristoteles* zu einer christlichen Moral- und Rechtsphilosophie ausgebaut hatte, war dieser sogenannte scholastische Aristotelismus über Jahrhunderte hinweg in Europa weitgehend unangefochten. Erst in der Frühen Neuzeit löste ihn schrittweise der von *Thomas Hobbes* begründete Materialismus und Empirismus ab.

[287] Näher *von Schlieffen/Nolting*, Rechtsphilosophie, 2018, S. 113 ff.

**Grafik: Formen der Gerechtigkeit nach Aristoteles**

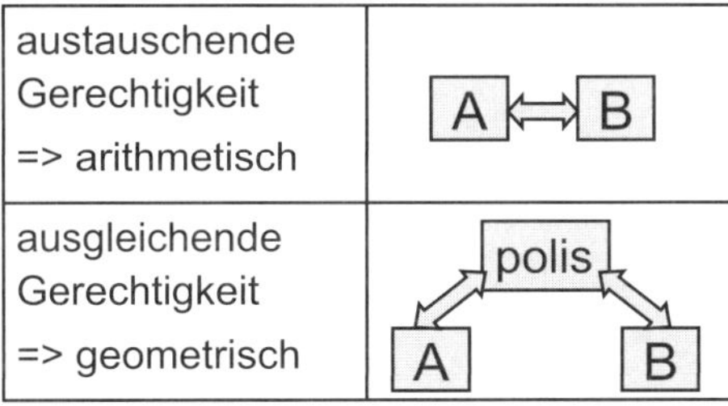


## III. Hobbes: Materialismus und Empirismus

**Literatur:** *Braun*, Einführung in die Rechtsphilosophie, 2. Aufl. 2011, S. 187 ff.; *Horn*, Einführung in die Rechtswissenschaft und Rechtsphilosophie, 6. Aufl. 2016, Rn. 311 ff.; *Kaufmann/von der Pfordten*, Problemgeschichte der Rechtsphilosophie, in: Hassemer/Neumann/Saliger (Hrsg.), Einführung in die Rechtsphilosophie und Rechtstheorie der Gegenwart, 9. Aufl. 2016, S. 45 ff.; *Kersting*, Rechtsverbindlichkeit und Gerechtigkeit bei Thomas Hobbes, ARSP 1998, 354 ff.; *Kirste*, Einführung in die Rechtsphilosophie, 2010, S. 116; *Kunz/Mona*, Rechtsphilosophie. Rechtstheorie. Rechtssoziologie, 2. Aufl. 2015, Kap. 4 Rn. 73 ff.; *Mahlmann*, Rechtsphilosophie und Rechtstheorie, 5. Aufl. 2019, § 4; *von Schlieffen/Nolting*, Rechtsphilosophie, 2018, S. 163 ff.

In der Rechts- und Staatsphilosophie der **Neuzeit** nimmt zunächst *Thomas* 10
*Hobbes* eine herausgehobene Stellung ein.

*Hobbes* lebte von 1588 bis 1679, also in einer Zeit großer politischer und religiöser Auseinandersetzungen. Im Zuge des englischen Bürgerkriegs musste er nach Frankreich fliehen, wo er allerdings in Gegensatz zur Kirche geriet, so dass er 1651 nach England zurückkehrte. Dort drohte ihm auch nach der Restauration der Monarchie Verfolgung, vor der ihn nur der Einfluss seiner Gönner schützte.

Die widrigen und grausamen äußeren Umstände haben in seiner Philo- 11
sophie deutliche Spuren hinterlassen. *Hobbes* lebte in einer Zeit großer Verunsicherung. Die alten Gewissheiten *Platons* und *Aristoteles* waren verloren. Rationalisten setzten bei der Suche nach neuen Antworten auf die Vernunft, Empiristen auf die Erfahrung. Für die letztgenannten besteht die Wirklichkeit nur in Materie (Materialismus). Nur die Körperdinge (res extensa) sind Realität. Alle Erkenntnis über sie kommt aus der Erfahrung und erschöpft sich in Erfahrung (Empirismus). Diese Erfahrung ist ein ausschließlich körperlicher Vorgang, Denken hat untergeordnete Bedeutung. Da der Mensch nur die Erscheinungen der Dinge durch körperliche Sinneseindrücke wahrnehmen kann, kann er das Wesen der Dinge nicht erkennen. Dieser erkenntnistheoretische Ausgangspunkt angewandt auf das menschliche Handeln führt *Hobbes* zu einem **naturalistischen Menschenbild**: Maßstab des menschlichen Handelns sind Nutzen (utilitas) und Egoismus (Utilitarismus). Für den Staat folgt daraus: er

beendet einen Naturzustand, in dem ein Krieg aller gegen alle herrschte (bellum omnium contra omnes), in dem jeder sein eigener Richter war und sich zum Mitmenschen wie ein Wolf verhielt (homo homini lupus). An Regeln hielt man sich nur, wenn es nützte, und der Nutzen war das Maß dafür, dass es überhaupt Regeln gab.

12 Dieser Naturzustand wird überwunden durch einen (gedachten) Vertrag, mit dem die Menschen freiwillig einen Staat gründen. Sie setzen eine Staatsgewalt ein, die Frieden und Ordnung schafft, und beschränken sich damit gegenseitig in ihrer natürlichen Freiheit. Dieser Staat muss – soll er den Naturzustand beenden können – allmächtig (souverän) und Quelle aller moralischen und sittlichen Maßstäbe sein. Die Staatsgewalt habe zu entscheiden, ob gewisse Lehren unverträglich sind mit dem Gehorsam der Bürger oder nicht, und bejahendenfalls ihre Verbreitung verbieten. *Hobbes* vergleicht den Staat mit einem biblisch-mythologischen Seeungeheuer, das nur durch Gott selbst bezwungen werden kann, dem **Leviathan**. Die Staatsbildung ist ein Gebot der Vernunft. Ist man bereits einem bestehenden Staat unterworfen, ist es ein Gebot der Vernunft, mit ihm einen Vertrag zu schließen, um sein Leben zu erhalten. Ein Gebot der Vernunft ist auch, sich um Frieden zu bemühen, solange eine Hoffnung dazu besteht. Ein weiteres Gebot ist es, sich mit soviel Freiheit zufrieden zu geben, wie man auch anderen gegen sich selbst einräumen würde, und abgeschlossene Verträge einzuhalten. Ein Gebot der Vernunft ist es schließlich, dass der Staat bürgerliche Gesetze verkündet, die diesen natürlichen Gesetzen entsprechen. Schon die natürlichen Gesetze beruhen auf ihrem Nutzen, und da den natürlichen Gesetzen die bürgerlichen Gesetze entsprechen, sind auch diese auf den Nutzen gegründet. Recht und Gerechtigkeit sind nach *Hobbes* außerhalb der Staatsgewalt sinnlose Kategorien, weil sie nicht in der auf Nützlichkeit orientierten Mechanik des Menschen programmiert sind. *Hobbes* gilt mit diesem Ansatz als Vordenker des modernen Rechtspositivismus: Außerhalb des Staates gibt es demnach weder Recht noch Unrecht, die politische Macht ist Schöpfer allen Rechts. Nicht die Vernunft, sondern die Autorität entscheidet über Recht oder Unrecht. Gesetze sind einziger Maßstab für Gerechtigkeit: Recht und Gesetz sind einerlei. Damit wird eine rechtsphilosophische Perspektive, die nach Richtigkeit des Rechts fragt, verlassen. *Hobbes* markiert damit zugleich den Übergang zu einer rechtstheoretischen Perspektive.

## IV. Kant: Vernunftrecht

**Literatur:** *Augsberg*, „Das moralische Gefühl in mir", JZ 2013, 533 ff.; *Braun*, Einführung in die Rechtsphilosophie, 2. Aufl. 2011, S. 227 ff.; *Brugger*, Grundlinien der Kantischen Rechtsphilosophie, JZ 1991, 893 ff.; *Horn*, Einführung in die Rechtswissenschaft und Rechtsphilosophie, 6. Aufl. 2016, Rn. 324 ff.; *Kalscheuer*, Kant und die allgemeine Handlungsfreiheit, Jura 2018, 15 ff.; *Kaufmann/von der Pfordten*, Problemgeschichte der Rechtsphilosophie, in: Hassemer/Neumann/Saliger (Hrsg.), Einführung in die Rechtsphilosophie und Rechtstheorie der Gegenwart, 9. Aufl. 2016, S. 52 ff.; *Kirste*, Einführung in die Rechtsphilosophie, 2010, S. 116 ff.; *Klesczewski*, Kants Ausdifferenzierung des Gerechtigkeitsbegriffs als Leitfaden der Unterscheidung von Unrechtsformen, ARSP Beiheft 66 (1997), 77 ff.; *Kunz/Mona*, Rechtsphilosophie. Rechtstheorie. Rechtssoziologie, 2. Aufl. 2015, Kap. 4 Rn. 111 ff.; *Mahlmann*, Rechtsphilosophie und Rechtstheorie, 5. Aufl. 2019, § 7; *Naucke/Harzer*, Rechtsphilosophische Grundbegriffe, 5. Aufl. 2005, Rn. 144 ff.; *Roellecke*, Kants Rechtsphilosophie und die Modernisierung der Gesellschaft, ARSP 1996, 187 ff.; *von Schlieffen/Nolting*, Rechtsphilosophie, 2018, S. 289 ff.; *Vosgerau*, Begriff des Rechts bei Kant, Rth 30 (1999), 227 ff.; *Zaczyk*, Über Begründung im Recht, in: ders./Köhler/Kahlo (Hrsg.), Festschrift für E. A. Wolff, 1998, S. 509 ff.

Ihren Widerpart finden Materialismus und Empirismus in der idealistischen und rationalistischen Philosophie *Immanuel Kants*. **13**

*Kant* (1724–1804) stammte aus einer pietistischen Handwerkerfamilie im damals preußischen Königsberg. Diese Stadt hat er Zeit seines Lebens nicht verlassen. Er arbeitete zunächst als Hauslehrer, später erhielt er eine Professur für Logik und Metaphysik. Sein Hauptwerk sind die sogenannten „drei Kritiken“: Kritik der reinen Vernunft (Erkenntnistheorie), Kritik der praktischen Vernunft (Ethik) und Kritik der Urteilskraft (Ästhetik).

In erkenntnistheoretischer Hinsicht wandte *Kant* sich einerseits gegen die Verabsolutierung der Sinneswahrnehmung durch den Empirismus. Auch wenn „alle unsere Erkenntnis mit der Erfahrung anhebt, so entspringt sie darum doch nicht eben alle aus der Erfahrung“, sondern es bedarf sowohl der sinnlichen Wahrnehmung, als auch des Verstandes, um Erkenntnis zu produzieren. *Kant* setzte sich aber auch von der aristotelischen Metaphysik deutlich ab: Er unterschied zwischen den Dingen an sich (noumena) und den Erscheinungen (phainomena). Die Dinge an sich sind die Wirklichkeit, die vor unserer Erkenntnis liegt, die Erscheinungen spiegeln diese Dinge wieder, wie sie sich nach unserer geistigen Verarbeitung präsentieren. Unser Bewusstsein richtet sich nicht nach den Erscheinungen, sondern die Erscheinungen richten sich nach unserem Bewusstsein. *Kant* vollzieht damit in der Metaphysik eine „kopernikanische Wende“. Im Mittelpunkt steht, wie schon bei *Aristoteles*, **das Subjekt**, aber es ist jetzt nicht nur Ausgangspunkt der Erkenntnis, sondern es konstituiert das Erkannte. **14**

Methodisch nicht anders argumentiert *Kant* in der Ethik: Vom Reich der Natur, in dem alles den Naturgesetzen gehorcht (und damit der Kausalität unterworfen ist), ist das Reich der Freiheit zu unterscheiden. In ihm herrscht einerseits das unbedingte Gesetz des Sollens (das Sittengesetz), andererseits die sittliche Freiheit zur Wahl und Entscheidung. Beides ist dem Menschen aufgrund seines sittlichen Bewusstseins, also als Gegebenheit der praktischen (d.h. auf das Handeln gerichteten) Vernunft, wesenshaft einverleibt. Aber aus der Erfahrungswelt kann der Mensch keinen Aufschluss darüber gewinnen, denn dort herrscht nur das Gesetz der Kausalität. Es ist also die reine praktische Vernunft, die dem Menschen das Sittengesetz gibt. Das Sittengesetz ist ein **kategorischer Imperativ** (der einzige, den es gibt): Handle nur nach derjenigen **15**

Maxime, durch die du zugleich wollen kannst, dass sie ein allgemeines Gesetz werde[288]. Unter Maxime ist das subjektive Prinzip zu verstehen, das sich das Subjekt selbst zur Regel macht (wie es nämlich handeln will). Hält die Maxime dieser Prüfung stand, ist die Sittlichkeit (moralitas) der Handlung aufgewiesen. Kategorisch ist dieser Imperativ, weil er unabhängig davon, welche Zwecke der Handelnde verfolgt, ein objektives Gesetz ist. Man kommt an ihm nicht vorbei. Anders als an hypothetischen Imperativen: Der Satz „Lerne für die nächste Klausur!" ist ebenfalls ein objektives Gesetz, denn er ist durch praktische Vernunft bestimmt, aber er ist gültig nur für denjenigen, der sich den Zweck gesetzt hat, den Stoff beherrschen zu wollen, die Klausur zu bestehen etc. Man muss nicht schlechthin für die nächste Klausur lernen. Weil man sich solche Zwecke setzen kann, aber nicht muss, ist das ein hypothetischer Imperativ. Der Aspekt der Nützlichkeit begründet immer nur einen hypothetischen Imperativ. Die Sittlichkeit einer Handlung hängt deshalb nicht davon ab, ob die Handlung nützlich ist oder nicht, sondern einzig von der Verallgemeinerbarkeit der Maxime.

Damit stellt sich *Kant* in einen klaren **Gegensatz zum Utilitarismus**, wie er der Rechts- und Staatsbegründung *Hobbes'* zugrunde liegt, aber auch von anderen vertreten worden ist. Ihm liegt die Vorstellung zugrunde, dass „that action is best, which procures the greatest happiness for the greatest numbers; and that worst, which, in like manner, occasions misery."[289] In der Rechtsphilosophie haben vor allem *Jeremy Bentham* (1748 bis 1832) und *John Stuart Mill* (1806 bis 1873) diesen – bis heute einflussreichen – Ansatz aufgegriffen. Gerechtigkeit steht damit unter dem Vorbehalt, nützlich für das Gemeinwohl zu sein. Infolge seines konträren ethischen Ansatzes bekämpft *Kant* auch eine solche rechtsphilosophische Position.

Die Sittlichkeit hängt nicht einmal von der Handlung selbst ab. Maßgebend ist allein Verallgemeinerbarkeit der subjektiven Haltung, die der Handlung zugrunde liegt. Die reine praktische Vernunft, die das Sittengesetz erkennt, ist autonom (selbstgesetzgebend) in dem Sinne, dass sie nur der (Eigen-)Logik des Sittengesetzes unterworfen ist, aber keinen äußeren (heteronomen) Bindungen unterliegt.

16 Während die Sittlichkeit einer Handlung nur (aber auch: immer) von der Maxime der Handlung abhängt, ist die Gesetzmäßigkeit (legalitas) der Handlung, d.h. die Vereinbarkeit der Handlung mit dem **allgemeinen Gesetz der Freiheit**, von der Maxime (also der subjektiven Haltung) unabhängig: Es geht allein um die äußere Ordnung zur Abstimmung der Freiheitssphären. In diesem Sinne wird das Recht verstanden als der Inbegriff der Bedingungen, unter denen die Willkür (d.h. die Entscheidungsfreiheit) des einen mit der Willkür des anderen nach einem allgemeinen Gesetz der Freiheit zusammen vereinigt werden kann. Von Rechts wegen ist also kein Mensch *allein* von der Entschei-

[288] *Kant*, Einleitung in die Metaphysik der Sitten, S. 225.

[289] *Hutcheson*, An Inquiry into the Original of Our Ideas of Beauty and Virtue in Two Treatisis, 1772, S. 166.

dungsfreiheit eines anderen abhängig. Umgekehrt ist die Unabhängigkeit von eines anderen nötigender Willkür (Freiheit), sofern sie mit der Freiheit eines jeden anderen nach einem allgemeinen Gesetz zusammen bestehen kann, das einzige, ursprüngliche, jedem Menschen kraft seiner Menschheit zustehende Recht. Recht ist damit von Moral zu unterscheiden: Die Moralität einer Handlung begründet nicht ihre Legalität. Und umgekehrt ist eine Handlung nicht deshalb moralisch, weil sie gesetzmäßig ist. Aber es ist ein Gebot der Moral, sich gemäß dem Recht zu verhalten. Mit dem Recht geht die Zwangsbefugnis einher: Wenn eine Handlung unrecht ist, indem sie der eigenen Entscheidungsfreiheit unrechtmäßige Grenzen setzt, ist der ihr entgegengesetzte Zwang notwendigerweise rechtmäßig.

Der Staat ist die **Vereinigung von Menschen unter Rechtsgesetzen**. Die- 17
se positiven Gesetze, in denen die Freiheitssphären der Bürger gegeneinander abgegrenzt werden, sind verbindlich, weil der Staat auf dem vereinigten Willen des Volkes beruht. Aufgabe des Staates ist es, Frieden zu wahren, nach innen wie nach außen. Gerecht ist, a) was die positiven Gesetze einer Rechtsordnung festlegen, b) was dem Vernunftrecht entspricht. Nach dem Vernunftrecht gibt es ein „inneres und äußeres Mein und Dein". Inneres Mein und Dein ist das Recht an der eigenen Person, das Menschenrecht, sein eigener Herr (sui juris) und „unbescholten" (justus) zu sein, das äußere Mein und Dein ist das Recht an dem durch eigene Handlungen Erworbenen. Die ohne die Annahme eines Staates erkennbaren Grundsätze des äußeren Mein und Dein bilden das Privatrecht, aber etwas Äußeres als das Seine wirklich zu „haben" (objektiv bestimmt und gesichert), setzt einen öffentlichen Rechtszustand, also den Staat voraus. Das Privatrecht ist eingeteilt nach den Relationskategorien Substanzialität, Kausalität und Wechselwirkung: Recht auf Sachen (Sachenrecht), Leistungen (Vertragsrecht) und wechselseitig zustehende, aber nicht strikt bestimmte Pflichten (Familienrecht). Das Öffentliche Recht ist eingeteilt in Staatsrecht, Völkerrecht und Weltbürgerrecht. Das Prinzip der Gerechtigkeit setzt den Zustand des Privatrechts voraus und überführt ihn in ein gesichertes Miteinander. Diese Transformation erfolgt auf dreierlei Weise: durch schützende Gerechtigkeit (sie ist ein Unterfall der iustitia commutativa im Sinne des *Aristoteles*), durch Erwerbsgerechtigkeit und durch distributive Verfahrensgerechtigkeit.[290]

Von Anfang an stand der Rechtsbegriff Kants als rein formal in der **Kritik**: 18
Sein Verallgemeinerungsprinzip begründe zwar die Gleichheit vor dem Gesetz im Rechtsstaat, bleibe aber inhaltsleer. Solange es für alle gelte, könne alles zur Pflicht gemacht werden. Das ist nicht zutreffend: Die Verallgemeinerbarkeit ist Indikator, aber nicht Begründung. Nichts gilt, weil, sondern es gilt nur, was verallgemeinerbar ist. Die praktische Vernunft erweist die Möglichkeit

[290] Vgl. *Klesczewski*, Kants Ausdifferenzierung des Gerechtigkeitsbegriffs als Leitfaden der Unterscheidung von Unrechtsformen, in: Brockmöller u.a., Ethische und strukturelle Herausforderungen des Rechts, ARSP Beiheft 66 (1997), 77 ff.

wechselseitiger Pflichtbindung nicht nur formal, sondern auch inhaltlich. Das Gesetz der Freiheit ist nicht irgendein Gesetz, sondern stets das aus praktischer Vernunft erschlossene.

## V. Habermas: Diskurstheorie

**Literatur:** *Braun,* Rechtsphilosophie im 20. Jahrhundert, 2001, S. 223 ff.; *Herbst*, Die These der einzig richtigen Entscheidung, JZ 2012, 891 ff.; *Horn*, Einführung in die Rechtswissenschaft und Rechtsphilosophie, 6. Aufl. 2016, Rn. 386 ff.; *Kaufmann/von der Pfordten*, Problemgeschichte der Rechtsphilosophie, in: Hassemer/Neumann/Saliger (Hrsg.), Einführung in die Rechtsphilosophie und Rechtstheorie der Gegenwart, 9. Aufl. 2016, S. 128 ff.; *Kirste*, Einführung in die Rechtsphilosophie, 2010, S. 82 ff., 124 f.; *Kunz/Mona*, Rechtsphilosophie. Rechtstheorie. Rechtssoziologie, 2. Aufl. 2015, Kap. 6 Rn. 59 ff.; *Mahlmann*, Rechtsphilosophie und Rechtstheorie, 5. Aufl. 2019, § 18; *Naucke/Harzer*, Rechtsphilosophische Grundbegriffe, 5. Aufl. 2005, Rn. 248 f.; *Niesen/Eberl*, Demokratischer Positivismus: Habermas und Maus, in: Buckel/Christensen/Fischer-Lescano (Hrsg.), Neue Theorien des Rechts, 2. Aufl. 2009, S. 3 ff.; *Pieroth*, Diskurstheorie und juristische Methodik, in: Rechtstheorie in rechtspraktischer Absicht, Freundesgabe zum 70. Geburtstag von Friedrich Müller, 2008, S. 171 ff.; *Röhl/Röhl*, Allgemeine Rechtslehre, 3. Aufl. 2008, S. 179 ff.

**19** Die Produktivität praktischer Vernunft aufzuhellen, ist in der Gegenwart das Anliegen der Diskurstheorie. Sie ist maßgebend von *Jürgen Habermas* (geboren 1929; deutscher Philosoph und Soziologe) begründet worden und wird im juristischen Kontext insbesondere von *Robert Alexy* vertreten. Ausgangspunkt ist nicht mehr die Frage, wie die Wirklichkeit beschaffen ist und erkannt werden kann, sondern wie ein intersubjektives Verständnis erreichbar ist. *Habermas* beantwortet diese Frage mit einem **Modell des kommunikativen Handelns**: Kommunikatives Handeln erhebt Geltungsansprüche (die Verständlichkeit des Ausdrucks, die Wahrheit der Aussage, die Wahrhaftigkeit der Intention und die Richtigkeit der Normen), will aber auch Verständigung bereitstellen. Es ist deshalb auf die Bereitschaft zur Relativierung der eigenen Aussagen und auf Anerkennung der anderen Kommunikationsteilnehmer angewiesen. Das ist nicht Norm oder idealisierende Erwartung an die Sprache, sondern notwendige Voraussetzung eines jeden Sprechaktes. Die Wahrheit einer Aussage und die Richtigkeit einer Norm müssen daher im Diskurs thematisiert werden. Erst im Diskurs können sich Geltungsansprüche als berechtigt erweisen. Die Diskurstheorie vertritt damit eine Konsenstheorie der Wahrheit (im Unterschied zu einer Korrespondenztheorie, wonach wahr eine Aussage wäre, der ein objektiver Sachverhalt korrespondiert). „Wenn aber Diskurse (…) den Ort bilden, an dem sich ein vernünftiger Wille bilden kann, stützt sich die Legitimität des Rechts letztlich auf ein kommunikatives Arrangement: als Teilnehmer an rationalen Diskursen müssen die Rechtsgenossen prüfen können, ob eine strittige Norm die Zustimmung aller möglicherweise Betroffenen findet oder finden könnte."[291] Dabei ist ein rationaler Diskurs gekennzeichnet durch die Selbstbindung der Gesprächsteilnehmer an die Geltungsansprüche, die sie gegenüber ihren Gesprächspartnern erheben, durch die Begründungspflicht zu bestrittenen Äußerungen, die wechselseitige Anerkennung der Gesprächsteilnehmer, die Chancengleichheit der Teilnehmer und den Grundsatz, das Gespräch so zu führen, dass es die zwanglose Einigung aller Betroffenen erzielen kann (Konsensprinzip).

Der Konsenstheorie der Wahrheit entspricht eine **Konsenstheorie des** 20
**Rechts**. In einer modernen Gesellschaft findet sich eine Vielzahl von gegensätzlichen Wertvorstellungen. Recht lässt sich daher nicht „von oben" setzen und begründen, sondern nur durch Austausch von Argumenten „von unten". Ebenso wenig lässt sich „von oben" begründen, wann Recht „richtig" ist. Richtigkeit kann nur noch durch kommunikative Rationalität gewährleistet werden. Durch sie erlangt das Recht also Legitimität.

Die Diskurstheorie knüpft damit an *Jean Jacques Rousseau* (1712 bis 1778)[292] an. Im Mit- 21
telpunkt seines Denkens steht der „contrat social", der **Gesellschaftsvertrag**. In einem Gesellschaftsvertrag findet *Rousseau* die einzige Möglichkeit, die faktische Unfreiheit des in gesellschaftlichen Zwängen gebundenen, an sich aber frei geborenen Menschen zu rechtfertigen. Denn der frei geborene Mensch kann nur durch Selbstbindung, also nur durch Vertrag im Einklang mit seiner Freiheit in eine Gesellschaft eingebunden sein. Staat und Recht sind Ausprägung der „volonté générale", des allgemeinen Willens. Sie können nur „von unten" her organisiert sein, d.h. unmittelbar demokratisch. In diesen Entscheidungsprozessen bringt sich richtiges Recht von selbst hervor.

Dabei darf man sich den Diskurs nicht als einen tatsächlichen Ablauf vorstellen, sondern er ist ein Gedankenmodell. Ferner muss die Diskurstheorie Zusatzannahmen treffen, etwa die der „idealen Sprechsituation", damit im Diskurs nicht die Wortgewandten begünstigt sind.

Der **juristische Diskurs** ist nach *Alexy* ein Sonderfall des allgemeinen 22
praktischen Diskurses. Er nutzt die Rechtssprache, die gegenüber der Alltagssprache präziser ist, und prüft nur juristische, nicht moralische Normen auf ihre Gültigkeit. Er ist durch rechtliche Regeln strukturiert, die die Entscheidungen erleichtern. Diese Regeln lassen sich ihrerseits im Diskurs rechtfertigen, weil sie das Fehlerrisiko vermindern und trotzdem den idealen Bedingungen so weit wie möglich entsprechen. Die Merkmale des rationalen Diskurses sind damit Maßstab für die Gerechtigkeit von Verfahren.

## VI. Rawls: Vertragstheorie

**Literatur:** *Braun*, Einführung in die Rechtsphilosophie, 2. Aufl. 2011, S. 250 ff.; *ders.*, Rechtsphilosophie im 20. Jahrhundert, 2001, S. 121 ff.; *Kaufmann/von der Pfordten*, Prob-

---

[291] *Habermas*, Faktizität und Geltung, 4. Aufl. 1994, S. 134.
[292] Näher *von Schlieffen/Nolting*, Rechtsphilosophie, 2018, S. 249 ff.

lemgeschichte der Rechtsphilosophie, in: Hassemer/Neumann/Saliger (Hrsg.), Einführung in die Rechtsphilosophie und Rechtstheorie der Gegenwart, 9. Aufl. 2016, S. 127 f.; *Kirste*, Einführung in die Rechtsphilosophie, 2010, S. 118 ff.; *Kunz/Mona*, Rechtsphilosophie. Rechtstheorie. Rechtssoziologie, 2. Aufl. 2015, Kap. 6 Rn. 13 ff.; *Mahlmann*, Rechtsphilosophie und Rechtstheorie, 5. Aufl. 2019, § 16; *Naucke/Harzer*, Rechtsphilosophische Grundbegriffe, 5. Aufl. 2005, Rn. 250; *Schwill*, John Rawls' Theorie der Gerechtigkeit, JA 2002, 433 ff.

**23** Während die Diskurstheorie Richtigkeit von Recht mit dem verfahrensmäßigen Kriterium des rationalen Diskurses begründet, sucht die in neuester Zeit maßgebend von *John Rawls* entwickelte Vertragstheorie nach inhaltlichen Bindungen.

*John Rawls* wurde 1921 in Baltimore (Maryland) geboren und war seit 1962 Professor an der Harvard University. Seine Hauptwerke sind „A Theory of Justice" und „Justice as Fairness". Er starb 2002.

**24** *Rawls* fragt nach Gerechtigkeit nicht als Tugend von Menschen oder Merkmal von Handlungen, sondern als **Eigenschaft der Gesellschaft**, genauer: als Eigenschaft ihrer Grundstruktur. Er sucht nach denjenigen Gerechtigkeitskonzeptionen, die am besten geeignet sind, die fairen Regeln zu begründen für kooperatives Zusammenleben von Bürgern, die als frei und gleich angesehen werden. Dazu denkt er sich einen Naturzustand, in dem die persönlichen Eigenschaften der Individuen unter einem „veil of ignorance" (Schleier des Nichtwissens) verborgen sind, so dass niemand prognostizieren kann, ob er zu den Privilegierten oder den Benachteiligten der zu errichtenden Ordnung gehören wird. Unter dieser Voraussetzung nimmt *Rawls* an, rational handelnde Menschen würden sich auf zwei Prinzipien verständigen: (1) Jede Person hat den gleichen unabdingbaren Anspruch auf ein völlig adäquates System gleicher Grundfreiheiten, das mit demselben System von Freiheiten für alle vereinbar ist. (2) Soziale und ökonomische Ungleichheiten müssen zwei Bedingungen erfüllen: erstens müssen sie mit Ämtern und Positionen verbunden sein, die unter Bedingungen fairer Chancengleichheit allen offen stehen; und zweitens müssen sie den am wenigsten begünstigten Angehörigen der Gesellschaft den größten Vorteil bringen (Differenzprinzip).[293]

Das Gedankenexperiment beruht letztlich auf der alten Methode gerechten Teilens: Der eine führt die Teilung durch, der andere darf sich den Teil nehmen, den er möchte. Damit ist gewährleistet, dass der Teilende sich um größtmögliche Fairness bemühen wird, weil er sonst dem Aussuchenden die Möglichkeit gäbe, ihn durch die Auswahl des besseren Teils zu benachteiligen.

**25** Methodisch knüpft *Rawls* damit unter anderem an *Rousseau* (oben Rn. 21) an. Er geht ebenso wie *Rousseau* von einem Naturzustand aus und entwirft den in diesem Zustand rationalen Gesellschaftsvertrag als gerechte Ordnung der

---

[293] Vgl. *Rawls*, Gerechtigkeit als Fairness, 2003, S. 78.

Gesellschaft. Aber im Unterschied zu *Rousseau*, der diesen Gesellschaftsvertrag als demokratische Verfahrensweise formuliert (und damit der Diskurstheorie Pate steht), sieht sein Gesellschaftsvertrag inhaltliche Maßstäbe, nämlich materiale Gerechtigkeitskriterien vor. Damit bezieht *Rawls* sich vor allem auf *John Locke* (1632 bis 1704; Hauptwerk: „Two Treatises of Government“[294]). *Locke* versteht Recht vorpositiv als schon im Naturzustand vorhanden. Daher können sich Menschen nur durch Vertrag verbinden, durch den man sich der Mehrheit unterwirft. Der Gesellschaftsvertrag ist für *Locke* nicht nur eine Fiktion, sondern er stellt ihn sich als Faktum vor: Nur ausdrückliche Zustimmung macht den Menschen zum Staatsbürger. Er verliert seine natürlichen Rechte damit aber nicht. Daraus ergibt sich, dass der Staat nicht nur das Recht eines jeden zu schützen hat, sondern dass das Recht zugleich Schutz des Bürgers vor dem Staat ist, etwa durch Gewaltenteilung, durch eine Bindung an den Zweck, das Recht (Eigentum und Freiheit) der Bürger zu schützen, durch eine Bindung an rechtliche Formen. Damit legt *Locke* die Grundlage für den modernen Rechtsstaat. Während *Locke* also eine Vertragstheorie des Staates entwickelt, setzt *Rawls* das fort zu einer Vertragstheorie der Gerechtigkeit.

### VII. Zusammenfassung

Zu Schlagworten komprimiert kann man sagen, dass *Platon* aus seiner Ideen- **26**
lehre einen Rechtsidealismus ableitet, *Aristoteles* hingegen eine vom Einzelnen als zoon politikon ausgehende Gerechtigkeitstheorie vertritt. *Hobbes* begründet den absolutistischen Staat aus dem Krieg aller gegen alle, *Kant* hingegen das Recht aus der Freiheit des vernünftigen Subjekts. *Locke* begrenzt den absolutistischen Staat durch einen Gesellschaftsvertrag, was *Rawls* zu einer Vertragstheorie der Gerechtigkeit ausbaut; *Rousseau* begrenzt den Staat durch unmittelbare Demokratie, was die Diskurstheorie (*Habermas/Alexy*) aufnimmt, um Recht aus rationaler Kommunikation zu begründen.

## § 12. Theorien und Wirklichkeit des Rechts

**Literatur:** *Baer*, Rechtssoziologie, 2. Aufl. 2015; *Braun*, Einführung in die Rechtsphilosophie, 2. Aufl. 2011, S. 40 ff., 239 ff.; *Brockmöller*, Die Entstehung der Rechtstheorie im 19. Jahrhundert in Deutschland, 1997; *Coleman/Shapiro* (Hrsg.), The Oxford Handbook of Jurisprudence and Philosophy of Law, 2002; *Forstmoser/Vogt*, Einführung in das Recht, 4. Aufl. 2008, §§ 11 f.; *Funke*, in: Krüper (Hrsg.), Grundlagen des Rechts, 3. Aufl. 2017, § 2; *Hilgendorf*, Die Renaissance der Rechtstheorie zwischen 1965 und 1985, 2005; *Horn*, Einführung in die Rechtswissenschaft und Rechtsphilosophie, 6. Aufl. 2016, Rn. 157 ff.; *Kaufmann/von der Pfordten*, Problemgeschichte der Rechtsphilosophie, in: Hassemer/Neumann/Saliger (Hrsg.), Einführung in die Rechtsphilosophie und Rechtstheorie der Ge-

[294] Näher *von Schlieffen/Nolting*, Rechtsphilosophie, 2018, S. 191 ff.

genwart, 9. Aufl. 2016, S. 109 ff.; *Kirste*, Einführung in die Rechtsphilosophie, 2010, S. 19 f., 62 ff.; *Kunz/Mona*, Rechtsphilosophie. Rechtstheorie. Rechtssoziologie, 2. Aufl. 2015, Kap. 3 Rn. 25 ff., Kap. 4 Rn. 196 ff.; *Larenz*, Methodenlehre der Rechtswissenschaft, 6. Aufl. 1991, S. 36 ff.; *Mahlmann*, Konkrete Gerechtigkeit, 4. Aufl. 2019, §§ 3, 11 f.; *ders.*, Rechtsphilosophie und Rechtstheorie, 5. Aufl. 2019, §§ 12, 14, 18, 20, 25 f., 28; *Naucke/Harzer*, Rechtsphilosophische Grundbegriffe, 5. Aufl. 2005, Rn. 180 ff.; *Potacs,* Rechtstheorie, 2015, S. 27 ff.,71 ff.; *Röhl/Röhl*, Allgemeine Rechtslehre, 3. Aufl. 2008, S. 311 ff.; *Rüthers/Fischer/Birk*, Rechtstheorie, 10. Aufl. 2018, Rn. 332 ff.; *Stegmaier*, in: Krüper (Hrsg.), Grundlagen des Rechts, 3. Aufl. 2017, § 3; *Vesting*, Rechtstheorie, 2. Aufl. 2015, Rn. 1 ff., 67 ff.; *Zippelius*, Rechtsphilosophie, 6. Aufl. 2011, §§ 3 ff., 7 ff.

1 In der Geschichte der Rechtswissenschaft sind die aus einer rechtsphilosophischen Perspektive auf „Recht" entwickelten Rechtsbegriffe, die nach Wertungen und Gerechtigkeitsvorstellungen fragen, immer wieder mit Ansätzen konfrontiert worden, die einen **philosophiefreien Zugang zum Rechtsbegriff** suchen. Diese Ansätze werden seit dem Ende des 18. und Beginn des 19. Jahrhunderts unter dem Sammelbegriff der Rechtstheorie (Rechtslehre) angesprochen. Bis dahin war die wissenschaftliche Betrachtung von Recht der Rechtsphilosophie als Gerechtigkeitstheorie vorbehalten. Die Rechtstheorie versteht nun Recht nicht als Gerechtigkeitsordnung, sondern als einen „inhaltlich beliebige(n) soziale(n) Regelungsmechanismus, dessen Begriffe und deren Zusammenspiel es wissenschaftlich zu analysieren gilt"[295]. Ebenso wenig wie es möglich gewesen ist, rechtsphilosophisches Denken detailliert darzustellen, kann hier die Entwicklung der Rechtstheorie vertieft erörtert werden. Vielmehr werden überblicksweise besonders wichtige Ansätze hervorgehoben: die analytische Rechtstheorie, die Imperativentheorie, die Reine Rechtslehre *Hans Kelsens* und der soziologische Rechtsbegriff, der in der Spezialdisziplin der Rechtssoziologie näher entfaltet wird. Abschließend wird an diesen Rechtsbegriff anknüpfend die ökonomische Analyse des Rechts angesprochen.

## I. Analytische Rechtstheorie

2 Im Ausgangspunkt bestimmt die analytische Rechtstheorie (Analytical Jurisprudence) ihren Zugang negativ: Sie will das Recht nicht aus der Perspektive der Moral kritisch würdigen. Die ihr damit verbleibende Aufgabe besteht vornehmlich darin, die **Begriffe des positiven Rechts** zu analysieren.

Darüber hinaus kann sich die analytische Rechtstheorie aber auch auf Begriffe beziehen, die nicht Teil des positiven Rechts sind, aber Teil des positiven Rechts sein könnten (de lege ferrenda). Nur kann sie nicht begründen, dass sie aus Gerechtigkeitsgründen Teil des positiven Rechts werden sollten, denn das würde einen vorpositiven Rechtsbegriff voraussetzen.

---

[295] *Braun*, Einführung in die Rechtsphilosophie, 2. Aufl. 2011, S. 40 f.

Während in der Anfangsphase die Vorstellung im Mittelpunkt stand, es gehe darum, in einer Allgemeinen Rechtslehre die wichtigsten, die Rechtsordnung insgesamt prägenden Begriffe herauszuarbeiten, ist im 20. Jahrhundert ein **sprachphilosophischer Aspekt** (insbesondere durch die Sprachphilosophie *Ludwig Wittgensteins*) hinzugetreten. Es geht darum, unter welchen Bedingungen die einzelnen Bestandteile der Rechtsordnung einen sprachlich-logisch widerspruchsfreien Zusammenhang bilden. In der Folge ist die logische Dimension dieser Fragestellung immer mehr in den Vordergrund getreten, so dass sich die analytische Rechtstheorie zur maßgebend von *Georg Henrik von Wright* geprägten Normlogik weiterentwickelt hat. Sie fragt nach der Ableitbarkeit eines Rechtssatzes aus einem anderen, nach der logischen Unvereinbarkeit von Rechtssätzen, nach der logischen Vollständigkeit eines Satzsystems. Es geht also um die formalen Zusammenhänge der Zeichen und Zeichenverbindungen, aus denen sich die Rechtsordnung zusammensetzt. An die Stelle von Richtigkeitsansprüchen tritt damit eine formale Stimmigkeitskontrolle. 3

Solange Gegenstand der analytischen Rechtstheorie das positive Recht ist, bereitet es keine Schwierigkeiten, das zu untersuchende Zeichensystem von anderen abzugrenzen. Bezieht man sich hingegen auch auf künftiges positives Recht (de lege ferrenda), wird es problematisch, ob ein Satz als Rechtssatz untersucht werden kann oder nicht. Ein inhaltliches Kriterium ist der analytischen Rechtstheorie in Folge ihres Grundansatzes verwehrt.

## II. Insbesondere: Imperativentheorie und Reine Rechtslehre

Für das positive Recht bleibt der analytischen Rechtstheorie damit nur ein setzungsorientiertes Verständnis. Dabei lassen sich vor allem zwei Ansätze unterscheiden: die Imperativentheorie und die Reine Rechtslehre. 4

### 1. Imperativentheorie

Die Imperativentheorie kann man nicht nur als Aussage über die Struktur der Rechtsordnung verstehen (dazu oben § 5 Rn. 40), sondern sie entfaltet auch einen setzungsorientierten Rechtsbegriff: Die Geltung des Rechts folgt aus dem Umstand, dass es **als Anordnung gesetzt** worden ist. Dabei geht die Imperativentheorie auf *John Austin* (1790 bis 1859) zurück. *Austin* versteht Recht – im Anschluss an *Jeremy Bentham* (oben § 11 Rn. 15) – als Befehl eines Souveräns an die ihm Unterworfenen. Geltung ist also Konsequenz eines Faktums, und zwar des Faktums der Setzung. 5

Ebenfalls auf das Faktum der Setzung stellt *Herbert Lionel Adolphus Hart*[296] ab. Kriterien für die Geltung von Recht finden sich in den Regeln, nach denen 6

[296] 1907 bis 1992. *Hart* studierte Geschichte und Philosophie in Oxford, absolvierte die Rechtsanwaltsausbildung und war von 1932 an als Rechtsanwalt tätig, bevor er 1946 Dozent für Philosophie und 1952 Professor für Rechtstheorie wurde. Als Hauptwerk gilt

Recht (die primären Rechtsnormen, die sich an die Bürger richten) geschaffen oder verändert werden kann (**rule of recognition**, Erkenntnis- oder Bestimmungsregel). Diese Erkenntnisregel ist eine empirisch zu erforschende Tatsache. *Hart* grenzt sich damit insofern von der Imperativentheorie ab, als dass er nicht auf den Befehlscharakter der gesetzten Norm abstellt, sondern auf die faktische Setzung der Erkenntnisregel.

Dass *Hart* zugleich auch auf die allgemeine Befolgung von Verhaltensregeln abstellt[297], sollte jedoch kein Anlass sein, seinen Rechtsbegriff als wirkungsorientiert einzuordnen, denn auch wenn faktische Wirksamkeit notwendige Voraussetzung des Rechtsbegriffs ist, ist die Geltung *als Recht* von der Erkenntnisregel, nicht von der Befolgung abhängig.

## 2. Reine Rechtslehre

7 Die von *Hans Kelsen*[298] begründete Reine Rechtslehre bestimmt Geltung hingegen nicht faktisch, sondern normativ. Geltung ist ein normativ erhobener Anspruch, der von faktischer Geltung (Rechtswirksamkeit) zu unterscheiden ist. Faktische Setzung und tatsächliche Wirksamkeit sind notwendige Voraussetzungen der Geltung, begründen sie aber nicht. Sie beantworten nämlich nicht die Frage, warum eine Norm befolgt und angewendet werden sollte. Will man diese Frage nach dem Geltungsgrund ohne Rücksicht auf die inhaltliche Richtigkeit der Norm beantworten, so kann sich der Geltungsgrund nur aus der **Ableitbarkeit** innerhalb der Rechtsordnung ergeben. Die Rechtssätze stehen zueinander in einem hierarchischen Verhältnis, der Normenpyramide. Ein Rechtssatz gilt dann, wenn er aus einem übergeordneten Rechtssatz ableitbar ist. Wird aber der Geltungsgrund eines Rechtssatzes in einer höherrangigen Norm gesucht, stellt sich in Hinblick auf die Rechtssätze der höchsten Ebene der Rechtsordnung die Aufgabe, jenseits dieser Ebene noch eine Norm zu finden, die als Ableitungsbasis dienen kann. Diese Norm ist die Grundnorm: Sie ist keine Norm des positiven Rechts, hat aber auch keinen vorpositiven Inhalt. Sie besagt, dass die tatsächlich gesetzte, im Großen und Ganzen wirksame Verfassung und daher die gemäß dieser Verfassung tatsächlich gesetzten, im Großen und Ganzen wirksamen Normen gelten sollen. Die Grundnorm folgt

„The Concept of Law". Näheres bei *Kleinheyer/Schröder* (Hrsg.), Deutsche und Europäische Juristen aus neun Jahrhunderten, 6. Aufl. 2017, S. 519 f.; außerdem *Braun,* Rechtsphilosophie im 20. Jahrhundert, 2001, S. 77 ff.

[297] *Hart*, Der Begriff des Rechts, 1973, S. 163.

[298] 1881 bis 1973. *Kelsen* war als Professor für Staats- und Verwaltungsrecht in Wien tätig, 1930 in Köln, 1933 (nach Amtsenthebung durch die Nationalsozialisten) in Genf und Prag, dann in den Vereinigten Staaten, wo er 1973 starb. Er war Mitverfasser der österreichischen Verfassung von 1920. Näheres bei *Kleinheyer/Schröder* (Hrsg.), Deutsche und Europäische Juristen aus neun Jahrhunderten, 6. Aufl. 2017, S. 244 ff.; außerdem *Braun,* Rechtsphilosophie im 20. Jahrhundert, 2001, S. 13 ff.; *Jestaedt*, Geltung des Systems und Geltung im System, JZ 2013, 1009 ff.; *Leisner-Egensperger*, Hans Kelsens Reine Rechtslehre, JA 2005, 555 ff.

allein daraus, dass die Erkenntnis des positiven Rechts als Recht sonst nicht möglich ist, weil sonst schon die Verfassung nicht gelten würde und keine weiteren Normen aus ihr oder von anderswo her ableitbar wären.

## III. Der soziologische Rechtsbegriff

**Literatur:** *Braun*, Einführung in die Rechtsphilosophie, 2. Aufl. 2011, S. 342 ff.; *Büllesbach*, Rechtswissenschaft und Sozialwissenschaft, in: Kaufmann/Hassemer/Neumann (Hrsg.), Einführung in Rechtsphilosophie und Rechtstheorie der Gegenwart, 8. Aufl. 2011, S. 401 ff.; *Büllesbach*, Systemtheorie im Recht, in: Kaufmann/Hassemer/Neumann (Hrsg.), Einführung in Rechtsphilosophie und Rechtstheorie der Gegenwart, 8. Aufl. 2011, S. 428 ff.; *Callies*, Systemtheorie: Luhmann/Teubner, in: Buckel/Christensen/Fischer-Lescano (Hrsg.), Neue Theorien des Rechts, 2. Aufl. 2009, S. 53 ff.; *Frenzel*, Rechtssoziologie – das unbenannte Prüfungsfach: Bedeutung, Methoden, Geschichte, JuS 2018, 517 ff.; *Guski*, Fünf Minuten Systemtheorie, JZ 2016, 1158; *Horn*, Einführung in die Rechtswissenschaft und Rechtsphilosophie, 6. Aufl. 2016, Rn. 109 ff.; *Kirste*, Einführung in die Rechtsphilosophie, 2010, S. 72 ff.; *Kunz/Mona*, Rechtsphilosophie. Rechtstheorie. Rechtssoziologie, 2. Aufl. 2015, Kap. 3 Rn. 32 ff., Kap. 4 Rn. 215a ff., Kap. 7; *Naucke/Harzer*, Rechtsphilosophische Grundbegriffe, 5. Aufl. 2005, Rn. 181 ff., 229 ff.; *Raiser*, Max Weber und die Rationalität des Rechts, JZ 2008, 853 ff.; *Raiser*, Grundlagen der Rechtssoziologie, 6. Aufl. 2013; *Röhl*, 100 Jahre Rechtssoziologie: Eugen Ehrlichs Rechtspluralismus heute, JZ 2013, 1117 ff.; *Röhl/Röhl*, Allgemeine Rechtslehre, 3. Aufl. 2008, S. 639 ff.; *Vesting*, Rechtstheorie, 2. Aufl. 2015, Rn. 108 ff.

Während Imperativentheorie und Reine Rechtslehre einen (faktisch- bzw. 8
normativ-)setzungsorientierten Rechtsbegriff zugrunde legen, zieht die rechtssoziologische Perspektive auf Recht einen **wirkungsorientierten** Rechtsbegriff nach sich bzw. eine wirkungsorientierte Betrachtungsweise des Rechts ist der spezifische Zugang der Rechtssoziologie. Das Recht wird also durch seinen tatsächlichen Einfluss auf das Leben des Einzelnen und der Gesellschaft bestimmt. Im Mittelpunkt des Interesses steht nicht die normative Ordnung, sondern die faktische Wirkung.

Rechtssoziologie wurde als Teildisziplin der Rechtswissenschaft vor allem 9
von *Emile Durkheim*, *Eugen Ehrlich* und *Max Weber* begründet.

Sie bezieht sich dabei sowohl auf die Historische Schule der Rechtswissenschaft *Friedrich Carl von Savignys* (oben § 2 Rn. 29) wie auch auf die im Anschluss an *Rudolf von Jhering* begründete Interessenjurisprudenz (oben § 10 Rn. 10 f.). Einen soziologischen Rechtsbegriff impliziert auch der historische Materialismus von *Karl Marx* (1818 bis 1883) und *Friedrich Engels* (1820–1895), wonach Recht nur ein Reflex der ökonomischen Struktur der Gesellschaft ist und sich damit aus dem Klassencharakter des kapitalistischen Wirtschaftssystems ergibt.

### 1. Durkheim: Recht und die faits sociaux

10 *Emile Durkheim* gilt als Begründer der französischen Soziologie. Er lebte von 1858 bis 1917 und war zuletzt Professor für Erziehungswissenschaften in Paris. Sein Anliegen war es, den Gegenstand der Soziologie deutlich von dem der Sozialphilosophie abzugrenzen. Gegenstand der Soziologie sind die *faits sociaux* (soziale Tatsachen). Zu ihnen gehören auch Sitte und Recht. Sie müssen wie Dinge (**comme choses**) erforscht werden, also durch Beschreibung, Definition, Typisierung, kausale und sozial-funktionale Deutung. Daraus ergibt sich für das Recht, dass es sichtbares Kennzeichen einer innerhalb der Gesellschaft herrschenden sozialen Solidarität, ihres Zusammenhalts als Kollektiv ist, dessen Mitglieder von einander arbeitsteilig-funktional abhängig sind.

### 2. Ehrlich: Lebendes Recht

11 Ausgangspunkt der Rechtssoziologie *Eugen Ehrlichs* (1862 bis 1922) ist die Beobachtung, dass das Recht, wie es sich aus den Gesetzen ergibt, der gesellschaftlichen Wirklichkeit nur teilweise entspricht. Die Gesetze bilden das Recht unvollständig ab. Deshalb kann nur eine wissenschaftliche Erforschung des **Rechts als gesellschaftlicher Erscheinung** – des „lebenden Rechts" – einen wissenschaftlichen Zugang zum Recht eröffnen.

In anglo-amerikanischer Terminologie unterscheidet man „law in the books" und „law in action". *Hans Kelsen* hat diesen Ansatz entschieden bekämpft (sogenannte Kelsen-Ehrlich-Debatte[299]).

Dieses „lebende Recht" tritt in drei verschiedenen Bereichen zu Tage: Als „gesellschaftliches Recht" ist es die Summe der in der Gesellschaft geltenden Regeln, gleichsam die innere Ordnung der Gesellschaft, die das Zusammenleben reguliert. Als „Juristenrecht" ist es die Summe der Regeln, nach denen Konflikte entschieden werden. Diese Regeln schließen an die Organisationsregeln an, gehen aber inhaltlich darüber hinaus, denn zahlreiche Fragen stellen sich überhaupt erst, wenn ein Konflikt entschieden werden muss. Schließlich ist es als „staatliches Recht" das Recht, das nur durch den Staat entstanden und ohne Staat nicht sinnvoll ist (z.B. Polizeirecht, Steuerrecht, Sozialrecht). Ihren Ursprung haben die Rechtsnormen in der Gesellschaft, und zwar in der Gleichartigkeit sozialen Verhaltens und gesellschaftlicher Übung, den Herrschaftsbeziehungen, den Besitzverhältnissen und den Willenserklärungen.

Aus diesem Rechtsbegriff zog *Ehrlich* auch **methodische Konsequenzen**: Er wandte sich insbesondere gegen die Vorstellung einer lückenlosen Rechtsordnung, die für jeden Streit schon eine vorbereitete Lösung zur Verfügung stelle.

### 3. Weber: Das Recht in der verstehenden Soziologie

12 Während man *Ehrlichs* Ansatz auf die knappe Formel bringen kann, er trage die Gesellschaft in das Recht, besteht die umgekehrte Möglichkeit darin, das

---

[299] Näher dazu *Seelmann/Demko*, Rechtsphilosophie, 6. Aufl. 2014, § 2 Rn. 30 ff.

Recht auf die Gesellschaft zu beziehen. Diesen Ansatz verfolgt *Ehrlichs* Zeitgenosse *Max Weber*, der von 1864 bis 1920 lebte, römisches Recht, Handelsrecht und Nationalökonomie (d.h. Volkswirtschaftslehre) lehrte und noch heute als Zentralgestalt der deutschen Soziologie gilt.

*Weber* begründet eine Soziologie, die er als **Lehre vom sinnhaften sozialen Handeln** und den daraus entstehenden sozialen Beziehungen begreift. In diese Soziologie trägt er das Recht hinein als eine spezifische Art von sozialer Ordnung. Soziales Handeln kann einer Ordnung folgen, die als verbindlich angesehen, d.h. für legitim gehalten wird. Diese Annahme kann traditional begründet sein, affektuell, wertrational oder aus dem Glauben an die Legalität der Ordnung, d.h. an ihre Anordnung durch eine legitime Herrschaft oder an ihre Vereinbarung zwischen den Betroffenen. Die Geltung ist damit zunächst eine innerliche. Sie muss durch äußere Faktoren ergänzt werden, und zwar entweder durch die Chance der Missbilligung abweichenden Verhaltens (Konvention) oder durch die Chance des Zwanges durch einen eigens darauf eingestellten Stab von Menschen (Recht). Das Recht wird also durch die Existenz eines Rechtsstabs und die Durchsetzbarkeit der Ordnung durch Zwang gekennzeichnet. Diese soziologische Perspektive grenzt *Weber* deutlich von einer juristischen Perspektive auf den Rechtsbegriff ab: Juristisch geht es um die Frage, „was als Recht ideell gilt. Das will sagen: welche Bedeutung, und dies wiederum heißt: welcher *normative Sinn* einem als Rechtsnorm auftretenden sprachlichen Gebilde logisch *richtiger*weise zukommen *sollte*." Demgegenüber fragt man unter soziologischem Blickwinkel, „was innerhalb einer Gemeinschaft *faktisch* um deswillen *geschieht*, weil die *Chance* besteht, dass am Gemeinschaftshandeln beteiligte Menschen, darunter insbesondere solche, in deren Händen ein sozial relevantes Maß von faktischem Einfluss auf dieses Gemeinschaftshandeln liegt, bestimmte Ordnungen als geltend *subjektiv* ansehen und praktisch behandeln (…)."[300] Dieses soziale Handeln gilt es „deutend zu verstehen", d.h. nicht nur äußerlich zu beobachten. Damit werden Rechtsbegriffe der soziologischen Betrachtungsweise zugänglich, aber auch die Struktur der Rechtsordnung insgesamt und ihrer Subsysteme. 13

Dabei ist *Webers* Deutungsmuster die in der Geschichte fortschreitende **Rationalisierung** des Rechts. Rational ist Recht, wenn es abstrakte Regeln für die Rechtsanwendung ausbildet. Rationalisierung erfolgt durch Generalisieren (die Gründe, nach denen ein Einzelfall entschieden worden ist, werden auf allgemeine Prinzipien zurückgeführt), durch Konstruktion von Rechtsbegriffen und Rechtsverhältnissen (es wird systematisch zusammengefasst, was in typischen Situationen rechtlich relevant ist) und durch Systematisierung, d.h. die gewonnenen Rechtssätze werden zu einander in ein logisch klares, widerspruchsloses und prinzipiell lückenloses System von Regeln umgeformt. 14

300 *Weber*, Wirtschaft und Gesellschaft, 5. Aufl. 1976, S. 181; Hervorhebungen im Original.

Im Prozess der Rationalisierung kann man verschiedene Rationalitätsgrade typisieren: Ein formal rationales Recht knüpft Rechtsfolgen ausschließlich an generell formulierte Tatbestände. Diese Tatbestände können verwendete Formen (Wortformeln, Unterschrift etc.) oder abstrakte Rechtsbegriffe sein. Material rationales Recht stellt hingegen auf generalisierte Handlungsmaximen ab, also Grundsätze des Handelns: ethische Imperative, Zweckmäßigkeitsregeln, politische Grundsätze. Auf der anderen Seite ist ein Recht formal irrational, wenn sich Gesetzgeber und Richter irrationaler Erkenntnismittel bedienen (Orakel, Zauberei etc.), material irrational ist es, wenn die Entscheidungen inhaltlich statt auf generellen Normen auf ethischen, emotionalen oder politischen Wertungen des jeweiligen Einzelfalls beruhen.

*Weber* beschreibt die Rechtsgeschichte unter diesem Blickwinkel als Entwicklung hin zu einer formalen Rationalität. Es gibt aber durchaus auch im geltenden Recht Felder materialer Irrationalität.

**Beispielsweise** betont der Bundesgerichtshof im Zusammenhang mit Ansprüchen aus § 812 BGB regelmäßig, es „verbiete sich in der Regel jede schematische Behandlung“[301]. Das bedeutet nichts anderes, als dass jeder Einzelfall für sich entschieden werden soll, aber keine generalisierten Handlungsmaximen zugrunde gelegt werden. Ähnlich verfährt die Rechtsprechung auch im Bereich der Beweisverbote.[302]

**15** *Webers* Rechtsbegriff wurde vor allem von *Theodor Geiger* (1891 bis 1952) erheblich verfeinert. Methodisch stellte er sich die Aufgabe einer „differenzierende(n) Begriffsanalyse“[303]. Recht ist den gesellschaftlichen Ordnungen von Gewohnheit, Brauch, Sitte, Satzung, Konvention, Moral artgleich, unterscheidet sich von ihnen aber durch besondere Eigenschaften. Allgemein beruht gesellschaftliche Ordnung auf der menschlichen Neigung, sich in wiederkehrenden Situationen ein gleichbleibendes Verhalten anzugewöhnen und das auch zu erwarten. Normen dienen dazu, solches Verhalten entweder zu veranlassen oder zu erzwingen. Das Verhältnis der Fälle, in denen eines von beiden geschieht, zur Gesamtzahl aller Fälle, auf die die Norm anwendbar wäre, ist der Geltungsgrad. Er ist ein Maß für die Verbindlichkeit der Norm. Das Spezifikum des Rechts ist seine Bedeutung als **Ordnung zentral organisierter Großgruppen**, die Feststellung und Bestrafung von Normverstößen besonderen Organen übertragen. Inhaltlich können sich Rechtsnormen aus Gewohnheit, Gerichtspraxis, Gesetzgebung und Rechtswissenschaft ergeben. Auch für Rechtsnormen lässt sich die Verbindlichkeit am Geltungsgrad ablesen. Die Beschaffenheit des in der Gesellschaft geltenden Rechts folgt deshalb nicht aus den abstrakten Rechtssätzen, sondern aus der Rechtsanwendung, denn erst sie lässt erkennen, wie verbindlich die Rechtsnorm ist.

---

[301] Vgl. BGH NJW-RR 1991, 343, 344; BGHZ 184, 190, 208 (Tz. 59) = NJW 2010, 2202.

[302] Dazu BGHSt 24, 125, 130 = NJW 1971, 1097.

[303] *Geiger*, Vorstudien zu einer Soziologie des Rechts, 4. Aufl. 1987, S. 5 ff.

### 4. Luhmann: Systemtheorie des Rechts

Neuere einflussreiche rechtssoziologische Ansätze sind die institutionelle Rechtstheorie *Helmut Schelskys* sowie – vor allem – die Systemtheorie *Niklas Luhmanns.* 16

*Niklas Luhmann* (1927 bis 1998) war zuletzt Soziologieprofessor in Bielefeld, unter anderem nach einer Tätigkeit als Verwaltungsbeamter in Lüneburg. Er begründete eine allgemeine Gesellschaftstheorie als Systemtheorie, genauer als funktional-strukturelle Theorie umweltoffener sozialer Systeme bzw. zuletzt als Theorie selbstreferentieller, autopoietischer Systeme.

Nach *Luhmann* sieht sich der Mensch einer Welt gegenüber, die an Komplexität und Kontingenz sein Aufnahmevermögen übersteigt, so dass er auf eine Reduktion der Komplexität angewiesen ist. Diese Reduktion erfolgt durch das Treffen von Unterscheidungen (relevant/irrelevant). Jede Beobachtung ist damit nur in dem Rahmen vorgenommener Unterscheidungen möglich. Auf diese Weise strukturiert sich das Subjekt selbst seine Realität. Dieses Subjekt ist nun ein operativ geschlossenes, selbstreferentielles System. Die Realität ist die vom System konstituierte System-Umwelt. Als System wird (wie die Wirtschaft, die Gesellschaft oder die Politik) auch das Recht verstanden: Es wird als Realität analysiert, die sich bildet, weil bestimmte Funktionen gefragt sind. Unter einem **sozialen System** versteht *Luhmann* einen Sinnzusammenhang sozialer Kommunikation (in Zweierbeziehungen, in Institutionen, in Funktions- und Kommunikationsbereichen). Zum Recht gehören alle Kommunikationen, die sich nach der Unterscheidung von Recht und Unrecht ausrichten. Selbstreferentiell und autopoietisch sind soziale Systeme, insofern sie auf sich selbst Bezug nehmen und sich selbst hervorbringen. Das System ist autonom und funktioniert nach seinen eigenen Gesetzen, es kann von außen nicht direkt gesteuert werden, denn es produziert seine eigenen Entscheidungen und seinen eigenen Fortbestand. Für die anderen Systeme stellt es einen Teil der Umwelt dar, d.h. es schafft positive oder negative Anreize, auf die reagiert wird. Das Recht als System ist aber lernfähig in dem Sinne, dass es auf seine Umwelt reagiert und seine Funktionalität an geänderte Umweltbedingungen anpasst. Es ist operativ geschlossen, aber kognitiv offen. Das bedeutet, dass die System-Umwelt auf das einzelne soziale System so Einfluss ausüben kann, wie es die Eigengesetzlichkeiten des jeweiligen Systems zulassen. 17

**Beispielsweise** sind politische Vorgaben für das Rechtssystem nur insoweit möglich, wie sie sich in der Sprache des Rechtssystems formulieren lassen.

Die Impulse aus der Umwelt sind für das einzelne soziale System also nicht Input im Sinne eines klassischen Systembegriffs, sondern „Lärm", auf den das System nach seinem eigenen Charakter reagiert.

Während der systemtheoretische Rechtsbegriff ursprünglich einen funktionalen Charakter hatte – Recht wurde als generalisierte normative Verhaltenserwartung verstanden, vgl. oben § 10 Rn. 18 –, kann Recht als **autopoe-** 18

**tisches System** nur formal beschrieben werden. Es ist gekennzeichnet durch eine Kommunikation mit dem Code Recht/Unrecht. Kann eine Norm dieser Kommunikation zugeordnet werden, ist sie Teil des Rechtssystems. Was Recht ist, bestimmt also das Rechtssystem. Es bestimmt zugleich die Struktur der Gesellschaft, ist mit ihr darum strukturell verkoppelt.

**19** Die von *Helmut Schelsky* (1912 bis 1984) ausgearbeitete **Gegenposition** kann nur angerissen werden: *Schelsky* kritisierte die Systemtheorie als universalistische Gesellschaftslehre und stellt ihr eine Rechtssoziologie gegenüber, die nach den Beziehungen zwischen Individuum, Institution und Recht fragt. Institutionen steuern und begrenzen das Verhalten von Individuen. Alle sozialen Vorgänge sind Wechselwirkungen zwischen den Individuen und den Institutionen. Das Recht ist bei diesem personfunktionalen Ansatz die rationale und zukunftsstabile Regelung und Gestaltung sozialer Beziehungen innerhalb der Institutionen.

## IV. Ökonomische Analyse des Rechts

**Literatur:** *Büllesbach*, Ökonomische Analyse des Rechts, in: Hassemer/Neumann/Saliger (Hrsg.), Einführung in die Rechtsphilosophie und Rechtstheorie der Gegenwart, 9. Aufl. 2016, S. 365 ff.; *Cooter/Ulen*, Law and Economics, 6. Aufl. 2012; *Franck*, Vom Wert ökonomischer Argumente bei Gesetzgebung und Rechtsfindung für den Binnenmarkt, in: Riesenhuber (Hrsg.), Europäische Methodenlehre, 3. Aufl. 2015, § 5; *Grechenig/Gelter*, Divergente Evolution des Rechtsdenkens – Von amerikanischer Rechtsökonomie und deutscher Dogmatik, RabelsZ 72 (2008), 513 ff.; *Heyers*, Ökonomische Analyse des Vertragsrechts, Ad Legendum 2010, 56 ff.; *Horn*, Einführung in die Rechtswissenschaft und Rechtsphilosophie, 6. Aufl. 2016, Rn. 120 ff.; *Kirchner*, Die ökonomische Theorie, in: Riesenhuber (Hrsg.), Europäische Methodenlehre, 3. Aufl. 2015, § 5; *Kötz/Schäfer*, Judex oeconomicus, 2003; *Kunz/Mona*, Rechtsphilosophie, Rechtstheorie, Rechtssoziologie, 2. Aufl. 2015, Kap. 7 Rn. 70 ff.; *Laudenklos*, Methode und Zivilrecht in der ökonomischen Analyse des Rechts, in: Rückert/Seinecke (Hrsg.), Methodik des Zivilrechts, 3. Aufl. 2017, S. 471 ff.; *Mahlmann*, Rechtsphilosophie und Rechtstheorie, 5. Aufl. 2019, § 20; *Mathis*, Effizienz statt Gerechtigkeit?, 3. Aufl. 2009; *Müller*, Ökonomische Theorie des Rechts, in: Buckel/Christensen/Fischer-Lescano (Hrsg.), Neue Theorien des Rechts, 2. Aufl. 2009, S. 351 ff.; *Naucke/Harzer*, Rechtsphilosophische Grundbegriffe, 5. Aufl. 2005, Rn. 225 ff.; *Ott/Schäfer*, Die ökonomische Analyse des Rechts, JZ 1988, 213 ff.; *Posner*, Economic Analysis of Law, 9. Aufl. 2014; *Röhl/Röhl*, Allgemeine Rechtslehre, 3. Aufl. 2008, S. 645 ff.; *Rühl*, in: Krüper (Hrsg.), Grundlagen des Rechts, 3. Aufl. 2017, § 11; *Rüthers/Fischer/Birk*, Rechtstheorie, 10. Aufl. 2018, Rn. 303 ff., 365 ff.; *Schäfer/Ott*, Lehrbuch der ökonomischen Analyse des Zivilrechts, 5. Aufl. 2012, S. XXXIII ff., 11 ff., 45 ff.; *Steinmetzler*, Funktionales Privatrechtsverständnis und ökonomische Analyse des Rechts, JA 1998, 335 ff.; *Towfigh/Petersen*, Ökonomische Methoden im Recht, 2. Aufl. 2017; *Tröger/Scheibenpflug*, Zum Nutzen der Rechtsökonomik für die Rechtswissenschaft, Ad Legendum 2017, 273 ff.

**20** Ein wirkungsorientierter Rechtsbegriff ist auch der Ausgangspunkt der ökonomischen Analyse (oder: Theorie) des Rechts. Die Ökonomik untersucht

**menschliches Entscheidungs- und Wahlverhalten** unter der Annahme knapper Ressourcen. Die ökonomische Analyse des Rechts wendet die Methoden der Ökonomik auf rechtliche Fragestellungen an.

Dabei wird das **Recht als Institution** angesehen, d.h. als System von Regeln, an denen Menschen ihr Handeln ausrichten bzw. ausrichten sollen. Die Regeln sind grundsätzlich anerkannt, und die Betroffenen erwarten, dass für Verstöße Sanktionen verhängt und anerkannt werden. Die Methoden sind deshalb die der sogenannten Neuen Institutionenökonomik.

Das bedeutet auf der einen Seite, dass menschliches Verhalten im Hinblick auf das Recht mit ökonomischen Methoden analytisch oder empirisch beschrieben, erklärt, prognostiziert wird. Recht wird damit in seinen Auswirkungen auf das Entscheidungs- und Wahlverhalten unter Annahme knapper Ressourcen untersucht. Es geht um **ökonomische Folgen** des Rechts. Das wird als positive ökonomische Theorie des Rechts bezeichnet. Recht wird hier als gegebenes soziales Phänomen verstanden, das Handlungsalternativen mit mehr oder weniger Kosten belegt. Der Rechtsbegriff ist also wirkungsorientiert. 21

**Beispielsweise** kann man untersuchen, wie sich die Regelungen zur Höhe der Wohnraummiete auf den Wohnungsmarkt auswirken.

Auf der anderen Seite werden ökonomische Methoden auf das Recht angewendet, indem man die ökonomischen Auswirkungen einer hypothetischen Rechtsgestaltung untersucht und solche Hypothesen auf dieser Grundlage bewertet. Es geht um **ökonomische Bedingungen** des Rechts. Dabei wird vorausgesetzt, dass eine rechtliche Gestaltung so effizient wie möglich sein sollte. Die Perspektive ist normativ (präskriptiv). Der Rechtsbegriff ist ein vorpositiver, utilitaristischer (vgl. oben § 10 Rn. 5, 13). 22

Die Methoden der ökonomischen Analyse sind die Methoden der **Mikroökonomie**. Die Mikroökonomie untersucht das wirtschaftliche Verhalten einzelner Akteure und wie der Marktmechanismus Ressourcen und Güter unter ihnen verteilt, im Unterschied zur Makroökonomie, die sich auf die Volkswirtschaft als Ganzes bezieht. Dabei geht die Mikroökonomie als „Rational Choice"-Theorie vom ökonomischen Paradigma aus. Das bedeutet dreierlei: Einen methodischen Individualismus, d.h. Untersuchungsgegenstand ist das Verhalten des Einzelnen. Kollektiventscheidungen können durch das Zusammenwirken der Einzelnen erklärt werden. Zweitens gehört zum ökonomischen Paradigma die Annahme knapper Ressourcen: Die menschlichen Bedürfnisse sind von sich aus unbegrenzt, die zur Verfügung stehenden Mittel sind begrenzt. Entscheidend ist nun, wie mit dieser Knappheit umgegangen wird. Es geht also um Entscheidungen, Präferenzen und Restriktionen. Drittens gehört zum ökonomischen Paradigma das Verhaltensmodell des homo oeconomicus. Es besagt, dass erstens die Akteure ihre Entscheidungsoptionen danach beurteilen, welchen Nutzen die Entscheidung für sie verspricht (Eigennutztheorem). 23

Dieser Nutzen kann egoistisch, aber ebenso altruistisch sein. Es besagt zweitens, dass immer die Entscheidung getroffen wird, die den höheren Nutzen verspricht (Rationalitätsannahme). Das setzt an sich voraus, dass die Akteure vollständig informiert sind, was aber nie der Fall ist, so dass jede Entscheidung unter Ungewissheitsbedingungen getroffen werden muss (Risiko).

In neuerer Zeit werden auch Ansätze entwickelt, die das ökonomische Paradigma mit den Mitteln der Verhaltenswissenschaften modifizieren und ergänzen. Dabei geht es insbesondere darum, dem durch soziale Präferenzen beschränkten Eigeninteresse der Akteure, ihrer kognitiv beschränkten Rationalität und ihrer beschränkten Willensstärke und Selbstdisziplin Rechnung zu tragen.

**24** Der **Maßstab** der ökonomischen Analyse ist eine Frage der sogenannten Wohlfahrtsökonomik. Sie untersucht, wie gesamtgesellschaftlich gesehen Wohlfahrtssteigerungen oder -optima möglich sind. Dabei geht es um die Effizienz der Ressourcenallokation, also darum, wie die Ressourcen einer Volkswirtschaft so unter den Akteuren verteilt sind, dass gesamtgesellschaftlich gesehen der Nutzen maximal ist. Man nennt eine Ressourcenallokation pareto-optimal, wenn es nicht möglich ist, sie so zu verändern, dass sich der Nutzen eines Akteurs erhöht, ohne dass ein anderer schlechter gestellt wird. Es kann also kein Akteur mehr besser gestellt werden, ohne dass ein anderer schlechter gestellt würde. Da dieses Effizienzkriterium nicht die Anfangsverteilung der Güter berücksichtigt, neigt es zur Begünstigung des status quo. Diesen Nachteil will das Kaldor-Hicks-Kriterium beseitigen. Es vergleicht nicht die Positionen der Einzelakteure, sondern es bewertet eine Veränderung schon dann als Effizienzsteigerung, wenn aus den Gewinnen der bessergestellten Akteure die schlechtergestellten entschädigt werden könnten – ob es tatsächlich zur Entschädigung kommt oder nicht – und danach noch mindestens ein Akteur besser steht als zuvor.

**25** Auf dieser Grundlage hat sich die ökonomische Analyse eine große Bandbreite an **Betätigungsfeldern** erschlossen: Sie befasst sich mit Haushalts- und Unternehmens- sowie Preistheorie. Strategisches Verhalten von Akteuren wird insbesondere in der Spieltheorie untersucht. Der Spezialfall der Abwicklung des vertraglichen Gütertausches ist Gegenstand der Vertragstheorie. Als Neue Politische Ökonomie geht die ökonomische Analyse dann über die Untersuchung wirtschaftlicher Zusammenhänge hinaus und wendet sich Entscheidungssituationen politischer Akteure (Wähler, Politiker, Verwaltungen etc.) zu. Sie fragt danach, wie sich Entscheidungen möglichst positiv auf das Gemeinwohl auswirken (Public Choice Theory) und wie Einzelinteressen zu rationalen Kollektiventscheidungen gebündelt werden können (Social Choice Theory).

## V. Zusammenfassung

Man kann die rechtstheoretischen und rechtssoziologischen Ansätze knapp 26
so zusammenfassen: Eine **analytische Rechtstheorie** untersucht die Begriffe des positiven Rechts und ihren – vor allem: normlogischen – Zusammenhang. Ihr Rechtsbegriff ist setzungsorientiert, und zwar faktisch (Imperativentheorie, *Austin/Bentham* und *Hart*) oder normativ (Reine Rechtslehre, *Kelsen*: Dass eine Norm befolgt werden soll, kann sich nur aus einer Norm ergeben, letztlich aus einer Grundnorm und daraus, dass alle weiteren Normen von ihr ableitbar sind). Die **Rechtssoziologie** versteht Recht wirkungsorientiert, als soziale Tatsache (*Durkheim*), als gesellschaftliche Erscheinung (*Ehrlich*), als zwangsbewährte Ordnung der Gesellschaft (*Weber*) oder als selbstreferentielles, autopoietisches System (*Luhmann*). Als Entscheidungs- und Wahlverhalten unter der Annahme knapper Ressourcen untersucht die **ökonomische Analyse** des Rechts menschliches Verhalten im Hinblick auf das Recht (positive ökonomische Theorie des Rechts) oder hypothetische Rechtsgestaltungen (normative ökonomische Theorie des Rechts), ausgehend jeweils vom ökonomischen Paradigma und dem Maßstab der Effizienz.

# 3. Kapitel. Das Recht als Rechtsordnung

Das Recht ist eine Normenordnung, also eine Gesamtheit miteinander im Zusammenhang stehender Normen. Die Anwendung des Rechts (die Rechtsetzung und Rechtsgestaltung umfasst) vollzieht sich innerhalb dieser Ordnung. Ein Verständnis von **Aufbau und Charakteristika** dieser Ordnung gehört deshalb zu den gedanklichen Voraussetzungen der Rechtsanwendung. Das gedankliche Umfeld der Rechtsanwendung erschöpft sich daher nicht in den rechtsphilosophischen, rechtstheoretischen und rechtssoziologischen Grundlagen, sondern umfasst die systematischen Zusammenhänge, über die im Folgenden ein Überblick gegeben wird.

## § 13. Die Rechtsordnung

1 Die systematischen Zusammenhänge, die die Rechtsordnung ihrer Struktur und ihrem Inhalt nach kennzeichnen, lassen sich unter verschiedenen Aspekten untersuchen. Naheliegend ist es, nach verschiedenen **Erscheinungsformen** von Recht zu fragen und diese Formen zu systematisieren. Ebenso kann man aber auch verschiedene **Perspektiven** für eine Beschreibung der Rechtsordnung wählen oder verschiedene **inhaltliche Kriterien** zugrunde legen und auf diese Weise Differenzierungen und Zusammenhänge herausarbeiten.

### I. Erscheinungsformen des Rechts: Akteure und Rechtsakte

**Literatur:** *Barczak*, Richterrecht, Ad Legendum 2016, 101 ff.; *Bühler*, Rechtserzeugung. Rechtserfragung. Legitimität der Rechtsquellen, Band 3, 1985; *Ehlers* bzw. *Burgi*, in: Ehlers/Pünder (Hrsg.), Allgemeines Verwaltungsrecht, 15. Aufl. 2016, §§ 2, 5, 8 II; *Forstmoser/Vogt*, Einführung in das Recht, 4. Aufl. 2008, §§ 13 ff.; *Holterhus/Mittwoch/El-Ghazi*, Die Einwirkung internationalen und ausländischen Rechts in die deutsche Rechtsordnung, JuS 2018, 313 ff.; *Hölscheidt/Menzenbach*, Normsetzung auf inner- und überstaatlicher Ebene, Jura 2008, 574 ff.; *Honsell/Mayer-Maly*, Rechtswissenschaft, 7. Aufl. 2017, S. 63 ff.;*Horn*, Einführung in die Rechtswissenschaft und Rechtsphilosophie, 6. Aufl. 2016, Rn. 19 ff., 45; *Klein*, Zur Frage der Bindung höchster Gerichte an ihre Rechtsprechung, JZ 2018, 64 ff.; *Kohler-Gehrig*, Einführung in das Recht, 2. Aufl. 2017, S. 17 ff., 128 f.; *Langenbucher*, Europarechtliche Methodenlehre, in: dies., (Hrsg.), Europäisches Privat- und Wirtschaftsrecht, 3. Aufl. 2013, § 1 ; *Lepsius*, Normhierarchie und Stufenbau der Rechtsordnung, JuS 2018, 950 ff.; *Maurer/Waldhoff*, Allgemeines Verwaltungsrecht, 19. Aufl. 2017, § 4; *Maurer*, Staatsrecht I, 6. Aufl. 2010, § 17 Rn. 3 ff.; *Mahlmann*, Konkrete Gerechtigkeit, 4. Aufl.

2019, §§ 5 ff.; *Meder*, Ius non scriptum – Traditionen privater Rechtsetzung, 2. Aufl. 2009; *Merten*, Das System der Rechtsquellen, Jura 1981, 169 ff., 236 ff.; *Möllers*, Juristische Methodenlehre, 2017, § 2; *Payandeh*, in: Krüper (Hrsg.), Grundlagen des Rechts, 3. Aufl. 2017, § 4; *Pieroth*, Was bedeutet „Gesetz“ in der Verfassung?, Jura 2013, 248 ff.; *Potacs*, Rechtstheorie, 2015, S. 51 ff.; *Riesenhuber* (Hrsg.), Europäische Methodenlehre, 3. Aufl. 2015; *Röhl/Röhl*, Allgemeine Rechtslehre, 3. Aufl. 2008, S. 305 ff., 519 ff.; *Rüthers/Fischer/Birk*, Rechtstheorie, 10. Aufl. 2018, Rn. 217 ff.; *Schmahl*, Das Verhältnis der deutschen Rechtsordnung zu den Regeln des Völkerrechts, JuS 2013, 961 ff.; *Tombrink*, Über das „Richterrecht“, Ad Legendum 2016, 85 ff.

## 1. Rechtsquellen und Rechtssätze

Fragt man nach den Erscheinungsformen des Rechts, so bewegt man sich zunächst im thematischen Feld der **Rechtsquellenlehre**. Unser geltendes Recht kennt verschiedene Rechtsquellen, beispielsweise die Verfassung, das Gesetz, die Verordnung und andere mehr. Nach den Rechtsquellen zu fragen, bedeutet, nach den möglichen Fundstellen für Rechtsnormen zu fragen, also danach, aus welchen Quellen sich intersubjektiv verbindliche Normen ergeben können. 2

Mitunter wird der Begriff der Rechtsquelle auch weiter verstanden: Rechtsquelle ist dann alles, woraus sich Rechtsnormen schöpfen lassen (**Rechtserkenntnisquellen**). Dazu gehören außer den schon angesprochenen sogenannten Rechtserzeugungsquellen beispielsweise auch die rechtswissenschaftliche Literatur, das Verhalten der Exekutive (Verwaltungsübung), die Gerichtspraxis (ständige Rechtsprechung) und die öffentliche Meinung (Rechtsanschauung).

Aus welchen Quellen sich intersubjektiv verbindliche Normen speisen, ist eine Frage danach, wie man intersubjektiv verbindliche Normen nach den Typen inhaltlicher Maßstäbe, denen sie genügen müssen, und nach den typischen Verfahrensweisen zu ihrer Erzeugung ordnen kann. Solche Maßstäbe und Verfahrensweisen finden sich in der Verfassung, sind dort aber nicht vollständig niedergelegt.

Versteht man Normen als generell-abstrakte Sätze (vgl. oben § 5 Rn. 2 f.), so sind Rechtsnormen allerdings nicht die einzigen Erscheinungsformen des Rechts. Es können nämlich auch andere, individuelle und/oder konkrete Sätze intersubjektiv verbindlich sein. Zu denken ist hier insbesondere an Urteile und Verwaltungsakte, aber auch an Verträge – auch diese gekennzeichnet durch bestimmte Maßstäbe und Verfahrensweisen. Alle intersubjektiv verbindlichen Sätze kann man unter dem Oberbegriff des **Rechtssatzes** zusammenfassen. Die Form des Rechtssatzes ist der Rechtsakt. 3

Gegenbegriff zum Rechtsakt ist der Realakt (Realakte der vollziehenden Gewalt werden auch „schlichtes Verwaltungshandeln“ genannt). Ein Realakt liegt etwa vor, wenn ein Fahrzeug abgeschleppt wird, aber auch wenn öffentlich vor vergifteten Lebensmitteln gewarnt oder eine öffentliche Straße gebaut wird. Eine verwaltungsrechtliche Frage ist es, ob dem Realakt ein Rechtsakt vollziehenden Gewalt vorauszugehen hat.

4 Intersubjektive Verbindlichkeit ist im Rechtsstaat letztlich eine Frage der Verfassung, aus Sicht der Bürger letztlich eine Frage des Rechtsschutzes: Intersubjektiv verbindlich sind in einem Rechtsstaat diejenigen Rechtssätze, die unmittelbar oder mittelbar aufgrund der Verfassung gelten. Geltung kann dabei juristische, faktische und ethische Geltung gleichermaßen bedeuten, weil alles drei im Rechtsstaat eng beieinander liegt.

Wo es am Rechtsstaat fehlt, muss die Frage nach der intersubjektiven Verbindlichkeit auf vorpositiver Ebene aufgegriffen werden – mit allen Unsicherheiten, die sich daraus ergeben. Wo hingegen im Großen und Ganzen ein Rechtsstaat besteht, kann man sich dem vorpositiven Recht auf rechtsphilosophischer Ebene annehmen und die Frage intersubjektiver Verbindlichkeit positivistisch beantworten.

Unterschiedliche Rechtsakte sind nach geltendem Recht unterschiedlichen Akteuren zugeordnet. Diese Akteure sind: der Staat, die Europäische Union, die Völkerrechtssubjekte, die weiteren juristischen Personen des öffentlichen Rechts und die Privaten.

### 2. Staat und staatliche Rechtsakte

5 Ein Staat (von lat. status, d.h. Zustand, Stellung) ist als Rechtsstaat eine politische Organisation, die rechtlich verfasst **souveräne Herrschaft** ausübt (Staatsgewalt), deren Herrschaft von ihren Bürgern ausgeht (Staatsvolk; Art. 20 Abs. 2 S. 1 GG: „Alle Staatsgewalt geht vom Volke aus.") und sich auf ein abgegrenztes Gebiet erstreckt (Staatsgebiet).

Die klassische von *Georg Jellinek*[304] begründete Drei-Elemente-Lehre kennzeichnet einen Staat durch ein von Grenzen umgebenes Territorium (Staatsgebiet), eine darauf als Kernbevölkerung ansässige Gruppe von Menschen (Staatsvolk) sowie eine auf diesem Gebiet herrschende Staatsgewalt.

#### *a) Verfassung und einfaches Recht*

6 Rechtlich verfasst ist der Staat zunächst durch die Verfassung (**Verfassungsrecht im formellen Sinn**). Das Grundgesetz verfasst die Bundesrepublik Deutschland als einen republikanischen Bundesstaat, der ein demokratischer und sozialer Rechtsstaat ist (Art. 20 Abs. 1 bis 4 GG). Es beruht normativ auf der verfassungsgebenden Gewalt des Volkes (pouvoir constituant), historisch auf der politischen Lage Deutschlands zunächst nach der Befreiung vom Nationalsozialismus 1945 und dann nach dem Ende der deutschen Teilung 1990. Das Grundgesetz organisiert den Staat durch das Zusammenwirken besonderer Organe der Gesetzgebung (Legislative), der vollziehenden Gewalt (Exekutive)

[304] 1851 bis 1911. Nach Studium in Wien, Heidelberg und Leipzig dort 1872 und 1874 promoviert. Kurzzeitig im Verwaltugnsdienst tätig, ab 1879 Privatdozent. ab 1883 außerordentlicher Professor in Wien, dann Habilitation in Berlin, 1889 Professor in Basel für Staatsrecht, 1890 in Heidelberg. Hauptwerk: „Allgemeine Staatslehre". Vgl. *Danwerth*, Wer war eigentlich ... Georg Jellinek?, Ad Legendum 2010, 355 ff.

und der Rechtsprechung (Judikative), Art. 20 Abs. 2 S. 2 GG. Es formuliert inhaltliche Maßstäbe für das Handeln des Staates vor allem in seinem Grundrechtsteil (Art. 1 bis 19 GG), aber auch darüber hinaus (z.B. in Art. 101, 103, 104 GG). Staatliche Rechtsakte sind nach dem Grundgesetz vor allem das Gesetz, das verfassungsändernde Gesetz und die Rechtsverordnung.

Rechtsakte in anderen Formen – etwa schlichte Parlamentsbeschlüsse – sind damit keineswegs ausgeschlossen, solange die Grenzen eingehalten sind, die das Grundgesetz den staatlichen Rechtsakten zieht. Beispielsweise verlangen die Grundrechte und das Demokratieprinzip nach der Wesentlichkeitstheorie, dass besonders wesentliche Grundentscheidungen in Gesetzesform durch den demokratisch legitimierten Gesetzgeber getroffen werden.[305]

Der Verfassung (Verfassungsrecht im formellen Sinn) steht damit das übrige staatliche Recht gegenüber, das sogenannte **einfache Recht**, d.h. es ist kein Recht in der Form der Verfassung. 7

Vom Verfassungsrecht im formellen Sinn muss man das **materielle Verfassungsrecht** unterscheiden: Im materiellen Sinn, d.h. vom Inhalt her, findet sich Verfassungsrecht auch auf der Ebene des einfachen Rechts, beispielsweise im Bundesverfassungsgerichtsgesetz oder in der Geschäftsordnung des Bundestages.

*b) Bundesrecht und Landesrecht*

Dass die Bundesrepublik Deutschland als **Bundesstaat** verfasst ist (Art. 20 Abs. 1 GG), bedeutet, dass sie auf Gliedstaaten aufsetzt, die ihrerseits eine eigene, vom Bund unabhängige Staatsqualität haben: den Bundesländern (vgl. die Präambel des Grundgesetzes). Auch sie sind rechtlich verfasst, und zwar durch die jeweilige Landesverfassung, die allerdings gemäß Art. 28 GG (die sogenannte Homogenitätsklausel) in den wesentlichen Grundfragen der Bundesverfassung entsprechen muss. Deshalb sind auch in den Landesverfassungen Gesetz, verfassungsänderndes Gesetz und Rechtsverordnung vorgesehen. 8

Rechtsnormen des Bundes und der Länder können für sich genommen allen jeweils anwendbaren formellen und materiellen Rechtmäßigkeitsanforderungen genügen und gleichwohl zu einander in Widerspruch geraten, d.h. miteinander kollidieren, weil sie für den identischen Sachverhalt eine Rechtsfrage auf unvereinbare Weise beantworten. Für diesen Fall ordnet das Grundgesetz den **Vorrang des Bundesrechts** an: Bundesrecht bricht Landesrecht (Art. 31 GG). 9

Ein Vorrang des Bundesrechts besteht auch dann, wenn es sich bei der bundesrechtlichen Norm um eine Rechtsverordnung handelt, die zu einem Landesgesetz oder gar der Landesverfassung im Widerspruch steht.

---

[305] Vgl. BVerfGE 49, 89 = NJW 1979, 359.

*c) Gesetz und Rechtsverordnung*

10 An der Spitze des einfachen Rechts steht das **Gesetz**. Seine herausgehobene Stellung beruht staatstheoretisch auf der besonderen demokratischen Legitimation des Gesetzgebers, verfassungsrechtlich darauf, dass die beiden übrigen Staatsgewalten, die vollziehende Gewalt und die Rechtsprechung, an das Gesetz gebunden sind (Art. 20 Abs. 3 GG), d.h. dem Vorrang des Gesetzes (kein Handeln gegen das Gesetz) und dem Vorbehalt des Gesetzes (nur begrenzt Handeln ohne gesetzliche Grundlage) unterliegen. Inhaltliche Maßstäbe für das Gesetz ergeben sich aus der Verfassung, an die der Gesetzgeber seinerseits gebunden ist (Art. 20 Abs. 3 GG), insbesondere aus den Grundrechten (Art. 1 bis 19 GG). Aus der Verfassung ergeben sich darüber hinaus die verfahrensmäßigen Anforderungen, denen ein Gesetz genügen muss: (1) Der gesetzgebende Verband (Bund oder Bundesland) und das jeweils handelnde Organ (z.B. Bundestag und Bundesrat) müssen zuständig sein. (2) Das vorgeschriebene Gesetzgebungsverfahren muss ordnungsgemäß durchgeführt worden sein. (3) Das Gesetz muss in der vorgeschriebenen Form zustande gekommen, d.h. ausgefertigt und verkündet worden sein.

Gesetze werden außer als Gesetz (z.B. Gerichtsverfassungsgesetz) auch mit Gesetzbuch (z.B. Strafgesetzbuch) oder „-ordnung“ (z.B. Zivilprozessordnung) bezeichnet.

11 In Gesetzesform kann, so bestimmt es die Verfassung, auch die Änderung der Verfassung erfolgen. Der Gesetzgeber ist damit zugleich zur Verfassungsänderung berufen, der pouvoir constitué ist zugleich der pouvoir constituant constitué (oder: dérivé). Gesetz und **verfassungsänderndes Gesetz** unterscheiden sich zunächst nur inhaltlich: Das verfassungsändernde Gesetz normiert ausdrücklich eine Änderung des Wortlauts des Grundgesetzes (vgl. Art. 79 Abs. 1 GG) und muss besondere Grenzen wahren: nach der sogenannten Ewigkeitsklausel des Art. 79 Abs. 3 GG dürfen die Gliederung des Bundes in Länder, die grundsätzliche Mitwirkung der Länder bei der Gesetzgebung oder die in den Artikeln 1 und – nicht: bis – 20 niedergelegten Grundsätze nicht angetastet werden. Die Grundgesetzänderung hängt dann aber auch von besonderen Verfahrensweisen ab: Sie erfordert eine Zustimmung von zwei Dritteln der Mitglieder des Bundestages und zwei Dritteln der Stimmen des Bundesrates (Art. 79 Abs. 2 GG).

12 Der vollziehenden Gewalt stehen als Rechtsakte zunächst **Rechtsverordnungen** zur Verfügung, also generell-abstrakte Rechtsnormen. Als möglicher Rechtsakt der Exekutive ist die Rechtsverordnung bereits im Grundgesetz vorgesehen. Das Grundgesetz knüpft die Rechtmäßigkeit einer Rechtsverordnung aber an besondere Voraussetzungen, nämlich an eine Ermächtigung in einem Gesetz, die nach Inhalt, Zweck und Ausmaß hinreichend bestimmt sein muss (Art. 80 Abs. 1 S. 2 GG). Während also der Gesetzgeber generell-abstrakte Rechtsnormen in Gesetzen erlassen darf, solange er dabei nicht gegen die Verfassung verstößt, darf die Exekutive generell-abstrakte Rechtsnormen nur dort

in Rechtsverordnungen erlassen, wo der Gesetzgeber sie dazu ausdrücklich ermächtigt hat. Abgesehen von einer rechtmäßigen Ermächtigungsgrundlage muss eine Rechtsverordnung im Übrigen die Bindung an das Gesetz einhalten und darf nicht gegen die Verfassung verstoßen.

Zu einem Verfassungsverstoß kann der Gesetzgeber schon deshalb nicht wirksam ermächtigen, weil er selbst an die Verfassung gebunden ist, Art. 20 Abs. 3 GG.

Die Rechtsverordnung muss durch den Adressaten der Ermächtigung (Bundesregierung, Bundesminister, Landesregierung) im dafür vorgesehenen **Verfahren** ordnungsgemäß erlassen werden.

Mit Blick auf Rechtsverordnungen unterscheidet man **formelle Gesetze** von **Gesetzen** 13
**im materiellen Sinn**: Unter formellen Gesetzen versteht man alles, was im Gesetzgebungsverfahren (also vom Gesetzgeber) erlassen wird. Gesetz im materiellen Sinn ist alles, was Rechte und Pflichten der Bürger generell-abstrakt regelt. Beispielsweise wird der Haushaltsplan zwar vom Gesetzgeber erlassen, er begründet aber nur haushaltsrechtliche Befugnisse der Exekutive. Er ist also formelles Gesetz, aber kein Gesetz im materiellen Sinn. Hingegen sind Rechtsverordnungen zwar keine formellen Gesetze, unter Umständen aber durchaus im materiellen Sinn. Unter den besonders wichtigen Rechtsverordnungen sind die Straßenverkehrsordnung und die Baunutzungsverordnung hervorzuheben.

*d) Weitere staatliche Rechtsakte*

Neben Gesetzen und Rechtsverordnungen kennt das Bundes- und Lan- 14
desverfassungsrecht noch **Beschlüsse, Geschäftsordnungen** und **Verwaltungsvorschriften** (Erlasse, Verfügungen, Dienstanweisungen, Richtlinien, Anordnungen): sie regeln typischerweise Organisation und Verfahrensweisen, betreffen also nur den Innenbereich des Staates und seiner Organe, nicht das Verhältnis zum Bürger.

Trotzdem sind sie intersubjektiv verbindlich – und damit Erscheinungsform des Rechts –, wenn es eine Rechtsnorm gibt, aufgrund derer es rechtswidrig wäre, die entsprechenden Sätze nicht zu beachten. Dass diese Sätze nur im internen Bereich des Staates eine Rolle spielen, ist irrelevant: Weite Teile des Verfassungsrechts und auch die bloß formellen Gesetze beziehen sich allein auf den Innenbereich des Staates und betreffen nicht Rechte oder Pflichten für die Allgemeinheit. Gleichwohl handelt es sich dabei unbestritten um Rechtsnormen.

Die Bindung der vollziehenden Gewalt an das Gesetz bedeutet, dass der 15
vollziehenden Gewalt die vom Gesetzgeber vorgesehenen Rechtsakte zur Verfügung stehen. Dabei handelt es sich um **Verwaltungsakte** (§§ 35 ff. VwVfG) und **öffentlich-rechtliche Verträge** (§§ 54 ff. VwVfG; dazu unten Rn. 42). Verwaltungsakte sind von der Exekutive erlassene, nicht nur interne Regelungen eines öffentlich-rechtlichen Einzelfalls. Sie sind also entweder nicht generell, sondern individuell, und/oder nicht abstrakt, sondern konkret. Das bedeutet, sie beziehen sich entweder auf eine konkrete Situation. Dann kann ihr Adressatenkreis enger oder weiter sein: im ersten Fall handelt es sich um individuell-konkrete Regelungen (etwa eine Baugenehmigung, die einem Bau-

herrn erteilt wird), im zweiten Fall um generell-konkrete Regelungen (etwa ein Verkehrszeichen; sogenannte Allgemeinverfügung). Oder sie beziehen sich zwar nicht auf eine konkrete Situation (sind also abstrakt), richten sich aber an einen individuellen Adressaten, wie zum Beispiel die Anordnung gegenüber einem Müller (individueller Adressat), das Schleusenwehr immer dann zu öffnen, wenn der Pegel oberhalb der Schleuse einen bestimmten Stand erreicht (abstrakte Situation).

16 Rechtsprechende Gewalt wird gemäß Art. 92 GG durch das Bundesverfassungsgericht, die grundgesetzlich vorgesehenen Bundesgerichte und die Gerichte der Länder ausgeübt. Sie unterliegt – wie die Exekutive – der Bindung an das Gesetz (Art. 20 Abs. 3 GG). In den jeweiligen Prozessordnungen ist vorgeschrieben, unter welchen Voraussetzungen die rechtsprechende Gewalt welche Rechtsakte erlässt. In Betracht kommen **Urteile, Beschlüsse** und **Verfügungen**. Ebenso wie Verwaltungsakte sind das individuell-konkrete, generell-konkrete oder individuell-abstrakte Regelungen.

**Beispiele:** Individuell-konkret ist etwa ein Urteil, durch das der B verurteilt wird, an den K 5.000 € zu zahlen. Individuell-abstrakt ist beispielsweise ein Urteil, durch das es dem B verboten wird, eine bestimmte rufschädigende Behauptung über den K aufzustellen. Als generell-konkret kann man die Entscheidungen ansehen, die nicht nur zwischen den Parteien des Rechtsstreits (inter partes), sondern für und gegen jedermann wirken (erga omnes; auch: inter omnes). Manche Entscheidungen des Bundesverfassungsgerichts haben gemäß § 31 Abs. 2 BVerfGG, Art. 94 Abs. 2 S. 1 GG Gesetzeskraft.

17 Die Gesamtheit der von der Rechtsprechung erlassenen Rechtsakte bezeichnet man als **Richterrecht**, soweit diese Rechtsakte auf richterlicher Rechtsfortbildung beruhen.

Dass es sich beim Richterrecht um eine Rechtsquelle handelt, wird teilweise aufgrund der Überlegung in Abrede gestellt, Rechtsetzung durch die Judikative würde das Prinzip der Gewaltenteilung verletzen.[306] Dieses Prinzip besagt aber nur, dass die Gesetzgebung dem Gesetzgeber vorbehalten und die Judikative an Gesetz und Recht gebunden ist. Richterrecht ist damit zwar begrenzt, aber keineswegs ausgeschlossen. Größeres Gewicht hat der Einwand, Richterrecht fehle es an der für Rechtsnormen konstitutiven Allgemeinverbindlichkeit. Schließlich sei jeder Richter frei, die Ergebnisse richterlicher Rechtsfortbildung wieder in Frage zu stellen (von Ausnahmen abgesehen). Die Größe dieses Unterschiedes und seine Tragweite darf aber nicht überschätzt werden: Auch ein Gesetz kann durch richterliche Entscheidung übergangen werden, nämlich im Fall der Verwerfung durch das Bundesverfassungsgericht. Untergesetzliche Rechtsnormen kann darüber hinaus jeder Richter als nichtig verwerfen. Das Richterrecht stellt insoweit keine Besonderheit dar. Und methodisch ist es nur eine Frage der Perspektive, ob ein Sachverhalt unter eine ständige Rechtsprechung oder eine Rechtsnorm aus anderer Quelle subsumiert wird. Das zeigt eindrucksvoll der Blick auf den anglo-amerikanische Rechtskreis und sein case law.

---

[306] *Larenz*, Methodenlehre der Rechtswissenschaft, 6. Aufl. 1991, S. 429 ff.

Daneben gibt es **Gewohnheitsrecht.**[307] Es setzt in objektiver Hinsicht eine dauerhafte, allgemeine tatsächliche Übung in der Rechtsgemeinschaft voraus. Als subjektives Element muss hinzutreten, dass diese Übung auf einer Rechtsüberzeugung beruht. Die praktische Bedeutung von Gewohnheitsrecht ist neben kodifiziertem Recht gering. Bedeutung hat aber durchaus auch heute die gewohnheitsrechtliche Anerkennung richterrechtlich entwickelter Rechtsinstitute. **18**

**Beispielsweise** ist Schadensersatz wegen Verschuldens bei vorvertraglichen Pflichtverletzungen zunächst nur aufgrund richterlicher Rechtsfortbildung gewährt worden. Später hat die Rechtsprechung dieses Institut als gewohnheitsrechtlich anerkannt bezeichnet.[308] Inzwischen ist es kodifiziertes Gesetzesrecht (§§ 280 Abs. 1, 311 Abs. 2 BGB; vgl. auch § 8 Rn. 49). Gewohnheitsrechtlich gelten heute etwa die Regeln über das Schweigen auf ein kaufmännisches Bestätigungsschreiben.[309]

Der Gang vom Richterrecht über das Gewohnheitsrecht zum kodifizierten Gesetz entspricht der **geschichtlichen Entwicklung**: Die ältesten Kodifikationen, etwa das Corpus Iuris Civilis, aber auch der Sachsenspiegel *Eike von Repgows*[310] sind im Wesentlichen Aufzeichnungen des seinerzeit geltenden Gewohnheitsrechts. Teilweise wird vertreten, im Rechtsstaat sei Gewohnheitsrecht als ungeschriebenes Recht von der Anerkennung durch die höchstrichterliche Rechtsprechung abhängig und damit von Richterrecht nicht zu trennen. Im Rechtsstaat ist aber – wie gesehen – jede Rechtsquelle von ihrer richterlichen Anerkennung abhängig. **19**

### 3. Völkerrecht

Recht war zu keiner Zeit auf den Nationalstaat beschränkt. Schon die Römer kannten das **ius gentium** als das allen Völkern gemeinsame Recht. Die Europäische Aufklärung schuf auf dieser Grundlage das Völkerrecht: die Regeln über die Beziehungen zwischen Staaten und anderen Völkerrechtssubjekten (einschließlich internationaler Organisationen, wie etwa den Vereinten Nationen) und das interne Recht internationaler Organisationen, soweit diese Regeln ihren Geltungsgrund in der internationalen Gemeinschaft (und nicht etwa im nationalen Recht) haben. **20**

Hingegen gehören die Regeln der sogenannten **lex mercatoria** nicht zum Völkerrecht. Sie beruhen nicht auf der internationalen Gemeinschaft, sondern werden aus dem internationalen Privatrechtsverkehr gewonnen.

Das Völkerrecht gilt zwischen souveränen Staaten und sonstigen Völkerrechtssubjekten, grundsätzlich nicht gegenüber Individuen. Es ist intersubjektiv verbindlich, obwohl es keine souveräne Autorität gibt, die sich für seine

---

[307] Näher *Krebs/Becker*, Entstehung und Abänderbarkeit von Gewohnheitsrecht, JuS 2013, 97 ff.

[308] BGH NJW 1979, 1983.

[309] Vgl. *Bork*, Allgemeiner Teil des Bürgerlichen Gesetzbuchs, 4. Aufl. 2016, Rn. 20.

[310] Zwischen 1180 und 1190 bis nach 1232. Näheres bei *Kleinheyer/Schröder* (Hrsg.), Deutsche und Europäische Juristen aus neun Jahrhunderten, 6. Aufl. 2017, S. 130 ff.

faktische Durchsetzung verbürgt hätte. Nichtsdestotrotz ist es verbindlich geltendes Recht und sein Bruch ein Rechtsbruch – und nicht bloß ein Verstoß gegen weltgesellschaftliche Konvention oder Höflichkeit.

**21** Das Völkerrecht beruht in erster Linie auf freiwilligen Übereinkünften zwischen zwei oder mehr Völkerrechtssubjekten, durch die sie die zwischen ihnen bestehende Rechtslage ändern wollen (**völkerrechtliche Verträge**, vgl. Art. 59 GG). Abschluss, Geltung und Beendigung völkerrechtlicher Verträge sind im Wiener Übereinkommen über das Recht der Verträge normiert, dessen Bestimmungen zudem weitgehend völkergewohnheitsrechtlich anerkannt sind. Wurde ein völkerrechtlicher Vertrag ausgehandelt, so bedarf er für sein Wirksamwerden noch der Ratifikation durch die verfassungsrechtlich zuständigen Organe. Ratifikation ist die Abgabe der förmlichen Erklärung, durch die der Vertragsstaat im internationalen Bereich seine Zustimmung bekundet, durch den Vertrag gebunden zu sein. Davon zu trennen ist die Frage, ob und mit welchem Rang der Gesetzgeber die Anwendung einer Norm eines völkerrechtlichen Vertrages innerstaatlich anordnet.

**22** Teile des Völkerrechts gelten aber unabhängig vom Willen der betroffenen Völkerrechtssubjekte, allein aus sich heraus: das Völkergewohnheitsrecht und „die von den Kulturvölkern anerkannten allgemeinen Rechtsgrundsätze" (Art. 38 Abs. 1 lit. b und c IGH-Statut). **Völkergewohnheitsrecht** und **allgemeine Rechtsgrundsätze des Völkerrechts** sind die „allgemeinen Regeln des Völkerrechts", die gemäß Art. 25 GG als Bundesrecht gelten. Sie gelten unmittelbar für und gegen den Einzelnen. Völkerrechtliche Verträge haben grundsätzlich Anwendungsvorrang vor Völkergewohnheitsrecht und allgemeinen Rechtsgrundsätzen des Völkerrechts. Das Völkergewohnheitsrecht (eventuell auch die allgemeinen Rechtsgrundsätzen des Völkerrechts) enthält jedoch Normen, die zwingend sind und über die sich Völkerrechtssubjekte auch nicht vertraglich hinwegsetzen können (ius cogens), insbesondere die grundlegenden Normen des humanitären Völkerrechts und fundamentale Menschenrechte (Folter- und Sklavereiverbot).

**23** Mit völkerrechtlichen Verträgen, Völkergewohnheitsrecht und allgemeinen Rechtsgrundsätzen des Völkerrechts sind die Rechtsquellen des Völkerrechts nach überwiegender Auffassung abschließend aufgezählt (**numerus clausus**). Die in Art. 38 Abs. 1 lit. d IGH-Statut außerdem „als Hilfsmittel zur Feststellung von Rechtsnormen" erwähnten richterlichen Entscheidungen und „Lehrmeinung(en) der fähigsten Völkerrechtler der verschiedenen Nationen" sind nur Rechtserkenntnisquellen (dazu oben Rn. 2) des Völkerrechts. Sonstige völkerrechtliche Akte, etwa Beschlüsse und Resolutionen von völkerrechtlichen Organisationen (z.B. der Vereinten Nationen) und Urteile Internationaler Gerichtshöfe (IGH, IntSeeGH usf.) sind nur insoweit Rechtsakte, wie sich intersubjektive Verbindlichkeit dieser Akte aus dem zugrunde liegenden Völkerrecht ergibt; ansonsten handelt es sich um Akte internationaler Politik.

### 4. Unionsrecht

Zwischen dem Recht der Nationalstaaten auf der einen und dem Völkerrecht auf der anderen Seite nimmt das Recht der Europäischen Union (Unionsrecht) eine Mittelstellung ein. 24

#### *a) Primärrecht*

Es handelt sich dabei einerseits um völkerrechtliche Verträge (nämlich den Vertrag über die Europäische Union – EUV – und den Vertrag über die Arbeitsweise der Europäischen Union – AEUV). Beide Verträge bilden gleichrangig (Art. 1 AEUV) das sogenannte Primärrecht, das **Unionsverfassungsrecht**. 25

Der EUV ist der ursprüngliche Vertrag von Maastricht von 1992, der 1997 durch den Vertrag von Amsterdam, 2001 durch den Vertrag von Nizza und zuletzt 2007 durch den Vertrag von Lissabon (in Kraft seit 2009) geändert wurde. Der AEUV beruht auf dem Vertrag zur Gründung der Europäischen Wirtschaftsgemeinschaft (EWG-Vertrag), der 1957 in Rom geschlossenen wurde. Mit dem Vertrag von Maastricht wurde der EWG-Vertrag in „Vertrag zur Gründung der Europäischen Gemeinschaft" (EG-Vertrag) umbenannt. Mit dem Vertrag von Lissabon wurde die Europäische Gemeinschaft aufgelöst, ihre Funktionen wurden von der Europäischen Union übernommen.

In diesen Verträgen wurden Organe und Institutionen geschaffen, ihnen wurden Kompetenzen zugewiesen und Verfahrensweisen vorgeschrieben. Damit haben die Mitgliedstaaten der Europäischen Union aber keinen gemeinsamen Bundesstaat gebildet, sondern einen Staatenverbund. Die Koordinierungen unter den Mitgliedstaaten und das Zusammenspiel der Europäischen Organe und Institutionen untereinander in den verschiedenen Varianten der Integration sind mit den Vorgängen in einem Nationalstaat nicht vergleichbar. Auf der Ebene der Europäischen Union gibt es kein Kraft- und Entscheidungszentrum, dem die Funktionen einer Regierung übertragen wären. In vielen Zusammenhängen verhandeln in den Europäischen Gremien die Regierungen der Mitgliedstaaten miteinander, nicht etwa als Amtsträger der Europäischen Union. Denn die Europäische Union ist ein historisch gewachsenes und sich beständig fortentwickelndes System aus intergouvernementalen und (daraus abgeleiteten) supranationalen Politiken und Verfahrensweisen. Die Kompetenzen der einzelnen Institutionen sind miteinander verschachtelt. Deshalb ist keine klare hierarchische Struktur erkennbar. Man bezeichnet die Europäische Union deshalb als ein Mehrebenensystem. 26

#### *b) Sekundärrecht*

Vom Primärrecht, das die völkerrechtlichen Gründungsverträge darstellen, unterscheidet man das Sekundärrecht. Es wird von den auf Grundlage des Primärrechts arbeitenden Organen und Institutionen der Europäischen Union geschaffen. Von den Rechtsquellen des Sekundärrechts haben vor allem Verordnungen und Richtlinien besondere Bedeutung. 27

28 Eine **Verordnung** (engl. regulation) ist in den Mitgliedstaaten unmittelbar geltendes Recht (Art. 288 S. 2 AEUV). Einer Ratifikation oder eines Umsetzungsaktes in nationales Recht der Mitgliedstaaten bedarf es nicht. Da die Verordnung unmittelbar geltendes Recht ist, ist eine Änderung der vorgegebenen Regelungen durch nationales Recht in den einzelnen Mitgliedstaaten grundsätzlich unzulässig.

Eine Verordnung im Sinne des Unionsrechts hat nichts mit den Rechtsverordnungen zu tun, wie sie das Grundgesetz und die Landesverfassungen vorsehen.

29 Eine **Richtlinie** (engl. directive) gibt den Mitgliedstaaten einheitliche Ziele vor, überlässt ihnen aber die Wahl von Formen und Mitteln, mit denen die Ziele zu erreichen sind (Art. 288 S. 3 AEUV). Richtlinien bedürfen daher der Umsetzung durch nationale Rechtsakte.

Der nationale Rechtsakt muss die Richtlinie, zu deren Umsetzung er dient, angeben. Das wird den Mitgliedstaaten in der Richtlinie jeweils vorgeschrieben, damit bei der Anwendung des nationalen Rechts seine unionsrechtliche Grundlage berücksichtigt werden kann.

30 Für die Umsetzung in nationales Recht enthalten Richtlinien eine Frist. Nur im Ausnahmefall entfalten Richtlinien auch vor ihrer Umsetzung eine **Direktwirkung**, sind also unmittelbar auf mitgliedstaatlicher Ebene anwendbar. Diese Direktwirkung setzt voraus, dass die Umsetzungsfrist abgelaufen und die Richtlinienbestimmung inhaltlich so genau und konkret gefasst ist, dass sie sich zu einer unmittelbaren Anwendung eignet. Eine unmittelbare Verpflichtung für einen Einzelnen darf die Richtlinie nicht beinhalten (Verbot horizontaler Direktwirkung), sie kann also nur im Verhältnis zwischen Individuum und Mitgliedstaat wirken (vertikale Direktwirkung). Auch wenn die Umsetzungsfrist noch nicht abgelaufen ist, kann eine Richtlinie aber bereits im Rahmen richtlinienkonformer Auslegung des mitgliedstaatlichen Rechts zu beachten sein (vgl. oben § 7 Rn. 14).

31 **Weitere** unionsrechtliche Rechtsakte sind Beschlüsse (früher: Entscheidungen), Empfehlungen und Stellungnahmen (Art. 288 S. 1 AEUV) sowie die Entscheidungen des Gerichtshofs der Europäischen Union (Art. 19 EUV: des Gerichtshofs, des Gerichts und der Fachgerichte; Art. 251 ff. AEUV).

#### *c) Verhältnis zum nationalen Recht*

32 Das Unionsrecht beeinflusst das nationale Recht auf mannigfaltige Weise. Direktwirkung von Richtlinien und der allgemeine Anwendungsvorrang wurden bereits erwähnt (oben Rn. 30 und § 7 Rn. 39). Teilweise hat sogar das Primärrecht unmittelbare Wirkung im Recht der Mitgliedstaaten.

**Beispiel:** So formuliert etwa Art. 101 Abs. 1 AEUV ein Kartellverbot. Dagegen verstoßende Vereinbarungen sind gemäß Absatz 2 dieser Vorschrift nichtig. Das gilt unmittelbar auch auf mitgliedstaatlicher Ebene, muss also etwa von deutschen Behörden und Gerichten beachtet werden.

Umgekehrt prägt aber auch das nationale Recht der Mitgliedstaaten das Unionsrecht, denn es bestimmt über die Integration des einzelnen Mitgliedstaates und es steht oft Modell für unionsrechtliche Harmonisierung. 33

## 5. Autonomes und privatautonomes Recht

### *a) Mittelbare Staatsverwaltung*

Staaten sind nicht die einzigen Akteure, deren Rechtsakte die Rechtsordnung prägen. Neben Bund und Ländern (Träger der sogenannten unmittelbaren Staatsverwaltung) kennt das deutsche Recht noch weitere **juristische Personen des öffentlichen Rechts** (sogenannte mittelbare Staatsverwaltung). Zu erwähnen sind hier zunächst die Kreise und Gemeinden, die Art. 28 GG als **Gebietskörperschaften** zur kommunalen Selbstverwaltung vorsieht. Kreise und Gemeinden nehmen Aufgaben der örtlichen Gemeinschaft wahr (Selbstverwaltungsaufgaben), führen teilweise aber auch Aufgaben der staatlichen Verwaltung aus, die ihnen durch Bund oder Land übertragen sind (z.B. Einwohnermeldewesen). 34

Keine Gebietskörperschaften sind die Bezirke in Hamburg und die Regierungsbezirke in manchen Flächenländern. In beiden Fällen handelt es sich nur um die örtliche Zuständigkeit bestimmter Behörden der unmittelbaren Staatsverwaltung.

Zur mittelbaren Staatsverwaltung gehören ferner die **Personalkörperschaften** sowie die Anstalten und Stiftungen. Personalkörperschaften sind durch ihre Mitglieder gekennzeichnet, z.B. die Universitäten, die Handwerkskammern, die Rechtsanwaltskammern. 35

Den Personalkörperschaften des öffentlichen Rechts entsprechen auf privatrechtlicher Seite die eingetragenen Vereine und die Kapitalgesellschaften.

**Anstalten** des öffentlichen Rechts sind juristische Personen, die durch Gesetz eingerichtet werden mit dem Auftrag, eine bestimmte öffentliche Aufgabe zu erfüllen. Sie haben keine Mitglieder, sondern allenfalls Benutzer. Charakterisiert sind sie durch den Anstaltszweck. Beispiele sind die Bundesanstalt für Straßenwesen oder der Deutsche Wetterdienst. Eine **Stiftung** ist nicht durch Mitglieder oder Zweck, sondern durch ihr Stiftungsvermögen charakterisiert. Dieses Vermögen ist in der Stiftung rechtlich verselbständigt. Ein Beispiel ist etwa die Stiftung Preußischer Kulturbesitz. 36

Stiftungen des öffentlichen Rechts werden mitunter allerdings auch ohne ein solches Vermögen errichtet. In der Praxis wird damit die Abgrenzung zur Anstalt zweifelhaft.

Juristische Personen der mittelbaren Staatsverwaltung beruhen stets auf einem **konstitutiven Rechtsakt** der unmittelbaren Staatsverwaltung, also einem Gesetz (z.B. Gemeindeordnung), einer Rechtsverordnung oder auch einem Regierungsbeschluss. Zur Regelung ihrer inneren Angelegenheiten und Erfüllung ihrer Aufgaben ist ihnen die Befugnis verliehen, generell-abstrakte Rechtsnormen in Form von Satzungen zu erlassen. 37

**Beispiel:** § 4 Abs. 1 S. 1 Gemeindeordnung Schleswig-Holstein: „Die Gemeinden können ihre Angelegenheiten durch Satzungen regeln, soweit die Gesetze nichts anderes bestimmen." Gemäß § 10 Abs. 1 BauGB werden Bebauungspläne von der Gemeinde als Satzung beschlossen.

Juristische Personen der mittelbaren Staatsverwaltung sind damit ein Aspekt der Gewaltenteilung: Zur Wahrnehmung staatlicher Aufgaben sind verschiedene Instanzen berufen. Staatliche Macht wird dadurch dezentralisiert ausgeübt. Die Träger der mittelbaren Staatsverwaltung unterliegen der Bindung an das Gesetz, sind in dem ihnen übertragenen Aufgabenbereich aber grundsätzlich autonom, d.h. vom Staat unabhängig. Ihre Rechtsakte gehören deshalb nicht zum staatlichen Recht, sondern sind autonomes Recht.

*b) Private*

38 Auch Private schaffen **autonomes Recht**. Wenn Private miteinander Verträge schließen, schaffen sie damit intersubjektiv verbindliche Sätze, nicht anders, als wenn Staaten dies auf dem Gebiet des Völkerrechts tun. Wenn Private einseitige Rechtsgeschäfte vornehmen (etwa ein Testament errichten), schaffen sie damit intersubjektiv verbindliche Sätze, nicht anders, als wenn ein Staat ein Gesetz erlässt. Ebenso wie im Bereich mittelbarer Staatsverwaltung sind auch privatautonome Rechtsakte von staatlicher Anerkennung abhängig, privatautonomes Handeln ist aber zugleich grundrechtlich geschützt.

**Beispiel:** Wer ein Testament errichten will, muss dabei bestimmte Formvorschriften beachten, denn von ihnen macht es das BGB abhängig, ob das Testament wirksam, d.h. gültig ist. Nur ein wirksames Testament darf bei der Nachlassabwicklung (das Gesetz spricht von der „Auseinandersetzung des Nachlasses") vom Gericht beachtet werden. Nur auf solche vom Gericht zu beachtenden Testamente kommt es aber an, denn das Gericht entscheidet den Streit über die Nachlassauseinandersetzung, niemand sonst. Ein „Testament", das die Formvorschriften nicht einhält, ist nichtig, d.h. es ist unwirksam, es entfaltet keinerlei Rechtswirkungen. Es ist nicht intersubjektiv verbindlich. Es ist kein Rechtssatz, wird vom Gericht nicht beachtet.

39 Grundrechtlich garantiert ist die Privatautonomie als Teil der allgemeinen Handlungsfreiheit aus Art. 2 Abs. 1 GG. Speziell die Testierfreiheit ist in Art. 14 Abs. 1 GG gewährleistet. Diese Gewährleistungen muss der Gesetzgeber beachten, wenn er über die Grenzen entscheidet, in denen privatautonome Rechtsakte staatlich anerkannt werden.

Rechtstheoretisch kann man die Frage stellen, ob die Privatautonomie staatlich nicht nur anerkannt, sondern überhaupt erst durch den Staat begründet wird (kein Recht ohne Staat), oder ob sie (anders als die Autonomie juristischer Personen) der Privatperson bereits von vornherein zukommt.[311]

40 Das privatautonom geschaffene Recht kann man danach unterteilen, ob es auf **individueller oder kollektiver Willensbildung** beruht. Auf indivi-

---

311 Näher *Röhl/Röhl*, Allgemeine Rechtslehre, 3. Aufl. 2008, S. 431 ff.

dueller Willensbildung beruhen Verträge (auch mit mehr als zwei Parteien) und die einseitigen Rechtsgeschäfte. Auf kollektiver Willensbildung beruhen Beschlüsse von Kollektivorganen, die auch das Privatrecht kennt (etwa Aufsichtsrat oder Vorstand). Oft handelt es sich dabei um individuell-konkrete oder individuell-abstrakte Sätze.

Heißt es **beispielsweise** in einem Vertrag: „Der Käufer verpflichtet sich, an den Verkäufer 3.000 € zu zahlen.", so handelt es sich um einen individuell-konkreten Satz. „Verletzt eine Partei dieses Vertrages ihre Verpflichtungen aus diesem Vertrag, ist die andere zum Rücktritt berechtigt.", ist hingegen ein individuell-abstrakter Satz.

Aber es gibt auch privatautonom geschaffene generell-abstrakte Sätze: etwa 41
die Satzung eines eingetragenen Vereins (das sind die grundlegenden Regelungen für das Innenverhältnis des Vereins, die gemeinsam mit dem zwingenden Gesetzesrecht seine Verfassung bilden; die Vereinssatzung ist nicht zu verwechseln mit einer Satzung, wie sie eine juristische Person des öffentlichen Rechts erlässt, s. Rn. 37), ein Gesellschaftsvertrag (bei einer Aktiengesellschaft heißt auch er zuweilen Satzung) oder eine Gemeinschaftsordnung einer Wohnungseigentümergemeinschaft. Generellen Inhalt haben diese Rechtsakte deshalb, weil sie intersubjektiv verbindlich nicht nur unter den jeweiligen Vertragsschließenden gelten, sondern stets auch darüber hinaus: Die Satzung eines eingetragenen Vereins gilt für die Gründungsmitglieder, die sie einstimmig beschlossen haben, wie ein Vertrag, für die später beigetretenen Mitglieder gilt sie aber als autonomes Recht des Vereins als privatrechtlicher Körperschaft.[312]

Weitere **Beispiele:** Auch Tarifverträge gelten nicht nur für die Vertragsparteien, sondern für alle Tarifgebundenen (§§ 2 ff. TVG). Auch Betriebsvereinbarungen gelten nicht nur für den Betriebsrat, der die Vereinbarung gemeinsam mit dem Arbeitgeber beschlossen hat, sondern unmittelbar für alle Arbeitnehmer des Betriebs (§ 77 Abs. 4 BetrVG).

Dass zwischen staatlich und privatautonom geschaffenem Recht **kein prin-** 42
**zipieller Unterschied** besteht, erkennt man auch am Beispiel der öffentlich-rechtlichen Verträge, die zwischen einer Behörde auf der einen und einem Bürger auf der anderen Seite geschlossen werden können (§§ 54 ff. VwVfG): Derartige Verträge sind aus der Sicht des Bürgers privatautonom, sind, soweit es auf die Behörde ankommt, aber staatlich gesetztes Recht.

In diesem Zusammenhang sind ferner noch einmal Tarifverträge zu erwähnen: Sie wer- 43
den zwischen den Tarifvertragsparteien geschlossen, also (privat-)autonom, können aber durch staatlichen Rechtsakt für allgemein verbindlich erklärt werden und gelten dann in einer ganzen Branche auch für Arbeitnehmer und Arbeitgeber, die nicht gewerkschafts-/verbandsangehörig sind (§ 5 TVG). Die Allgemeinverbindlicherklärung ist Abschluss eines eigenen staatlichen Rechtsetzungsverfahrens, das in die Zuständigkeit des Bundesarbeitsministers fällt. In diesem Verfahren geht es um staatliche Rechtsetzung, nicht etwa

[312] Näher (insoweit kritisch) *Leuschner*, in: Münchener Kommentar zum BGB, 8. Aufl. 2018, § 25 Rn. 13 ff.

um Normsetzungsrechte der Vertragsparteien (wie es wäre, wenn der Tarifvertrag einem Genehmigungsvorbehalt unterliegen würde).

Auch Allgemeine Geschäftsbedingungen sind privatautonom geschaffenes Recht. Insoweit gilt nichts anderes als für Tarifverträge: In besonderen Konstellationen können auch Allgemeine Geschäftsbedingungen durch staatlichen Rechtsakt für allgemeinverbindlich erklärt werden, so dass sie auch ohne besondere vertragliche Einbeziehung und damit unabhängig vom Willen der Vertragsparteien gelten. Das ist etwa in Art. 243 EGBGB für Wasser-, Fernwärme- und Abwasserverträge vorgesehen.

## 6. Zusammenhänge: Stufenbau und Normenpyramide

### *a) Grundmodelle*

44 Zwischen diesen Erscheinungsformen des Rechts bestehen – das wurde bereits an mehreren Stellen deutlich – Zusammenhänge. Als erstes lassen sich unterschiedliche **Abstraktionsgrade** feststellen: Rechtsakte können inhaltlich gesehen in unterschiedlichem Maße abstrakt oder konkret sein. Der höchste Abstraktionsgrad ist in den Rechtsnormen der Verfassung zu finden. Von da aus werden die Rechtsakte des einfachen Rechts immer konkreter, bis hin zum individuell-konkreten Rechtsakt.

**Beispielsweise** folgt auf die Normen der Verfassung das Straßenverkehrsgesetz, das sich in der Straßenverkehrsordnung konkretisiert, die sich wiederum in einem Verkehrszeichen (also einer Allgemeinverfügung, d.h. einem Verwaltungsakt gegenüber den jeweils anwesenden Verkehrsteilnehmern) konkretisiert, das sich schließlich in einem individuell-konkreten Verwaltungsakt an einen bestimmten Verkehrsteilnehmer konkretisieren kann (etwa, bei einem Verstoß, in einem Bußgeldbescheid). In das Modell zunehmender Konkretisierung fügen sich allerdings bereits die allgemeinen Regeln des Völkerrechts nicht ein. Sie gelten gemäß Art. 25 GG als Bundesrecht im Rang unterhalb der Verfassung, obwohl sie gegenüber der Verfassung nicht wesentlich konkreter sein dürften.

Da das einfache Recht im jeweiligen Zusammenhang regelmäßig konkretere Rechtsnormen als die Verfassung enthält, genießen die Normen des einfachen Rechts **Anwendungsvorrang**, d.h. sie sind vorrangig anzuwenden, bevor auf Normen der Verfassung zurückgegriffen wird.

Zudem unterliegt der Rückgriff auf Normen der Verfassung auch unter dem Aspekt der Gewaltenteilung besonderen Restriktionen: Auf Normen der Verfassung zurückgreifen, sie als Prüfmaßstab an Normen des einfachen Gesetzes anlegen und dieses bei Verstoß gegen die Verfassung **verwerfen** (dazu sogleich Rn. 47), darf nicht die rechtsprechende Gewalt schlechthin, sondern darf nur das Bundesverfassungsgericht (Art. 100 Abs. 1 GG).[313]

45 Dann lassen sich die verschiedenen Rechtsakte zu einander aber auch in **Geltungszusammenhänge** bringen. Aus innerstaatlicher Sicht kann man die Geltung jedes Rechtsaktes – juristisch, nicht sozial verstanden – mittelbar, nämlich über Zwischenstufen, auf die Geltung der Verfassung zurückführen.

---

[313] Zu diesem Zusammenhang *Wittreck*, Der Anwendungsvorrang des einfachen Rechts, Ad Legendum 2018, 217 ff.

**Beispiel:** Das Verkehrszeichen gilt nur, soweit es sich auf die Straßenverkehrsordnung stützen kann, diese nur, weil sie sich auf das Straßenverkehrsgesetz stützen kann, dieses nur, soweit es sich auf die Verfassung stützen kann. Die Geltung der Verfassung lässt sich dann juristisch nicht mehr begründen, sondern nur noch rechtsphilosophisch oder rechtstheoretisch, etwa mit einer Grundnorm, wonach die Verfassung gelten soll (vgl. oben § 12 Rn. 7).

Die Geltungszusammenhänge der Rechtsakte führen zu dem Modell einer in verschiedenen Ebenen strukturierten Rechtsordnung: Die Rechtsakte einer unteren Ebene müssen sich auf diejenigen auf der darüber liegenden Ebene stützen. Man spricht vom **Stufenbau** der Rechtsordnung. Nimmt man die quantitative Überlegung hinzu, dass sich auf einer unteren, also konkreteren Ebene eine größere Anzahl an Rechtsakten finden lassen muss als darüber, ergibt sich ein **pyramidaler Aufbau** der Rechtsordnung: an der Spitze die Verfassung, darunter Gesetz, Rechtsverordnung und Satzung. 46

Allerdings könnte man ebenso die Verfassung als Fundament der Rechtsordnung in die unterste Ebene verlegen und daran, einem Stammbaum entsprechend, immer weitere Verzweigungen anschließen.

Dass sich Rechtsakte der unteren Ebene auf Rechtsakte der darüberliegenden Ebene stützen, bedeutet aber nicht nur, dass sich ihre Geltung aus deren Geltung ableitet. Es bedeutet auch, dass die Rechtsakte der höheren Ebene darüber entscheiden, unter welchen Voraussetzungen ein Rechtsakt auf einer niedrigeren Ebene gilt und unter welchen nicht. Die Rechtsakte der höheren Ebene enthalten also inhaltliche Maßstäbe und verfahrensmäßige Anforderungen – mit einem Wort: **Konformitätsbedingungen** – für die Rechtsakte der unteren Ebene. 47

Dass Gesetze Konformitätsbedingungen für Rechtsakte der unteren Ebene enthalten, wird mit dem Begriff vom **Gesetzesvorrang** zum Ausdruck gebracht.

**Grafik: Normenpyramide**

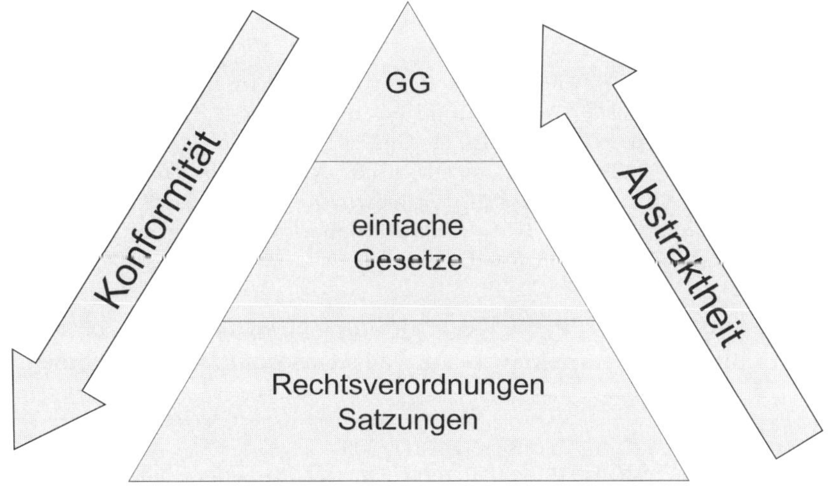

*b) Modifikationen*

48 Hier muss das Modell der Normenpyramide in zweifacher Hinsicht modifiziert werden: Erstens muss man sich vor Augen halten, dass sich Konformitätsbedingungen stets aus jedem höherrangigen Rechtsakt ergeben können, nicht nur aus dem unmittelbar vorangehenden. Eine Rechtsverordnung muss also nicht nur den mit der gesetzlichen Ermächtigung verbundenen Konformitätsbedingungen genügen, sondern ebenso denjenigen aus der Verfassung, auf die sich die gesetzliche Ermächtigung ihrerseits stützt. Zweitens gilt das Konformitätsprinzip nicht ohne Einschränkung: Auch ein an sich unrechtmäßiger, d.h. den Konformitätsbedingungen nicht genügender, Rechtsakt kann wirksam sein, wenn die einschlägigen Rechtsnormen die Wirksamkeit auch für den Fall der Unrechtmäßigkeit anordnen. Beispielsweise ist ein rechtswidriger Verwaltungsakt nicht zwangsläufig unwirksam: Solange er nicht nichtig ist oder aufgehoben wird, bleibt er wirksam (vgl. § 43 Abs. 2 und 3, § 44 VwVfG). Das gilt erst recht für Urteile. Selbst ein Gesetz wird dann, wenn seine Verfassungswidrigkeit festgestellt ist, nicht zwangsläufig gemäß § 95 Abs. 3 BVerfGG für nichtig erklärt.[314]

Eine nach den Prinzipien Geltungsgrund und Konformität modellierte Normenpyramide ist ferner nicht geeignet, Zusammenhänge zwischen Rechtsakten verschiedener Akteure abzubilden. Beispielsweise neigt man dazu, das Unionsrecht über, neben oder unter dem Verfassungsrecht einzuordnen. Abgesehen davon, dass einer Einordnung über dem Verfassungsrecht die Rechtsprechung des Bundesverfassungsgerichts entgegensteht, wonach die Verfassung auch gegenüber dem Unionsrecht Konformitätsbedingungen enthält[315], suggeriert eine Einordnung in die Normenpyramide, auf Unionsrecht würden weitere nicht-unionsrechtliche Rechtsakte beruhen. Umgekehrt wird (privat-)autonom geschaffenes Recht, sofern es in diesem Zusammenhang überhaupt beachtet wird, im Allgemeinen nach den Rechtsverordnungen eingeordnet, obwohl sich Konformitätsbedingungen insoweit typischerweise aus dem Gesetz ergeben. Das Gleiche gilt für Landesrecht: Es wird unter Verweis auf Art. 31 GG (oben Rn. 9) nach Rechtsverordnungen des Bundes und Satzungen autonomer Organisationen des Bundes angefügt. Es leitet seine Geltung aber nicht aus diesen ab, wenn sich aus diesem Bundesrecht auch in einzelnen Beziehungen eventuell Konformitätsbedingungen für landesrechtliche Rechtsakte erschließen lassen.

## II. Objektives und subjektives Recht

**Literatur:** *Horn*, Einführung in die Rechtswissenschaft und Rechtsphilosophie, 6. Aufl. 2016, Rn. 31; *Kohler-Gehrig*, Einführung in das Recht, 2. Aufl. 2017, S. 29 f.; *Medicus/Petersen*, Allgemeiner Teil des BGB, 11. Aufl. 2016, Rn. 61 ff.; *Röhl/Röhl*, Allgemeine Rechtslehre, 3. Aufl. 2008, S. 353 ff., 407 ff., 457 ff.; *Rüthers/Fischer/Birk*, Rechtstheorie, 10. Aufl. 2018, Rn. 60 ff.; *Voßkuhle/Kaiser*, Grundwissen – Öffentliches Recht: Das subjektiv-öffentliche Recht, JuS 2009, 16 ff.; *Wahl*, Die doppelte Abhängigkeit des subjektiven öffentlichen Rechts, DVBl. 1996, 641 ff.

49 Eine andere Möglichkeit, die Rechtsordnung zu strukturieren, besteht darin, unterschiedliche **Perspektiven** auf die Rechtsordnung einzunehmen.

[314] Vgl. BVerfGE 127, 87, Tz. 133 = JZ 2011, 308.
[315] BVerfGE 123, 267, 347 ff. = NJW 2009, 2267 (das sogenannte „Lissabon-Urteil").

Man kann die Rechtsordnung einmal unter dem Blickwinkel ihres **Bestandes** betrachtet. Den Bestand an Recht nennt man objektives Recht. 50

Objektives Recht darf man nicht mit **Rechtsobjekten** verwechseln: Rechtsobjekte (Rechtsgegenstände) sind insbesondere Sachen (körperliche Gegenstände) und Rechte (unkörperliche Gegenstände), auf die sich das Recht bezieht.

Man kann die Rechtsordnung aber auch unter der Perspektive betrachten, in welchem Maße sie **Berechtigungen** (Befugnisse, Rechtsmacht) zuweist. Diese Berechtigungen nennt man subjektive Rechte. Ob man sie ausübt, einklagt, durchsetzt, ist die Entscheidung des Berechtigten. Berechtigte und Adressaten der subjektiven Rechte sind die Rechtssubjekte: Menschen (natürliche Personen) und rechtlich als selbständig anerkannte Organisationen (juristische Personen). Man unterscheidet absolute subjektive Rechte, die gegenüber jedermann bestehen (erga omnes), und relative subjektive Rechte, die nur gegenüber einer bestimmten anderen Person (inter partes) bestehen. Subjektive Rechte können Privaten gegeneinander zustehen oder gegenüber dem Staat (auch er ist eine juristische Person) oder auch dem Staat gegenüber Privaten. 51

Ob ein subjektives Recht entstanden ist, fortbesteht, wie es sich verändert und wie es geltend gemacht werden kann, hängt davon ab, wie die Rechtsordnung ausgestaltet ist. Es ist also eine **Frage des objektiven Rechts**. Verfassungsrechtlich vorgegeben ist, dass überhaupt subjektive Rechte bestehen. Es muss aber nicht jedem objektiven Recht auch ein subjektives Recht entsprechen, d.h. nicht immer muss es ein Rechtssubjekt geben, das die Einhaltung oder Durchsetzung des objektiven Rechts verlangen kann. 52

**Beispiele:**
Es ergibt sich aus dem objektiven Recht, dass zum Schadensersatz verpflichtet ist, wer das Eigentum eines anderen vorsätzlich ohne Rechtfertigungsgrund verletzt (§ 823 Abs. 1 BGB). Das objektive Recht normiert damit ein subjektives Recht, indem es dem Geschädigten die Befugnis einräumt, vom Schädiger Schadensersatz zu verlangen. Es handelt sich also um ein relatives subjektives Recht, und zwar um einen Anspruch (vgl. § 194 Abs. 1 BGB).

Aus dem objektiven Recht ergibt sich auch, dass als Sitz eines Vereins, wenn nicht etwas anderes bestimmt ist, der Ort gilt, an welchem die Verwaltung geführt wird (§ 24 BGB). Dieser objektivrechtlichen Norm entspricht aber keine Berechtigung irgendeines Inhaltes für ein Rechtssubjekt.

Die Wissenschaftsfreiheit des Art. 5 Abs. 3 S. 1 GG ist objektives Recht, aber beispielsweise für den einzelnen Wissenschaftler auch subjektives Recht. Art. 22 Abs. 2 GG hingegen („Die Bundesflagge ist schwarz-rot-gold.“) ist objektives Recht, jedoch kein subjektives Recht.

Dass gemäß § 71 Abs. 1 S. 1 berlBauO die Baugenehmigung zu erlassen ist, wenn dem Vorhaben keine öffentlich-rechtlichen Vorschriften entgegenstehen, die im bauaufsichtlichen Genehmigungsverfahren zu prüfen sind, ist nicht nur objektives Recht, sondern verleiht dem einzelnen Bauherrn auch ein subjektives Recht darauf, dass unter den genannten Voraussetzungen die Baugenehmigung erteilt wird.

**Grafik: Objektives und subjektives Recht**

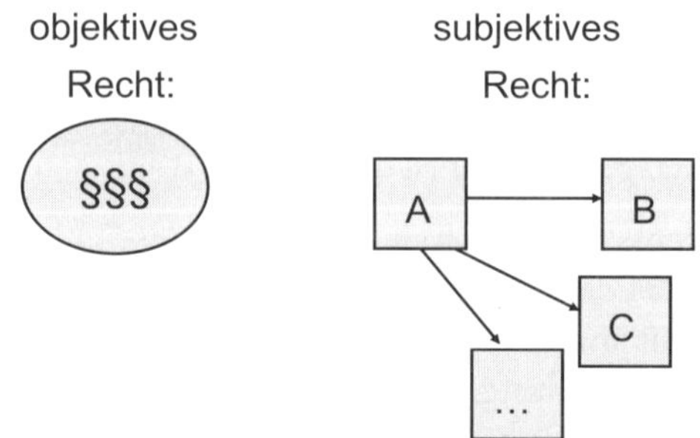


## III. Formelles und materielles Recht

**Literatur:** *Buchheim*, Actio, Anspruch, subjektives Recht, 2017; *Honsell/Mayer-Maly*, Rechtswissenschaft, 7. Aufl. 2017, S. 293 ff.; *Horn*, Einführung in die Rechtswissenschaft und Rechtsphilosophie, 6. Aufl. 2016, Rn. 44; *Kohler-Gehrig*, Einführung in das Recht, 2. Aufl. 2017, S. 34 ff.; *Kollmann*, Begriffs- und Problemgeschichte des Verhältnisses von formellem und materiellem Recht, 1996; *Quabeck*, Dienende Funktion des Verwaltungsverfahrens und Prozeduralisierung, 2010; *Röhl/Röhl*, Allgemeine Rechtslehre, 3. Aufl. 2008, S. 504 ff. (und zuvor S. 380 ff.)

53 Sucht man nach **inhaltlichen Kriterien**, so kann man eine innere Struktur der Rechtsordnung zunächst anhand des formellen oder materiellen Inhalts eines Rechtssatzes untersuchen. Damit knüpft man an die Beobachtung an, dass Rechtsnormen einerseits inhaltliche Maßstäbe enthalten, denen Rechtssätze der niedrigeren Ebenen genügen müssen, dass Rechtsnormen andererseits verfahrensmäßige Vorgaben für das Zustandekommen solcher Rechtssätze der niedrigeren Ebenen enthalten.

### 1. Formelles Recht

54 Die Rechtsnormen, die **verfahrensmäßige Vorgaben** enthalten, nennt man Verfahrensrecht (formelles Recht). Inhaltlich umfasst das Verfahrensrecht die Voraussetzungen des Zustandekommens (etwa Zuständigkeiten, Antragserfordernisse, Mitwirkungsrechte) und die Wirkungen (etwa Wirksamwerden, Rechtsbehelfe, Bestandskraft) von Rechtsakten. Im Ausgangspunkt versteht man unter dem Verfahrensrecht die Regelungen in den Verfahrensgesetzen, nach denen Urteile, Beschlüsse und Verwaltungsakte erlassen werden.

Verfahrensrecht findet sich **beispielsweise** in der StPO, der ZPO, der VwGO, dem VwVfG des Bundes und den Verwaltungsverfahrensgesetzen der Länder.

Teilweise wird der Begriff des formellen Rechts auch als Kennzeichnung der Rechtsquelle, nicht ihres Inhalts, verwendet: Man spricht vom formellen Verfassungsrecht und meint damit die Normen, die im Verfassungsgesetz enthalten sind (im Unterschied zu verfassungsrechtlichen Normen aus anderen Rechtsquellen).

Allgemeine rechtsstaatliche (und menschenrechtliche) **Maßstäbe** sind dabei jedenfalls, dass die Entscheidung unabhängig von den Betroffenen (Unparteilichkeit), Eigeninteressen der entscheidenden Stelle (Befangenheit) oder Dritten (Unabhängigkeit) getroffen wird, dass der Entscheidung in angemessenem Umfang die Information der Betroffenen und ihre Anhörung vorausgeht und dass ihre Ausführungen bei der Entscheidung berücksichtigt werden (rechtliches Gehör, Art. 103 Abs. 1 GG) sowie dass die Entscheidung innerhalb angemessener Zeit getroffen und angemessen begründet wird. 55

## 2. Materielles Recht

Dem Verfahrensrecht steht das Sachrecht (materielle Recht) gegenüber. 56

Es findet sich **beispielsweise** im BGB und im StGB, aber auch im Grundgesetz. Letztlich enthalten aber etwa auch das Grundgesetz (vor allem, aber nicht nur hinsichtlich des Gesetzgebungsverfahrens) und das BGB (etwa im Vereinsrecht und hinsichtlich des Vertragsschlusses) verfahrensrechtliche Normen, während sich beispielsweise in der ZPO auch einzelne materiell-rechtliche Normen finden (z.B. die Schadensersatzpflicht aus § 717 Abs. 2 ZPO).

Sachrecht ist alles das, was sich nicht auf die Voraussetzungen des Zustandekommens und die Wirkungen von Rechtsakten bezieht, sondern *allein* auf deren **Inhalt**. 57

Bislang ist es nicht gelungen, das Sachrecht inhaltlich anders als negativ durch Abgrenzung vom Verfahrensrecht zu definieren. Die Definitionsschwierigkeiten ergeben sich daraus, dass das Verfahrensrecht auf bestimmte Rechtsakte *inhaltlichen* Einfluss ausübt. Es bestimmt nämlich nicht nur, wer für den Erlass des Rechtsaktes zuständig wäre, unter Anwendung welcher Verfahrensweise über den Erlass des Rechtsaktes zu entscheiden ist und in welcher äußeren Form der Erlass zu dokumentieren wäre. Das Verfahrensrecht beschreibt nicht nur den Weg. Das Verfahrensrecht bestimmt vielmehr auch, unter welchen Voraussetzungen ein bestimmter Rechtsakt überhaupt rechtmäßig ist. Beispielsweise darf ein Urteil, das sich mit der Begründetheit einer Klage auseinandersetzt, stets nur ergehen, wenn die Sachurteilsvoraussetzungen gegeben sind: Es muss eine zulässige Klage vorliegen. Auf eine unzulässige Klage hin ergeht kein die Klage abweisendes Sachurteil, sondern die Klage wird *als unzulässig* abgewiesen. Das ist ein Prozessurteil. Das Verfahrensrecht knüpft an klagabweisende Sachurteile andere Rechtsfolgen als an klagabweisende Prozessurteile. Deshalb darf nicht offengelassen werden, ob eine Klage als unbegründet (Sachurteil) oder als unzulässig (Prozessurteil) abgewiesen wird. Wird eine Klage als unzulässig abgewiesen, so beruht das aber nicht auf dem Sachrecht (ob die Klage begründet oder unbegründet ist), sondern auf dem Verfahrensrecht (ob die Voraussetzungen für ein Sachurteil vorliegen). Das Verfahrensrecht bestimmt also den Inhalt der Entscheidung.

Man kann das Sachrecht auch nicht damit beschreiben, es regele die Entstehung, Veränderung oder den Untergang von Rechten. Auch das Verfahrensrecht regelt Rechte, nämlich Verfahrensrechte der Beteiligten.

Sachrecht ist nicht zu verwechseln mit dem **Sachenrecht**: Sachenrecht ist der Teil des Zivilrechts, der die Rechtsverhältnisse von Rechtssubjekten in Bezug auf körperliche Gegenstände regelt, also Besitz, Eigentum und besondere Befugnisse an Sachen.

### 3. Bezüge

58 Die Differenzierung von Sachrecht und Verfahrensrecht darf nicht darüber hinwegtäuschen, dass zwischen beiden enge Zusammenhänge bestehen. Das Verfahren ist kein Selbstzweck, sondern es dient der Schaffung gesetzmäßiger Rechtsakte, hat also insofern dienende Funktion. Das Verfahrensrecht ist **materiellrechtsfreundlich** auszulegen[316], d.h. es darf nicht in einer Weise ausgelegt werden, die Wertungen des materiellen Rechts ins Leere laufen ließe.

59 Trotzdem hat das Verfahrensrecht auch einen **funktionalen Eigenwert**. Es ist nicht bloß eine Ableitung des materiellen Rechts, sondern es hat einen eigenen Regelungsauftrag. Im Rechtsstaat können Rechtsakte nur rechtlich geordnet zustande kommen. Deshalb wird auch das Sachrecht in seiner Auslegung und Anwendung vom Verfahrensrecht beeinflusst.

Die Abgrenzung hat nicht nur ordnenden Wert. Insbesondere in Fällen mit Auslandsbezug kommt es darauf an, ob eine Rechtsnorm dem Verfahrensrecht oder dem Sachrecht zuzuordnen ist. Deutsche Gerichte wenden stets das deutsche Verfahrensrecht an; ob sie aber eine Sachentscheidung nach deutschem oder nach fremdem Sachrecht zu treffen haben, richtet sich nach dem deutschen Internationalen Privatrecht. Es ergänzt das Sachrecht um das sogenannte **Kollisionsrecht**: Das Kollisionsrecht besagt, welcher Rechtsordnung das anwendbare Sachrecht zu entnehmen ist. Die Zulässigkeit einer Klage wird also stets nach den Vorschriften der ZPO entschieden, während für die Frage, ob etwa dem Kläger der geltend gemachte Anspruch zusteht, ausländisches Sachrecht maßgebend sein kann.

## IV. Privatrecht, Strafrecht, öffentliches Recht

**Literatur:** *Baumann/Weber/Mitsch/Eisele-Eisele*, Strafrecht, Allgemeiner Teil, 12. Aufl. 2016, §§ 2f.; *Braun*, Einführung in die Rechtswissenschaft, 4. Aufl. 2011, S. 151 ff.; *Engisch*, Die Einheit der Rechtsordnung, 1935; *Erichsen*, Öffentliches und privates Recht, Jura 1982, 537 ff.; *Felix*, Einheit der Rechtsordnung, 1998; *Heidemann*, Private Law in Europe – The Public/Private Dichotomy Revisited, 2009 (20) European Business Law Review, 119 ff.; *Hofmann*, Die Unterscheidung von öffentlichem und privatem Recht, Der Staat 2018, 5 ff.; *Honsell/Mayer-Maly*, Rechtswissenschaft, 7. Aufl. 2017, S. 273 ff.; *Horn*, Einführung in die Rechtswissenschaft und Rechtsphilosophie, 6. Aufl. 2016, Rn. 43; *Ipsen/Koch*, Öffentliches und privates Recht – Abgrenzungsprobleme bei der Benutzung öffentlicher Einrichtungen, JuS 1992, 809 ff.; *Kohler-Gehrig*, Einführung in das Recht, 2. Aufl. 2017, S. 30 ff.; *Kühl/Reichold/Ronellenfitsch*, Einführung in die Rechtswissenschaft, 2. Aufl. 2015, §§ 4 ff.; *Leisner*, Unterscheidung zwischen privatem und öffentlichem Recht, JZ 2006, 869 ff.; *Maurer/Waldhoff*, Allgemeines Verwaltungsrecht, 19. Aufl. 2017, § 3; *Medicus/Petersen*, Allgemeiner Teil des BGB, 11. Aufl. 2016, Rn. 1 ff.; *Röhl/Röhl*, Allgemeine Rechtslehre, 3. Aufl. 2008, S. 426 ff., 451 ff.; *Roxin*, Strafrecht, Allgemeiner Teil, 4. Aufl. 2006, §§ 1, 2, 3; *Rüthers/Fischer/Birk*, Rechtstheorie, 10. Aufl. 2018, Rn. 270 ff.; *K. Schmidt* (Hrsg.), Vielfalt des Rechts – Einheit der Rechtsordnung?, 1994; *Tappe/Bandener*, Das Öffentliche Recht, Ad Legendum 2009, 238 ff.

---

[316] Wieczorek/Schütze-*Prütting*, ZPO, 4. Aufl. 2015, Einl. Rn. 122.

Das Recht insgesamt gibt Verhaltensorientierung und einen Prüfungsmaßstab in zwei voneinander zu unterscheidenden **inhaltlichen Zusammenhängen**: Es konstituiert auf der einen Seite eine Friedensordnung unter den Bürgern, indem es ihnen die Selbsthilfe verbietet und ihnen den Rechtsweg eröffnet. Damit geht zugleich eine soziale Sicherung einher. Auf der anderen Seite konstituiert und begrenzt es den Staat als Hoheitsträger. 60

**Beispiel:** Das Recht bestimmt also etwa, was einem gehört, aber ebenso, dass man verliehene Sachen dem Entleiher nicht selbst wieder wegnehmen darf. Stattdessen kann man ihn auf Herausgabe verklagen und das der Klage stattgebende Urteil durch den Staat vollstrecken lassen. Auf der anderen Seite normiert das Recht, welche staatlichen Organe es überhaupt gibt und unter welchen Voraussetzungen diese Organe hoheitlich (d.h. befehlend) tätig werden, etwa um ein Herausgabeurteil zu vollstrecken.

Aus der Sicht des Staates bedeutet die Konstitution einer Friedensordnung unter den Bürgern, Freiheits- und Risikosphären als Voraussetzungen für privatautonomes Handeln abzugrenzen, während es bei hoheitlicher Machtausübung um die Voraussetzungen individueller Freiheit geht. Das erstere geschieht mit den Rechtsnormen des Privatrechts, das letztere mit denen des öffentlichen Rechts. Das Strafrecht gehört strukturell zum öffentlichen Recht, denn es konstituiert und begrenzt staatliche Strafgewalt, gewährleistet auf der inhaltlichen Seite aber die Friedensordnung unter den Bürgern. Das zeigt bereits die vielschichtige funktionale und normative Verbindung, die zwischen beiden Komplexen besteht. Denn die Gewährleistung der Friedensordnung unter den Bürgern gelingt dem Staat nur in seiner Rolle als Hoheitsträger, also in der ihm vom Recht gegebenen Form und in den ihm vom Recht gezogenen Grenzen. Form und Grenzen des Staates entscheiden deshalb zugleich über die Ausgestaltung der Friedensordnung unter den Bürgern. 61

Die Differenzierung von privatem und öffentlichem Recht ist nicht zwingend: Weder das mittelalterliche Recht noch das englische oder amerikanische Recht kennen sie.[317]

## 1. Privatrecht: Schuld und Haftung, Sachenrechte, Familie

Das Privatrecht regelt die **Rechtsbeziehungen zwischen Personen** (Bürgern), die einander gleichgeordnet und selbstbestimmt begegnen. Diese Rechtsbeziehungen entwickeln sich in verschiedenen sozialen Zusammenhängen: Man wird einem anderen etwas schuldig, man muss für seine Schulden und sein Verhalten (zuweilen auch: für die Schulden und das Verhalten anderer) einstehen, man hat Besitz, Eigentum oder andere Rechte an Sachen, man hat Ehe- oder Lebenspartner, Kinder, Verwandte. Menschen werden geboren und werden damit rechtsfähig (§ 1 BGB). Sterben sie, so geht ihr Vermögen auf die Erben über (§§ 1922 ff. BGB). 62

[317] *Maurer*, Staatsrecht I, 6. Aufl. 2010, § 1 Rn. 19. Vgl. auch die rechtsvergleichenden Hinweise bei *Röhl/Röhl*, Allgemeine Rechtslehre, 3. Aufl. 2008, S. 418 ff.

63 Inhaltlich ist das Privatrecht geprägt von der gesetzgeberischen Vorstellung **in freier Selbstbestimmung handelnder Privatrechtssubjekte** (zu den Rechtssubjekten oben Rn. 51). Private Selbstbestimmung äußert sich bei Rechtsgeschäften in der Privatautonomie (dazu oben Rn. 38 ff.). Privatautonomie umfasst die Vertragsfreiheit, Eheschließungs- und Testierfreiheit. Selbstbestimmung umfasst ferner die Freiheit eines Eigentümers, im Rahmen der Gesetze und unter Beachtung der Rechte Dritter mit seinem Eigentum nach Belieben zu verfahren und Dritte von jedem Zugriff auszuschließen.

Die Freiheit des Eigentümers geht über die Privatautonomie (im bislang gebrauchten Sinn) insoweit hinaus, als dass der Eigentümer mit seinem Eigentum nicht nur durch Rechtsakte (Verfügungen) sondern auch durch Realakte (z.B. Verbrauch, Umgestaltung oder Zerstörung) verfahren darf.

Privatautonomie bedeutet, dass der Staat nur einen Rahmen gewährleistet, innerhalb dessen die Zweckmäßigkeit und die Motive der handelnden Personen ihnen selbst überlassen bleiben. Das Privatrecht vertraut darauf, dass jeder seine eigenen Interessen selbst am Besten wahrnimmt. Dieses Modell erfordert es aber beispielsweise, Schutzvorschriften bei beschränkter oder gar fehlender Geschäftsfähigkeit vorzusehen, aber auch bei Betrug oder Zwangssituationen. Das Privatrecht muss zu einem Mindestmaß sozialer Gerechtigkeit (und nicht nur formaler Gleichheit) beitragen. Ferner muss für Rechtssicherheit (Vertrauensschutz) und Transparenz gesorgt werden (Verbraucherschutz). Die Vorstellung selbstbestimmt handelnder Personen impliziert auch die Zuweisung von Verantwortung. Verantwortung tragen die Personen für ihre Schulden: Wer schuldet, haftet für die Schuld mit seinem gesamten Vermögen. Verantwortung tragen die Personen aber auch für ihr Verhalten: Wer einen Rechtsakt (oder zurechenbar dessen Anschein) setzt, muss sich daran festhalten lassen. Wer anderen schuldhaft und rechtswidrig einen Schaden zufügt, haftet für diesen Schaden.

64 Gesetzgebungstechnisch sind die Regelungen des Privatrechts auf das **Zivilrecht** (Bürgerliches Recht, ius civile) und das **Sonderprivatrecht** verteilt. Das Zivilrecht betrifft das für jedermann geltende Recht. Das Sonderprivatrecht enthält Normen, die zwar auch die Rechtsbeziehungen zwischen einander gleichgeordneten Privaten betreffen, aber nur in besonderen Rechtskreisen (z.B. für Arbeitnehmer, für Kaufleute) oder für besondere Rechtsgüter (etwa für geistiges Eigentum) oder Rechtsvorgänge (z.B. private Versicherungen) gelten. Eine strikte Abgrenzung ist freilich schon deshalb nicht möglich, weil das Zivilrecht im Bereich des Sonderprivatrechts nachrangig anwendbar ist. Ferner gelten auch innerhalb des Zivilrechts bestimmte Rechtssätze nur für bestimmte Personen (beispielsweise gilt das Eherecht nur für Verheiratete).[318] Das Zivilrecht enthält Normen für bestimmte Lebensverhältnisse: Das Erbrecht (5. Buch

---

[318] Allgemein zum Sonderprivatrecht *Medicus/Petersen*, Allgemeiner Teil des BGB, 11. Aufl. 2016, Rn. 13 ff.

des BGB) betrifft vermögensrechtliche Folgen des Todes. Das Familienrecht (4. Buch) enthält Vorschriften für Ehe und Verwandtschaft, Vormundschaft, Betreuung und Pflegschaft. Demgegenüber betreffen Sachenrecht (3. Buch) und Schuldrecht (2. Buch) nicht bestimmte Lebens-, sondern verschiedene Rechtsverhältnisse: Das Sachenrecht bezieht sich in seinem Ausgangspunkt auf subjektive Rechte an Sachen, während das Schuldrecht von Ansprüchen des Gläubigers gegen den Schuldner, also von relativen subjektiven Rechten, ausgeht. Vorangestellt ist ein Allgemeiner Teil (1. Buch), vor allem mit Regelungen über Rechtssubjekte, Rechtsobjekte und Rechtsgeschäfte. Sowohl zum Privatrecht wie zum öffentlichen Recht (im weitesten Sinne) kann man die Vorschriften über das Gerichtsverfahren in privatrechtlichen Angelegenheiten (vor allem in der ZPO und dem FamFG) zählen, denn als Teil des formellen Rechts beantworten diese Vorschriften die Frage, unter welchen Voraussetzungen der Staat hoheitliche Rechtsakte (Urteile, Beschlüsse, Verfügungen) mit Bezug auf privatrechtliche Beziehungen erlässt.

### 2. Strafrecht: Strafen und Maßnahmen

Im Strafrecht geht es darum, an bestimmtes Verhalten Strafen oder Maß- 65
nahmen zu knüpfen und diese Rechtsfolgen auszugestalten. Das Strafrecht ist durch diese Rechtsfolgen charakterisiert. Eine **Strafe** (Freiheitsstrafe oder Geldstrafe) bedeutet eine hoheitliche Sanktion, die – jedenfalls im Kernbereich des Strafrechts – mit einem besonderen Unwerturteil verbunden ist.

Das unterscheidet die Geldstrafe von der **Geldbuße**, die für Ordnungswidrigkeiten verhängt werden kann, oder vom **Ordnungsgeld**, das etwa bei unberechtigter Weigerung, als Zeuge auszusagen, verhängt werden kann (§ 390 Abs. 1 ZPO). Das unterscheidet ebenso die Freiheitsstrafe von der **Ordnungshaft**. Im Randbereich des Strafrechts besteht zwischen Straftaten und Ordnungswidrigkeiten aber kein qualitativer, sondern nur ein quantitativer Unterschied.[319]

Als Maßnahme (legaldefiniert in § 11 Abs. 1 Nr. 8 StGB) kommen eine Maßregel der Besserung und Sicherung, der Verfall, die Einziehung und die Unbrauchbarmachung in Betracht.

Die Aufgabe des Strafrechts besteht darin, die wichtigsten Bereiche des 66
menschlichen Zusammenlebens bzw. die wichtigsten Interessen mit einem besonders starken Schutz zu versehen.[320] Aufgabe des Strafrechts ist demnach der **Rechtsgüterschutz**. Zu schützen sind Rechtsgüter der Allgemeinheit (z.B. die Sicherheit des Straßenverkehrs) und des Individuums (z.B. Leib und Leben, Eigentum und Vermögen).

---

[319] *Roxin*, Strafrecht, Allgemeiner Teil, 4. Aufl. 2006, § 2 Rn. 130ff.

[320] Baumann/Weber/Mitsch/Eisele-*Eisele*, Strafrecht, Allgemeiner Teil, 12. Aufl. 2016, § 3 Rn. 10.

Rechtsgüterschutz ist aber auch die Aufgabe des Zivilrechts: Auch das Zivilrecht enthält Normen, die privatrechtliche Rechtsgüter mit einem besonderen Schutz versehen, z.B. § 823 Abs. 1 BGB.

Wegen der Härte seiner Folgen bedarf Rechtsgüterschutz durch Strafrecht einer besonderen Rechtfertigung. Strafrecht ist die ultima ratio des Rechtsgüterschutzes. Es ist subsidiär, d.h. es darf nur eingesetzt werden, wenn andere Mittel nicht ausreichend wirksam sind.

Auf der anderen Seite ist der Staat aber auch verpflichtet, Rechtsgüter zu schützen, und zwar auch durch das Strafrecht, wenn das nötig ist.[321]

Das Strafrecht darf nur eingesetzt werden, wenn die Strafbarkeit angedroht war, bevor die Tat begangen wurde (Art. 103 Abs. 2 GG, § 1 StGB; vgl. oben § 5 Rn. 10, § 7 Rn. 20, § 8 Rn. 19). Eine Strafe setzt ferner unter anderem voraus, dass der Täter schuldhaft, d.h. vorwerfbar, gehandelt hat (Schuldprinzip). Eine Maßnahme kann indessen auch da verhängt werden, wo es an Schuld fehlt, wo aber zukünftigen Gefahren vorzubeugen ist.

67 Gesetzgebungstechnisch unterscheidet man nach den Rechtsquellen das sogenannte Kernstrafrecht, das im Strafgesetzbuch geregelt ist, vom Nebenstrafrecht, das sich auf eine Vielzahl von Spezialgesetzen verteilt. Dem **materiellen** Strafrecht ist zu entnehmen, in welchen Fällen Strafen und Maßregeln verhängt werden dürfen. Dabei unterscheidet man die Normen danach, ob sie Deliktsbeschreibungen enthalten, die die Voraussetzungen für die Bestrafung wegen einzelner Delikte regeln und für diese bestimmte Strafen androhen (Besonderer Teil und Nebenstrafrecht), oder ob sie allgemeine Voraussetzungen und Folgen strafbaren Verhaltens regeln (Allgemeiner Teil). Das **Strafverfahrensrecht (Strafprozessrecht)** regelt die Voraussetzungen und Formen der gerichtlichen Entscheidungen über die Strafbarkeit, das **Strafvollzugsrecht** die Vollstreckung verhängter Strafen.

### 3. Öffentliches Recht: Der Staat als Hoheitsträger

68 Das öffentliche Recht konstituiert und begrenzt den **Staat als Hoheitsträger**. Näher regelt es den Aufbau und die Tätigkeit der staatlichen Organe und der übrigen juristischen Personen des öffentlichen Rechts, die Rechtsbeziehungen zwischen ihnen sowie die Rechtsbeziehungen zwischen ihnen und den Bürgern. Inhaltlich umfasst dies – neben den bereits erwähnten Materien des Zivilverfahrensrechts sowie des Strafverfahrensrechts – vor allem das Staatsrecht, das Unionsrecht (dazu oben Rn. 24 ff.) und das Verwaltungsrecht.

Außerdem werden das Völkerrecht (oben Rn. 20 ff.) und das Kirchenrecht als Teile des öffentlichen Rechts angesehen.

69 Unter **Staatsrecht** versteht man den Teil des öffentlichen Rechts, der sich mit den Grundlagen des Staates befasst, Aufbau und Tätigkeit der obersten

---

[321] Vgl. etwa zu § 218 StGB: BVerfGE 39, 1 = NJW 1975, 573.

Staatsorgane und grundlegende Rechte gegenüber dem Staat regelt. Inhaltlich geht es dabei um die politischen Fragen des Zugangs zu und der Kontrolle von staatlicher Macht. Die grundlegenden Entscheidungen hierüber sind in den Grundrechten sowie in Art. 20 GG getroffen.

Nach verbreitetem Verständnis entspricht das Staatsrecht dem Verfassungsrecht im materiellen Sinne (oben Rn. 7). Außer im Grundgesetz findet es sich auch in Gesetzen des einfachen Rechts (Parteiengesetz, Abgeordnetengesetz, Bundeswahlgesetz, Bundesverfassungsgerichtsgesetz, Staatsangehörigkeitsgesetz) und den Geschäftsordnungen der Verfassungsorgane.

Das **Verwaltungsrecht** betrifft die Rechtsverhältnisse der Verwaltung 70
und der Verwaltung zu den Bürgern, d.h. die Verwaltungsorganisation, die Handlungsformen der Verwaltung, das Verwaltungsverfahren und die Verwaltungsvollstreckung, das Recht der öffentlichen Sachen und der Staatshaftung. Dabei bezieht sich das allgemeine Verwaltungsrecht auf alle Bereiche der Verwaltung, das besondere Verwaltungsrecht auf einzelne Sachgebiete. Zum besonderen Verwaltungsrecht gehören vor allem das Polizei- und Ordnungsrecht, das Straßenrecht, das Wirtschaftsverwaltungsrecht (insbesondere: Gewerberecht, Handwerksrecht, Gaststättenrecht), das Bau- und Planungsrecht (Raumordnungs-, Fachplanungs-, Bauplanungs- und Bauordnungsrecht) sowie das Umweltrecht (Immissionsschutz-, Abfall-, Wasser- und Bodenschutzrecht).

Zu denken ist außerdem an Versammlungsrecht, Ausländerrecht, Sozialrecht, Energierecht, Kartellrecht, Schulrecht, Hochschulrecht, Kommunalrecht, öffentliches Dienstrecht (Beamten-, Soldatenrecht), Steuer- und Abgabenrecht, Haushalts- und Vergaberecht. Zum Verwaltungsrecht gehören in einem weiten Sinne auch das Finanz-, Steuer- und Sozialrecht.

## Grafik: Die wichtigsten Zweige der Rechtsordnung

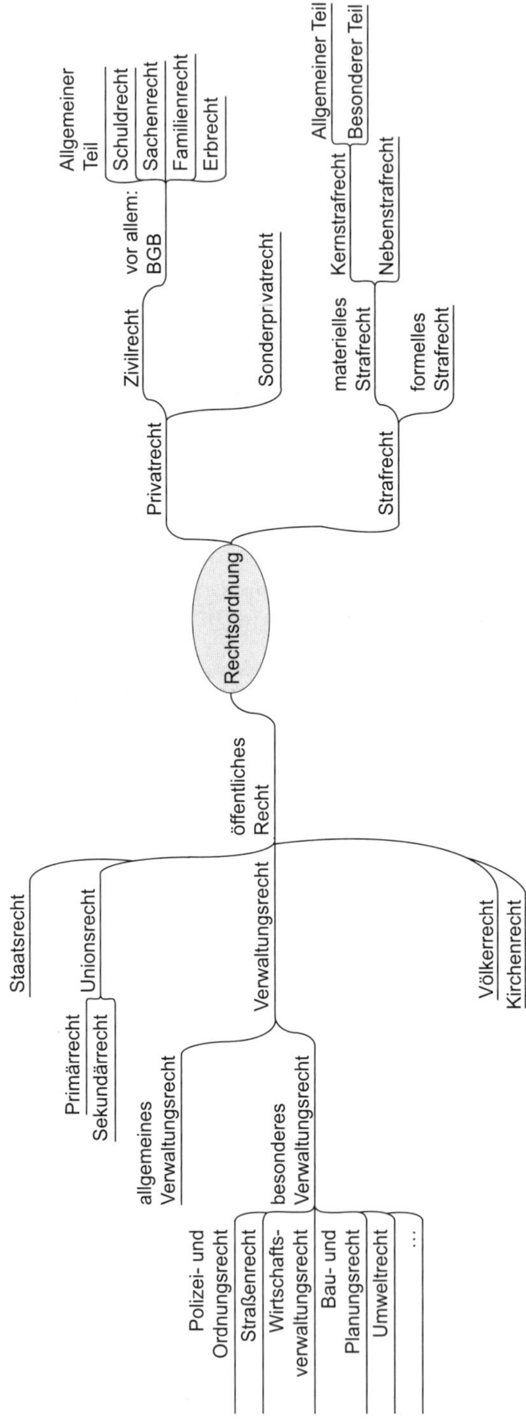

## 4. Die Abgrenzung von Privatrecht und öffentlichem Recht

Während sich das Strafrecht infolge der rein formalen Anknüpfung an die Rechtsfolge ohne Schwierigkeiten von den übrigen Rechtsgebieten abgrenzen lässt, ist die Abgrenzung zwischen Privatrecht und öffentlichem Recht sowohl im Grundsatz wie im Einzelfall unscharf. 71

**Bedeutsam** ist sie aber zunächst deshalb, weil der Rechtsweg davon abhängt, ob es sich um eine öffentlich-rechtliche Streitigkeit handelt oder nicht: Privatrechtliche Streitigkeiten gehören vor die ordentlichen Gerichte (oder die Arbeitsgerichtsbarkeit), öffentlich-rechtliche Streitigkeiten grundsätzlich vor die Verwaltungsgerichtsbarkeit (§ 40 Abs. 1 VwGO). Aber auch das Sachrecht ist unterschiedlich ausgestaltet: Während das Zivilrecht vom Grundsatz der Privatautonomie beherrscht wird, ist das öffentliche Recht in weiten Teilen von der Gesetzesbindung der Verwaltung geprägt. Nur auf dem Gebiet des öffentlichen Rechts darf die Verwaltung durch Verwaltungsakt handeln (§ 35 VwVfG). Aber auch die Voraussetzungen einer Vertragsbeziehung zwischen Bürger und Staat unterscheiden sich, je nachdem, ob es sich um einen privatrechtlichen (§§ 145 ff. BGB) oder einen öffentlich-rechtlichen Vertrag (§§ 1 Abs. 1, 54 ff. VwVfG) handelt. Schließlich haftet der Staat nach unterschiedlichen Normen, je nachdem, ob auf das Verhalten seiner Repräsentanten privatrechtliche oder öffentlich-rechtliche Normen anzuwenden sind.

Drei **Ansätze** zur Abgrenzung seien erwähnt: (1) Nach der viel zitierten 72
Interessentheorie (*Ulpian*: publicum ius est quod ad statum rei Romanae spectat, privatum quod ad singulorum utilitatem – öffentliches Recht sieht auf die öffentliche Sache, privates auf den Nutzen des Einzelnen) kommt es darauf an, ob die jeweiligen Rechtssätze dem öffentlichen oder dem individuellen Interesse dienen. Viele Rechtssätze verfolgen aber sowohl öffentliche wie private Interessen. (2) Nach der Subordinationstheorie (Subjektionstheorie) kommt es hingegen darauf an, ob zwischen den Beteiligten ein Über-/Unterordnungsverhältnis oder eine Gleichordnung vorliegt. Allerdings sind dem öffentlichen Recht auch vertragliche Gleichordnungsverhältnisse nicht fremd (vgl. §§ 54 ff. VwVfG). (3) Nach der Zuordnungstheorie (modifizierte Subjektstheorie; Sonderrechtstheorie) liegt öffentliches Recht vor, wenn Rechtssätze den Staat als solchen einseitig berechtigen und verpflichten. Öffentliches Recht ist das Sonderrecht des Staates, Privatrecht das Jedermannsrecht.

Modifiziert ist die Subjektstheorie dadurch, dass auch der Staat als „jedermann" auftreten kann. Daraus resultiert ein Großteil der Abgrenzungsschwierigkeiten: Der Staat agiert zuweilen in den Formen des Privatrechts, d.h. er beteiligt sich am Privatrechtsverkehr wie jedes andere Rechtssubjekt auch. Er handelt dann nicht als Träger von Hoheitsgewalt, sondern (1) verwaltungsprivatrechtlich, wenn er unmittelbare Verwaltungsaufgaben erfüllt. (2) Ein fiskalisches Hilfsgeschäft liegt vor, wenn die Verwaltung ihren eigenen Bedarf an Personal- und Sachmitteln deckt. In diesem Fall stehen ihr öffentlich-rechtliche Handlungsformen nicht zur Verfügung. (3) Um erwerbswirtschaftliche Tätigkeit handelt es sich, wenn die Verwaltung Vermögensgegenstände wirtschaftlich nutzt.

## 5. Zusammenhänge: Die Einheit der Rechtsordnung

73 Verzahnt sind öffentliches Recht und Privatrecht nicht nur aufgrund sich ergänzender Handlungsmöglichkeiten des Staates, sondern Privatrecht, Strafrecht und öffentliches Recht bilden eine einheitliche Rechtsordnung. Das hat mehrere Aspekte: Zunächst gilt es trotz der starken Ausdifferenzierung der Rechtsgebiete in Erinnerung zu behalten, dass es sich bei ihnen um **Teilrechtsordnungen** handelt. Jede Teilrechtsordnung trägt ihren Beitrag zu Verhaltensorientierung und Prüfungsmaßstab bei.

Das wird besonders dort deutlich, wo die Rechtsgebiete inhaltlich eng zusammengehören, etwa im Strafverfahrensrecht, das in engem Zusammenhang sowohl Ermittlungsbefugnisse zur Strafverfolgung (repressiv) als auch zur Gefahrenabwehr (präventiv) vorsieht. Handelt der Staat zur Gefahrenabwehr, ist öffentliches Recht maßgebend. Handelt er zur Strafverfolgung, ist Strafrecht maßgebend. Oft dient aber auch die Strafverfolgung dazu, künftige Straftaten zu verhindern, erfolgt also präventiv. Umgekehrt kann Handeln zur Gefahrenabwehr zugleich auch der Strafverfolgung dienen. Inhaltlich eng verbunden sind auch das materielle Privatrecht und das Zivilverfahrensrecht.

74 Zweitens sind die Rechtsgebiete inhaltlich auf einander bezogen. Das sei an folgenden **Beispielen** verdeutlicht:

Wer ein Angebot annimmt, mit dem ihm für einen Mord Geld geboten wird, sieht sich an der Erfüllung des „Vertrages" gehindert, weil Mord strafbar ist (§ 211 StGB; dass schon die Annahme des Angebotes strafbar ist, spielt hier keine Rolle). Das Zivilrecht respektiert diese strafrechtliche Wertung, indem es in § 134 BGB für jeden Vertrag, der gegen ein gesetzliches Verbot verstößt, die Nichtigkeit anordnet. Aus einem solchen Vertrag entstehen also keine Rechte und Pflichten. Strafrecht und Zivilrecht ordnen damit ganz unterschiedliche Rechtsfolgen an, ihnen liegt aber eine gemeinsame normative Basis zugrunde: Du sollst nicht töten. Umgekehrt richtet sich das Strafrecht nach dem Zivilrecht, wenn es um die Frage geht, ob eine Sache, die jemand weggenommen hat (so dass er als Dieb strafbar sein könnte, § 242 StGB), eine fremde Sache ist.

Verspricht ein Apotheker, ein verschreibungspflichtiges Arzneimittel ohne Rezept abzugeben, verstößt er damit gegen das Berufsrecht, dem er als Apotheker unterliegt (§ 48 AMG), also gegen öffentliches Recht. Auch hier stellt § 134 BGB die Übereinstimmung mit dem Zivilrecht sicher: der Kaufvertrag ist nichtig, der Apotheker ist nicht zur Abgabe des Arzneimittels verpflichtet. Wiederum umgekehrt richtet sich das öffentliche Recht nach dem Zivilrecht, wenn die Frage zu klären ist, wie man den Abriss eines ohne Baugenehmigung errichteten Gebäudes anzuordnen hat: Der, der es gebaut hat, kann zum Abriss nur verpflichtet werden, wenn zugleich der Eigentümer zur Duldung verpflichtet wird. Das öffentliche Recht respektiert also die zivilrechtliche Eigentumsordnung.

Ebenso wenig kann man öffentlich-rechtlich zu einer Handlung verpflichtet sein, durch die man sich strafbar machen würde. Umgekehrt gilt das Gleiche: Wer etwa mit bestimmten Abfällen hantiert, macht sich wegen eines Umweltdeliktes strafbar, es sei denn, er hat eine verwaltungsbehördliche Genehmigung. Man spricht hier von der Verwaltungsrechtsakzessorietät des Strafrechts: Ob eine solche Genehmigung vorliegt, ist eine Frage des öffentlichen Rechts.

75 Mit der Vorstellung einer Einheit der Rechtsordnung ist schließlich die Erwartung verbunden, dass alle Rechtsnormen **inhaltlich aufeinander ab-**

**gestimmt** sind und allen Rechtsnormen eine kohärente Vorstellung von Gerechtigkeit zugrunde liegt. Bei einer Einheit der Rechtsordnung kann es keine Wertungswidersprüche geben. Diese Erwartung enttäuscht allerdings schon das einzelne Gesetz: Gesetze sind Kompromisse und nur selten aus einem Guss. Die Formel der „Einheit der Rechtsordnung" ist daher mehr ein Topos der Argumentation, mit dem der Interpret um Akzeptanz für seine Zielsetzung wirbt.

Versteht man die „Einheit der Rechtsordnung" als Interpretationslinie, lösen sich zuweilen auch scheinbare Wertungswidersprüche auf, wie das von *Ewald Wiederin* gebildete Beispiel zeigt: § 1: „Es ist geboten, bei einem Besuch von Maos Grab den Hut abzunehmen." Die Zuwiderhandlung wird mit zweijähriger Haft bestraft. § 2: „Es ist verboten, bei einem Besuch von Maos Grab den Hut abzunehmen." Die Zuwiderhandlung wird mit einjähriger Haft bestraft. In einen schlüssigen Zusammenhang lassen sich beide Rechtsnormen bringen, indem man sich vor Augen führt, dass das Mitbringen eines Hutes mit einjähriger Haft, das Aufbehalten eines mitgebrachten Hutes mit zweijähriger Haft bestraft wird.[322]

Nicht zuletzt ist die „Einheit der Rechtsordnung" daher ein Auftrag an die Rechtswissenschaft, die wechselseitigen Bezüge und Zusammenhänge immer wieder in den Blick zu nehmen, die auch zwischen weit voneinander entfernt liegenden Teilgebieten bestehen können.

Über die jeweiligen Besonderheiten der einzelnen Rechtsgebiete, die sich in der Wissenschaftswirklichkeit immer weiter ausdifferenzieren, gerät immer wieder aus dem Blick, dass sie alle bestimmte Grundlagen und Grundprinzipien teilen. So hat etwa Vertrauensschutz im Zivilrecht ebenso Bedeutung wie im Strafrecht und im öffentlichen Recht, ist aber jeweils unterschiedlich ausgestaltet.

## V. Rechtsnormen verschiedenen Inhalts

Auf der Ebene der einzelnen Rechtsnorm – gleichsam der Mikroebene – sind 76
ebenfalls verschiedene **inhaltliche Kriterien** für eine Strukturierung denkbar.

### 1. Verhaltens- und Sanktionsnormen

**Literatur:** *Röhl/Röhl*, Allgemeine Rechtslehre, 3. Aufl. 2008, S. 223 ff.; *Rüthers/Fischer/Birk*, Rechtstheorie, 10. Aufl. 2018, Rn. 121, 148b f.

Eine Möglichkeit besteht darin, Verhaltens- und Sanktionsnormen zu un- 77
terscheiden. Verhaltensnormen (**Primärnormen**) schreiben den Adressaten äußeres Verhalten vor. Verhalten (Handeln) kann in einem Tun oder einem Unterlassen bestehen. Verhält man sich nicht so, wie die Verhaltensnorm es

[322] *Wiederin*, Was ist und welche Konsequenzen hat ein Normenkonflikt, RTh 21 (1990), 311, 331; vgl. *K. Schmidt*, Einheit der Rechtsordnung – Realität? Aufgabe? Illusion?, in: K. Schmidt (Hrsg.), Vielfalt des Rechts – Einheit der Rechtsordnung?, 1994, S. 25 f.

vorschreibt, verletzt man die Verhaltensnorm und verhält sich darum rechtswidrig. Sanktionsnormen (**Sekundärnormen**) knüpfen an dieses rechtswidrige Verhalten Sanktionen. Dabei kann es sich um die Zufügung von Nachteilen handeln oder um den Entzug von Vorteilen. Beides kann jeweils repressiv (also als Reaktion auf das geschehene Unrecht) oder präventiv (zur Vermeidung künftigen Unrechts) eingesetzt werden. Die Zufügung von Nachteilen kann darüber hinaus auch in Restitution, also Wiederherstellung bestehen.

**Beispielsweise** verlangt § 242 BGB, dass eine geschuldete Leistung so zu bewirken ist, wie Treu und Glauben und die Verkehrssitte es erfordern. Wird diese Pflicht verletzt, so wird § 280 BGB relevant: Wer eine Pflicht aus einem Schuldverhältnis verletzt, ist zum Schadensersatz verpflichtet. Er hat den Geschädigten so zu stellen, wie er stünde, wenn die Pflicht nicht verletzt worden wäre. Die Sanktionsnorm ist also restitutiv.

**Grafik: Arten von Sekundärnormen**

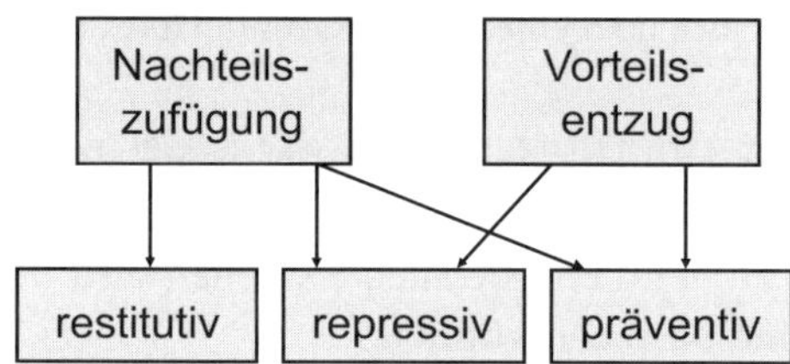


In **terminologischer** Hinsicht ist zu beachten, dass Sekundärnormen nichts mit dem zu tun haben, was in der Sprache der analytischen Rechtstheorie „secondary rules" sind: Normen, die über die Geltung der „primary rules" bestimmen (vgl. oben § 12 Rn. 6).

78 Den **Inhalt** der Sanktionsnormen kann man aus verschiedenen Perspektiven beschreiben: Dem Normadressaten gegenüber drohen Sanktionsnormen an, dass ihn im Fall eines Verstoßes gegen die Verhaltensnorm die besagten Sanktionen treffen werden. Werden Sanktionen durchgesetzt, ist die Sanktionsnorm dafür gegenüber dem Sanktionsunterworfenen die Rechtfertigung. Den Rechtsstab (also die zuständigen Gerichte und Behörden) ermächtigen (oder sogar: verpflichten) die Sanktionsnormen dazu, die besagten Sanktionen zu verhängen und durchzusetzen.

Aus Sicht des Rechtsstabs ist die Norm, die gegenüber dem Sanktionsunterworfenen Sanktionsnorm ist, also eine Verhaltensnorm: denn sie besagt, wie sich der Rechtsstab im Umgang mit dem Sanktionsunterworfenen zu verhalten hat. Sanktionsnormen sind für den Richter etwa Normen, die ihm Strafe oder Haftung bei rechtswidriger Amtsführung androhen, also etwa bei Rechtsbeugung gemäß § 339 StGB.

79 Manche Verhaltensnorm wird von mehreren Sanktionsnormen flankiert. Eine Verhaltensnorm, der keine Sanktionsnorm entspricht, bezeichnet man als *lex imperfecta*. Nicht immer ist die von einer Sanktionsnorm vorausgesetzte Verhaltensnorm aber ausdrücklich im Gesetz formuliert.

**Beispiel:** Nach § 303 StGB macht sich strafbar, wer eine fremde Sache vorsätzlich beschädigt. Nach § 823 Abs. 1 BGB schuldet der Schädiger dem Geschädigten auch Schadensersatz. Die dahinter stehende Verhaltensnorm „Man soll nicht vorsätzlich fremdes Eigentum beschädigen!" ist aber nirgendwo ausdrücklich normiert. Hier hilft auch § 903 BGB nicht, wonach der Eigentümer mit der Sache nach Belieben verfahren und andere von jeder Einwirkung ausschließen kann. Denn zwar lässt sich daraus im Umkehrschluss entnehmen, ein Fremder sei nicht berechtigt, sich dem Eigentümer in den Weg zu stellen. Aber das Beschädigungsverbot geht weit darüber hinaus: es greift auch, wenn der Eigentümer gar nicht zugegen ist.

## 2. Konditional- und Zweckprogramme, Institute

**Literatur:** *Breuer*, Konditionale und finale Rechtsetzung, AöR 127 (2002), 523 ff.; *Kohler-Gehrig*, Einführung in das Recht, 2. Aufl. 2017, S. 40, 48 ff.; *Röhl/Röhl*, Allgemeine Rechtslehre, 3. Aufl. 2008, S. 242 ff.; *Rüthers/Fischer/Birk*, Rechtstheorie, 10. Aufl. 2018, Rn. 62 f.; 126 ff.

Eine andere Möglichkeit zur Strukturierung von Rechtsnormen besteht darin, Konditionalprogramme, Zweckprogramme und Institute zu unterscheiden. 80

**Konditionalprogramme** sind Rechtsnormen, die besagen, dass immer und genau dann, wenn bestimmte Voraussetzungen gegeben sind, in bestimmter Weise gehandelt werden soll. Der Struktur nach handelt es sich um Regeln (oben § 5 Rn. 29 ff.). Im Unterschied dazu sind **Zweckprogramme** (Finalnormen) Rechtsnormen, die besagen, dass ein bestimmtes Ziel erreicht werden soll. Sie lassen aber offen, auf welchem Weg das Ziel erreicht werden soll. Strukturell handelt es sich um Rechtsprinzipien (oben § 5 Rn. 35 ff.). 81

**Beispiele:** Finalnorm ist etwa Art. 20a GG, wonach der Staat die natürlichen Lebensgrundlagen und die Tiere schützt. Zweckprogramm ist auch die Freiheit von Forschung und Lehre gemäß Art. 5 Abs. 3 GG. Konditionalprogramm ist etwa das zivilrechtliche System aus Anspruchsgrundlagen und Gegennormen. Die Terminologie von Konditional- und Zweckprogrammen ist der Systemtheorie entlehnt, bedeutet dort aber etwas anderes.[323]

**Institute** (konstitutive Normen) sind Rechtsnormen, die rechtliche Instrumente und Formen konstituieren. Im Rahmen von Konditional- und Zweckprogrammen kann auf diese Instrumente zurückgegriffen werden. Institute schaffen also Möglichkeiten rechtlich relevanten Handelns. 82

**Beispiele:**
Ein Institut ist Art. 80 Abs. 1 GG, der die Rechtsverordnung als Teil der Verfassungsordnung konstituiert. Art. 80 Abs. 1 GG versetzt den Gesetzgeber überhaupt erst in die Lage, Rechtsetzungskompetenzen auf die Exekutive zu verlagern. Würde man diese Norm hinwegdenken, käme die Verordnungsermächtigung im Instrumentarium des Gesetzgebers nicht vor.

Ein Institut, das nicht auf einer einzelnen Norm, sondern auf einem ganzen Cluster von Rechtsnormen beruht, ist das (zivilrechtliche) Eigentum. Dass es dieses Institut gibt, ist durch Art. 14 Abs. 1 GG garantiert. Das Eigentum ist insbesondere in den §§ 903 ff.

[323] Vgl. *Röhl/Röhl*, Allgemeine Rechtslehre, 3. Aufl. 2008, S. 246 f.

BGB, aber auch an unzähligen anderen Stellen der gesamten Rechtsordnung ausgestaltet. Dieses Institut ermöglicht es, ein absolutes Herrschaftsrecht an Sachen zuzuordnen und zu übertragen. Ein wesentlicher Teil des Rechtslebens beruht darauf.

Indem Institute die Möglichkeiten rechtlich relevanten Handelns erweitern, räumen sie Rechtssubjekten letztlich eine Zuständigkeit für ein Handeln ein, sind also Kompetenznormen.

### 3. Zurechnungsnormen, Verweisungen, Vermutungsnormen und Fiktionen

**Literatur:** *Bork*, Allgemeiner Teil des Bürgerlichen Gesetzbuchs, 4. Aufl. 2016, Rn. 1321 ff.; *Kohler-Gehrig*, Einführung in das Recht, 2. Aufl. 2017, S. 43 ff.; *Larenz*, Methodenlehre der Rechtswissenschaft, 6. Aufl. 1991, S. 260 ff.; *Mann*, Einführung in die juristische Arbeitstechnik, 5. Aufl. 2015, Rn. 282 ff.; *Medicus/Petersen*, Allgemeiner Teil des BGB, 11. Aufl. 2016, Rn. 881 ff.; *Röhl/Röhl*, Allgemeine Rechtslehre, 3. Aufl. 2008, S. 57 ff., 546; *Rüthers/Fischer/Birk*, Rechtstheorie, 10. Aufl. 2018, Rn. 132 ff.

83 Zurechnungsnormen, Verweisungen, Vermutungsnormen und Fiktionen sind Rechtsnormen, die sich besonderer **Regelungstechniken** bedienen und deshalb eine besondere Betrachtung verdienen. Ihre Gemeinsamkeit ist, dass sie alle den Anwendungsbereich von Rechtsregeln betreffen, auf die sie sich beziehen. Aus deren Sicht sind sie Hilfsnormen.

*a) Zurechnungsnormen*

84 Zurechnung (imputatio) bedeutet ursprünglich eine **Zuordnung** einer Tat als freie Willensäußerung einer Person. Ihre Folge ist das Einstehenmüssen desjenigen, dem etwas zugerechnet wird.

**Beispielsweise** wird einem Geschäftsfähigen die eigene Willenserklärung zugerechnet, so dass er an die durch sie ausgelösten Rechtsfolgen gebunden ist. Unter den Voraussetzungen der Kausalität und der objektiven Zurechnung wird einem Straftäter der Taterfolg zugerechnet. Umgekehrt schließt ein Tatumstandsirrtum gemäß § 16 S. 1 StGB eine subjektive Zurechnung aus.

Einer besonderen Zurechnungsnorm als Regelungstechnik bedarf es dann, wenn eine Rechtsfolge an sich nicht eintritt, weil die allgemeinen Zurechnungsvoraussetzungen nicht vorliegen, wenn aber ausnahmsweise gleichwohl eine Zurechnung gerechtfertigt oder gar geboten ist.

**Beispiele:**
Einem Geschäftsfähigen wird eine fremde Willenserklärung grundsätzlich nicht zugerechnet. Die von ihr ausgelösten Rechtsfolgen treten in Bezug auf ihn nicht ein. Wurde die Willenserklärung aber in seinem Namen durch einen Bevollmächtigten abgegeben, so ist es gerechtfertigt, dass ihn, den Vertretenen, die Rechtsfolgen treffen: Die Willenserklärung wird ihm zugerechnet, und zwar infolge der Zurechnungsnorm des § 164 Abs. 1 S. 1 BGB. Sie wird behandelt, als hätte er selbst sie abgegeben.

Nach § 249 StGB macht sich strafbar, wer eine Wegnahmehandlung vornimmt und dazu Gewalt ausübt. Wer ohne Gewalt eine Sache wegnimmt, ist kein Räuber, sondern nur ein Dieb (§ 242 StGB). § 249 StGB ist dann nicht anwendbar, weil die tatbestandliche Voraussetzung „Gewalt ausüben" nicht erfüllt ist. Erfüllt eine andere Person diese tatbestandliche Voraussetzung und ist diese Person nicht ein Dritter, sondern ein Mittäter, wird die Gewaltausübung aber dem Wegnehmenden zugerechnet, so dass auch er Täter eines Raubes ist. (Umgekehrt wird die Wegnahmehandlung dem Mittäter zugerechnet.) Die gesetzliche Grundlage dafür ist § 25 Abs. 2 StGB. Auch dabei handelt es sich um eine Zurechnungsnorm, denn ihre Rechtsfolge besteht darin, dass jedem Mittäter die Tatbeiträge der anderen Mittäter zugerechnet werden, so dass alle wegen der gemeinsam begangenen Tat (und nicht nur wegen ihrer eigenen Tatbeiträge) strafbar sind.

Die Funktion einer Zurechnungsnorm besteht also darin, darüber hinwegzuhelfen, dass die tatbestandlichen Voraussetzungen einer Rechtsnorm (der bezogenen Norm, d.h. der Norm, auf die sich die Zurechnung bezieht) an sich nur lückenhaft erfüllt sind.

*b) Verweisungen*

Eine rechtstechnische Alternative zur Zurechnungsnorm ist eine Verweisung auf die bezogene Norm. Wie die Zurechnung hat auch die Verweisung die Anwendung der bezogenen Rechtsnorm, auf die verwiesen wird, zur Folge. Dabei muss man zwei Fragen auseinander halten: Erstens kann es sich um eine **statische** oder eine **dynamische Verweisung** handeln. Diese Unterscheidung wird bedeutsam, wenn sich der Inhalt der bezogenen Rechtsnorm ändert. Im ersten Fall sollen diese Änderungen dann, wenn es zur Verweisung auf die geänderte Rechtsnorm kommt, nicht zum Tragen kommen: Verwiesen wird auf die Rechtsnorm mit dem Inhalt, den sie zum Zeitpunkt des Erlasses der Verweisung hatte. Im zweiten Fall sollen Änderungen der Rechtsnorm, auf die verwiesen wird, sehr wohl beachtlich sein: Verwiesen wird auf die Rechtsnorm in der jeweils – d.h. im Zeitpunkt der jeweiligen Anwendungsentscheidung – geltenden Fassung. 85

Die Unterscheidung ist unproblematisch, wenn die Verweisung ihren Charakter ausdrücklich klarstellt: „Die Kündigungsfristen richten sich nach dem Gesetz in der heute geltenden Fassung" (statische Verweisung) im Gegensatz zu „die Kündigungsfristen richten sich nach dem Gesetz in der jeweils geltenden Fassung" (dynamische Verweisung). Andernfalls muss durch Auslegung der Verweisung ermittelt werden, ob es sich um eine statische oder um eine dynamische Verweisung handelt.

Eine zweite Unterscheidung betrifft den Umfang der Verweisung. Insoweit muss man **Rechtsgrund- und Rechtsfolgenverweisungen** auseinander halten: Ist die Verweisung eine Rechtsgrundverweisung auf die bezogene Rechtsnorm, hat das zur Folge, dass die Rechtsfolgen der bezogenen Rechtsnorm nur dann eintreten, wenn nicht nur die tatbestandlichen Voraussetzungen der Verweisung gegeben sind (sonst kommt es gar nicht zur Verweisung), sondern wenn zusätzlich auch die tatbestandlichen Voraussetzungen der Rechtsnorm vorliegen, auf die verwiesen wird. Die Verweisung bezieht also den Rechtsgrund mit ein. Liegt hingegen eine Rechtsfolgenverweisung vor, kommt es 86 auf die tatbestandlichen Voraussetzungen der bezogenen Rechtsnorm nicht an. Kraft der Verweisung sollen die Rechtsfolgen der bezogenen Rechtsnorm eintreten. Die Verweisung bezieht sich nur auf die Rechtsfolgen der bezogenen Rechtsnorm. Diese Rechtsfolgen werden nur von den tatbestandlichen Voraussetzungen der Verweisung abhängig gemacht.

Ein **Beispiel** für eine Rechtsgrundverweisung ist § 951 Abs. 1 S. 1 BGB. Diese Vorschrift gilt, wenn beispielsweise ein Installateur das Eigentum an einer Badewanne verliert, weil er sie in das Badezimmer seines Auftraggebers einbaut (§ 946 BGB). „Vergütung in Geld nach den Vorschriften über die Herausgabe einer ungerechtfertigten Bereicherung" schuldet der Auftraggeber aber nur, wenn er nicht nur das Eigentum an der Badewanne gemäß § 946 BGB erworben hat (tatbestandliche Voraussetzung der Verweisung), sondern wenn zusätzlich auch die tatbestandlichen Voraussetzungen für einen Bereicherungsanspruch des Installateurs vorliegen. Daran wird es in der Regel scheitern, denn der Einbau erfolgt nicht „ohne Rechtsgrund", so dass der Installateur für die Badewanne nur das erhält, was im Werkvertrag vereinbart worden ist, nichts aus § 951 BGB.

### c) *Vermutungsnormen und Fiktionen*

87 Eine **gesetzliche Vermutung** (praesumtio iuris) trägt Schwierigkeiten bei der Sachverhaltsfeststellung Rechnung, indem sie vorschreibt, dass unter bestimmten Voraussetzungen (Vermutungsbasis) ein bestimmter Sachverhalt vermutet wird. Das hat zur Folge, dass nicht mehr die eigentlich relevante Tatsache aufgeklärt werden muss, sondern es muss nur festgestellt werden, ob die Vermutungsbasis gegeben ist oder nicht. Ist die Vermutungsbasis gegeben, wird die unaufgeklärte Tatsache vermutet.

**Beispielsweise** wird nach § 1006 Abs. 1 S. 1 BGB vermutet, dass jemand Eigentümer einer beweglichen Sache ist, wenn er sie in Besitz hat.

Diese Vermutung kann den Tatsachen entsprechen, aber sie kann auch den Tatsachen zuwider laufen. Im zweiten Fall stellt sich die Frage, ob die Vermutung widerleglich ist oder unwiderleglich. Bei einer unwiderleglichen Vermutung (praesumtio iuris et de iure) ist der Beweis ausgeschlossen, dass die vermutete Tatsache in Wahrheit gar nicht gegeben ist. Bei einer widerleglichen Vermutung ist dieser Beweis zulässig.

**Beispiel:** So kann etwa im Fall des § 1006 Abs. 1 S. 1 BGB der Gegner den Beweis führen, dass der Besitzer das Eigentum nicht erwarb, als er die Sache in Besitz bekam. Hingegen vermutet § 1566 Abs. 2 BGB unwiderleglich, dass eine Ehe gescheitert ist, wenn die Ehegatten seit drei Jahren getrennt leben.

Während bei einer Vermutung die vermutete Tatsache in Wahrheit gegeben sein kann, spricht man von einer **gesetzlichen Fiktion**, wenn das, was fingiert wird, niemals der Wahrheit entsprechen kann. Dem entspricht es, dass eine gesetzliche Fiktion immer nur unwiderleglich sein kann – sonst hätte sie keinen Sinn.

**Beispiel** für eine gesetzliche Fiktion ist § 1923 Abs. 2 BGB: Wer zur Zeit des Erbfalls noch nicht lebte, aber bereits gezeugt war, gilt als vor dem Erbfall geboren. Das ist eine Fiktion, denn wer zur Zeit des Erbfalls noch nicht lebte, kann nicht vor dem Erbfall geboren sein. Aber das Gesetz verlangt, dass man ihn als vor dem Erbfall geboren behandelt.

## 4. Strenges und billiges Recht

**Literatur:** *Bork*, Allgemeiner Teil des Bürgerlichen Gesetzbuchs, 4. Aufl. 2016, Rn. 93 f.; *Kment/Vorwalter*, Beurteilungsspielraum und Ermessen, JuS 2015, 193 ff.; *Kohler-Gehrig*, Einführung in das Recht, 2. Aufl. 2017, S. 83 ff.; *Mann*, Einführung in die juristische Arbeitstechnik, 4. Aufl. 2009, Rn. 269 ff.; *Maurer/Waldhoff*, Allgemeines Verwaltungsrecht, 19. Aufl. 2017, § 7; *Röhl/Röhl*, Allgemeine Rechtslehre, 3. Aufl. 2008, S. 240 ff.

Nach der **Größe des Spielraums**, den eine Rechtsnorm bei der Rechtsanwendung lässt, unterscheidet man strenges oder billiges Recht. 88

### *a) Strenges Recht*

Strenges Recht (ius strictum) legt die Rechtsnorm so genau fest, dass weder eine Behörde noch ein Gericht die Möglichkeit hat, die besonderen Umstände des Einzelfalls auf Tatbestands- oder Rechtsfolgenseite einfließen zu lassen. Nach der Rechtsnorm verbleibt kein Spielraum mehr. Es handelt sich um **gebundene Rechtsanwendung**. 89

**Beispiele:** Strenges Recht sind etwa § 2 (der das Volljährigkeitsalter festlegt) oder § 104 Nr. 1 BGB (der die Altersgrenze für Geschäftsunfähigkeit bestimmt).

### *b) Billiges Recht: Ermessen*

Billiges Recht (ius aequum) legt die Rechtsfolge hingegen so fest, dass ein **Spielraum für eine eigene Entscheidung** bleibt. Es wird ein Ermessen eingeräumt. Die Rechtsfolge besteht also in einer Befugnis. Ob und in welcher Weise man von ihr Gebrauch zu machen hat, besagt die Rechtsnorm selbst nicht. Der Rechtsnorm selbst kann man nur entnehmen, ob die Befugnis besteht oder nicht und dass im ersten Fall Ermessen eingeräumt ist. Teilweise wird Ermessen ausdrücklich eingeräumt, teilweise ergibt es sich aus der Verwendung von Worten wie „darf", „kann", „ist berechtigt", „ist befugt". 90

**Beispiele:** Ausdrücklich Ermessen ist etwa gemäß § 315 Abs. 1 BGB eingeräumt: Wenn in einem Vertrag vorgesehen ist, dass die geschuldete Leistung durch eine der Vertragsparteien bestimmt werden soll, ist die geschuldete Leistung „nach billigem Ermessen" zu bestimmen. Gemäß § 813 Abs. 1 S. 1 BGB „kann" eine Leistung unter bestimmten Voraussetzungen zurückgefordert werden. Gemäß § 3 Abs. 1 S. 2 BauGB „kann" von der Unterrichtung der Öffentlichkeit bei der Erstellung eines Bauleitplans unter bestimmten Voraussetzungen abgesehen werden.

Dass eine Rechtsnorm Ermessen einräumt, bedeutet nicht, dass der Ausübung des Ermessens nicht **rechtliche Grenzen** gezogen wären. Ist eine Behörde ermächtigt, nach ihrem Ermessen zu handeln, so muss sie im An- 91 wendungsbereich des Verwaltungsverfahrensgesetzes gemäß § 40 VwVfG ihr Ermessen entsprechend dem Zweck der Ermächtigung ausüben und die gesetzlichen Grenzen des Ermessens einhalten. Ist ein Richter zur Entscheidung oder zur Verfahrensweise nach Ermessen ermächtigt, ist auch er an den Gesetzeszweck gebunden als Folge seiner Bindung an das Gesetz.[324] Der genaue Inhalt der Ermessenseinräumung muss durch Auslegung geklärt werden.[325] Grundsätzlich hat Ermessen zur Folge, dass nach Zweckmäßigkeit entscheiden werden kann, ob (Entschließungsermessen) und in welchem Umfang (Auswahlermessen) die Befugnis ausgeschöpft wird.

Für gewöhnlich wird Ermessen als Begriff des öffentlichen Rechts verstanden. Letztlich bedeutet aber auch eine zivilrechtliche Befugnisnorm nichts anderes, als dass der Berechtigte Ermessen ausüben darf, ob und in welcher Weise er von der Befugnis Gebrauch macht oder nicht. Nur haben im Zivilrecht Normen, die dem Ermessen Grenzen ziehen, kaum Bedeutung gegenüber den Normen, die bereits die Befugnis selbst begrenzen.

92 Eine Sonderstellung unter den Ermessensnormen nehmen die **Soll-Vorschriften** ein. Ist im Gesetz von „soll" die Rede, so kann das Verschiedenes bedeuten: Entweder kann es bedeuten, dass die Rechtsfolge uneingeschränkt in einem Ge- oder Verbot besteht, dass der Verstoß gegen das Ge- oder Verbot aber keine Sanktion nach sich zieht. Man spricht dann von einer Ordnungsvorschrift. Es kann aber auch bedeuten, dass als Rechtsfolge etwas vorgesehen ist, was als maßgebend für den Regelfall gedacht ist, wovon aber im Ausnahmefall abgewichen werden darf. Dass eine Rechtsfolge unter bestimmten Voraussetzungen eintreten „soll", bedeutet dann, dass die Rechtsfolge eintritt, wenn es sich um einen typischen Fall der Tatbestandsverwirklichung handelt, dass die Rechtsfolge aber im Ausnahmefall nicht eintritt (sogenanntes intendiertes Ermessen).

**Beispielsweise** „sollen" gemäß § 3 Abs. 2 S. 3 BauGB bestimmte Stellen benachrichtigt werden, wenn der Entwurf eines Bauleitplans der Öffentlichkeit zugänglich gemacht wird. Gemäß § 130 ZPO „soll" ein vorbereitender Schriftsatz in einem Zivilprozess bestimmte Angaben enthalten.

Teilweise wird aber auch angenommen, bei Soll-Vorschriften handele es sich gar nicht um Ermessensnormen, denn entweder liege ein Regelfall vor, dann sei nur die vorgeschriebene Rechtsfolge rechtmäßig, oder es liege ein Ausnahmefall vor, dann sei nur das Ausbleiben der Rechtsfolge rechtmäßig. Es komme also niemals dazu, dass zwischen mehreren rechtmäßigen Alternativen eine Entscheidung zu treffen sei.

93 Wird eine Ermessensentscheidung überprüft, so muss man die Prüfung der **Rechtmäßigkeit** von der der **Zweckmäßigkeit** unterscheiden. Fragt man nach der Rechtmäßigkeit der Ermessensentscheidung, so muss man prüfen, ob

---

[324] *Stickelbrock*, Inhalt und Grenzen richterlichen Ermessens im Zivilprozess, 2002, S. 299.

[325] Vgl. zum „billigen Ermessen" *Poulakos*, Schuldverhältnisse mit unbestimmtem Leistungsinhalt, Diss. Hamburg, 1971, S. 133 ff., und *Stickelbrock*, Inhalt und Grenzen richterlichen Ermessens im Zivilprozess, 2002, S. 307 ff.

die rechtlichen Grenzen des Ermessens eingehalten worden sind. Das bedeutet gemäß § 40 VwVfG, § 114 VwGO, dass zu prüfen ist, ob die gesetzlichen Grenzen des Ermessens überschritten sind oder ob von dem Ermessen in einer dem Zweck der Ermächtigung nicht entsprechenden Weise Gebrauch gemacht worden ist. Die Entscheidung wird also auf Ermessensfehler geprüft, im Rahmen der Rechtmäßigkeitsprüfung wird aber nicht etwa eigenes Ermessen ausgeübt. Davon zu unterscheiden ist eine Zweckmäßigkeitsprüfung: Sie besteht gerade darin, dass geprüft wird, ob die – rechtlich zulässige, d.h. ermessenfehlerfrei – getroffene Entscheidung unter allen in Betracht kommenden Entscheidungen den Vorzug verdient. Es geht nicht darum, ob man so entscheiden durfte, sondern ob man so entscheiden will. Allerdings kommen Sachverhalte vor, in denen jede Ermessensausübung bis auf eine einzige ermessensfehlerhaft wäre, so dass nur eine einzige Handlungsweise rechtmäßig ist. Reduziert sich im Einzelfall der Ermessensspielraum auf diese Weise, spricht man von Ermessensreduktion auf Null.

*c) Billiges Recht: Beurteilungsspielraum*

Billiges Recht kann aber auch bedeuten, dass ein **Spielraum auf Tatbestandsseite** eingeräumt wird. Das ist der Fall, wenn eine Rechtsnorm auf 94
Tatbestandsseite einen unbestimmten Rechtsbegriff verwendet und gleichzeitig einen Beurteilungsspielraum einräumt. Grundsätzlich begründet ein unbestimmter Rechtsbegriff allein keinen Entscheidungsspielraum für eine Behörde oder für ein Instanzgericht.

**Beispiel:** Etwa wird gemäß § 35 GewO die Ausübung eines Gewerbes untersagt, wenn Tatsachen die „Unzuverlässigkeit" des Gewerbetreibenden dartun. Der Begriff der „Unzuverlässigkeit" ist in höchstem Maße unbestimmt. Ob diese Voraussetzung im Einzelfall vorliegt, prüft zunächst die Verwaltungsbehörde. Untersagt sie die Ausübung des Gewerbes, kann der Gewerbetreibende dagegen gerichtlich vorgehen. Dann prüft das Gericht, ob die Behörde zu Recht die Unzuverlässigkeit des Gewerbetreibenden bejaht hat, d.h. ob sie den Begriff der Unzuverlässigkeit in § 35 GewO richtig ausgelegt und im Einzelfall angewendet hat. Der Behörde wird kein eigener Entscheidungsspielraum zugebilligt, innerhalb dessen sie in ihrer Entscheidung insofern frei wäre, dass das Gericht die Entscheidung insoweit nicht nachprüfen würde. Das Gericht trifft also eine eigene Entscheidung über die Unzuverlässigkeit des Gewerbetreibenden.

Voraussetzung für einen der Nachprüfung entzogenen Entscheidungsspielraum ist vielmehr, dass die Behörde oder das Gericht vom Gesetz zur abschließenden Beurteilung ermächtigt wurde (normative Ermächtigungslehre). Dafür bedarf es aus rechtsstaatlichen Gründen einer besonderen Rechtfertigung.

Ob **beispielsweise** ein Kandidat in einer mündlichen Prüfung richtig bewertet worden ist, kann nur derjenige beurteilen, der der Prüfung selbst beigewohnt hat. Denn dafür kommt es auf die konkrete Situation und die persönliche Einschätzung an.

## 5. Zwingendes und nachgiebiges Recht

**Literatur:** *Bork*, Allgemeiner Teil des Bürgerlichen Gesetzbuchs, 4. Aufl. 2016, Rn. 95 ff.

95 Nicht um den Entscheidungsspielraum bei der Rechtsanwendung, sondern um den **Gestaltungsspielraum bei der Rechtsetzung** geht es, wenn man fragt, ob eine Rechtsnorm zwingendes oder nachgiebiges Recht ist. Der Unterschied besteht darin, dass eine nachgiebige Rechtsnorm (ius dispositivum) nur anwendbar ist, wenn nichts anderes bestimmt wurde, also keine andere rechtliche Disposition getroffen worden ist. Von nachgiebigen Rechtsnormen kann daher abgewichen werden. Nachgiebige Rechtsnormen sind subsidiär, d.h. sie kommen nur hilfsweise zum Zuge, um eine sich sonst auftuende Regelungslücke zu schließen. Teilweise ist der nachgiebige Charakter einer Rechtsnorm ausdrücklich formuliert („sofern nicht ein anderes bestimmt ist"), ansonsten muss durch Auslegung geklärt werden, ob eine Rechtsnorm nachgiebig ist oder nicht.

**Beispiele:**
Gemäß § 246 BGB ist eine Schuld mit vier Prozent zu verzinsen, sofern nicht ein anderes bestimmt ist. Es kann also vertraglich ein anderer Zinssatz vereinbart werden. Gemäß § 439 Abs. 1 BGB kann der Käufer als Nacherfüllung nach seiner Wahl die Beseitigung des Mangels oder die Lieferung einer mangelfreien Sache verlangen. Davon kann aber grundsätzlich ebenfalls abgewichen werden.

Auch im öffentlichen Recht finden sich nachgiebige Rechtsnormen: Beispielsweise können verschiedene Straßenbaulastträger die Unterhaltung einer Straßenkreuzung durch abweichende Vereinbarung regeln (§ 13 Abs. 6 BundesfernstraßenG). In § 62 Abs. 7 WasserhaushaltsG findet sich eine Ermächtigung zum Erlass einer Rechtsverordnung, die von den Vorschriften des Verwaltungskostengesetzes abweichen kann.

Dass von einer nachgiebigen Rechtsnorm abgewichen werden kann, bedeutet aber nicht, dass *jede* Abweichung möglich wäre. Die abweichende Disposition muss vielmehr die jeweiligen rechtlichen Grenzen einhalten.

**Beispiele:** Anstelle des gesetzlichen Zinssatzes nach § 246 BGB darf kein wucherischer Zinssatz vereinbart werden, das würde gegen § 138 Abs. 2 BGB verstoßen. Auch das Zinseszinsverbot des § 289 BGB darf nicht verletzt werden. Bei Abweichungen von § 439 Abs. 1 BGB müssen im Fall eines Verbrauchsgüterkaufs etwa die §§ 474 ff. BGB eingehalten werden.

96 Rechtsnormen, die eine ausdrückliche Beschränkung der Abweichungsmöglichkeiten nur in bestimmter Richtung enthalten, nennt man halbzwingend.

**Beispielsweise** verbieten verbraucherschützende Rechtsnormen oft eine Abweichung zum Nachteil des Verbrauchers. Diese Rechtsnormen sind nachgiebig im Verhältnis zu Regelungen, die die Rechtsstellung des Verbrauchers verbessern, aber zwingend gegenüber Regelungen, die die Rechtsstellung des Verbrauchers verschlechtern würden. Ein Beispiel findet sich in § 536 Abs. 4 BGB für die Gewährleistungsrechte des Mieters bei Wohnraum.

Zwingende Rechtsnormen (ius cogens) hingegen sind ohne Rücksicht darauf anwendbar, ob die Beteiligten etwas anderes bestimmt haben oder nicht. 97

Ungenau wird oft auch formuliert, zwingende Rechtsnormen würden unabhängig vom Willen der Beteiligten gelten, wohingegen die Geltung nachgiebiger Rechtsnormen vom Willen der Beteiligten abhänge. Das ist in zweifacher Hinsicht ungenau: Einmal deshalb, weil es auf den Willen der Beteiligten nur ankommt, soweit er sich in einer rechtlichen Regelung niedergeschlagen hat. Der Wille allein ist also kein entscheidendes Kriterium. Zweitens ändert eine Regelung durch die Beteiligten nichts an der Geltung der nachgiebigen Rechtsnorm – sie muss nach wie vor beachtet werden, sie ist unverändert Teil der Rechtsordnung, ebenso wie die zwingende Rechtsnorm. Eine Regelung durch die Beteiligten schließt es aber aus, dass der konkrete Sachverhalt am Maßstab der nachgiebigen Rechtsnorm beurteilt wird. Die Rechtsnorm gilt also, sie ist aber nicht anwendbar. Der Unterschied zwischen zwingenden und nachgiebigen Rechtsnormen liegt deshalb nicht in der Geltung, sondern in der Anwendbarkeit.

## VI. Zusammenfassung

Erscheinungsformen des Rechts lassen sich nach Akteuren und Rechtsakten unterscheiden: **Staatliche Rechtsakte** (auf Bundes- und Landesebene) sind vor allem die Verfassung, das (auch: verfassungsändernde) Gesetz, die Rechtsverordnung, Verwaltungsakte, öffentlich-rechtliche Verträge, Beschlüsse, Geschäftsordnungen, Verwaltungsvorschriften, Urteile, Beschlüsse und Verfügungen, sowie Gewohnheitsrecht. Im **Völkerrecht** unterscheidet man völkerrechtliche Verträge, das Völkergewohnheitsrecht und die allgemeinen Rechtsgrundsätze des Völkerrechts (die beiden letztgenannten sind die allgemeinen Regeln des Völkerrechts). Das Recht der Europäischen Union (**Unionsrecht**) ist einmal das Primärrecht (Unionsverfassungsrecht), einmal das aufgrund des Primärrechts geschaffene Sekundärrecht (Verordnungen, Richtlinien, Beschlüsse, Empfehlungen, Stellungnahmen, Entscheidungen des Gerichtshofs der Europäischen Union. Schließlich sind **autonome** juristische Personen des öffentlichen Rechts (Körperschaften, Stiftungen, Anstalten) zu nennen, die Satzungen erlassen, und privatautonom geschaffenes Recht, das auf individueller oder kollektiver Willensbildung beruht. Das Verhältnis der Rechtsakte zu einander lässt sich durch den Grad der Konkretisierung, Geltungszusammenhänge und Konformitätsbedingungen beschreiben. Übliches Modell hierfür ist die Normenpyramide. 98

Darüber hinaus kann man Recht einmal **objektiv** als Bestand der Rechtsordnung, einmal **subjektiv** als individuelle Berechtigung auffassen und die Rechtsordnung jeweils aus dieser Perspektive strukturieren. 99

Inhaltlich lassen sich **formelles** (Verfahrensrecht) und **materielles Recht** (Sachrecht) unterscheiden – wobei das formelle Recht die Voraussetzungen des Zustandekommens und die Wirkungen von Rechtsakten betrifft – sowie drei Teilrechtsordnungen: **Privatrecht**, **Strafrecht**, **öffentliches Recht**. 100

Privatrecht ist vom Gedanken der Gleichordnung selbstbestimmter Rechtssubjekte getragen. Strafrecht wird durch die angeordneten bzw. angedrohten spezifischen Rechtsfolgen (Strafen oder Maßnahmen) charakterisiert. Öffentliches Recht konstituiert und begrenzt den Staat als Hoheitsträger. Die Teilrechtsordnungen sind inhaltlich eng auf einander bezogen, eine Einheit der Rechtsordnung im Sinne normativer Harmonie ist aber eher Auftrag als Zustandsbeschreibung. Einzelne **Rechtsnormen** lassen sich einteilen in Verhaltens- und Sanktionsnormen, Konditional- und Zweckprogramme sowie Institute. Besondere Regelungstechniken zur Bestimmung des Anwendungsbereichs von Rechtsregeln finden sich in Zurechnungsnormen, Verweisungen, Vermutungsnormen und Fiktionen. Nach der Größe des Spielraums bei der Rechtsanwendung unterscheidet man strenges und billiges Recht, nach dem Gestaltungsspielraum bei Rechtsetzung zwingendes und nachgiebiges Recht.

**Grafik: Rechtsnormen verschiedenen Inhalts**

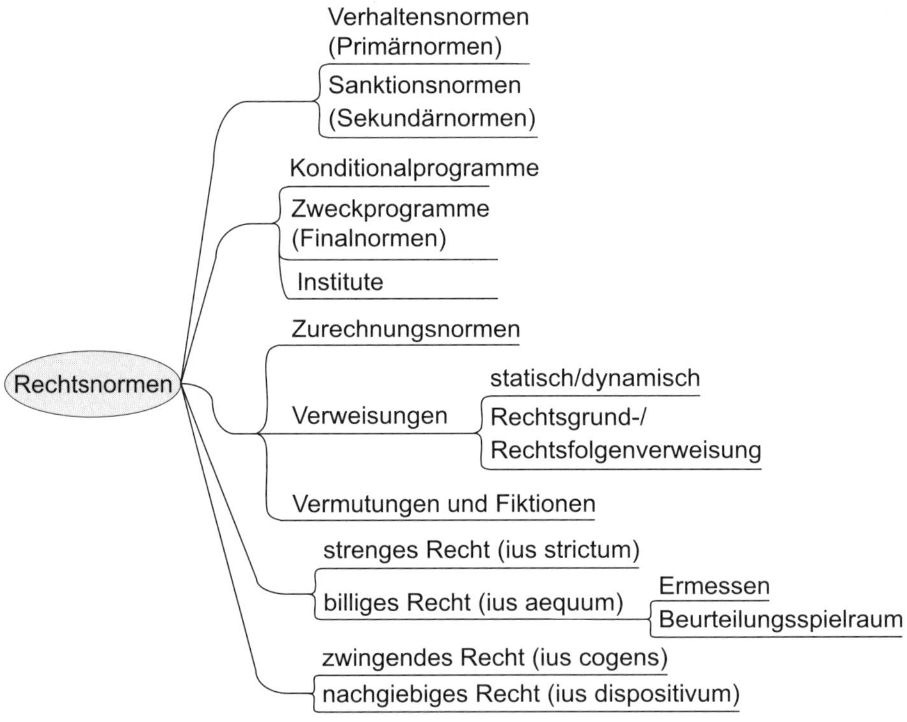

# Glossar

**a priori** – (wörtl. vom Früheren her), d.h. von vornherein
**a.A.** – andere Ansicht
**actio** – Handlung, Klage
**AEUV** – Vertrag über die Arbeitsweise der Europäischen Union
**AG** – Amtsgericht, besteht aus Abteilungen
**Amtsanwalt** – Beamter im Justizdienst, der bestimmte Aufgaben eines Staatsanwalts wahrnimmt
**Amtsträger** – Beamter, Richter u.a. (§ 11 Abs. 1 Nr. 2 StGB)
**Analogie** – Anwendung einer Norm auf einen eigentlich nicht erfassten, aber ähnlichen Sachverhalt
**Anspruch** – das Recht, von einem anderen ein Tun oder Unterlassen zu verlangen (§ 194 Abs. 1 BGB), ein relatives subjektives Recht
**Anstalt** – eine rechtlich selbstständige juristische Person, die durch einen bestimmten Zweck charakterisiert ist
**Anwendungsvorrang** – Eine Norm hat Anwendungsvorrang, wenn sie gegenüber einer anderen Norm, die an sich ebenfalls auf den Sachverhalt anwendbar ist, vorzuziehen ist. Anders als beim Geltungsvorrang bleibt die nicht anwendbare Norm für alle übrigen Sachverhalte anwendbar.
**ArbG** – Arbeitsgericht, besteht aus Kammern
**Associate** – angestellter Rechtsanwalt in internationaler Wirtschaftskanzlei.
**Az.** – Aktenzeichen; es lässt i.d.R. Urheber, Art und Alter eines Verfahrens erkennen (z.B. II ZR 123/11: Entscheidung des II. Zivilsenats über eine Revision in Zivilsachen, die als Nr. 123 im Jahr 2011 eingegangen ist).
**BAG** – Bundesarbeitsgericht, besteht aus Senaten (Sitz: Erfurt)
**BauGB** – Baugesetzbuch, enthält die grundlegenden allgemeinen Regelungen über die Zulässigkeit von Bauvorhaben und die Planung der Verwendung von Grund und Boden
**BayObLG** – Bayerisches Oberstes Landesgericht, abgeschafft, dann wieder eingeführt
**Behörde, Verwaltungsbehörde** – Einrichtung, die als Organ des Staates (Bund, Land) oder einer anderen Körperschaft (z.B. Gemeinde) Aufgaben der öffentlichen Verwaltung wahrnimmt
**beredtes Schweigen** – Schweigen, dem nach den Umständen eine Erklärung mit einem bestimmten Inhalt zu entnehmen ist, z.B. Einsteigen in ein Taxi
**Berichterstatter** – Richter, der innerhalb eines kollegial besetzten Spruchkörpers die Entscheidung vorbereitet

**Berufung** – Ein Gerichtsurteil wird von einem höheren Gericht geprüft. Zuweilen kann nicht nur die Rechtsanwendung geprüft, sondern auch der Sachverhalt neu festgestellt werden.

**Beschwerde** – Rechtsbehelf, der in bestimmten Fällen gegen Gerichts- oder Behördenentscheidungen eingelegt werden kann

**Besitz** – das tatsächliche Beherrschen einer Sache (§ 854 BGB); vom Eigentum zu unterscheiden

**Betriebsrat** – gewähltes Organ und Interessenvertretung der Arbeitnehmer eines privatwirtschaftlichen Betriebes mit mindestens fünf Arbeitnehmern

**Beweis** – die Methode, anhand derer in einem Gerichtsverfahren oder vor einer Behörde der Sachverhalt festgestellt wird

**Bezirk** – der räumliche Zuständigkeitsbereich einer Behörde oder eines Gerichts

**BGB** – Bürgerliches Gesetzbuch, wichtigstes deutsches Gesetz zur Regelung der Rechtsverhältnisse zwischen Privatpersonen; in Kraft seit 1.1.1900.

**BGBl., BAnz** – Bundesgesetzblatt, Bundesanzeiger; die Amtsblätter des Bundes für wichtige amtliche Bekanntmachungen. Das BGBl. ist das Verkündungsorgan: in BGBl. I werden Gesetze, Rechtsverordnungen usw. veröffentlicht (Art. 82 GG), in BGBl. II u.a. völkerrechtliche Verträge. Im BAnz werden u.a. Verwaltungsvorschriften veröffentlicht.

**BGH** – Bundesgerichtshof, besteht aus Senaten (Sitz: Karlsruhe, 5. (und künftig 6.) Strafsenat in Leipzig)

**Bund** – die Bundesrepublik Deutschland als solche mit ihren Organen (in Abgrenzung von den einzelnen Bundesländern); ugs. für Bundeswehr

**Bundesanwalt** – Mitglied der Bundesanwaltschaft, die u.a. Interessen des Bundes beim BGH vertritt; im Unterschied zum Rechtsanwalt beim Bundesgerichtshof: ein beim BGH zugelassener Rechtsanwalt

**Bußgeld** – Geldzahlung für weniger schwere Verstöße gegen Rechtsvorschriften (Ordnungswidrigkeiten), im Unterschied zur Geldstrafe bei Straftaten

**BVerwG** – Bundesverwaltungsgericht, besteht aus Senaten (Sitz: Leipzig)

**Case Law** – Fallrecht; das Recht ist so, wie die Gerichte es bei der Entscheidung von Präzedenzfällen (Präjudizien) festgestellt haben

**Codex Hammurabi** – überliefertes Gesetz aus Mesopotamien, ca. 1700 Jahre v.Chr.

**Common Law** – Rechtssystem, das sich weitgehend auf Case Law stützt (im Unterschied zum Civil Law), anglo-amerikanisch.

**conditio sine qua non** – Bedingung, ohne die nicht

**Corpus Iuris Civilis** – Sammlung des gesamten römischen Rechts, ca. 530 n. Chr., enormer Einfluss auf das westeuropäische Recht

**Da mihi facta dabo tibi ius.** – Gib mir die Tatsachen, ich werde dir das Recht geben.

**deklaratorisch** – Ein Rechtsakt hat deklaratorische Wirkung, wenn die Rechtslage nur festgestellt, aber durch ihn nicht verändert wird; anders bei konstitutiver Wirkung.
**dispositiv** – Normen sind dispositiv, wenn man durch eine vertragliche Einigung von ihnen abweichen kann (ius dispositivum; Gegensatz: zwingendes Recht, ius cogens)
**Dissens** – die fehlende Einigung der Parteien beim Vertragsschluss
**Dolo agit qui petit quod statim redditurus sit.** – Arglistig handelt, wer etwas herausverlangt, was er sogleich zurückzugeben hätte.
**Drucksache** – parlamentarisches Arbeitspapier, in dem vor allem Gesetzentwürfe formuliert und erläutert sind
**effet utile** – Grundsatz aus dem Völkerrecht, nach dem Verträge so anzulegen sind, dass sie im Hinblick auf die verfolgten Ziele die größtmögliche Wirkung entfalten
**Eigentum** – rechtliche Herrschaft über eine Sache; das Recht, über eine Sache ausschließlich zu verfügen (§ 903 S. 1 BGB); vom Besitz zu unterscheiden
**Einrede, Einwendung** – Verteidigungsmittel des Schuldners gegen einen Anspruch; Einwendungen werden immer berücksichtigt, Einreden müssen geltend gemacht werden
**Einspruch** – Rechtsbehelf, der in bestimmten Fällen gegen Gerichts- oder Behördenentscheidungen eingelegt werden kann
**eo ipso** – von selbst, aus sich selbst heraus
**Erinnerung** – Rechtsbehelf, der in bestimmten Fällen gegen Rechtsakte eines Richters, Rechtspflegers oder Gerichtsvollziehers eingelegt werden kann
**Ermessen** – Bei Vorliegen aller Voraussetzungen ist ein Spielraum eingeräumt, in dem über die Ausübung einer Befugnis nach Zweckmäßigkeit entschieden werden kann. Ist intendiertes Ermessen eingeräumt, ist die Entscheidung für den Regelfall vorgegeben, aber im Ausnahmefall kann davon abgewichen werden.
**EUV** – Vertrag über die Europäische Union
**Exekutive** – vollziehende (auch: ausführende) Gewalt, d.h. die zur Ausführung der Gesetze zuständigen staatlichen Stellen: Regierung (Gubernative) und Verwaltung
**ex nunc** – von nun an
**ex tunc** – von damals an, also rückwirkend
**exceptio doli** – Arglisteinrede
**Fachanwalt** – Zusatzqualifikation für Rechtsanwälte, erworben gemäß Fachanwaltsordnung
**FamFG** – Gesetz über das Verfahren in Familiensachen und in den Angelegenheiten der freiwilligen Gerichtsbarkeit (ein Verfahrensgesetz für bestimmte Zivilsachen)
**Fiskus** – der Staat als Teilnehmer am Privatrechtsverkehr

**formal, formell** – formal: auf die äußere Gestalt bezogen (und nicht auf den Inhalt: material); formell: 1) sich streng nach der Vorschrift richtend (und nicht informell), 2) sich nach der Verfahrensweise richtend (und nicht nach dem Inhalt)

**Geltung** – Eine Rechtsnorm gilt, soweit sie intersubjektiv verbindlich ist.

**Geltungsvorrang** – Eine Norm hat Geltungsvorrang, wenn sie einer anderen Norm die Geltung nimmt (im Unterschied zum Anwendungsvorrang, wo die andere Norm nur in einzelnen Konstellationen nicht zur Anwendung kommt).

**Gemeinde** – Gebietskörperschaft; juristische Person des öffentlichen Rechts zur Selbstverwaltung auf kleinster Ebene

**Gemeinderat** – Volksvertretung auf Gemeindeebene

**Gemeines Recht** – das kontinentaleuropäische römisch-kanonische Recht (ius commune, im Unterschied zum Partikularrecht, das nur vor Ort galt); einflussreich vom Mittelalter bis in die Neuzeit, Grundlage für spätere Kodifikationen wie das BGB

**Geschäftsstelle** – eine Art Sekretariat bei Gerichten und Staatsanwaltschaften

**Gesetz (formell, materiell)** – im materiellen Sinn jeder generell-abstrakte Rechtssatz; im formellen Sinn jeder Rechtssatz, der im Gesetzgebungsverfahren erlassen worden ist

**Gesetzesvorbehalt** – kein Handeln der Exekutive ohne (parlamentarisches) Gesetz

**Gesetzesvorrang** – kein Handeln der Exekutive im Widerspruch zu einem Gesetz

**Gewahrsam** – 1) Strafrecht: rein tatsächliche Zuordnung einer Sache zu einer Person, oft aber nicht immer dem Besitz entsprechend; 2) polizeiliche Freiheitsentziehung

**GG** – Grundgesetz für die Bundesrepublik Deutschland, ihre Verfassung (vom 23.5.1949)

**Grundbuch** – beim Grundbuchamt (AG) geführtes Register über die Rechtsverhältnisse an Grundstücken

**Grundrechte** – in Art. 1 bis 19 GG garantierte elementare Menschen- und Bürgerrechte, die vor allem gegen den Staat wirken, zuweilen aber auch zwischen Privaten bedeutsam sind

**GVG** – Gerichtsverfassungsgesetz; legt Aufbau und Zuständigkeiten der ordentlichen Gerichtsbarkeit (AG, LG, OLG, BGH) und der Staatsanwaltschaft fest

**h.M.** – herrschende Meinung; das, was überwiegend zu einer Frage vertreten wird

**Ignorantia iuris nocet.** – Rechtsunkenntnis schadet.

**in dubio pro reo** – im Zweifel für den Angeklagten

**Insolvenz** – Zahlungsunfähigkeit oder Überschuldung (früher: Konkurs)

**Instanz** – die einzelne Stufe in einem Verfahren, an dem mehrere Behörden oder Gerichte hierarchisch nacheinander beteiligt sind (im Instanzenzug; Rechtsgang)

**inter omnes** – Eine Entscheidung wirkt inter omnes (oder: erga omnes), wenn sie sich nicht nur auf die Verfahrensbeteiligten, sondern alle inhaltlich Betroffenen erstreckt.

**ipso iure** – von Rechts wegen, d.h. ohne weiteres Zutun der Betroffenen

**Judikative** – rechtsprechende Gewalt, Rechtsprechung

**Judikatur** – Gesamtheit von Gerichtsentscheidungen, Spruchpraxis

**Kammer** – 1) kollegial zusammengesetzter Spruchkörper in einem Gericht, z.B. Strafkammer oder Kammer für Handelssachen an einem LG 2) Selbstverwaltungskörperschaft für Angehörige eines bestimmten Berufsstandes (z.B. Rechtsanwaltskammer, Handwerkskammer, Handelskammer)

**Kanzlei** – 1) Büro eines Rechtsanwalts; 2) Abteilung der Gerichtsverwaltung für die Ausfertigung von Schriftstücken

**Kassation** – Aufhebung einer Entscheidung durch die übergeordnete Stelle

**Kasuistik** – Einzelfallbetrachtung, besondere Methode der Rechtsfindung

**KG** – Kammergericht, das Oberlandesgericht für Berlin

**Kommentar** – Buch, in dem der Reihe nach die einzelnen Paragraphen eines Gesetzes erläutert werden

**konkludent** – schlüssiges Verhalten; etwas wird nicht ausdrücklich gesagt, kann jedoch eindeutig aus dem sonstigen Verhalten geschlossen werden

**Konnexität** – der wirtschaftliche Zusammenhang zwischen gegenseitigen Ansprüchen

**konstitutiv** – Ein Rechtsakt hat konstitutive Wirkung, wenn er die Rechtslage verändert.

**Körperschaft** – mitgliedschaftlich organisierte juristische Person (z.B. Verein, Gemeinde, Universität)

**Kreis** – Gemeindeverband und Gebietskörperschaft zur Selbstverwaltung auf übergemeindlicher Ebene

**Kreistag** – Volksvertretung auf Kreisebene

**LAG** – Landesarbeitsgericht, besteht aus Kammern

**Landrat** – höchster Beamte eines Kreises (Landkreises)

**Legaldefinition** – Definition eines Rechtsbegriffes durch das Gesetz selbst, z.B. § 194 Abs. 1 BGB

**Legislative** – gesetzgebende Gewalt, d.h. die zur Gesetzgebung zuständigen Verfassungsorgane

**Leitsatz** – knappe Zusammenfassung des wesentlichen Inhalts einer Gerichtsentscheidung

**lex specialis** – Spezialgesetz, hat Vorrang vor der allgemeineren Rechtsnorm (lex generalis): lex specialis derogat legi generali.

**licence en droit** – Bachelorabschluss der französischen juristischen Ausbildung

**LG** – Landgericht, besteht aus Kammern

**LL.B.** – Bachelor of Laws
**LL.M.** – Master of Laws, internationaler Postgraduierten-Abschluss, nach knapp einjährigem Aufbaustudium
**Monographie** – Buch; Abhandlung zu einem bestimmten Thema; handelt es sich um eine Arbeit zur Erlangung der Doktorwürde, so spricht man von einer Dissertation
**Nichtigkeit** – Unwirksamkeit eines Rechtsaktes, die wegen eines ihm anhaftenden schweren Fehlers ohne Weiteres von Anfang an besteht
**Niederschrift** – Protokoll (z.B. einer Gerichtsverhandlung oder bei einem Notar)
**Notar** – Träger eines öffentlichen Amtes für Beurkundungen und Beglaubigungen
**nullum crimen, nulla poena sine lege** – keine Straftat, keine Strafe ohne Gesetz
**obiter dictum** – (beiläufig Gesagtes) Ausführungen in einer Gerichtsentscheidung, die nicht zu den tragenden Gründen gehören
**objektives Recht** – die Gesamtheit der Rechtsnormen
**OLG** – Oberlandesgericht, besteht aus Senaten
**ordentliche Gerichtsbarkeit** – Gerichte für Zivil- und Strafsachen sowie Angelegenheiten der freiwilligen Gerichtsbarkeit: AG, LG, OLG, BGH
**Ordnungswidrigkeit** – Verstoß gegen eine im Vergleich zu Strafgesetzen weniger bedeutsame Rechtsvorschrift
**Organ** – was für eine juristische Person handelt (z.B. Vorstand, Geschäftsführer, Gesellschafterversammlung); beim Staat: Verfassungsorgan
**OVG** – Oberverwaltungsgericht, besteht aus Senaten
**Pacta sunt servanda.** – Verträge muss man halten.
**Privatautonomie** – die dem Einzelnen von der Rechtsordnung eingeräumte Möglichkeit, Rechtsgeschäfte nach eigenem Willen zu gestalten
**Quod non est in actis non est in mundo.** – Was nicht in den Akten steht, gibt es nicht.
**Ratifizierung** – Annahme eines völkerrechtlichen Vertrages durch das Parlament
**ratio legis** – der Sinn des Gesetzes
**Rechtsgeschäft** – durch eine Willenserklärung (und gegebenenfalls weitere Umstände) wird eine bestimmte Rechtsfolge herbeigeführt
**Rechtskraft (formell, materiell)** – Bindungswirkung eines Urteils; bei formeller Rechtskraft kann das Urteil nicht (mehr) angefochten werden; materielle Rechtskraft bedeutet, dass der Inhalt des Urteils so feststeht
**Rechtsmittel, Rechtsbehelf** – Rechtsbehelf ist jedes Mittel, mit dem gegen eine staatliche Entscheidung vorgegangen werden kann; führt es dazu, dass die Entscheidung zunächst nicht vollzogen werden kann und die nächsthöhere Instanz über die Sache entscheiden muss, so handelt es sich um ein Rechtsmittel.

**Rechtspfleger** – Beamte im Gericht und bei der Staatsanwaltschaft, denen vor allem Aufgaben in der freiwilligen Gerichtsbarkeit übertragen sind (aber z.B. auch in Mahnverfahren, Zwangsvollstreckung, Kostenwesen)

**Rechtsverhältnis** – die sich aus einem bestimmten Lebenssachverhalt ergebende rechtliche Beziehung zwischen Personen

**Revision** – Ein Gerichtsurteil wird von einem höheren Gericht geprüft, aber grundsätzlich nur auf Fehler bei der Rechtsanwendung.

**RG** – Reichsgericht (1879 bis 1945; Sitz: Leipzig)

**Richtlinie** – Rechtsakt der Europäischen Union (directive), der in nationales Recht der Mitgliedstaaten umgesetzt werden muss, vgl. Art. 288 S. 3 AEUV

**Rn.** – Randnummer

**Satzung** – Rechtsnormen, die von einer Körperschaft (insbes. Gemeinde, Universität) zur Regelung eigener Angelegenheiten erlassen werden

**Schöffe/in** – Laienrichter im Strafprozess (ugs. Geschworene)

**Schwurgericht** – besondere Bezeichnung für eine Große Strafkammer am Landgericht in bestimmten Strafsachen

**Schrifttum, Literatur** – Gesamtheit aller theoretischen Abhandlungen zu bestimmten Rechtsfragen (im Gegensatz zur Rechtsprechung)

**Senat** – 1) kollegial zusammengesetzter Spruchkörper in einem Gericht, z.B. Zivilsenat an einem OLG oder bei Bundesgerichten 2) in Stadtstaaten die Landesregierung 3) in den USA die zweite Kammer des Parlaments

**StGB** – Strafgesetzbuch, enthält die wichtigsten Normen des materiellen Strafrechts

**Stiftung** – rechtlich verselbständigte Vermögensmasse, die einem vom Stifter bestimmten Zweck dient

**StPO** – Strafprozessordnung, regelt das Ermittlungs- und Gerichtsverfahren in Strafsachen

**str.** – strittig (d.h. zu der Frage werden unterschiedliche Ansichten vertreten)

**Strafe** – staatlich zugefügtes Übel als Reaktion auf einen Verstoß gegen besonders wichtige Verbotsvorschriften (Geldstrafe oder Freiheitsstrafe)

**subjektives Recht** – die dem Einzelnen eingeräumte Befugnis (z.B. sein Anspruch)

**Subsumtion** – Klassifikation eines Sachverhalts in Bezug auf die generell-abstrakten Voraussetzungen einer Rechtsnorm

**Tatbestand** – 1) bei einer Rechtsnorm die Voraussetzungen, bei deren Vorliegen die Rechtsfolge eintritt 2) im StGB die einzelne Verbotsvorschrift 3) in Gerichtsentscheidungen der festgestellte Sachverhalt. Bei 1) und 2) unterscheidet man objektiven und subjektiven T.: Zum objektiven T. gehören äußere Umstände, zum subjektiven innere wie Wille und Bewusstsein.

**teleologische Extension** – Einer Rechtsnorm wird eine Rechtsfolge entnommen, die an sich nicht vorgesehen ist, aber dem Sinn und Zweck der Vorschrift entspricht.

**teleologische Reduktion** – Eine Rechtsnorm wird nicht angewendet, obwohl die tatbestandlichen Voraussetzungen an sich erfüllt sind, weil das dem Sinn und Zweck der Vorschrift widerspräche.

**Tenor** – Urteils- oder Entscheidungsformel

**Testament** – Rechtsgeschäft, mit dem jemand unter anderem seine Erben bestimmt (letztwillige Verfügung, letzter Wille, Verfügung von Todes wegen)

**Tz.** – Textziffer

**U** – siehe X

**Urteil** – gerichtliche Entscheidung, mit der ein Gerichtsverfahren beendet wird

**Verbrechen** – Straftaten, bei denen mindestens ein Jahr Freiheitsstrafe angedroht ist

**Verfassungsrecht (formell, materiell)** – im formellen Sinn das zentrale Rechtsdokument eines Gemeinwesens, im materiellen Sinn alle Regelungen, die die Grundordnung des Gemeinwesens regeln

**Verfügung** – 1) im öffentlichen Recht eine Anordnung der Verwaltung; 2) verfahrensleitende Entscheidungen; 3) im Privatrecht die Übertragung oder andere Änderung eines Rechtes

**Vergehen** – Straftaten, bei denen mindestens Geldstrafe angedroht ist

**Verjährung** – Ein Anspruch unterliegt grundsätzlich der Verjährung, d.h. nach einer bestimmten Zeit kann er nicht mehr durchgesetzt werden.

**Verordnung** – 1) Rechtsverordnung: von der Exekutive aufgrund einer gesetzlichen Ermächtigung geschaffene Rechtsnorm (vgl. Art. 80 GG); 2) Rechtsakt der Europäischen Union (regulation), unmittelbar geltendes Recht in den Mitgliedstaaten, vgl. Art. 288 S. 2 AEUV

**Vertrag** – Rechtsgeschäft, an dem mehrere beteiligt sind

**Verwaltungsakt** – Regelung einer Behörde für einen Einzelfall auf dem Gebiet des öffentlichen Rechts im Außenverhältnis (§ 35 VwVfG)

**Verwerfungsmonopol** – Formelle Gesetze können ausschließlich von den Verfassungsgerichten für nichtig erklärt werden.

**VG** – Verwaltungsgericht, besteht aus Kammern

**VGH** – Verwaltungsgerichtshof; das Oberverwaltungsgericht in Baden-Württemberg, Bayern und Hessen

**VwGO** – Verwaltungsgerichtsordnung, regelt das Verfahren vor den Verwaltungsgerichten

**VwVfG** – Verwaltungsverfahrensgesetz, regelt die Tätigkeit von Behörden, wenn sie einen Verwaltungsakt erlassen oder einen öffentlich-rechtlichen Vertrag schließen

**Widerspruch** – Rechtsbehelf, der in bestimmten Fällen gegen Gerichts- oder Behördenentscheidungen eingelegt werden kann

**Willenserklärung** – Erklärung einer Person, eine bestimmte Rechtsfolge auslösen zu wollen

**X** – siehe U

**ZPO** – Zivilprozessordnung, regelt das Gerichtsverfahren in Zivilsachen

# Sachverzeichnis

Fette Zahlen bezeichnen die Paragraphen, magere Zahlen die Randnummern